헌 법 환 기

(憲法喚起=Evocation of Constitution)

– 상상과 생각, 도그마틱 그리고 은유 –

이 덕 연

신 조 사

머 리 말

『(지도자에게 능력과 지식 그리고 지성이 필요하지만: 저자 부기) 그보다도 더 먼저 필요한 것은 덕이다. 덕이 무엇이냐? 자기 속에 전체를 체험하는 것이다. 그것을 현대적으로 나타낸 것이 헌법이다. 옛날 임금의 덕이 발달하면 헌법이 되었다. 아무리 어질어도 자기의 의사를 고집하지 않고 국민 전체의 의지와 지혜로 표시된 헌법에 겸손히 복종할 만한 덕이 있지 않고는 이 난국을 뚫고 나갈 수가 없다. 자신이 있어야 하지만, 잘못된 자신이 사람을 망친다. 이 의미에서 종교와 교육과 언론과 집회와 예술의 자유를 보장하는 헌법은 절대로 필요하다.』

5·16 쿠데타 이후에 쓴 글임을 감안해서 보아야 하되, '지성의 미래'를 예지(叡智)하며 '청년 함 석헌'이 바람직한 지도자상의 전범으로 제시한 '헌법덕론'(憲法德論)은 되새겨봄직하다(『뜻으로 본 한국역사』, 개정판, 1965, 355-356면: 같은 책, 386면). '4·19'를 '지성의 발로', '5·16'을 '물성(物性)의 발로'라고 단정하며 '지성과 물성의 충돌'이라는 또 다른 고난 속에서 '헌법'을 찾았던 생각은 '오늘 그리고 우리 마당'의 헌법현실과 헌법규범의 괴리 속에서, 말하자면 '헌법' 속에서 '헌법'을 환기(喚起)해보려는 저자의 생각과 다르지 않다.

제20대 대통령 선거나 취임에 즈음하여 출간하려 했었다. 딱히 논리적으로나 내용상 연관되는 것은 아니나, 선거공약이나 토론장에서 '헌법'의 이름과 '헌법정신', '헌법원칙' 등이 자주 회자되는 것을 보고 들으며『헌법환기』라는 제목으로 책을 이왕에 내려면 그게 좋겠다고 생각했다. 헌데, 이런저런 사정 때문에 좀 늦어졌다. 하지만 불가불 'The Constitution is not made in a day!', 'Constitution is ongoing verb!'이니, 그래도 상관은 없다. 고민과 걱정, 소망과 기대와 실망도 오늘만 하고 말 문제는 아닐 것인바, A. Gramsci의 예지(叡智)를 빌려, '지성의 비관'이 아니라 '의지의 낙관'

으로 생각하면 오히려 더 좋을 수도 있다. 요즈음 드라마로도 제작되어 전 세계적으로 주목되고 있는, 모처럼 재밌어서(?) 한 챕터씩 야금야금 새겨가며 읽었던 대하역사소설 『Pachinko』(2017)에서 재미한인작가 Lee Min Jin이 맨 첫머리에서 건네는 말대로 문제될 것 없다:

『History has failed us, but no matter.』

하지만 현재의 역사가 우리를 망쳐버리고 있다면, 심지어 앞으로도 그럴 것 같다면 '문제가 되는 문제' 아닌가? '정치역병(疫病)'에는 이미 저항력이 충분할 줄 알았는데, 또 다시금 반복되는 목불인견(目不忍見)의 선거양상에 좀처럼 차분하기가 어렵다. 민주주의에 대한 '철학적 사색'(philosophize)이 아니라 '이해'(understand)의 차원에서라면 불가피한 것인지 또한 놀랄 만한 것인지도 의문이지만, Joseph A. Schumpeter가 적시한 바, "민주적인 선거경쟁이 우리들이 '불공정'(unfair) 또는 '부정'(fraudulent)경쟁이나 '경쟁억제'(restraint of competition)라고 칭하는 경제현상들과 놀라울 정도로 유사한 경우들을 배제하지 못한다"(『Capitalism, Socialism and Democracy』, 1942, 271면)는 것은 그때도 맞고, 지금도 맞다. 우리의 상황에서는 더더욱 맞는 말인 듯하다. 문제의 본질과 구조에 대한 '이해'는 미흡하지 않다. 하지만, 이른바 '숙고민주주의'(deliberative democracy)의 관점에서 민주주의와 경쟁에 대한 '철학적 사색'으로 적실한 선거제도개혁이 가능할지, 제도를 바꾼다고 하여도 그것이 실제로 작동될 수 있을지는 낙관하기 어렵다.

지켜봐야겠지만, 역시나 시작 전부터 이런저런 불길한 조짐이 잇닫는 것을 보면 … '경쟁 아닌 경쟁'을 한 선거 너머에 무엇이 있을까 걱정된다. 혼탁하고, 게다가 부정적인 의미의 '경박단소'(輕薄短小)의 말 같지 않은 말들과 생각 아닌 생각들만이 난무하는 선거는 (대의)민주주의와 공화이념에 대하여 심각한 회의를 갖게 만든다. '민주공화국'인 '대한민국'과 대한민국 주권자로서 '대한국민', 그리고 모든 권력의 근원인 '주체'로서 '국민' … 이 숭고한 명제들을 천명하고 있는 '헌법'이 별무소용인가? '헌법'은 'law in books',

이른바 '네모난 종이'(four corners paper)에 인쇄된 활자에 불과한 것인가? 이런저런 상념과 번민이 엇물려 잇닫는다. 알음알이의 수준에서 머뭇거리고 있지만, 명색이 '헌법공부'로 밥을 먹고 사는 입장에서 이런저런 부끄러움과 생각이 적잖다. 하지만, '헌법을 불러내어 세워보자'는 『헌법환기』(憲法喚起; evocation of constitution)라는 제목을 떠올린 것도 그래서이거니와, 당연히 저자만의 생각은 아닐 것으로 믿는다.

처음에 구상할 때는 어렴풋이 '헌법생각' 또는 '헌법상상'이라는 제목을 생각하였었다. 허나 헌법의 '상상'과 '생각', '도그마틱' 및 '은유'를 일단의 뭉치로 엮어서 짚어보려는 구상에 맞는 단어가 아니었다. 이들을 모두 포괄하면서 차별화된 연관성을 담아낼 수 있는 적절한 단어를 탐문하던 중에 참고문헌 중에 『사고의 본질』(Surfaces and Essences: Analogy as the Fuel and Fire of Thinking, 2017)이라는 책을 읽다가 '단어의 환기(喚起)'(evocation of words)와 '구절의 환기'(evocation of phrases)라는 소제목을 보고, 이거다 싶어 차용하기로 하였다.

그 자체가 나쁠 것은 없지만, 적어도 너무 쉽게, 드물지 않게 다소간에 천박한 분위기 속에서 '헌법'과 '헌법정신'이 잦게 호출되고 언급되는 가운데 마치 우리가 '헌법의 시대'(age of constitution)를 살고 있다고 착각하게 되는 것은 아닌가? 최고의 가치규범, 문화규범 및 생활규범으로서 우리 '헌법'의 현주소를 오인하는 것은 아닌가? '헌법규범'과 '헌법현실' 간의 좁지 않은 간격이, 그리고 그 속의 '가치의 궁핍'이 이데올로기의 허울로 은폐되고 분식되는 것은 아닐까? '지금 그리고 여기'의 '민주주의의 지평'에서 무엇이 보이고, 어디를 내다보아야 하는지, 이른바 '민주화 이후의 민주주의'와 '민주화 후 민주주의 이후의 민주주의'의 현실과 그 너머를 어떻게 되새기고 짚어나가야 하는가?

뒤척이며 이리저리 둘러봐도 낙관하기 어렵다. 하지만 우리의 일상사에서도 그러하듯이, 궁극적으로 '함께 잘 먹고 잘 살자!'는 '공생'(共生; co-life)의 명제로 귀착되는 짐짓 거창한 담론에서도 체념과 절망은 대안이 될 수 없다. E. Bloch가 주창하였거니와, '희망의 원칙'(principle of hope)에 충실한 것이 선택가능한 유일한 방침이다. L. Wittgenstein의 말대로 '희망'은 오롯이 언어를 능숙하게 사용하는 인간만이 할 수 있는 것이거니와, '존재론'이나 '인식론'. '의무론' 또는 '가치론', '윤리학' 등 철학의 고담준론을 빌릴 필요도 없이, '역사적 존재'로서 삶을 꾸려가는 사람, 즉 전후와 좌우, 그리고 상하를 둘러보며 '생각하는 사람', '꿈을 갖고 있는 사람'이라면 몸과 마음으로 알아차릴 수 있는 당위의 요청이다.

이런 마음가짐으로 '헌법'을 '상상'(想像; imagination)하고, '생각'(thinking)하기 위해 '헌법의 환기'를 먼저 모색해 보았다. 본격적으로 집필에 착수하게 된 계기는 최근에 국립중앙박물관에 독립된 공간으로 마련된 '사유의 방'에 전시되고 있는 '반가사유상'을 다시 새롭게 만나고, 우연히 같은 즈음에 L. Cohen의 "Villanelle for Our Time"의 음유를 듣게 된 것이었다. 바로 자연스레 연상이 되어 평소에 즐겨 듣던 음유가객 정 태춘의 노래들을 새삼 한 없이 반복하여 들으며, 우리의 소중한 시인들의 가난한 마음과 결기(決氣), 다정하며 따듯하고 선연(鮮然)한 메시지들을 되새겨 보게 되었다.

우선 『헌법환기』를 위한 호출부호를 찾아보고, 호응을 기대할 수 있는 '점잖은(decent) 태도'를 생각해보았다(Ⅰ).

'헌법도그마틱'의 함의와 헌법해석방법론상 그 가능성과 한계도 짚어 보았다(Ⅳ). '헌법해석'이 '어문법'(grammar of word)에 따라 헌법언어로 구성된 '헌법텍스트'에 대한 '논리적인 기호분석작업'에 그치는 것이 아니라는 것은 오늘날 재론할 필요가 없다. 하지만 이 당연한 사실이 의외로 부지불식간에 종종 외면되는 현상을 해명하고, 이른바 '계몽된 법도그마틱'이라는 명제와 함께 그 전후, 좌우, 그리고 상하의 측면을 짚어 보았다.

다만, '유추'(analogy), 즉 일종의 논리적 '추론'(reasoning)인 '법도그마틱'(Rechtsdogmatik)과 '상상'이 상호배척적인 것만은 아니고, 상보적인 관계로 이해되어야 한다는 전제 하에 '헌법'과 '헌법해석'을 굳이 모자라는 깜냥 의식하지 않고 생각이 떠오르는 대로 막 '더듬어 짚어 본 것'('탐막'〈撢

摸〉; groping: '관점'이고 일종의 '방법론'이기도 한 '탐막'에 관해서는 주석 152번 참조)이 '헌법상상'이고(Ⅱ), 우리 시와 시인들의 생각을 되새기면서 해본 '헌법 및 헌법민주주의생각'이다(Ⅲ). '헌법의 제정'과 '조화적 통합'을 지향하는 과정으로서 '헌법' 자체가 그러하거니와, '의미의 문법'(grammar of meaning), '공적 이성의 문법'(grammar of public reason)을 활용하여 일종의 '의미덩어리'인 '헌법규범'을 형성해나가는 역동적인 과정, 즉 '헌법해석'을 그 자체가 '명사'(名詞; noun)가 아니라 '동사'(動詞; verb)로서 'We-making'과 '문화'로 접근한 것도, '문화현상'으로 본 것도 '헌법상상' 및 '헌법생각'의 일환이다.

이른바 '전형상 준거 헌법해석'을 단서로 하여 문자기호를 매체로 하는 '개념분석작업'이나 논리적 '유추'와는 구별되는 일종의 '특수한 상상'이라고 할 수 있는 '은유'(metaphor)의 독자적인 헌법해석방법으로서 함의와 그 특유한 기능과 효용을 탐색한 것도 같은 맥락 속에서의 모색이라고 할 수 있다. 언어학 및 '해석학'(hermeneutics)의 관점에서 간단하게나마 보론을 덧붙인 것도 '탐막'의 일환으로 볼 수 있겠다(Ⅴ).

(Ⅳ장과 Ⅴ장은, 적잖이 추가하고, 부분적으로 보정하였지만, 저자가 2021년에 출간한『법도그마틱과 은유 - 전형상 준거 헌법해석』중에서 관련된 내용을 선별하여 재편한 것임을 밝혀 둔다. 본서의 편제에 맞추어 소제목과 목차 및 주석도 조정하였지만, 논의의 대강은 그대로 유지하였다.)

'헌법'의 이름으로, '헌법'을 위하여 '또라이'를 허(許)하라! '또라이'의 객기(客氣)라는 비난과 쓸데 없는 깜냥미달의 '현학'(衒學)이라는 폄하는 당연히 예상하며, 기꺼이 감수한다. 결론을 대신한 제언은 시인 김 수영이 시인들에게 촉구한 '헛소리'가 단연코 시인들만의 몫이 아님을 강변하며 한 번 해본 '헛소리'다(Ⅵ).

'헌법'을 갖고 나름 자유분방하게 '상상'의 나래를 펴고 '헌법말놀이'를 하면서 어렴풋이 떠오르는 상념들과 공감하고 공유했으면 좋겠다 생각되는 희망과 기대의 얘기를 옮겨 적어 보았다. 객쩍은 사족지언(蛇足之言)이지만, 이런저런 호불호의 평가의견이나 당연히 있을 수 있는 이견과는 무관하게, 적어도 '헌법환기'의 명제와 '헌법'을 점잖게 대면하고 생각하는 '마음가짐'의 일단으로 'Villanelle'과 '반가사유상'의 느낌만은 공유할 수 있게 되기를 소망한다.

'반가사유상'과 'Villanelle'을 보고 들으며
2022년 5월 광복관에서

차 례

헌법환기
(憲法喚起=Evocation of Constitution)

– 상상과 생각, 도그마틱 그리고 은유

I. 서론 - 육자배기와 Villanelle, 반가사유상

음유가객 정 태춘이 좋다! "파란 하늘이 펼쳐져 있는 무지개 너머 어딘가에 … 용기내서 꿈꾸면 꿈이 정말로 실현되는 그곳에서는 걱정거리들이 레몬사탕처럼 녹아버리고 … 무지개 너머로 파랑새는 날아다니는데 …", "그런데 도대체 왜 나라고 못 하겠어요"(Why then, oh why can't I)라고 격려해주는 'Over the Rainbow'도, "내가 알고 있다고 생각했던 것을 확실하게 깨닫기 위해 커튼을 치고 눈을 감는다 …"(I closed my eyes/ drew back the curtain to see for certain what I thought I knew)는 Jason Donovan의 'Any Dream Will Do'도 즐겨 듣는다. "친구여~ 분명하게 말해둘 것이 있네. 내가 확신하고 있는 내 이야기를"(My friend, I'll say it clear. I'll state my case of which I'm certain …) 들려주는 Frank Sinatra의 'My Way'도, Beatles가 건네는 '현답'(words of wisdom), 'Let it be'와 John Lennon의 'Imagine'도 좋아한다. 반전과 평화, 자유와 연민, 그리고 연대의 메시지를 담아 'Blowing in the Wind'를 부른 평화 및 민권운동가, 노벨문학상까지 받은 Artrist Bob Dylan과 그 암울한 시절에 '아침이슬'과 '친구'를 담담하게 노래한 김 민기도 참 좋다. 하지만, 나는 정 태춘이 더 좋다.

'무욕의 땅'을 찾아 홀로 떠난 길에서 '어둠에 젖어서 밀려오는 바람소리와 파도소리'('떠나가는 배', 1987)와 '물결 따라 멀어져가는 섬마을 아이들의 웃음소리'('서해에서', 1976), '시인의 마을에 밤이 오는 소리'('시인의 마을', 1977)를 들으려 하는 정 태춘을 좋아한다. 그가 좋아하는 맑고 고운 이런저런 소리들과, 그런 소리들을 함께 듣자 하는 정 태춘과 그의 소리가 좋다. 그가 노래하는 고즈넉한 저녁과 밤 그리고 노을은 나도 즐겨 본다. '방랑자'와 '고행의 수도승'의 연민(憐憫)과 선사의 '번민'(煩悶)과 초탈(超脫)의 미소들이 농축된 하나하나의 '시어'(詩語)들과, 이들이 중첩되고 섞이고 구별된, 즉 '분절'(分節; articulate)된 소박하고 단정한 '시문'(詩文)

※ 이 저서는 연세대학교 학술연구비의 지원으로 이루어진 것임.

들이 선명하다. 그리고 이 '언표'들의 의미와 '운'(韻), 그 흐름과 주변의 분위기와 너무나도 잘 어우러지는 차분하고 다정한 목소리와 엄숙하고 묵직하면서도 어둡지 않은 음색이 참으로 마음에 와 닿는다.

하나하나의 노래가, 그 노래들이 합쳐진 모두가, 그리고 이 모두와 엮여진 '정 태춘' 자체가 '상징어'이고, '개념'이다. 증오와 싸움으로 내모는, 사특한 이익을 좇게 만드는 협량하고 사특한 상징이 아니라, 성찰하고 본연의 다짐을 되돌아보게 하는 '착한 상징'이다. 원래 그리 할 수도, 그리 해서도 아니 되거늘, 아픔과 설움을 모두 다 내게 달라고 하지는 않지만, 조용히 손잡아주고 토닥여주는 그 마음과 생각이 다정하고 고맙다. 슬프기는 하지만 구슬프지는 않고, 안타까움과 간절함을 담아 외치기도 하고 목청껏 노래하지만 목을 아주 놓지는 않으니 구차하지 않다. 처절하지도 방만하지도 않다. 속절없는 궁핍과 아픔에 그 누구보다 예민하나 창백한 '면무인색'(面無人色)은 아니다. 윽박지르지 않고 사람과 삶에 대한 깊은 성찰을 함께 하자, 같이 번민해보자 넌지시 권유하니 과한 부담이 없다. 송곳 끝이나 칼날 위에 얹기에는 슬픔과 아픔이 너무나도 크고, 그래서 풀어야 할 '한'(恨)도 두껍고 무겁기에 어쩔 수 없어서 '둔중'(鈍重)하지만 그것을 풀어내는 소리는 어줍지 않으며, 탁하지 않고 선명하다. 신산(辛酸)한 삶과 속절없는 세월 속의 아린 설움을 삭이고 삭여서 치열한 저항과 거리낌 없는 해방의 메시지를 잔잔한 소리로 건네니 그 고요한 울림이 더욱 크고 오래 간다.

'님', '세월', '시간', '고향', '강'과 '강물'과 '마을', '새벽'과 '저녁', '밤', '안개'와 '노을', '바람'과 '연', '파도', '난쟁이 채송화', '울타리에 기대여 자는 해바라기' 등등을 국어 교과서나 수능시험의 어설픈 시론 문제들에 나오는 식의 작위적인 얼치기 해석으로 굳이 관념화할 것은 없다. 아마도 분명한 의도를 갖고 그리하였던 것으로 생각되거니와, 세상의 악과 부조리를 각색하지 않고 그대로 고발하며 해방의 열망(熱望)과 궐기(蹶起)의 서사(敍事)메시지를 사회과학의 통용어에 담아 노래한 '아 대한민국'[1]이

1) 정 태춘, 아 대한민국, CD album, 1996, 타이틀 곡. 원래는 1990년에 비합법 tape로

나, '일어나라 열사여,'[2] '얘기 2' 등은 예외적인 경우들이다.[3] '무욕'이나 '평화'('떠나가는 배'), '탐욕'('한 여름 밤') 등 선율(旋律)과 섞이는 '말놀이'에 전혀 어색하지 않으며 그 자리에 꼭 있어야 할 것으로 보이는 몇몇 외에는 '관념어'(觀念語)를 전혀 사용하지 않으면서 성찰과 번민 끝자락의 추상의 관념을 소박한 '구상어'(具象語)와 '감각어'(感覺語)에 담아 '날것'의 알짜배기로 선명하게 전해주니 그냥 그대로 듣기만 하면 된다. 가끔 나직하게 따라 불러도 좋다.

'계몽'과 '해방', '자유'와 '평등', '정의'와 '연대', 그리고 '조화적 통합'(harmonious integration)과 '공생'(共生; co-life)의 희망의 소리를 내야 하는 나의 '헌법노래'는 도무지 족탈불급(足脫不及)이니 어찌할까나! 그래서 얘기를 한 번 건네고 싶다. "가슴치고 통곡을 해도 속절없는 그 세월"을 "어찌하리 어찌하리! … 비나이다 비나이다!" 하며 안타까워하지 말고, "바람에 부푼 황포 돛대"가 저만치 보이는 듯하니 … 고요히 손잡아주어도 서러움만 더하다니, '한 마디 말도 없이 노만 젓는 저 사공'은 놔두고 정 형! "굽은 허리 곧추세우고 뒷짐 짓고 서서" "님의 가슴" 같이 안고 '육자배기'나 한 바탕 해보십시다![4] 힘이 좀 남으면 "침 발라 기름 발라 인사동" 3마치 장단에 맞춰 덩실 춤도 춰봅시다!

"어두운 밤하늘에 가득 덮인 먹구름이 밤새 머리를 짓누르고 간 아침 해가 뜨는 새벽강가에 나와 찬 물에 손과 얼굴을 씻고 발을 담그며 … 산과 산들이, 나무와 새들이 얘기하는 신비한 소리"('북한강에서', 1983), '시냇가 물소리'와 '길섶의 풀벌레소리', '승냥이 울음소리'와 '주지스님의 마른 기침소리', '추녀 끝에 떨어지는 풍경소리'('탁발승의 새벽 노래', 1978), '물결 따라 멀어져가는 섬마을 아이들의 웃음소리'와 '뱃전에 부서지는

제작되어 발표되었고, 음반사전심의에 대한 헌법재판소의 결정 이후 가객들의 표현의 자유가 회복된 1996년에 음반으로 발매되었다.

2) 정 태춘, 위 album, 4. track.

3) 정 태춘, 무진 새 노래, CD album, 1988, 마지막 수록곡.

4) 정 태춘, '장서방네 노을'(1985), 정 태춘 박은옥 골든 - 떠나가는 배, 1987, 13. track.

파도소리', '파도소리에 전해오는 육지 소식'('서해에서', 1978) … 이런 소리들을 상상하며 헌법의 '이름'과 함께 헌법규범, 즉 헌법언어에 담긴 정신과 그 의미의 알짜배기와 가치의 뿌리목을 생각하면서 물어본다. 헌법이 소망하고 기대하는 세상을 상상하는데 안성맞춤으로 생각되는 바, 말하자면 '치열하고 활발해야 하지만 고즈넉하고 진중한 분위기' 속에서 말갛고 아늑한 소리들에 귀 기울이고, '소년의 무덤 앞에 장군들의 금빛 훈장을 묻기 전까지는 5·18을 잊지 말자!'('5·18', 1995)[5]고 절규하기도 하는 정 태춘에게 우리의 '나라헌법'의 제정권을 맡긴다면?

아마도 들어봤을 것으로 생각되거니와, 만약에 아니라면 한 번 들어보소 … Leonard Cohen이 Canada의 고명한 헌법학자이면서 시인이었던 F. R. Scott의 시를 음률에 맞추어 낭송한 "Villanelle for Our Time"[6]을 우리 헌법으로 채택하면 좋겠다고 생각하는 필자의 의견에 흔쾌히 동의하지 않을까 상상해본다.

오늘날 헌법은 더 이상 단순한 기호해독의 대상이 아니라 헌법규범의 '환기(喚起; evocation)'와 '헌법적 상상'(constitutional imagination)의 틀(framework)인 동시에 그 준거이고 매개이다. 헌법(text)의 해석도 '어문법'(grammar of words)에 의거하는 어의학적 작업과 무관하지는 않지만, 이에 그치는 작업이 아니다. '의미의 문법'(grammar of meaning)으로 text에 담긴 정신과 뜻을 풀어내는 작업이다. 또한 막연한 '공상'(空想), 현실과 동떨어진 '환상'(幻想)은 아니되, John Rawls가 대표적으로 선창한 '헌법민주주의'(constitutional democracy)의 구상과 이 구조틀을 구성하는 '기본적인 도덕적, 정치적 가치들'(basic moral and political values)의 요소

5) 정 태춘 박 은옥의 20년 골든 앨범 1978-1998, 2011.

6) F. R. Scott, "Villanelle for Our Time"(1944), in: L. Moss(ed.), Leaving the Shade of the Middle Ground: The Poetry of FR Scott, 2011, 60면. L. Cohen, "Dear Heather", CDRom Album, No. 7, 2004. 필자가 이 시를 알게 된 것은 MaGill대 교수인 Mark D. Walters의 F.R. Scottt 제2대 석좌 취임강연논문을 통해서였다. "Toward The Unity of Constitutional Value - Or, How to Capture a Pluralistic Hedgehog", in: McGill Law Journal, Vol. 63(2017), 439면.

들 또는 이 가치들을 생산해내는 방법들을 함께 포괄하는 '공적 이성의 문법'(grammar of public reason)[7]을 적용하는 창조적인 형성의 작업이다. Charles Larmore을 인용하여 좀 더 구체적으로 풀어 말하면, '공적 지식'(public knowledge)의 대상을 넘어서 "집단적으로 구속력을 갖는 결정들의 토대"(basis on which collectively binding decisions are to be established)[8]인 '공적 이성'(public reason)에 따라 '구체적인 utopia'를 꿈꾸는 '상상'(imagination)의 작업이다.

문자기호로 구성된 헌법텍스트의 의미 또는 '의율'(意律), 말하자면 '뜻의 결'과 함께, 또는 그에 앞서 '보이지 않는 헌법'(invisible constitution)과 상상의 운율(韻律; rhyme), 즉 가치적 공감과 정치적 열망의 결이 주목되어야 하는 것은 이 때문이거니와, 이 'Villanelle'은 그 어떤 헌법전의 금문자(金文字)들 보다 더 자유와 평등 그리고 정의와 연대의 이념과 원리를 선명하게 주창한다. 엄청난 '언표내적 효력'(illocutionary force)을 갖는 '화행'(話行; speechact)이다. 우리가 위해 죽어야 하는 '국가'도 '종교'도, '천국'과 '지옥'도, '소유'(所有; possession)도 없는 평화의 세상을 염원한 J. Lennon의 "Imagine"(1971)의 표제어들이 연상된다. Bob Dylan이 바람 속에서 흩날린다고 노래한 평화와 자유의 '답'을 다부지게 움켜쥐고, 희망과 확신에 찬 다짐과 기대를 담아 낸 시어들의 결, 말하자면 그 굳고 무른 조직의 부분들이 겹침과 섞임, 그리고 갈림을 통해 발현되는 바탕의 모양과 그 속에 담긴 의미들의 배열과 흐름이 숙연하다. '공화'(共和; commonwealth)와 '조화적 통합'의 헌법적 명제와 이 명제 속에 담겨진 '헌법의', '헌법에 대한' 그리고 '헌법에 의해 추동되는' 열망을 구현해나가는 '헌법상상'의 '표축'(標軸; parameter)을 너무나도 명징하게 제시한다. 우선 원문과 함께 어설프지만 나름 곱씹어본 번역문을 붙여 Scott의 희망의 상상과 다짐의 '화행'(話行)에 동반(同伴)을 권한다:

---

7) John Rawls, Collected Papers, 1999, 584면.

8) Charles Larmore, The Autonomy of Morality, 2008, 196면.

『Villanelle for Our Time(1944)[9]

From bitter searching of the heart,
Quickened with passion and with pain
We rise to play a greater part.

열정과 고통으로 되살려지는
혹독한 양심의 가책으로
우리 떨치고 일어나 좀 더 큰 몫을 감당할 수 있기를.

This is the faith from which we start:
Men shall know commonwealth again
From bitter searching of the heart.

이는 우리가 함께 딛고 나선 신념일지니:
사람들은 공화의 개념을 되새겨 알게 될 것이다
혹독한 양심의 가책으로.

We loved the easy and the smart,
But now, with keener hand and brain,
We rise to play a greater part.

우리들은 쉽고 깔끔한 것만을 좋아했었다,
하지만 이제는, 좀 더 섬세한 손길과 지혜를 갖고,
우리 떨치고 일어나 좀 더 큰 몫을 감당할 수 있기를.

---

9) 'villanelle'은 19행 2운체(韻體)의 영시형식이다. 제 1, 5, 6연의 부분은 의미의 맥락을 고려하여 행의 순서를 바꿔 번역하였다. 19행 형식의 유래나 그 시론적 맥락과 의미는 잘 모르겠고, 적어도 이 시에서 2운체는 각 연의 제1행과 3행 또는 4행은 '치파열음'(齒破裂音; dental stop)인 't'의 운으로 단정적으로 종결하고 다짐하는 분위기를 내고, 2행에서 '설음'(舌音; lingual sound)인 'n'의 운은 전후 행의 '언표'들을 이어주면서 뭔가 message를 남겨서 생각과 고민을 함께 하자고 권유하는 느낌을 준다.

The lesser loyalties depart,
And neither race nor creed remain
From bitter searching of the heart.

사소한 충성들은 사라지고,
그리고 인종도 신조도 없게 되기를
혹독한 양심의 가책으로.

Not steering by the venal chart
That tricked the mass for private gain,
We rise to play a greater part.

사사로운 이익으로 뭇사람들을 현혹하였던
타산의 음모에 의해 조종되지 아니하여
우리 떨치고 일어나 좀 더 큰 몫을 감당할 수 있기를.

Reshaping narrow law and art
Whose symbols are the millions slain,
From bitter searching of the heart
We rise to play a greater part.

그 상징으로 수백만의 사람들을 죽음으로 내몬
협량한 법과 예술을 개조하여
혹독한 양심의 가책으로
우리 떨치고 일어나 좀 더 큰 몫을 감당할 수 있기를.』

헌법이야기를 하면서 굳이 엄숙하고 장중하기만 할 것은 아니다. 모두가 다 '행복추구권'을 한껏 즐기면서 '서로 화합하여 다 같이 잘 살아보세!' 함께 노래하는 것이 헌법의 다짐이고 그 핵심 메시지라고 한다면, 적어도 항상 그럴 것은 없다. 죽장에 삿갓 쓰고 주유산천(周遊山川)한 방랑시인 김 병연이 '詠笠'(영립; 삿갓노래)에서 조롱한 "모두가 겉치장일 뿐인 속된 자들의 의관"(俗子依冠皆外飾)을 벗어 던져버리고, "하늘 가득히 비바람이 몰아쳐도 홀로 시름없는"(滿天風雨獨無愁) 표연자적(飄然自適)한 목동과 늙은 어부의 분위기로 짐짓 소탈하게 말할 수도 있다. 헌법을 처음 읽었을 때 "정말로 울었다", "감동적인 문학작품 같았다"는, 자칭 코미디언이지만 필자가 보기에는 별로 코미디언 같지는 않은 재담꾼 김 제동의 말은 '믿거나 말거나'이되, '내가 지켜야 할 것'이 아니라 '나를 지켜주는 것'이 헌법이더라고 하며 일독을 권하고, 풀어내는 얘기도 자못 흥미롭다.10)

흔히 '한국의 Elvis Presley'(1935-1977)라고 불리지만, 필자에게는 1960년에 미국 흑인그룹 The Drifters가 발표하였던 'Save The Last Dance for Me'(Doc Pomus 작사·작곡)를 리메이크 한 노래로 기억되는 Michael Bublé가 더 연상되는데, 아무튼 남 진이 부른 '님과 함께'도 떠올려 본다.11) 경쾌한 곡조와 단순하고 훌훌한 가사가 헌법노래로 나름 손색없다. '사회계약론'이나 '국가의 이유'(raison d'etat)를 굳이 따질 것도 없이 '함께 잘 먹고 잘살자!'고 국가도, 헌법도 만들고, 생각과 얘기를 나누는 것 아닌가? 아주 넓은 개념으로서 '선'(善)가치를 채근하는 '윤리학'을 상정하고 '헌법윤리학'의 범주를 설정하여 보면, 벅찬 철학의 주제들을, 특히 '생각'(think)의 현상에 초점을 맞추어 쉽게 그러나 가볍지는 않게 풀어주는 Simon Blackburn의 관점은 헌법에서도 타당하다.12) 거창하고 심오한 얘기로 "윤리학의 근엄한 원칙을 신비롭게 만들 것"도 없으

10) 김 제동, 당신이 허락한다면 나는 이 말 하고 싶어요, 2018, 서문, 5면. 다 재밌게 읽었지만, '우리는 이렇게 책임지고 살아가는데'라는 소제목의 꼭지가 인상 깊었다. 동네 이장이 수해복구 구호물품 중 부인을 위해 속옷을 한 벌 빼돌린 것이 드러나 푸념하며 이장직을 그만두었는데, 생각해보니 잘못했다 생각이 들어 주민들에게 정중하게 사과하고, 그 마을에서 지금도 잘 살고 있다는 얘기로 시작하여 Nazi 부역자를 집요하게 추적하고 처벌하는 독일의 예와 함께 5·18을 비롯한 우리 헌정사에서 청산과 책임의 문제를 고발하는 것이 인상 깊었다. 유행의 시대어라고 할 수 있는 '적폐청산'을 젊은 친구들을 위해 '우리가 싼 똥을 치우고 가는 것'으로 비유한 것이 특히 그랬다. 329-334면.

11) 고 향 작사, 남 국인 작곡, 1972.

12) S. Blackburn, Think(1999), 고 현범(역), 생각, 2002.

며, 신성한 '기원'(起源)이나 '사물의 본성'과 공명하는 '일종의 Platon적인 능력'을 요구할 것이 아니라는 접근의 방침과 함께, 적어도 항상 그럴 것은 아니라는 전제 하에 다양한 여러 층위와 측면에서 이른바 '관심사의 복수성'(plurality of concern)을 주목하는 윤리학모델에 동의한다.[13)]

'단순소박'(單純素朴)이 제1의 방침일 수 있는 윤리적 가치론이나 또는 정치경제학적 담론 등에서 설득과 설득력에 의존하는 (소박한) '실천적 추리'의 효용을 생각해보면, '소박(素朴)헌법(론)'은 가능하고, 필요하다.

소박하게 풀어보면, 제1연의 내용을 '재산권'과 '주거이전의 자유', '사생활의 자유', '혼인의 자유'로, 제2연을 '직업의 자유'와 '행복추구권', 제3연을 '개인의 존엄'과 '독자성'(individual autonomy), '개성신장의 자유' 등등으로 보면 헌법의 '권리장전'(Bill of Rights)으로 충분하다.[14)] 실없이 굳이 따지자면 '학문의 자유', '양심의 자유' 및 '종교의 자유' 등과 같은 정신적 자유와 '참정권'이나 '언론출판의 자유' 및 '집회결사의 자유' 등과 같은 정치적 자유권을 담지 못하고 있기는 하지만, '님과 함께' 둘러 앉아 따듯한 저녁밥 같이 먹으면 되는 삶에서 '뭐가 중헌디?'라는 되묻는다면 별로 아쉬울 것도 없다. 제4연의 반복구절을 이른바 '헌법에 명시되지 않은 기본권'들을 포괄하는 일종의 '보충적 기본권'으로서 '일반적 행동의 자유'로 보면 더더욱 그렇다.

『저 푸른 초원 위에 그림 같은 집을 짓고
사랑하는 우리 님과 한 백년 살고 싶어/

봄이면 씨앗 뿌려 여름이면 꽃이 피네
가을이면 풍년 되어 겨울이면 행복 하네/

멋쟁이 높은 빌딩 으스대지만
유행 따라 사는 것도 제 멋이지만

13) S. Blackburn, 고 현범(역)(Fn. 12), 특히 424-433면.
14) 연은 필자가 임의로 나누어 본 것임.

반딧불 초가집도 님과 함께면
나는 좋아 나는 좋아 님과 함께면 님과 함께 같이 산다면/

저 푸른 초원 위에 그림 같은 집을 짓고
사랑하는 우리 님과 한 백년 살고 싶어
한 백년 살고 싶어』[15)]

하지만, Cohen의 음유(吟遊)의 노래에서 필자가 더 주목하는 부분은 '언표(言表)의 화행'이 아니라 '음표(音標)의 화행'이다. '언표'의 의미들과 섞여서 버무려진 Cohen의 그윽하고 묵직한 소리와, 나직하면서도 간절한 featuring 소리들의 '결'과 '음운'(音韻; rhyme), 그리고 그 '가락' 즉 소리의 길이와 높낮이의 어울림이 압권(壓卷)이다. 당연히 이견이 있을 것이라는 전제 하에 감히 표현한다면, J. Lennon이나 B. Dylan, 정 태춘에 비해 그 상하와 전후의 울림이 좀 더 깊고 넓게 느껴진다. 그냥 다를 뿐이니 굳이 따질 필요는 없거니와, 높낮이의 등급매기기와는 전혀 무관하게 이 두 음유가객을 합치면 아마도 'Cohen'이 되지 않을까 하는 생각도 해본다.

요즈음 마치 '헌법의 시대'(constitutional age)인 듯하다. '헌법'이라는 이름이 자주 호출되고, 헌법의 정신과 이념이 많이 선창되고 있다. 반가운 일이다. 정갈하지 못한, 더러는 불순한 동기로 오남용되는 경우도 없지는 않지만, 어떤 맥락에서든 많이 불리는 것은 그 존재 자체가 망각되지는 않았다는 증좌라 할 수 있으니 적어도 나쁠 것은 없다. 하지만, 참으로 우리가 '헌법의 시대'를 살아가고 있는가? 우리 '사회', 즉 개인과 집단들 간의 단속(斷續) 및 소통관계의 체계와 그 속에서 우리의 삶이 헌법의 근본가치와 그 질서에 맞게 지도(指導)되고 있는가? 특히 정치생활이 헌법에 의해 규율되고, 주도되고 있는가? 자주 '이름'만 불렀지, 정작 최고의 가치규범, 생활규범으로서 헌법의 '존재'와 '개념' 그리고 '이념'을 되새기지 못하고 있지는 않은가?

15) 다소 작위적인지만, 연별로 기본권목록을 연결하기 위한 편의상 연은 필자가 임의로 나눈 것이다.

Saadiah Gaon(882-942)이 설파한 바와 같이, "믿음은 현실을 지배하지 못한다; 확증컨대 그 반대가 참이다."(Belief dose not control reality; the warrants run in the opposite direction.)[16] 그 맥락이 다른 점에서 반박은 아니되, 다만 맥락에 따라서는 '절제된 수용'이 필요하다는 점은 유의해야 한다. 본인이 명시하지는 않았지만, '생태학적 존재론'(ecological ontology)을 개진한 것으로 생각되는데, Lenn E. Goodman의 예지(叡智)는 매우 유용한 시사점을 제공해준다. 생물학 등의 자연과학을 비롯하여 철학과 신학, 심리학 등을 망라하여 포괄적이고 통시적인 고찰을 통해 인간을 포함한 모든 생명체에 해당하는 보편의 명제로 제시된 '존재=가

16) Saadiah Gaon al-Fayyumi, Kitab al-Mukhtar fi 'l-Amanat wa 'l-I'tiqadat (The Book of Critically Chosen Beliefs and Convictions, known as the Emunot ve-De'ot) Introduction, Part 4, ed. Joseph D. Kafih(Jerusalem: Yeshiva University, 1970), 12면; Lenn E. Goodman, "Value and the Dynamics of Being", in: The Review of Metaphysics, Vol. 61, 2007, 76면에서 재인용. 그의 저작을 제대로 접근하지 못한 입장에서 조심스럽기는 하지만, 이른바 '이성법들'(laws of reason)과 '계시종교법들'(laws of revelation) 간의 차이를 탐구하고, 특히 '인간의 이성'의 중요성을 주목하였다는 Saadiah의 존재론적 차원의 이 주장은 K. Marx의 『독일 이데올로기』(The German Ideology in Collected Works, 1976, 24면)에 나오는 "의식이 삶을 결정하는 것이 아니라 삶이 의식을 결정한다."라는 유물론적 역사관의 유명한 핵심명제와 철학적 토대 및 인식론적 관점이 유사한 것으로 생각된다. 다만, 흔히 오해하는 것과는 달리, Marx가 주목한 의식 결정자로서 삶, 즉 '실제 생산과정'은 단순히 물질적인 생산이 아니라 더 광범위하고 복합적인 어떤 것, 예컨대 Eric R. Wolf가 적확하게 기술한 바, 즉 "자연, 일, 사회적 노동, 사회조직 간의 상호의존적 관계가 복합된 집합"이었다는 점을 유의해야 한다. Eric Hobsbawm, On History(1997), 강 성호(역), 2002, 261면; E. R. Wolf, Europe and the People without History, 1982, 74면.
이러한 점을 주목하면서, 같은 유대인으로 유대 그리스도교의 전통과 철학적 토대를 공유하는 고대의 종교철학자와 현대의 반종교적인 유물론철학자 두 사람의 거의 천 년의 세월을 넘어서는 대화와 토론으로 한 번 엮어 보면 재밌을 듯싶다. 이른바 '도구본체'로 Marx를, '심리본체'로 Heidegger를 계승하였다는 현대 중국의 대표적인 사상가인 리쩌허우(李澤厚)를 합류시키면, 말 그대로 동서고금을 막론한 풍성한 이야기가 만들어질 수 있을 것으로 생각된다. 특히 이성의 선험적인 보편필연성을 부정하면서도 Marx와 달리 '사회적 진화'의 과정으로서 역사의 '균등성'과 '단선성', '절대성'보다는 '누적성'(累積性)을 주목하는 입장에서, 실제 삶의 역사 속에서 '전적'(澱積)을 통해 이성, 즉 그가 말하는 '도'(度)가 생겨난다고 하는 '역사건이성'(歷史建理性)의 명제와 이른바 '밥 먹는 철학'(吃食哲學), 좀 더 풀어 말하면, '밥 먹고 사는 삶 속에서 생겨난 철학', '먹고 살자고 하는 철학'의 실용적인 유물론의 관점은 같이 묶어봄직하다. 李澤厚, 歷史本體論(2002), 황 희경(역), 역사본체론, 2004.

치'(being=value)의 결론은 곱씹어봄직 하다. 그의 주장에 따르면 '윤리'(ethics)는 인간 '존재의 역동성'(dynamics of being)과 독자적인 '의욕'(conatus), 그리고 이들에서 비롯되는 '기원'(祈願; invocation)과 '초대'(invitation), '감응성'(receptivity), 그리고 눈길을 주고 다가서는 '반응'(response)에서 생기(生起)된다.[17)]

미래에 대한 결정론적 예측과 발견의 가능성, 그리고 이들과 연관되는 '우연과 필연'의 명제에 초점을 맞춘 것인 점에서 맥락은 다르지만, E. Hobsbawm이 단정하는 바와 같이, 역사학은 생태학과 같은 것이 아니고, Marxism의 핵심인 유물론적 역사관도 '역사적 설명'의 토대(basis)일 뿐이지 '역사적 설명' 자체는 아니다. 문화와 개념이 사회적 생산관계를 구조화하는 측면을 무시할 수 없으며, 따라서 특정한 생산양식을 비롯한 물질적 토대가 특정한 상부구조를 담고 있는 n유형의 개념들에 부합된다고 해서 이 개념들을 '토대'로 환원시키는 것은 치명적인 오류다.[18)] 과거 세계사에서 '토대'를 기반으로 하는 '진화적 경향'이 실증되고, 유물론적 역사관으로 설명될 수 있다고 하더라도 그것은 다분히 '기술적(技術的)인 것'에 국한되는 것이며, 연관관계에 대한 해명이지 인과관계의 보편성과 총체성을 증명하는 것은 아니기 때문이다. 적어도 생산양식과 사회 및 문화의 완전한 동일성이 전제될 수 없다고 한다면, 인간의 '전유'(專有)영역인 '도덕적 고원(高原)'(moral plateau)은 바로 이 차이 속에 존재하며, 그 높이와 지평은 오롯이 이 차이를 증명하고 확장해 나가는 또 하나의 '혼합된 진화'의 산물이다.

Goodman이 존재론의 차원에서 해명하고 강조하는 바, 생태계 속에서 역동적 존재로서 인간의 가치와 윤리도 같은 맥락에서 이해된다. 존엄성을 비롯한 인간의 가치의 토대가 되는 '도덕적 고원'을 만들어 가는 것

17) L. E. Goodman(Fn.16). '*conatus*'는 인간을 비롯한 모든 생명체의 '존재의 역동성'의 핵심으로 주목되는 바, 즉 삶에 대한 생래적인 '동태적 욕구'의 근원이다. 이에 대해서는 같은 책, 69, 72-73면.

18) E. Hobsbawm(Fn.16), 262-267면.

인 동시에 그 위에서의 담론인 '가치론', '의무론'(deontology)의 차원에서 관건은 결국 스스로 생각하고 판단하고 책임을 지는 우리의 '행위와 선택'(act and choose), 즉 '주체의식'(subjecthood)의 문제이다.[19] Saadiah의 명제 중 전단의 내용을 조심스럽게 새겨야 하는 것은 바로 이 때문이다.

조금 더 '진화의 경향'에 맡겨서 이 '주체의식'에 대한 생각을 좀 더 진전시키면 그 요체는 '도덕감'(moral sense)이 될 것이다. 인간과 신, 그리고 인간과 동물을 분별하는 가장 분명한 차이는 '도덕감'에서 찾아진다고 할 수 있다. 그 근원은 여전히 말끔하게 해명되지 못하였고, 앞으로도 그럴 수밖에 없을 것으로 생각되지만, 오늘날 심리학, 특히 사회심리학에서 '도덕감'이 진화의 산물이라는 점에 대해서는 거의 이견이 없는 듯하다. 지배적인 paradigm이라고 할 수 있는 Lawrence Kohlberg의 이른바 '인지발달이론'(cognitive-developmental theory)을 넘어서, 특히 Darwin의 진화모델과 함께 오늘날 거의 모든 진화이론가들의 유력한 연구를 비판적으로 검토하고 종합하여 '도덕감'의 근원에 대한 '하나의 통합적 설명'(an integrated account)을 시도한 Dennis L. Krebs가 대표적이다. '단 하나의 타당한 이론'(a valid theory)의 명제를 단연코 부정하며 Krebs가 주목한 과제가 바로 '물'(物)과 정신 또는 도덕 간의 '간극'(gap)을 채우는 것이었다.[20] 그 자체가 진화의 과정이고 산물인 문화 및 문화와 상호작용하는 '감정'과 직간접적으로 연관되는 바, '선'(善)과 도덕적인 것을 생각하는 '행태의 소인(素因)'과 이 생각을 하는 '정신적 기제들'(mental mechanisms), 즉 도덕적 정서와 도덕적 판단들을 생산하는 기제들이 진

19) L. E. Goodman(Fn.16), 75면.

20) D. L. Krebs, The Origins of Morality -An Evolutionary Account, 2011. '역동적인 문화적 현상'으로서 '감정'을 주목하는 관점에서, '문화모델'(cultural model) 및 '문화적 맥락'(cultural context)과 실제 '감정의 과정'(process of emotion)과 그 과정 속에서 반응의 선택과 규제 등에 의해 영향을 받는 목표와 계획이 상호 밀접하게 연관된다는 점을 해명한 실증적인 연구성과도 '감정'의 진화성에 대한 방증으로 유력하다. '근본적으로 감정들은 문화적이다'(Basically, emotions are cultural)라는 명제와 함께 문화가 '감정이론'(emotion theory)의 필수적인 한 측면으로 고려되어야만 한다는 것이 핵심 결론이다. Batja Mesquita, "Emotions As Dynamic Cultural Phenomena", in: Richard J. Davidson/Klaus R. Scherer/H. Hill Goldsmith (ed.), Handbook of Affective Sciences, 2003, 871-890면.

화의 산물이라고 본다면, 바로 이 '간극'이야말로 인간의 '전유(專有)영역'이라고 할 수 있다.

사람의 감정과 정신이 동요하며 배회하는 이 '간극'을 창조한 설계자가 신이라고 하더라도, 그 속에서 도덕적 고민과 판단을 하고 선택하고 그것에 대해 책임을 지는 것은 오로지 인간의 몫이다. '진화의 법칙'이나 '유전의 법칙'도 궁극적으로 인간을 '허수아비'로 설명할 수밖에 없는 이른바 '결정론'의 철칙은 될 수 없다. '도덕감'을 제어하는 '정신적 기제'들에 의해 조종되면서도 그 자체를 개조해나갈 수 있는 일종의 '도덕 엔지니어'로서 인간의 자유의지의 영역과 이 속에서 도덕적 판단과 선택을 하고 행태를 결정하고 책임을 지는 '주체'로서 인간의 가능성은 '의무론' 차원의 당위적인 희망의 명제가 아니다. '존재론' 차원에서 실증적으로도 확인되는 진리다. 전술한 바, 인간 '존재의 역동성'(dynamics of being)을 가치의 근원으로 본 Goodman이나, 후술하게 될 Teilhard de Chardin (주석 26번)의 '인간' 자체를 잠재력이 무궁한 '현상'(phenomenon), 특히 말하자면 '진화의 진화'를 추동할 수 있는 '의욕'(conatus)의 주체로 본 관점도 바로 이 '간극'과 그 속에서의 인간의 자유의 한계와 이 한계를 넘어서려고 하는 인간의 의지와 그 가능성을 주목한 것이다.

아무튼 적어도 무언가의 '이름'을 부를 때, 우리가 갖는 상념, 즉 그 '개념'과 집적된 개인적·집단적 기억과 유추를 통해 '개념' 속에 응축되어 있는 '도덕감', 그리고 가치공감의 확신과 열정과 소망 그리고 기대가 다 소간에 함께 소환된다는 점에서 믿음과 현실의 관계도 일방적인 것만은 아닐 것이다. 이런 관점의 유보 하에 되묻자면, '헌법'에 대하여 우리는 '믿음'을 가지고 '헌법'을 찾고 부르고 있는가? 얼마나 큰 '믿음'을 갖고 있는가? 튼실한 '희망'과 '기대'를 품고 있는가? 표현방식만 빌려서 Saadiah를 의용(依用)하여 묻는다면, '믿음'이 삶의 현실을 전혀 통제(지배)하고 있지 못하고, 오히려 현실에 복속되어 있는 것은 아닌가? 현실을 추종만 하고, 그리하여 달랑 '이름'만 남고 그 알맹이는 실종되어버린 말 그대로 '유명무실'(有名無實)은 아닌가?

이런 생각을 해보면서 헌법을 '환기'(喚起; evocation)하여 '헌법의 기치(旗幟)'를 곧추 세워보고, 그에 맞는 '명실상부'(名實相符)한 '헌법'의 '이념'과 '개념'과 '개념의 개념' 등등을 함께 성찰해보려 한다. 필자만의 주관적인 느낌일지 모르겠으나, 이런 상상과 생각에 소리꾼 정 태춘의 노래와 L. Cohen의 'Villanelle'은 너무나도 잘 어울린다, 예사롭게 들리지 않는 숙연한 메시지도 그러하지만, 그 가락과 음색, 음률을 포함하여 온 분위기가 이런 성찰의 태도를 가다듬고 마음가짐을 다지는데 안성맞춤이다. '헌법환기'라는 제목은 나중에 떠오른 것이지만, 이 책을 처음 구상하게 된 계기가 바로 Cohen의 노래였다.

문자기호로 구성된 헌법의 언어와 텍스트를 단순하게 '쓰고 읽는 것'(writing and reading)에 그치는 헌법학과 헌법해석의 한계를 극복해야 한다는 명제를 되새기고, '헌법환기'와 '헌법상상'과 '헌법생각', '헌법도그마틱', 그리고 '은유'의 맥락에서 그 이유와 방법을 탐색해보고자 하는 것이 이 책의 핵심 목표이다. 아무튼 이 책을 집필하면서 가능한 한 의식하지 않으려 한 한계, 말하자면 문자기호의 한계와 언어로 쓰고 읽고, 인식 또는 이해하고 소통하는 매체와 방법상의 한계는 '논리적 추론'이나 '어의학적 분석'작업과는 다른 방법과 수단들로 극복될 수밖에 없다. '반가사유상'을 보며 Cohen의 읊조림을 함께 완상(玩賞)하는 것은 그 중 하나의 가능하고 매력적인 방법이다.[21]

요즈음 시청각자료를 활용한 다매체학습방법이 주목되고 있거니와, 여러 번 되풀이해보니 좋아서 권한다. 우리의 문화유산 중에 가장 자랑스러운 걸작이라고 할 수 있는 '금동미륵보살반가사유상'(金銅彌勒菩薩半跏思惟像)(국보 제78호)의 고즈넉한 표정과 신비한 미소를 Cohen의 음률과 읊

---

21) Cohen의 명품 중에 가장 주목되는 'Hallelujah'(1984)와 함께 엮어서 들어 보기를 권한다. 그의 앨범 "Various Positions"(1984)에 수록된 곡으로 음조는 gospel인 듯 들리지만, 그 가사의 내용은 오히려 종교에 대한 냉소를 통해 오히려 더 깊은 심층의 '시민종교'(civic religion)를 설파한다. 그의 말대로 이른바 '세속적인 할렐루야', 즉 "차갑고 깨진 할렐루야"(a cold and broken Hallelujah)를 운율로 풀어내고 담아낸 노래이다: https://www.youtube.com/hashtag/leonardcohen; Dear Heather by Leonard Cohen on Apple Music.

조림과 함께 보고 들으면 자못 그럴 듯하다. '헌법이야기' 하면서 무슨 '반가사유상'을 들먹이나? '뜬금없다' 할 수 있을 것이다. 구순이 넘었지만 "아름다움이 무엇인지는 모르겠고, '예술과 인생과 진리가 무엇인지 모른다'는 것 하나만 알겠다"[22)]고 하는 조각가, 그와 40여 년의 교유와 담론을 책으로 펴낸 김 형국이 "'무언가 모르는 것을 안다'는 경지의 문턱에 이른 경우이거나, 알고 모르고의 경계에 있는 사람이거나 이 둘 중의 하나이지 싶다"[23)]고 한 최 종태가 "인류 조각사에 아름다운 것은 많지만 이처럼 착하고 아름다운 얼굴은 본 적이 없다"며 단언하는 최상의 '정신적 미', 말하자면 선과 미의 가치와 범주가 다르지 않은 또는 이들과 융합된 '헌법적 진리'(?)의 모습을 상정하는 것은 가당치 않은 것인가?[24)]

<반가사유상> 6세기 후반 금동 83.2cm

<생각하는 사람> 2012 대리석 70x32.7x51.6cm

22) 조선일보, 2021년 12월 25일, 주말섹션 인터뷰 '아무튼 주말', B1, 2면.

23) 김 형국, 하늘에 걸 조각 한 점 - 최 종태 예술의 사회학, 2018, 93면.

24) '반가사유상'과 함께, 작가가 스스로 골랐다는 13점 중에 필자에게 가장 와 닿는 '생각하는 사람'(2012)을 같이 완상해보기를 권한다. 김 형국(Fn.23), (책에는 표기를 하지 않았지만) 107면 이하. '최 종태의 여인상들' 중에 7번째 작품으로 117면에 수록된 작품이다.

Ⅱ. 헌법상상

1. 헌법의 개념 - '헌법=동사(動詞)'와 육감

L. H. Tribe의 은유에 따르면 헌법은 '명사'(noun)가 아니라 '동사'(verb)다. '일종의 창조와 재창조의 진행형 행위'(an ongoing act of creation and recreation)[25]이다. 그렇다면 헌법의 규범세계와 그 속에서 생동하는 헌법의 의미가 '반가사유상'의 미소와 "Villanelle" 속에서 진리의 실루엣으로 떠오른다고 하면 지나친 비약일까? 추측하고 예상컨대, 실없는 '현(미)학'(衒美學)이라는 비난과 어울리지 않는 허울일 뿐이라는 조롱(嘲弄)의 답이 충분히 예상된다.

하지만, 헌법은, 식물학의 용어를 빌려 말하면, 일종의 문화적 '이화수분'(異花受粉; cross-pollination)의 산물인 동시에 그 과정 속에서 가치를 생산, 교환하고 교환을 통해 계속 발전시켜나가는 '통합의 서사'(integrative narrative)이다. 또한 오늘날 유력한 헌법학방법론에 동승하여 이 '서사'를 발전시켜 나가는 '헌법적 상상'(constitutional imagination)이 헌법해석작업의 요체라고 본다면, '뜬금없다'는 생각은 오히려 헌법학과 헌법해석론의 '뜬금', 말하자면 '시세의 변동에 따라 달리 정해지는 값'을 잘 모르는 탓이라 여겨진다.

헌법이 '제조된 규범세계'이기는 하지만, 그 '제조', 말하자면 '헌법형식', 즉 모두가 함께 공유하고 독해할 수 있는 '성문헌법'(written constitution)의 채택과 헌법텍스트의 기초(drafting) 이후에 '공적 이성의 문법'으로 헌법 속에서 헌법을 읽어내며 만들어 나가는 일종의 '특수한 상상'의 동태적인 법인식작업인 헌법해석은 단발의 1회성의 과업이 아니다. Rome was not built in a day! 헌법도 하루아침에 고안되거나 세워지는 것이 아니

25) L. H. Tribe, "America's Constitutional Narrative", in: Daedalus, The Journal of the American Academy of Arts & Sciences, Vol. 141(2012), 19, 34면.

다. 또한 헌법제정을 통한 '입헌'(入憲)에서부터 시작하여 계속 진행되는 '헌법의 세움', 즉 '입헌'(立憲)의 연속적인 복합과정은 생각의 호흡과 보폭의 크기, 그리고 접근의 방법이나 관점에서 '강단'(剛斷)과 '유연'(柔軟), '중후장대'(重厚張大)와 '경박단소'(輕薄短小)를 분별하여 관찰될 수 없는, 즉 이분법적으로 접근될 수 없는 일종의 '인간의 현상'(phenomenon of man),[26] 즉 '가치현상'이고, '문화현상'이다.

『헌법은 '제정 법률의 법'(실정법: 필자 부기)이 아니라 '현실 상태의 법'(권력관계)으로부터 형성된다.』

'헌법'이라는 형식과 헌법제정이 가능하게 된 정치사회적 상황, 말하자면 '헌법성립'의 상태 자체가 권력관계의 산물이었거니와, Eduard Lasker가 적확하게 표현한 바와 같이, '방해와 파괴'로 점철되었던 19세기 중후반 독일에서 적어도 '헌법제정' 자체는 사실상 불가역적인 명제로 확정된 상태에서 Lorenz von Stein의 간명한 단언이다.[27] 보수와 진보 간의 대립구도 속에서 권력구도 재편의 방향과 내용을 정하는 정치문제로 '헌법'(Verfassung; Verfassungsrecht)의 개념에 관한 논쟁이 한창일 때 제시된 '헌법=사실적인 권력관계'의 명제를 그대로 오늘날 그대로 인정할 수는 없다. 하지만 선택적 주목이 아니라 헌법의 경우 더욱 도드라지는 법의 본질적인 양면으로서 '현실(존재)과 규범(당위) 간의 역동적인 상호작용'의 문화현상에 초점을 맞추어 보면 그 함의는 새롭게 되새겨봄직하다.

---

26) 진화론의 문제를 '질료(명제) 자체의 진화'(evolution of matter)에 초점을 맞추어 인간 존재의 역동성과 함께 가치의 질료(명제)를 현상학적으로 풀어 낸 Teilhard de Chardin의 저서 제목이다. Pierre T. de Chardin, The Phenomenon of Man, 1955.

27) L. v. Stein, "Zur preußischen Verfassungfrage", in; Deutsche Vieteljahresschrift, 1852, 36면; Heintz Monhaupt/Dieter Grimm, Otto Brunner/Werner Conze/Reinhart Koselleck(ed), Geschichtliche Grundbegriffe, Verfassung(1975), 송석윤(역), 코젤렉의 개념사 사전20-헌법, 2012, 156면에서 재인용. Lasker의 인용도 마찬가지다.

경험주의가 풍미하였던 당시 상황에서 '헌법'이라는 단어와 개념 자체가 단순한 유행의 신조어나 언어학적 '유추'(analogy) 또는 '범주화'(categorization)의 문제가 아니었다. '기억'과 '유추'의 문제로 본다면 공동체 전체 차원에서 집단적 기억에 새로운 정신적 구조를 덧입히는 일종의 '획기적인 문화현상'이었다고 할 수 있었다. 하지만, 이 점을 차치하더라도 오늘날 헌법, 그리고 헌법의 준거와 척도에 따라 판단하고 처결해야 하는 '헌법문제'는 오롯이 권력만의 공간에서, 더구나 칸막이가 쳐진 상태로 주어지지 않는다. '도덕감'과 가치적 공감, 정치적 결단의 실재 및 형식의 규범성 등이 응축된 헌법은 집단적 기억과 유추의 결과로 형성되고 변형되어 나가는 '거대한 정신적 구조'이다. 가치의 본질과 가치생산의 구조와 기능은 역동적인 존재와 삶의 과정 속에서 형성된다. 이 과정 속에서 진행되는 헌법, 말하자면 이분법으로 포착될 수 없는 존재와 당위, 감성과 이성, 역사와 현실, 엮일 수밖에 없는 '공시성'과 '통시성'의 중첩과 혼합 및 분열, 그리고 — 현대물리학을 parody하여 말하자면(이에 관해서는 아래 272-275면, 주석 414-418, 419번 참조) — 시공간(時空間; timespace)의 휨과 펴짐, 접히고 엮임과 펼쳐지고 풀어짐 속에서 정태적인 안정과 동태적인 변화의 국면들이 엇갈리는 '진행형 동사'(ongoing verb)인 헌법은 오롯이 '문화'다.

전술한 바 있거니와, 헌법을 '문화' 또는 '문화현상'으로 보는 관점에서 특히 주목되는 것은 바로 '상징어'(象徵語; symbolic words)로 구성된 헌법 텍스트의 언어학적 특성이다. Clifford Geertz가 제시하는 바와 같이, 언어학에서 '소리와 의미 간의 필연의 관계성'에 초점을 맞추어 이해하는 '음성상징어'(sound symbolic words)를 넘어서 "어떤 대상이나 행위와 사건, 성질, 관계를 표상하는데 사용되는 개념의 매개물로 작용하는 것"[28]으로 '상징'을 이해하는 방법론의 관점에서 보면, '상징어'는 우선 '의미상징어'(meaning symbolic words)로 상정된다. '범주화'와 '유추'라는 사고의

28) C. Geertz, The Interpretation of Cultures(1973), 문 옥표(역), 문화의 해석, 1998, 115면.

핵심엔진을 통해 일방적인 인과관계가 아니라 관념이든 사물이든 그에 대한 경험과 이해 및 평가와 상호관계 속에서 교호작용을 하는 '개념'과 관련하여 '의미상징어'는 언어로 포착하기 어려운 느낌과 분위기 등등을 포함하는 복합적인 유추의 단서들을 포섭하는 특수한 언어양식으로 중요한 의미를 갖는다.

나중에 은유와 관련하여 좀 더 상론될 것이지만, 흔히 합쳐서 '사물'(事物; Sache; thing)로 말하지만, 일종의 '정신적 구조의 덧입힘'(mapping of spiritual structure)이라고 할 수 있는 지속적인 '개념지도작업'(mapping of concept)에서 '상징어'의 역할과 의미는 크게는 '사'(事; event)와 '물'(物; physical object), 그리고 '관념'(idea; notion)을 구별하여 이해되어야 한다. 또한 '사'의 경우는 결과와 과정 중에 초점을 어디에 맞추는가에 따라, '물'은 대상의 범주나 층위, 즉 추상화 또는 구체화의 정도 등에 따라 다를 것이다. 다만, 넓게 보면 모두가 다 '관념어'라고 할 수 있는 이러한 '상징어'의 특유한 효용은 일종의 '상징해석학', 말하자면 정교화, 확장 또는 압축되고, 변형되며, 종종 보정 또는 손상되기도 하는 '개념'을 '상징의 의미'(meaning of symbol)로 보는 관점에서 접근하는 '문화(현상)학'의 맥락에서 특히 부각된다.

우주의 '만사물'(萬事物)을 통틀어 보아도 아마 '엄마'만큼 고상하고, 따듯하며, 포근한 개념은 없을 것이다. 갓난아기 시절에 젖내음을 포함한 '엄마'의 온몸의 체취와 자애로운 눈길과 미소, 업힐 때 포근했던 엄마의 등어리, 게다가 안아줄 때 살포시 느끼지는 사랑의 압력, 자장가 소리, 자장가와 리듬을 맞춘 토닥임 등등이 뒤섞이고 합쳐진 '엄마'는 가장 보편적이고 절대적인 '육감'(六感; 肉感)의 종합개념이고, 대체불가능한 '상징어'이다. 성장과정을 거치면서 신생아 시절의 '울엄마'(Mommy)에서 부터 '엄마'(mommy), '어머니'(mother)로 변하더라도 또한 유추의 자료로 '울엄마'의 기억이 남아있지 않게 되거나 흐릿해지더라도, '엄마'의 개념의 핵이라고 할 수 있는 '울엄마'의 체취(體臭)와 눈과 마음으로 공유한 느낌과 분위기의 맥락은 우리의 가슴과 머리에 내장되어 고스란히 유지될 것이다.[29] '엄마'는 대체불가능한 이름이고, 결코 타자로 '대상화'할 수 없는 개념이다.

헌법전의 기초자(起草者; drafter)나 헌법제정을 주도한 사람들 또는 '사건'들을 '헌법의 아버지'(father of constitution)로 흔히 지칭하는 것은 아마도 가부장제적 남성우위의 관념이 반영된 것으로 생각되거니와, '사'와 '물' 또는 '관념' 중에 어떤 범주에 속하는지 가늠하기 어렵고, 그렇기 때문에 가장 복합적인 '상징어'라고 할 수 있는 '엄마'와 그 속에 담겨져 있는 '엄마'의 개념을 '헌법'과 '헌법의 어머니'(mother of constitution)로 연결하여 새겨보는 것은 흥미롭고, 유용한 작업이 될 것이다.

우리에게 '헌법'이라는 '의미상징어'로 표상되는 '헌법'의 개념은 어떤 것인가? '(울)엄마'(Mommy; mommy)에 상응하는 '헌법'을 갖고 있는가? 헌법언어는 대부분이, 특히 기본권용어들은 오롯이 이른바 '사회어'(Sozialekt)이며, 고도로 추상적인 '의미상징어'이다. 헌법해석방법론에서 가장 부각되거니와, Geertz의 말대로, '상징'은 시에는 있으나 과학에는 없는 문제, 말하자면 '과학'과 '논리' 또는 '유추'와 '추론'만으로 접근할 수 없는 본질의 문제는 바로 '상징처리작업'인 '상징어'의 해석에 있다. 일견 '모순의 형용'(oxymoron)으로 여겨지는 '상징적 논리'(symbolic logics), 즉 '상징적 추론'(symbolic reasoning)의 문제를 어떻게 이해하고, 접근할 것인지가 난제로 주어진다.[30]

언어의 소재에 초점을 맞추어 발전되어 왔고, 그렇게 때문에 무한정 추가되는 소재에 대한 분석에 의존하는 '인식론적 언어학'(kognitive Linguistik)이 피할 수 없는 '순환논증'(Zirkelschluß)의 문제와, 인식론적 모델의 사고로 해결될 수 없는 이 문제를 이른바 '수렴의 증거'(converging

29) 이에 관한 상론은 Douglas Hofstadter/Emmanuel Sander, Surfaces and Esences - Analogy as the Fuel and Fire of Thinking(2013), 김 태훈(역), 사고의 본질, 2017, 52-58면.

30) C. Geertz, 문 옥표(역)(Fn.28), 115면.

evidence)의 개념으로 해결하려는 시도의 근본적인 한계도 같은 맥락에서 지적되어 온 문제들이다. 그 대안으로 주목되는 것이 바로 '(Text)집적체 문체론'(Korpus-stilistik)[31]이다. 일종의 '통합적 text(해석)학'이라고 할 수 있는 이 접근방법은 이른바 '체계론적 세계관'(systems view of world)[32]과 같은 구조의 '체계론적 텍스트관'(systems view of text)의 해석 또는 이해방법이다. 일종의 '입체적 맥락주의'(three-dimensional contextualism)라고도 할 수 있다. 텍스트 간의 관계를 주목하여, 말하자면 '초언어'(super-language) 또는 '초텍스트적 은유'(super-textual metaphor)의 방식을 통해 '가정들의 구조틀'(framework of assumptions)을 늘 성찰하고 갱신해나가는 형성적인 상징처리의 방법이기 때문이다.

이와 관련된 상론은 후술하되, 다만 이른바 '법학적 해석학'(juristische Hermeneutik)과 유사한 맥락에서 이해되는 바, 초언어적인 '상징'과 '은유', '총체적인 체계' 등에 초점을 맞추는 이러한 방법론대안들은 법텍스트작업, 특히 '헌법텍스트작업'에서도 주목되어야 한다는 점만 우선 밝혀둔다. 일종의 논리적인 '언어기호해독작업'인 어의학적 분석작업 외에, '색성향미촉'(色聲香味觸)의 '오감'(五感)과 함께, 이 '오감'을 전부 또는 부분적으로 합쳐서 몸과 마음(mind; soul) 전체로 느끼는 이른바 '육감'(肉感; sensualism)이나, '오감'과는 본질적으로 다른 차원과 범주의 '영감'(靈感; inspiration) 또는 '직관'(intuition)의 '직감'(直感)을 뜻하는 '육감'(六感; the sixth sense)이 헌법 및 헌법해석방법론의 명제로 논의되어야 하는 것은 바로 이 때문이다.

'헌법'과 마찬가지로, '(울)엄마'도 '명사'인 동시에 '동사'다. '상징어' 및 '개념'으로서 '(울)엄마'와 '헌법'은 차원 또는 범주가 다른가? 다르다면, 완전히 다른가? 아니라면, 무엇이 얼마나 어떻게 다른가?

---

31) 이에 관한 상론은 Ralph Müller, Die Metapher: Kongnition, Korpuslinguistik und Kreativität, 2012, 특히 20-27면.

32) 이에 관해서는 Fritjof Capra/Pier Luigi Luisi, The Systems View of Life, 2014.

2. '공(空)헌법(론)'의 '말놀이'(Sprachspiel)

헌법해석(론)은 현실과 규범의 단절이 아니라 그 교차점에서 '인간'의 존재와 삶, 사회와 국가, 권력 등등의 '현상'을 관찰하고 해석하는 작업이다. 헌법해석의 토대와 구조틀을 정립하는 헌법이론과 마찬가지로, 그 과정과 산물 자체가 '현상'이거니와, 헌법해석작업은 '사물' 및 '관념'의 현상과 함께 '현상 속의 현상'이라고 할 수 있는, 즉 현상을 표상하는 '개념'들의 본질과 그 함축된 '의미'를 형성 및 해체하고 재구성해나가는 복합적인 '통합의 프로젝트'이다.

이러한 맥락에서 우리 헌법담론장의 척박함과 함께 그 취약함이 가장 부각되는 부분의 하나는 '민주주의의 이론과 실천의 마당'이다. 전통적인 투박한 관념으로서는 몰라도, 오늘날의 정치경제 및 사회적 상황에서 '공동체'(community)의 개념에 대한 면밀한 고민이 천박하거니와, '공동체이론'(theory of community)이나 'elite이론', 특히 '소수원리'(minority principle)와 '민주주의원리들'(democracy principles) 간의 근본적인 괴리의 불가피성과 이를 전제로 하여 그 변증법적 발전의 가능성과 한계를 면밀하게 검토하여 흠결보정의 방책을 모색하는 고민과 대화가 미흡하다. '민주공동체'의 대안을 정리하여 제시해주는 '(정치)주체의 ideology'나 포괄적인 '헌법민주주의'의 이론적 프로젝트의 부재도 절감(切感)된다.

Ernesto Laclau가 "현재 유럽의 지적 장(場)에서 가장 혁신적이고 유망한 이론적 프로젝트 중의 대표적인 하나"라고 평가한 Slavoj Zizek의 『The Sublime Object of Ideology』의 서문에서 한 마디로 정리하여 제시한 기본명제가 우리의 '헌법상상'에서 더욱 관심을 끄는 것도 바로 이 때문이다:

『'주체'라는 범주는 '주체의 입장들'로 환원될 수 없다. 주체화 이전의 주체는 결여의 주체이기 때문이다.』[33)]

---

33) E. Laclau, Slavoj Zizek, The Sublime Object of Ideology(1989), 이 수련(역),

창세기의 '말놀이'를 모방하여 '헌법말놀이'를 조금 더 진행시켜 본다:

『In the beginning was the Word, and the Word was with God, and the Word was God(Genesis 1:1);

In the beginning (of the constitutional foundation) was the Text, and the Text was with Subject(People), and the Text was Subject(People).』

여기에서 상론할 수는 없되, 법실증주의자로 분류되는 점에서 아이러니지만, 이른바 '근본규범'(Grundnorm)이라는 허구의 관념을 토대로 하여 '헌법텍스트' 자체를 주체로 본 Hans Kelsen의 규범주의적 헌법관은 '헌법텍스트=헌법규범' 그리고 헌법을 정점으로 하는 실정법의 계층구조인 '법질서'(Rechtsordnung)를 국가와 동일시하는 관점에서 태초의 '언어'(Word), 즉 헌법text를 주목한 입장으로 이해된다.[34] 또한 '주의주의'(主意主義; voluntarism)의 관점에서 헌법의 정당성의 근거를 헌법제정권력의 주체인 '국민'(Volk)의 '정치적 의지'(politische Wille)에서 찾고, '정치적 결단'(politische Entscheidung)의 통일된 주체로서 '국민'을 주목한 Carl Schmitt의 결단주의 헌법관에서는 태초의 '국민의 실재'(reality of People)에,[35] 그리고 '주지주의'(主知主義; intellectualism)를 토대로 하여 객관적인 '가치공감대'를 헌법의 핵심으로 본 Rudolf Smend의 '통합론'(Integrationslehre)은 '실질적인 통합의 가치핵'(integrierender Sachgehalt)인 기본권으로 표상되는 태초의 '통합'의 지침과 그 '과정'에 초점을 맞춘 것으로 볼 수 있다.[36]

이데올로기의 숭고한 대상, 2013, 서문, 14면.

34) H. Kelsen, Hauptprobleme, 1923; Allgemeine Staatslehre, 1925. 특히 16면 이하.

35) C. Schmitt, Verfassungslehre, 1928, 특히 75-99면.

36) R. Smend, Verfassung und Verfassungsrecht, 1928, 특히 67-74, 158-167면. Smend에 따르면, C. Schmitt가 '실체'로 본 '국민'(Staatsvolk)도 상시적으로 새롭게 통합되어 나가며, 국가생활 속에서 그 자체가 늘 갱신되고 발전되어 나가는 동태

'형식주의'(Formalismus), '실증주의'(Positivismus), '결단주의'(Dezisionismus) 및 '국가주의'(Etatismus)에 대한 정면의 반명제로 Peter Häberle가 제시한 '공적 과정으로서 헌법'(Verfassung als öffentlicher Prozeß), '문화학으로서 헌법이론'(Verfassungslehre als Kulturwissenschaft), '헌법해석의 개방사회'(die offene Gesellschaft der Verfassungsinterpreten) 등은 여기 '헌법말놀이'에서 곱씹어봐야 만할 요긴한 재료로 생각되지만, 이를 포함하여 과감하게 건너뛰어서 보면,[37] Smend가 '국가=통합과정'의 정신과학적 현상학적 관념을 토대로 하여 이 통합과정을 촉진하는 규범프로그램으로 본 헌법의 기능은 post-modernism으로 각색하여 볼 수 있다. 다소간의 '무리'(無理)나 그렇다는 비판을 피하기 위해 지레 포기하기에는 많이 흥미롭고, 의미와 효용도 적지 않다. 간단하게나마 정리해본다.

post-modern의 관점은 보편성과 필연성, 객관성, 전체성 등 궁극의 진리와 실재에 대한 확인을 담보할 수 없는 언어의 한계, 특히 언어를 매개로 한 인식의 '불확정성'을 전제로 한다. 이 전제와 연관되는 바, 일종의 '인식방법론'으로서 post-modernism은 "의미와 실제, 지식, 그리고

적인 '현상'으로 파악된다.

37) P. Häberle, Verfassung als öffentlicher Prozeß, 1978; Verfassungslehre als Kulturwissenschaft, 1998; "Die offene Gesellschaft der Verfassungsinterpreten", in: JZ, 1975, 297-305면. Häberle가 사용하는 '(헌법)해석사회'와 미국 연방대법관을 지낸 Antonin Scalia의 '해석공동체'(interpretative community), 즉 일상생활 속의 소통을 통해 형성되는 언어감각과 이를 준거로 하여 공유되는 '맥락'(context) 속에서 법문언의 '통상적인 의미'(ordinary meaning)를 객관적으로 파악하는 것을 법해석작업의 요체로 보는 법형식주의적 관점에서 말하는 공동체는 비교해봄직한 명제이지만, 논의의 맥락은 근본적으로 다르다. 법이론적 입장은 물론이고, 사법실무상으로도 특히 이른바 '사법재량'(judicial discretion)이나 '법정책적 고려' 등과 관련하여 법관에게 요구하고 기대하는 적극 또는 소극적인 태도나 법해석방법론에서 정면으로 대립되는 결론의 핵심논거로 제시되는 명제이다. A. Scalia, A Matter of Interpretation, 1997, 14-29면; A. Scalia/Bryan A. Garner, Reading law: the interpretation of legal texts, 2012. Häberle의 저작에 대한 주목되는 서평논문으로는 Winfried Brugger, "Kultur, Verfassung, Recht, Staat", in: Archiv des öffentlichen Rechts, Bd. 126(2001), 271-293면. 헌법과 국가의 본질과 관련하여 H. Kelsen, C. Schmitt 및 R. Smend의 대비되는 헌법관들에 대한 요론과 비판으로는 허 영, 헌법이론과 헌법, 2021, 4-29면.

진리에 대한 극단적인 회의의 태도"(an attitude of extreme skepticism about meaning, reality, knowledge, and truth)[38]이다. 또한 이러한 태도를 갖고 '사물들'(things)을 '그들 자체 속에서'(in themselves)가 아니라 단지 언어에 의해 기표된 개념들을 통해서 파악하는 것은 '실재에 대한 우리의 관념은 산만하게 구성된다'(Our notion of reality is discursively constructed)[39]는 것을 인정하고, 궁극적으로 적어도 완전한 객관성과 확실성은 유보하는 '하나의 사유체계'(a system of thought)이기도 하다.

이러한 태도와 사유체계에 맞추어 풀어보면, Smend의 헌법관은 다음 '말놀이'의 핵심인 '공'(空; empty space; emptiness)의 주체성을 주목한 것이라고 할 수 있다. R. Wittgenstein이나 J. Derridas의 언어철학을 의용(依用)하여 언어 또는 개념의 '불확정성'(indeterminacy) 또는 '저확정성'(underdeterminacy), 그리고 언어사용의 핵심형식인 '말놀이'(Sprachspiel)의 '우연성'(contingency)과 '비정형성'(non-formality) 및 '무규정성'(non-stipulatedness)에 초점을 맞추어 말 그대로 '해체'(deconstruction), 즉 '빈자리 만들기'의 '말놀이'를 해본다면 다음과 같이 말할 수 있다;

『In the beginning(of the constitutional foundation) was the Empty Space(Emptiness), and the Empty Space(Emptiness) was with Subject (Reality), and the Empty Space(Emptiness) was Subject(Reality).』

언어학에서 '말의 기원'(origin of words)은 여전히 하나의 신비의 수수께끼(a mystery)로 남아 있거니와, "말은 단연코 문법에 앞서 진화해왔다"(Words had to evolve before grammar)[40]는 명제도 이해하기 쉽지 않

38) Calvin Massey, "The Constitution in a Postmodern Age", in: Wash & Lee Law Review, Vol. 64(2007), 1면.

39) Elizabeth Anderson, "Feminist Epistemology and Philosophy of Science", in: Edward N. Zalta(ed), THE STANFORD ENCYCLOPEDIA OF PHILOSOPHY, 2004. Calvin Massey(Fn.38), 2면에서 재인용.

40) Herbert S. Terrace, "In The Beginning There were No Words", in: Facebook, posted 2021.5.4.

다. 인식과 이해를 포함하는 사유와 표현 및 소통수단으로 인간이 사용하는 언어의 고유한 본질과 특성을 뒷받침해주는 핵심 논거들 중의 하나로 문법의 '창조적 진화성', 즉 한정된 말들을 갖고 무한의 의미들을 창출할 수 있게 하는 기능이 제시되는데, 정작 "말이 없이는 어떤 의미도 생성되지 않는다"는 것은 어떻게 해명될 수 있는가? 적어도 '관념어'를 갖고 가치와 도덕을 생각하고, 표현하고 소통하는 데 도대체 문법이 없이 말이 성립되고, 사용될 수 있는가?

'구조주의문법'에 대립되는 관점에서 인간의 생래적인 인지능력으로서 언어문법의 주요 구성요소들을 주목하여 이들을 '내재적인 보편문법의 구성요소'라고 보는 이른바 '변형문법'(transformational grammar)을 주창한 Noam Chomski는 '언어학습'(learning language)을 아기의 '걷기학습'(learning to walk)과 같다고 믿었다. 말하자면 사유수단으로서 언어에만 집착하고 언어의 '사회적 기능'(social function)은 제대로 주목하지 않았다. Chomski의 언어이론 중에 가장 통렬하게 비판되는 점이거니와, "언어학습은 자연발생적인 것이 아니다."(Learning language does not merely just happen). '걷기'(walking)와 달리 '사회적 상호작용'(social interaction)이 없이는 언어는 계발되고 학습될 수 없다. '언어' 이전에 우선 '(상호)간주관성'(intersubjectivity)이 언어학습의 시발점이라는 확증된 사실과 이를 준거로 하여 제시된 언어진화론의 명제는 반박할 수 없다;

『In the beginning there were no words.』[41)]

헌법언어야말로 그러한 것 아닌가? 이 명제는 헌법언어와 '헌법말놀이'에서 '의미의 문법', '도덕의 문법', '공적 이성의 문법' 및 '공감의 문법'에서도 적실하고 타당한가? 다른가? 다르다면 무엇이 다르며, 어떻게 달리 이해하고 접근해야 하는가? 후술하는 바, 즉 '초문법'(meta grammar)의 모색이 불가피한 것 아닌가?

---

41) Herbert S. Terrace(Fn.40).

법실증주의의 오류가 헌법이론과 헌법해석론에서 도드라지는 것은 바로 이러한 문제들 자체를 법문제로 인식할 수 없는 점에서 그러하다. '언어 의미의 확정성'과 '법과 도덕의 준별'의 언어 및 법철학적 전제 하에 법효력의 준거를 오로지 '사회적 사실'(social fact) 또는 입법수권의 역사(history), 말하자면 입법자의 '권위'(authority)에서만 찾고, '입법자가 말한 것을 찾아내는 것'을 법해석의 요체로 보는 입장에서는 '말놀이'를 하는 법 및 법학은 상정조차 되지 않으며, 따라서 이를 전제로 하는 방법론은 고민의 대상이 아니다. 특히 고도로 추상적인 언어를 갖고 하는 '헌법말놀이'와 '말놀이'를 말하는 헌법이론, 그리고 '도덕'과 '도덕의 개방성'을 고민하는 헌법해석방법론을 원천적으로 배척하는 것 외에 다른 대안은 없다.

상대주의를 철저하게 부정하면서 인간의 본성과 함께 인간 정신 및 언어의 본래의 '고착된 구조'(fixed structure)에 대한 확신을 갖고, 인간의 가장 놀라운 능력으로서 언어를 집요하게 탐구해온 Steven Pinker는 이른바 '언어본능'(language instinct)의 명제를 제시하였다. "현대의 인간본성의 부정"(The Modern Denial of Human Nature)이라는 부제를 단 일종의 전방위 및 전층위의 문화비평서라고 할 수 있는 『The Blank Slate』(2003)에서 묻는다:

『아직도 '정신'(mind)이 '공판'(空版; blank slate)이라고 믿는 사람들이 실제로 있는가?; 한 명이라도 자녀가 있는 사람이나, 이성 간 성관계를 맺어봤거나 또는 아이들은 언어를 배우는데 애완동물들은 그렇지 못한 것을 아는 사람들에게 인간이 특정한 재주와 기질을 갖고 태어난다는 것은 분명하지 않은가?; 우리 모두가 유전(heredity)과 환경(environment) 간의 '단순한 이원론'(simplistic dichotomy)은 넘어서지 않았는가?』

'흔한 일상의 발화 속의 고상하고 풍부한 세계'(a world of elegance and richness in quotidian speech)에 대한 안내자를 자처하며 그가 감행한 시도, 즉 "정신 또는 마음(mind)은 어떻게 언어를 창조하는가?"라는 전통적인 질문의 '전복'(顚覆)은 헌법학에서도 자못 관심거리가 아닐 수 없다.[42] 특히 '일종의 상대주의적 총체론'(a relativistic holism)의 관념, 즉 과학이론들과 윤리적 가치들, 형이상학적 세계관 등 모든 대상 또는 명제들에 대한 '합리적 비판론'(rational criticism)의 paradigm 자체의 문제, 특히 이들을 선규정하는 가정들의 '전도'(顚倒)와 그 '표준모형'과 '구조틀'의 허구성 또는 불완전성을 해명한 것은 일종의 '언어비판론'(language criticism)인 '헌법말놀이'에서도 되새겨봐야 할 시사점을 적잖다:

『인식(cognition)에 의해서 지각(perception)이, 이론에 의해서 관찰이, 문화에 의해서 가치가, 그리고 언어에 의해서 형이상학이 규정되는(상대주의적 paradigm 속에서: 필자 부기) 모든 합리적 비판론은 오로지 — 하나의 지리학적, 역사적 또는 사회학적 사건의 문제로서 — 대화자가 우연히 공유하는 '가정들의 구조틀'(framework of assumptions) 속에서만 수행될 수 있다. 당신이 할 수 없는 것은 바로 이 구조틀에 대한 합리적인 비판이다 …

'전체자'가 무엇이든 간에 그것이 있다면 적어도 '일자(一者; One) 이상이 있다. (Whatever the All is, at least there is more than One of it.)』[43]

---

42) S. Pinker, The Blank Slate, 2003, preface, vii면; The Language Instinct, 1994, preface, xiii면, 특히, 419-448면.

43) S. Pinker, The Language Instinct, 420면. '정신'(mind)에 대한 생물학적 이해와 관련하여 사람들이 갖고 있는 가장 깊은 우려의 하나는 그것이 '도덕적 허무주의'(moral nihilism)으로 귀착된다는 것이지만, 이러한 생각의 오류를 지적하면서 그 어떤 것도 '무신의 비도덕적인 자연선택'(godless and amoral process of natural selection)의 과정이 '정교한 도덕감각'(elaborate moral sense)을 갖춘 '고도의 지력(智力)의 사회적 종'(a big-brained social species)으로 진화하는 것을 막을 수는 없다는 단언과 함께 그가 역설적으로 제시하는 'homo sapiens의 문제', 즉 '도덕성 과소'(too little morality)가 아니라 '도덕성 과잉'(too much morality)의 문제도 같은 맥락에서 주목된다. S. Pinker, The Blank Slate, 269면; 미주 1번. 이 논제와 관련해서는 특히 Chapter 14(241-268면), Chapter 15(269-282면). "신앙심 깊은 체 하는 동물"(The Sanctimonious Animal)이라는 Chapter 15의 소제목도 눈길을 끈다.
적어도 발상의 차원에서는 규범학과 규범인식론의 화두로도 생각해봄직한 철학 또는 물리학의 '형이상학'적 논제로서 '일원론'(monism; monistic theory) 및 이에 언어학의 마당이 아니기도 하지만, 잠시 한 가지 시사점만 챙기고, 노자의 "그칠 때(곳)를 알고, 그쳐야 할 때(곳에서) 그쳐야 하거늘 …"(知止止止) 일갈(一喝) 듣기 전에 멈춰야겠다.

전체와 부분을 분별하여 무엇을 모르는지조차 알지 못하니 모른다고도 말할 수 없고, 아무튼 잘 모르겠는데 … 아무튼 '반야심경'(般若心經)에 나오는 기가 막힌 '만능관점'(omnipotent view), 초시대적인 보편명제, "공즉시색(空卽是色) 색즉시공(色卽是空); 공불이색(空不異色) 색불이공(色不異空)"으로 풀어 되새겨볼 수 있지 않은가!? 'metaverse'=21세기 최첨단의 digital '가상현실'(virtual reality)? '실제 현실'(real reality)? '혼합된 현실'(mixed reality)?, 더 나아가서 현실세계에 '가상현실'을 겹쳐서 구현해주는 '증강현실'(augmented reality)?, 세계관? '양자물리학'(quantum physics)의 원조 표준모형으로서 '양자형이상학'(quantum metaphysics)? '초끈이론'(super-string theory: "an attempt to explain all of the particles and fundamental forces of nature in one theory by modeling them as vibrations of tiny super symmetric strings", in: Wikepedia)? '양자 현상학'(quantum phenomenology)? '통합적 인식방법'? '선사시대(pre-historic) 또는 고대(ancient)의 post-modernism'?!, 'post-modernism in(since) the beginning'?!!

19세기 중엽 이래 대두된 신칸트주의를 비롯하여 오늘날까지도 세력을 유지하고 있는 인식론, 즉 '사물과 인식방법의 분별'(Unterscheidung Ding/Erkenntnismethode)를 토대로 한 '인식론'(Erkenntnistheorie)과 존재

따른 '전체이론'(holism)에 관해서는 대표적으로 Jonathan Schaffer, "Spacetime the one substance", in: Philosophical Studies, Vol. 145(2009), 131-148면; "Monism: The priority of the whole", in: Philosophical Review, Vol. 119(2010), 31-76면; "The action of the whole", in: Proceeding of the Aristotelian Society. Supplementary, Vol. 87(2013), 67-87면. 이에 대한 반론으로는 Alex Steinberg, "Priority monism and part/whole dependence", in: Philosophical Studies, Vol. 172(2015), 2025-2031면; Sam Baron/Jonathan Tallant, "Monism: The Islands of Plurality", in: Philosophy and Phenomenological Research, Vol. 93(2016), 583-606면.

론(Ontologie)에서는 물론이거니와, 예컨대, N. Luhmann에게서 비판적인 단서를 찾아볼 수 있는 바, 즉 관찰의 구조와 양식, 그리고 '관찰'(Beobachten) 또는 '관찰자'(Beobachter)와 '관찰되는 것'(Beobachtete)의 분별, 그리고 이와 연관되는 '존재'(Sein)와 '부존재'(Nichtsein)의 분별을 전제로 하여 '존재'(Sein)의 측면만을 주목하는 인식방법론에서 이러한 '공'(空)의 개념과 '공즉색'(空卽色)의 관념은 무의미하거나 그 함축된 의미가 제대로 포착될 수 없는 '공론'(空論)명제일 뿐이다.44)

특히 '공'(空)과 유사한 의미로 이해되는 '무'(無; Nichts)의 부존재를 전제로 하는 존재론과 인식론의 틀 속에서 '존재' 또는 '존재자'(Seiendes)로 지칭되는 '실재'(reality)는 '1가(價)적인'(einwertig) 것으로 상정될 수밖에 없기 때문이다. 이러한 '존재 및 존재론의 근본형식'(ontisch-ontologische Grundformel) 속에서 '비존재'(das Nicht)는 주목되지 못하는 '소외'(疏外)의 상태로 남을 수밖에 없다. 말하자면 F. W. Nietsche가 "우리가 진리를 원한다고 가정한다면, 왜 오히려 비진리는 아닌가?"(Gesetzt, wir wollen Wahrheit, warum nicht lieber Unwahrheit?)라는 도발적 질문을 던지면서 적시한 수천 년 간 철학의 '사각지대'(blind spot), 즉 그 가치 자체와 가치의 근원과 정당화의 선결문제를 외면한 채 무조건적으로 집착해 온 '모든 것을 소모 또는 위축시킨 진리의지'(an all-consuming will to truth)를 비판하는 것과 마찬가지로,45) '비존재'는 '1가적 존재론'의 형식

44) N. Luhmann, Die Gesellschaft der Gesellschaft, 1998, 특히 893-912면.

45) 일반적으로 '소비하다'라는 의미로 사용되는 단어 'consume'은 효용을 구체적으로 발현시켜서 사물을 완성시킨다는 뜻과 사물의 효용을 소모하여 더 이상 못 쓰게 만든다는 뜻을 함께 가지고 있다. 생각건대, Nietsche의 '진리의지'에 대한 비판과 이어서 언급하는 Luhmann의 '비존재'의 관점에 대한 비판론, 즉 '자체적인 소비'에 대한 지적은 후자의 뜻으로 사용된 것으로 파악된다. 아무튼 이러한 한 단어의 '양가적 의미' 자체도 일종의 '언어학적 공즉색'의 화두로 생각되거니와, '확실성'에 대한 '불확실성'(Ungewißheit), '앎'에 대한 '무지'(Unwissenheit)로 확장되는 Nietsche의 회의도 '공즉색'의 인식론을 토대로 한 일종의 '전복의 '공론(空論)'이라고 할 수 있다. F. W. Nietsche, Jenseits von Gut und Böse, I. 1, http://www.gutenberg2000.de/nietscje/jenseits/0htmldir.htm); 이 논제에 대한 명쾌한 평론은 대표적으로, Ch. Larmore(Fn.8), 223-245면.

속에서 자체적으로 '소비'(consume)될 뿐이고, 단지 "존재로의 회귀"(zurück zum Sein)의 요청으로서 의미를 가질 뿐이다.46)

---

46) N. Luhmann(Fn.44), 898면. 이와 관련하여 Luhmann의 '인간(개인)중심주의'를 넘어서는 관점과 '정체성'(identity)을 주목하는 방법론에 대한 명쾌한 해설로는 Hans-Georg Moeller, Luhmann Explained, 2006, 79-98면. 아마도 그러했을 것으로 추측되나, Luhmann이 실제로 인지하고 의식하였는지는 모르겠지만, 그의 존재론과 인식론은 다분히 '공즉색'의 화두와 연결하여 새겨볼 수 있다. 존재론적 관점인 동시에 인식방법이라고도 할 수 있는 '공즉색'의 명제는 바로 '존재'와 '부존재'를 분별하는 전제, 즉 앞에서 인용한 바, Pinker(Fn.43)가 '합리적인 비판'의 대상으로 제시하는 '가정들의 구조틀'(framework of assumptions)의 부정 또는 해체와 연관되기 때문이다. 언어학적으로 말하면, 이 해체의 핵심대상은 '무'(Nichts)의 개념을 상정하지 못하는 관점과, 그에 따른 논리필연의 가정인 '실재의 일가성'(Einwertigkeit)' 및 그에 대응하는 '언어의 일가성'의 전제이다.
이와 관련하여 『Philosophische Untersuchungen』(1953)에서 L. Wittgenstein이 '고통'(Schmerz; pain) 또는 '고통스러운 상태'(Schmerzen zu haben; the state of having-a-pain)라는 화두를 갖고 언어의 (주된, 유일한?) 기능을 '사고의 전달'로 보는 전통적인 언어관과 그에 따른 문법의 오류를 해명하는 일종의 '무론'(無論)은 무량(無量)의 알맹이가 가득찬 '공론'(空論)이다:
『('고통이 있는 고통의 행태'(Schmerzenbenehmen mit Schmerzen)와 '고통 없는 고통의 행태'(Schmerzenbenehmen ohne Schmerzen)가 다르다는 점을 인정할 수밖에 없고, 인정한다면 어떤 차이가 이 둘 간의 차이보다 더 클 수 있으랴!) - "그럼에도 불구하고 당신은 다시금 감각 자체는 무(無; ein Nichts)라는 결론에 이르고 있다." - 천만에, 그것은 어떤 것도 아니지만, 무(無)도 아니다. 결론은 무(無)가 아무 것도 진술될 수 없는 어떤 것과 같은 역할을 한다는 것일 뿐이다. 다만, 우리는 우리에게 끈질기게 달라붙으려고 하는 문법만을 배척한 것이다.』 section 304.
아래 V장에서 은유와 관련하여 재론되거니와(Fn.308), 유명한 "상자 속의 딱정벌레"(Käfer in der Schachtel; The beetle in the box)의 은유도 언어학에서 획기적인 '공론'(空論)으로 볼 수 있다. 특히 딱정벌레를 상자 속에 놓고 그것을 '딱정벌레'라고 말하는 상황에서 화자(話者)의 상자 속을 아무도 들여다 볼 수 없다고 하는 전제와 더 나아가서 그 대상이 끊임없이 변하는 것으로 상정하는 것이 그렇다. 또한 '딱정벌레'라는 단어가 이러한 사람들의 언어 속에서 관행적으로 사용된다는 가정, 그리고 이렇게 가정된다면 그것은 '하나의 사물의 호칭'(Bezeichnung eines Dinges)으로 사용된 것으로 볼 수 없고, 이 경우 '상자 속의 사물'(das Ding in der Schachtel)은 도대체 '말놀이'(Sprachspiel)에 속하지 않으며, 심지어 그 '어떤 것'(Etwas)일 수 없다는 단정과 함께 제시하는 근거도 바로 '공'(空)이다:
『상자는 심지어 텅 비어(leer) 있을 수 있다. - 아니 오히려, 상자는 상자 속의 그 사물을 관통하여 동강날 수 있다(durch dieses Ding in der Schachtel kann gekürzt werden); 그렇게 되면 무엇이든 간에 그것은 '무화'(無化)되어 버린다(es hebt sich weg, was immer es ist).』(section 293).
영문본(Philosophical Investigations, 2001)에는 "One can divide through by the thing in the box; it cancels out, whatever it is"로, 한글본(이 영철, 철학적 탐구, 2006, 182-183면)에는 "상자 속의 이 사물에 의하여 '약분될' 수 있다; 그것이

하지만 형이상학적 개념 또는 관념으로서 '무'(Nichts)와 '공'(空)이 구별될 수 있고, 종종 그래야 되는 지점이거니와, '공즉색'의 명제와 이 명제를 인정하고 주목하는 인식론의 맥락에서 상정되는 '공'(空)의 개념과 관념은 '존재'와 '부존재'의 구도 속에 포섭될 수 없다. '존재'도, '부존재' 또는 '비존재'도 아니며, 이 둘의 '총합' 또는 '혼합' 역시 아니기 때문이다. 언어와, 언어를 규정하는 동시에 언어에 의해 규정되는 관념과 방법론의 틀을 벗어나지 않고서는 '공=색'의 명제와 관념, 그리고 이 속에서 '공'(空)의 허실은 '가상현실'로서조차도 존재할 수 없다. 상정되고, 포착될 수 없다.

'공'의 주체론과 헌법론은 가능하다. 유아독존(唯我獨尊)의 가당치 않은 오만과 '좌우지간'(左右之間)의 '위치성'(positionality) 조차 갖지 못하고 '오류가능성'을 부인하는 집착과 편견은 당연히 절대금기이되, 학문과 담론, 무엇보다도 '동사'(動詞)로서 문화의 '태망(殆亡)의 지름길'인 '학이불사'(學而不思)와 '사이불학'(思而不學)의 지침을 되새겨서 학문적 열등감을 극복하고, '희망의 원칙'에 충실하기만 하면 가능하다. '공'(空)의 언어와 '공=색'의 관념을 체화하여 공유하고 있는 정신적 구조틀을 갖추고 있는 입장에서 단차원의 '1가(價)적' 존재론과 인식론, 특히 작위적인 '이원주의적 인식론'의 천박함과 불민(不敏)함을 우리가 답습할 이유는 없다!

일종의 '개방된 태도'와 불확정성과 우연성을 당연한 것으로 용인하는 방법이고 구상인 점에서 넓게 보면 이미 많이 논의되어 온 'post-modernism'의 언저리에 포함되는 것으로 생각되니 별로 낯 설어 할 만큼 신선한 것도 아니다. 다만, 기본적인 전제와 이론구성의 틀과 요소들

무엇이건 간에, 그것은 상쇄되어 없어져 버린다"로 번역되어 있는데 적확한지 의문이다. 앞에서 본 바와 같이 Wittgenstein이 다수의 section들에서 해명하는 '무'(Nichts)의 언어학적 함의와 기능과 함께, 그가 이 section을 마무리하면서 제시한 바, 즉 "대상과 명칭의 모델(Muster von Gegenstand und Bezeichnung)에 따라 '감각표현의 문법'(Grammatik des Ausdrucks der Empfindung)을 구성한다면, 그 '대상'(Gegenstand)은 '중요치 않은 것'(irrelevant)으로서 관심을 가질 필요도 없다"고 하는 결론의 맥락을 고려하여 달리 번역해보았다.

을 정밀하게 논증할 깜냥은 전혀 아니되, 어설프게라도 그냥 '공(空)헌법(론)'을 상상해보는 것은 그 때문이다.

3. '허즉실'(虛卽實)의 헌법(해석)론 - 헌법의 charisma와 규범적 black-hole

'공즉색(空卽色)=허즉실(虛卽實)'의 관념은 자율적인 선택과 결정의 빈자리를 보장하는 것이 핵심인 '자유원리'(principle of freedom)의 요체로 풀어 볼 수 있다. '같은 것은 같게, 다른 것은 다르게' 취급하여 '각자에게 각자의 몫'(suum cuique; jedem das Seine)을 부여하라는 가치배분의 '형식', 즉 '꼴'과 '방식'의 '백지형식'(tabula rasa formel)으로 이해되는 '평등원리'에서도 적실하다. 본질이 알맹이 내용이 없는 '허'(虛), 즉 일종의 '공'(空)이니 '증명'은 가능하지도 않거니와, 불필요하다.

흔히 경제학자라기보다는 사회과학자로 칭해지는 바, 경제학의 화두로 '사회과학의 객관성'의 문제, 도덕철학적 토대와 함께 (불)평등문제를 집요하게 탐구한 Gunnar Myrdal이 제시하는 '평등원리의 증명=공허한 형이상학'의 주장도 오롯이 '공(空)의 논리'라고 볼 수 있다.[47] 인간의 존엄성과 자유권 등 다른 기본권의 이념과 원리에도 확장하여 적용될 수 있는 문답이거니와, 이는 "평등권의 빛나는 비전이 어떻게 그렇게 일찍, 그리고 다른 문명 간에도 보편적으로 연원(淵源)했는지, 그리고 말로 표현할 수 없는 노골적인 불평등과 억압의 세기를 통하여 그 자체가 어떻게 지고(至高)의 이상으로 유지되어 왔는가?"라는 여전히 풀리지 않은 역사학과 사회학의 숙제에 대한 Myrdal의 현답(賢答)이다:

『평등의 원리는 옳다고 주장된 사실의 전제로부터 논리적인 추론으로서 또는 자연의 법칙으로 확립되었다. 그러나 … 평등의 원리가 논리적 비판을 이겨낼 수 있다는 「증명」이 실패했다고 해서 그것이 가치판단의 기준이 되지 못한다는 것은 아니다. 가치판단은 옳다고 「증명」될 수 없는

47) G. Myrdal, 홍 문신(역), 사회과학방법론, 1990, 94면.

것인 동시에, 옳지 않다고도 「증명」될 수 없다. 그것은 단지 하나의 사실로서 존재할 수 있을 뿐이다』[48)]

적어도 가치상대주의를 원칙적으로 부정할 수 없는 오늘날 post-modern (극)다원주의의 현실 속에서 전제 또는 상정될 수 없거니와, 실질적인 가치의 '표준척도'(Standard-Maß)가 없이 '과잉'과 '과소'를 판단하고, '절도'(節度; Maßhalten)를 요구하는 보편적인 기본권심사틀인 '과잉금지'(Übermaßverbot), '과소금지'(Untermaßverbot)의 헌법원칙도 그 핵심은 알맹이가 없는 '틀의 꼴'이다.

겉모양을 보는 것이 아니라 무언가를 담는 실질적인 기능에 초점을 맞추어 보면 항아리의 '알맹이'는 안팎벽으로 구분된 공간 중에 안쪽의 빈자리이다. '허즉실'(虛卽實)! 쌀도, 김치도, 물과 막걸리도, 돈까지도 다 담을 수 있다. 하지만 비어 있어야, 적어도 빈자리가 있어야, 남겨져 있어야 뭔가를 담을 수 있다. 뭔가를 담으려고 빈자리를 구획하는 것이고, 따라서 그 구획의 구상 자체와 담을 것에 대한 생각이 동시에 진행되는 것이기도 하지만, 뭔가를 담을 수 있는 공간이 있어야 담아 채울 것인지 말 것인지, 그리고 언제 어떻게 무엇을 담을 것인지 생각이 시작된다. 무엇을 얼마나 담아서 어떻게 활용하든지간에 아무튼 '남은 빈자리'(rest-emptiness)가 없다면 항아리의 '이름'(name)과 '실재'(reality)는 없다. 적어도 무가치하고 의미하다. 광장과 공원도 그러하고, 도로도 자동차로 (꽉) 채워져 있으면 운행이 불가능하거나 걸어가는 것만 못할 수도 있고, '안전거리'도 무의미하다. computer 자체가 일종의 '공'(空)과 '색'(色)의 형식이라고 할 수 있는 '이진법(二進法; binary) 기반 계산기'이거니와, internet의 digital세계도 말 그대로 '거미줄'(web) 형상의 'network의 공간'이고, 수동방식의 '십진법 콤퓨터'(?)라고 할 수 있는 주판도 그 작동의 요체는 알이 없이 비워져 있는 빈 칸이다. Sliding Puzzle도 빈 칸이 없으면 무용지물이다.

48) G. Myrdal, 홍 문신(역)(Fn.47), 90-91, 94-95면.

다만, 최고의 정치규범, 생활규범으로서 헌법의 '규범적 공(空)'에서 '허즉실'의 명제는 이러한 구체적인 효용과 연관되는 '기능적 공(空)'과는 근본적으로 다른 추상적 차원에서 새겨야 한다. 말하자면 '통치와 권력의 상징론'(symbolics of ruling and power)의 핵심화두의 하나인 'charisma'의 개념과 기능에 초점을 맞추어 '허공(虛空)=주체'의 명제가 탐색되어야 한다.

M. Weber는 '전통'(Tradition)과 'Charisma' 그리고 '합리성'(Rationalität)으로 '통치정당화'의 요소와 기제를 사회학적으로 해명하고, '합리성'과 이를 토대로 한 '정당성'을 근대의 징표로 제시하였다. 일견 '분별'(分別)의 사회학적 타당성과 역사학적 실증성은 인정되나, 이 세 가지 개념 또는 요소들은 '단절(斷切)의 분별'이 아니라 '관절(關節)의 분절(分節; articulation)'의 맥락에서 파악되어야 한다. 특히 당위와 존재의 교차점에서 역동적인 권력현상으로서 통치작용과 동태적인 통합과정인 정치를 규율하는 헌법의 구조와 기능을 연계하여 접근해야 하는 '헌법상상' 및 '헌법해석'의 차원과 범주에서는 더더욱 그러하다. Weber의 사회학에서 그가 주목한 핵심관념들인 '이해'(Verstehen)나 '정당성'(Legitimität), '합리화'(Rationalisierung) 등과 마찬가지로 'Charisma'의 개념도 그 대상(referent)의 불확실성 때문에 명확하게 정리되지 못하였다고 비판되거니와, C. Geertz는 이를 적절하게 지적하며 의문을 제기한다:

『일종의 문화적 현상'(a cultural phenomenon)을 말하는 것인가? 아니면 '심리학적 현상'(a psychological phenomenon)을 말하는 것인가?』[49)]

이에 대한 상론은 약하되, 아무튼 '통치의 장식들'(trappings of rule)과 그 '실체'(substance) 간의 경계는 그 때나 지금이나 여전히 불분명하다.

---

49) C. Geertz, "Centers, Kings, and Charisma: Reflections on the Symbolics of Power", in: Local Knowledge, 1983, Ch. 6, 121면.

상시적인 상호변환의 현상을 고려하면 그 '분별'은 현실적이지도 않다. Geertz가 해명한 바와 같이, 일종의 '통시적인 실재'라고 할 수 있거니와, 오늘날의 복합적으로 조직된 사회에서도 '지배하는(governing) elite'와 '명실상부한 지배의 사실을 표상하는 일단의 상징형식들'(a set of symbolic forms expressing the fact that it is in truth governing)은 무시할 수 없다. 적잖은 크기로 정치의 '중심'(center)에 일종의 '사회적 구심점'의 '자리'(locus), 즉 '공간'(空間)을 차지하고 있다:

『(종종 그렇지 않지만) 아무리 정치 elite들이 민주적으로 선출된다고 하더라도 또는 (외부인이 상상하는 것 보다 훨씬 심하지만) 그들이 아무리 깊게 분열되어 있다고 하더라도, 그들이 자신들의 존재를 정당화하고 또한 그들의 행동을 따르라고 명령하는 수단은 '일단의 이야기들'(a collection of stories)과 '의식들'(ceremonies), '휘장들'(insignia)과 '격식들'(formalities), 그리고 전승받았거나 혁명적인 상황에서 그들 스스로 개발한 '부속물들'(appurtenances) 등이다.』[50]

이러한 요소와 수단들의 정치적 '중력'(重力; gravity)이나 사회적 '구심력'(求心力; centripetal force)의 크기와 그 작동의 메커니즘 및 기능은 당연히 시대상황에 따라 다를 수밖에 없다. 오늘날 '탈중심화'(decentralize)된, 즉 '무중심'(center-less)의 (극)다원사회에서 거의 완전히 개방된, 하지만 동시에 지나치게 조밀하기도 한 network와 이 속에서 운영되는 '헌법민주주의'에서 이러한 요소들의 효용과 긍부정의 영향력은 새롭게 탐색되고 관리되어야 할 것이다. 하지만, 또한 분명한 것은 Weber가 상정한 개념과 그 작동양식과는 다르되, 일종의 'charisma적 기제'로 작용되는 이 수단들의 영향력의 크기는 여전하고, 그렇기 때문에 앞으로도 정치시장에서 관심과 매력은 지속될 것이라는 점이다. 다소간에 부정적인 관점

50) C. Geertz(Fn.49), 124면.

과 평가의 타당성을 인정한다 하더라도 '외면'과 '퇴출'은 불가능하고, 바람직하지도 않다. 구속력이 없다는 의미가 아니라, '정치법'으로서 구속력의 크기나 밀도 및 그 작용방식이 일반법과는 다르며 적어도 일반적인 법해석방법의 공준이 그대로 적용될 수 없다는 의미에서 일종의 '상징규범'인 헌법의 문화적 힘을 주목하는 관점에서 보건대, 'charisma' 자체는 물론이고, '통합수단'으로서 이러한 'charisma적 수단들'의 대체불가의 고유한 효용은 부인될 수 없기 때문이다. 근본적으로 불가능한 '퇴출'의 논제를 놓고 하는 '허수아비 논쟁'은 공염불(空念佛)일 뿐이다.

관건은 적절한 제어와 조절 또는 효과적인 순화와 여과의 제도적 장치를 마련하고, 이들이 제대로 작동될 수 있는 문화적 환경을 조성하는 것이다. 바로 이 과제와 관련하여 물리학에서 압력의 크기를 기준으로 구분하는 '진공'(眞空) 상태와는 차원과 본질이 다른 완전한 '절대진공'(absolute vacuum)의 개념을 빌려 '헌법=규범적 공(空)', '허공(虛空)=실체(reality; substance)' 그리고 '공(空)=주체(subject)'의 '헌법적 상상'의 맥락에서 '공(空)=charisma'의 명제를 상정하고, 그 함의를 가다듬고 발전시켜 나갈 수 있지 않을까? … 다만, 우리의 상념이 개입되는 순간 '절대진공'은 이미 존재하지 않게 되는 것으로 본다면, 여기에서 상정하는 '진공'은 아마도 물리학에서 말하는 인위적으로 만들 수 있는 진공압력의 한계라고 하는 상태, 즉 10^{-8}Torr 기준의 '초고진공'에 속하는 10^{-12}의 진공으로 상상하는 것이 맞지 않을까 궁리해보지만, 깜냥이 아니 되는 궁상(窮狀)일 뿐이다.[51)]

아무튼 그 자체가 '미지(未知)의 세계'인, 아마도 영원히 그러할 우주(cosmos)를 탐구하는 현대 천체물리학의 범접할 수 없는 권위에 슬쩍(?) 기대어 그 핵심 화제인 'black hole'을 모방하여 헌법='공'(空)=규범 우주(cosmos of norm)의 'black hole'을 '공상'(空想)해 본다. 잘 모르는 얘기

51) 물리학에서 '진공'(眞空; vacuum)은 그 정도를 결정하는 압력(Torr)에 따라 '저진공'(rough vacuum), '중진공'(fine vacuum), '고진공'(high vacuum), 그리고 '초고진공'(ultrahigh vacuum)으로 분류된다.

억지로 진행하다 보면 삼천포로 빠지게 될 것이니, 영어사전 수준의 설명을 소박하게 받아들여 감당할 수 없는 황당한(?)한 이야기는 서둘러 마무리하는 것이 상책이겠다.

'초중력(超重力)에 의해 천체가 빨려 들어가는 우주의 가상적인 공간' 또는 '물질이 영구히 사라지는 공간, 빠져나올 수 없는 것(상황)', 좀 더 진전시켜 보면, 자연에 본래 내재되어 있다는 의미의 이른바 '자연의 법'(自然法; law of nature)? Carl Sagan이 『Cosmos』에서 적절하게 비유한 바, "우주라는 망망대해의 바닷가 한 모퉁이에 자리를 잡고 있는 지구"[52] 에서 하늘은 우러러볼 수밖에 없다. 다만, 진지하게 생각한다는 뜻의 'consider'의 어원이 'con(함께) + sider(행성)'라고 하는데, 우주와 그 속의 행성들과 더불어 인간이기 때문에 (또는 인간만이) 생각할 수 있는 '가치적 규범세계'의 궁극적인 기원을 구상하고, 그 미지(未知)의 미래를 탐색하는 일종의 시적 상상의 '관점'과 '방법'으로서 '규범의 black hole'을 다소곳이 상상해봄직 하지 않은가? …

말하자면 열린 대화와 토론을 부정하는 '가치독점'(monopoly of value)의 전체주의, 인권과 정의이념을 무시하는 '폭정'(tyranny), 극단의 이기심과 물신주의(物神主義; fetishism), '국민'과 '민주주의'를 참칭하는 '압도적 다수'(predominant majority)의 존재와 제도적인 폭력, '상호인정'(mutual recognition)과 '상호양보'(mutual concession)를 의미하는 '타협'(compromise)의 요소가 될 수 없는 일방적인 '양보강요'(coerced concession)의 편향논리, 이른바 '공인된 지식'을 내세운 '진리박제화(剝製化)'의 동인들과 '박제된 진리'의 진열품들 … 이런 것들을 '초중력' 또는 '초고도 진공' 속으로 빨아들여서 분쇄하는 '자리'(locus) 또는 '구심력'으로서 '헌법적 공'(空)과 그 알맹이로서 'charisma의 black hole'을 상상해보는 것이다.

---

52) C. Sagan, Cosmos(1980), 홍 승수(역), 코스모스, 2004.

4. '공즉시색'(空卽是色)의 주체론 - "참을 수 없는 '국민'의 가벼움"?

'공론'(空論)의 맥락 속에서 상정되는 '규범적 black hole'은 측정이 불가능한 '무량'(無量)의 '공'(空)이다. 가벼워서가 아니라 무거워서 측량을 할 수 없다. 또한 질량과 에너지 상호 간의 변환이라는 물리학의 지식 또는 사유양식을 빌려 말하면, 이 '무량'에는 무한의 진보의 에너지가 잠재되어 있다.

이러한 관점에서 본다면 헌법학 '주체론'의 명제로서 '참을 수 없는 국민의 가벼움'(The Unbearable Lightness of The People)[53]은 국민의 자리에 '공'(空)을 대입하여 '가벼움의 무거움'(heaviness of lightness)으로, '견디어 내야만 하는 공(空)의 무거움'(heaviness of emptiness which is to be endured; stand waiting)으로 바꾸어 설정해보는 것이 가능하고 또한 필요하기도 하다. 이렇게 변환하여 보면 '참을 수 없는 국민의 가벼움'(The Unbearable Lightness of The People)은 '견디기 어려운 무거운 문제'가 아닐 수 없다.

그 자체가 '무거운 사건'이라고 할 수 있는 '세기 말'의 시점인 1999년에 Slavoj Zizek이 말한 "까다로운 주체"(The Ticklish Subject)[54]의 문제, 그의 상징적인 표현을 빌려 풀면 "서구의 학계를 배회하고 있는 하나의 유령", 즉 'Descartes적 주체'의 문제와 이 유령에 대한 성스러운 사냥을 위한 모든 학술권력들의 동맹, 그리고 그럼에도 불구하고 이 유령은 '여전히 강력하며, 활력 있는 지적 전통'으로 계속 인정되고 있는[55] 철학의 대결하기 어려운 '까다로운 문제'는 헌법학, 헌법철학과 헌법사회학도 피

53) Ham Chaihark/Kim Sung Ho, MAKING WE THE PEOPLE - Democratic Constitutional Foundation in Postwar Japan and South Korea, 2015. M. Kundera의 소설 제목 『L'insoutenable légèreté de l'être』(참을 수 없는 존재의 가벼움; 1984)를 패러디하여 '참을 수 없는 국민의 가벼움'(The Unbearable Lightness of The People)이라는 소제목으로 달았는데, 읽어봄직하다. 13-65면.

54) S. Zizek, The Ticklish Subject(1999), 이 성민(역), 까다로운 주체, 2005.

55) S. Zizek(Fn.54), 서문, 9-15면.

해갈 수 없다. Zizek이 '우리 시대의 실재'를 체현하는 궁핍과 재앙, 특히 "인류의 생존 자체를 위협하면서 특수한 생활세계를 무자비하게 무시하고 파괴하는 자본의 추동"을 주목하여 결국 "계몽의 변증법의 지속적 현실(성)"을 주장하며 이 '재앙의 함축'을 묻고 답하는 고민은[56] 오롯이 헌법의 고민이기도 하다. 특히 시장 메커니즘에 사로잡힌 부르주아(bourgeois)와 (정치적 자유주의를 토대로 하는 만민평등의 민주주의체제 속에서: 필자 부기) 보편적인 정치영역에 연루된 시민(citoyen)의 관계를 '주체적 경제'의 관점에서 '도착증과 히스테리의 관계'로 단정하며 Zizek이 제기하는 '오이디프스 몰락'이라는 시대의 질문은 헌법학에서도 절박하다:

『도착증의 닫힌 원환고리에 사로잡힌 주체를 어떻게 히스테리화할 것인가?" 어떻게 주체에게 결여와 물음의 차원을 주입할 것인가?』[57]

'도착과 히스테리의 대립'으로 표상되는 이 재앙의 근원인 동시에 표현이기도 한 윤리와 도덕성의 퇴락과 이에 대한 대결의 언어와 관념들, 즉 '성찰'과 '절제', '상호인정'과 '공생의 배려' … 주체(들)의 '반성적 전회'(reflective; reflexive revolution)와 이를 통해서만 접근될 수 있는 '도덕감'과 '공공선'(common good)의 회복, '조화적 통합'의 명제들을 생각하는 헌법(학)의 고민과 그 맥락과 결이 다르지 않다:

---

56) S. Zizek(Fn.54), 13-14면.

57) S. Zizek(Fn.54), 396-397면. '무의식'과 '도착', '히스테리' … 쉽게 풀어서 말할 수 있을 만큼 파악조차 쉽지 않아 Zizek이 주목하는 '프로이트의 역설'과 해설을 그대로 옮기는 수밖에 없다:
『무의식은 우리가 (히스테리증자로 머무는 한에서) 공상하기만 할 뿐 실현은 기피하는 은밀한 도착적 시나리오들로 구성되는 것이 아니고, 반면에 도착증자들은 영웅적으로 '그것을 한다'는 역설 … 프로이트적 무의식이란 은밀한 환상적 내용이 아니며, 오히려 사이에 끼어드는, 은밀한 환상적 내용을 꿈의 텍스트(혹은 히스테리적 증상)로 번역/치환하는 과정에 끼어드는 어떤 것이다 … 무의식은 도착증자가 행동화하는 환상적 시나리오에 의해 흐려지는 바로 그것이다. 무엇이 향유를 가져오는가에 대한 확신을 가지고 있는 도착증자는 무의식의 핵심인 그 틈새를, 그 '화급한 물음'을, 그 장애물을 흐려 놓는다 … 도착증자는 빼어난 '선천적 위반자'다.』

『(몰가치의 자본에 의해 추동되는: 필자 부기) 이러한 재앙의 함축은 무엇인가? 우리는 단지 자본의 논리를 다루고 있는 것인가, 아니면 이 논리는 단지 자연에 대한 기술적 지배와 착취라는 근대적인 생산주의적 태도의 지배적인 추동인 것인가? 아니면 더 나아가 이 기술적 착취는 근대적인 데카르트적 주체성 자체의 가장 심원한 잠재력의 궁극적 표현이며 그 실현인 것인가?』[58)]

『이 딜레마에 대한 답; 데카르트적 주체를 위한 단호한 항변으로서 '무죄'이다.』[59)]

다만, Zizek의 '무죄항변'의 답에 대해서는 선뜻 동의할 수 없다. 적어도 무조건 또한 잠재적인 반론의 여지조차 전혀 남겨 놓지 않고 그럴 수는 없다. 반대도 마찬가지다. 우선은 '의식'(consciousness)을 넘어서 또는 '의식'과 깊게 연관되는 '무의식'(unconsciousness) 또는 '비의식'(non-consciousness)의 화두들, 해방과 저항, 희망과 절망, 확신과 회의, 욕망과 충동, 특히 심층심리학이나 정신신경(병리)학의 난제인 '도착'(倒錯; perversion)과 (개인적, 집단적) Hysterie, '전복'(顚覆; subversion), 그리고 '의도하지 않는 생각'(unintended thought) 등등의 '까다로운 주체'의 문제들의 본질과 그 전후의 맥락조차 제대로 파악하지 못하기 때문이다.

어찌 해야 할지 모르겠으나, 당연히 문제의 각색도 필요하다. 또한 굳이 변명을 추가하자면, 법(학)에서 일반적인 현상이기는 하지만, 특히 헌법(학)에서 부각되는 '해석문제', 특히 일종의 '특수한 가치(규범)인식(형성)작업'이라고 할 수 있는 헌법해석작업의 본질과 구조, 특히 '주체론의 문제'와 관련하여 사뭇 다른 관점과 층위에서 추가적인 논의가 가능하고, 필요하다. 다만, 여기에서 초점은 헌법해석론, 특히 헌법문제에 대한 결정권의 배분 또는 조합에 맞추어져 있기는 하되, Zizek이 간명하게 진단하

58) S. Zizek(Fn.54), 14-15면.
59) S. Zizek(Fn.54), 15면.

고 해명하는 문제의 본질과 구조는 본래 '주체'의 문제가 핵심인 헌법제정 및 개정론을 포함하는 전체 헌법학에서 그대로 적실하다:

『후기 자본주의 시장관계에서 주체는 도착적이며, 반면에 '권력의 텅 빈 자리'와 상관(相關)되는 추상적 시민으로서 '민주적 주체'(근대 민주주의가 함축하는 주체성 양태)는 내속적으로 히스테리적이다.』[60)]

---

60) S. Zizek(Fn.54), 397면. 주체의 이 Hysterie의 내속성은 Jacques Lacan의 '냉소'(cynicism)나 Umberto Eco의 이데올로기 비판의 핵심테제, 즉 전체주의가 '공식적인 단어에 대한 독단적인 집착'과 '냉소적인 초연함의 결여'에 기인하는 것으로 보는 인식에 대한 Zizek의 반론, 특히 정반대의 역설의 핵심명제라고 할 수 있다. 민주주의건 전체주의건 현대사회에서 '냉소적인 거리두기'나 'irony'가 Marx가 탐색한 '불균형'과 '비대칭', '분열' 등의 병리적 증상들에 대한 반응인 동시에 이 증상들이 구조적으로 내포되어 있는 '게임의 일부'이기는 하지만, '냉소적 초연함'이 이데올로기의 가면 뒤에 숨겨져 있는 가식(假飾)을 간파하지 못하는 '순진한 의식'을 극복한 징표가 될 수는 없다는 되치기가 그것이다.
『Das Kapital』(자본론; 1867)에 나오는 K. Marx의 유명한 테제, "그들은 알지 못하지만, 그것을 한다"(Sie wissen das nicht, aber sie tun est)는 이데올로기 비판의 식이 적어도 현대사회의 현실에는 적용될 수 없다고 본다. 오히려 오늘날 정치경제적 구조와 사회문화적 사태의 본질 자체에 내장되어 있는 이데올로기적 환상과 왜곡을 직시하면, '냉소'야말로 오히려 보편적인 이데올로기의 지배적인 기제이고 동인이라고 주장한다. 말하자면 모르지 않고, "그들은 알지만, 그것을 행한다"(Sie wissen das, aber sie tun est)고 보는 관점이다. Zizek, 이 수련(역)(Fn.33), 50, 59-65면.
Peter Sloterdijk이 M. Foucault나 Max Horkheimer, Th. W. Adorno 등의 '계몽비판'(Enlightenment critique)의 '심리적 영향들'(psychological impact), 특히 '우울증의 무기력'(melancholic inertia)을 대가로 한 '진단의 통찰'(diagnostic insight), 즉 "계몽 후의 무감각"(We are enlightened, we are apathetic)을 비판한 것도 같은 맥락이다. P. Sloterdijk, Critique of Cynical Reason, 1987, xxvi면. '계몽'의 냉정한 '탈신화화'(demystification)가 '정의'(justice)가 아니라 '정의'와 거리가 먼 일종의 '편견에 사로잡힌 체념'(jaundiced resignation)으로 귀착되며, 물질적 안락을 보장받기 위해 우리가 침범한 규범들을 정확하게 아는 데만 그치는 한, 현대의 냉소주의는 비판력을 '무력화'(emasculating)하고 '작동불능' (immobilizing)의 상태로 만들 뿐이라는 '냉소에 대한 냉소'도 마찬가지다. 같은 책, 331면. Sloterdijk을 인용하여 좀 더 명확하게 말하자면, "그들은 자신들이 행동하면서 환영을 쫓는다는 것을 알지만, 그럼에도 불구하고 그것을 한다"는 것이다. 결국 '냉소'는 더 이상 순진하지 않으며, '냉소적 이성'은 '계몽된 허위의식의 역설'일 뿐이라는 것이다. Sloterdijk의 Cynicism에 대한 명쾌한 해설과 비평은 John McGuire, Cynical Suspiscions and Platonist Pretensions: A Critique of Contemporary Political Theory, 2018, 56-69면.
Bernard Williams가 '진리'(truth)와 진리에 대한 충실, 즉 '정직함'(truthfulness)

최종결정권의 배분과 관련하여, 특히 (다수결)민주주의원리와 헌법재판을 통한 '사법심사'(judicial review)제도 간의 조화 또는 상충에 관한 논란에서 주목되는 논제를 단서로 하여 '주체'의 문제를 조금 더 구체적으로 분석해본다. 선출직 국회의원으로 구성되는 집합적 대의자로서 민주적인 의회입법자와 행정부 또는 헌법재판소 등에 결정권을 어떻게 배분하든 간에 그와 관련된 헌법적 결정으로 시민의 역할이 마감되는 것은 아니다. 사법심사와 관련된 이른바 '적극적 사법' 또는 '소극적 사법'의 역할에 대한 논의에서 종종 보게 되는 성급한 가정, 즉 결정권의 제도적 위임 이후의 정치 및 정책결정의 과정에서 시민들이 그 어떤 역할도 수행하지 못하는 단순한 '피동적인 수용자'(passive recipients)가 될 뿐인 것으로 보는 것은 타당하지 않다. 의회의 입법절차 속에서 진행되는 '민주적인 숙고'(democratic deliberation)의 '대의'(representation)와 이른바 '기능적 정당성'을 실현하는 '헌법심사'(constitutional review)의 과정을 너무 편협하게 이해하는 관점에 따른 오류일 뿐이다.[61] 창구 및 마당의 구조와 기능, 그리고 이에 따른 소통의 양태와 밀도는 적잖이 다르지만, 대의민주제든, '정치적 대의'(political representation)의 산물인 법률의 정당성을 '사법적으로 재검증'(judicially review)하는 '헌법심사'의 제도든 공히 오롯이 '추상적인 시민단'에게 불확정상태로 주어지는 '주체성'(subjecthood)의 구체적인 발현에 의해 그 적실성이 확보된다. 말하자면 엇갈리는 다양한 역할을 분담하는 시민들의 직간접적인 참여와 적극적인 선도를 통해 제도화된 권력행사와 책임추궁의 공간에 다원적인 가치와 이익들이 반영되

을 구별하고, 궁극적으로 회피하지 않고 대면하여 성찰하고 참여하는 태도의 '진지함'(authenticity)을 강조하는 것도 같은 기조의 관점이다. 바로 이 '정직함'에 대한 열정이 충족되지 못한 상태에서 단지 억압되고 잠잠해지는 일종의 '고요한 상태'(the kind of calm), 말하자면 인적 관계에서 '일련의 신경질적인 말다툼'(a series of hysterical rows) 끝에 이어지는 '일종의 무기력한 냉소주의'(inert cynicism)의 폐해를 지적하는 것도 같은 맥락에서 주목된다. Truth and Truthfulness, 2002, 특히 1-3, 172-205면.

61) Christina Lafont, "Philosophical Foundations of Judicial Review", in: D. Dyzenhaus/M. Thorburn(ed.), Philosophical Foundations of Constitutional Law, 2016, 268면.

는 '수렴'(convergence)과 '조정'(coordination)의 양태 및 그 수준에 의해서 넓은 의미의 '결정의 민주성'이 담보되는 것은 다르지 않다.

요컨대, Zizek이 말하는 '민주적 주체의 내속적인 히스테리'는 오늘날의 정치경제 및 문화적 상황에서 현실적으로 극복하기 어려운 현상이기는 하지만, 헌법의 본질적인 흠이라기보다는 헌법적 대화의 가능성을 열어 주는 헌법 '본연의 불확정성'(inherent indeterminacy)에 수반되는 것이다. 관건은 이 '내속적인 히스테리'가 '신경증'(neurosis)으로 고착되는 것을 피하는 것이다. 불가피하되, 해결 또는 적어도 관리되어야 하는 문제로서 '헌법심사'를 비롯한 '숙고제도'와 '책임제도'의 합당한 운용을 위해 적극적으로 문제를 대면하고 '헌법적 대화'에 참여하는 것이 필요하다. 무기력한 냉소주의는 회피일 뿐, 문제의 해결 또는 완화에는 전혀 도움이 되지 못한다.

제도론과 관련된 상론은 약하고, (헌법)인식론의 맥락에서 이 명제와 관련하여 한 가지만 강조한다. '논리'와 '합리성'에 초점을 맞추어 '의식'의 차원 또는 측면만을 주목하고, '무의식'이나 '감정'(emotion) 또는 '열정'(passion)과 '감각'(feeling)을 외면하는 헌법이론과 헌법해석방법론은 지양되어야 한다. '상상'(imagination)과 범주가 다른 좁은 의미의 '법적 추론'(legal reasoning)에 포함되는 것으로 보기 어려운 이러한 요소들을 논리적 정합성과 일관성, 객관적인 합리성, 안정성과 예측가능성 등 헌법(학; 이론)의 기본요청에 배치되는 일종의 '이물'(異物)로 취급하여 온 전통적인 헌법학의 관점과 방법론들은[62] 더 이상 공고(鞏固)하지 못하다. '유죄'까지는 몰라도, Zizek이 '무죄'로 평결한 '데카르트적 주체'에 일정한 책임을 물을 수 있는 대표적인 지점의 하나가 바로, 헌법제정론에서는 물론이고, 헌법해석론, 특히 (최종)결정권배분의 원론적 논제들과 직간접적으로 연관되는 '주체론'이다.

---

62) 이와 관련하여 주목할직한 논문으로는 Doni Gewirtzman, "Our Foundation Feelings: Emotion, Commitment, and Imagination in Constitutional Culture", in: University of Richmond Law Review, Vol. 43(2009), 623-683면.

정리해보면, 앞에서 여러 차례 언급하였고, 이어서 논의하게 될 '헌법상상'의 작업으로서 헌법해석은 세 가지 요소, 즉 '실재(현실)'(reality)와 'utopia', 그리고 이 둘 간의 상호작용을 변증법적으로 — 종종 '도착'(倒錯)과 '전복'(顚覆)이 개입 또는 반영 및 수반되며 — 중개하여 '변환'(transformation) 및 '수렴'(conversion)해나가는 'ideology'가 조합되는 역동적이고 복합적인 규범형성의 작업이다.

이렇게 이해되는 '헌법상상'의 맥락에서 주목되는 바, 즉 N. Luhmann의 사회체계이론과 그 존재론적, 인식론적 토대도, 또한 이들과 상호인과관계로 표상되는 이른바 '언어학적 전회'(linguistic turn)도 전형적인 '도착' 또는 '전복'의 사유와 상상이고, 그 산물이다. 사회(공동체)를 '개인적인 인간존재들의 집합'(a assembly of individual human beings)으로 본 전통적인 '인간중심적'(anthropocentric)적 사회관에 반대되는 관점, 즉 '사회=체계(system)', '체계=소통(communication)', "오로지 소통만이 소통할 수 있다."(Only Communication can communicate) … '다양성'(multiplicity)과 '차이'(difference), 그리고 소통의 방식들에 초점을 맞추어 사회구성원으로서 개인 또는 '인간존재'(human being) 대신에 역동적인 사회 속에서 실제로 일어나는 '사건들'(events)을 주목하는 그의 체계이론은 그 자체가 '존재론적'(ontological), '인식론적'(epistemological) 전회다.[63] '체계론적 전회'(systematical turn)이기도 하다.

특히 앞에서 언급한 'Descartes의 주체'의 문제, 즉 정신과 육체로 분열된 인간 존재를 '포괄적인 인간주의'(overarching humanism)를 통해 '재통합'(reunite)시키려는 시도들, 이른바 '현대성의 기획'(project of modernity)의 대조류(大潮流)를 거슬러나가는 '반기획'(anti-project)의 전위성이 주목된다. 말하자면 '육체'와 '의식적 경험'(conscious experience), 그리고 '소통'(communication) 현상의 상이한 차원들을 구별하여 각각의 존재 또는 작용의 메커니즘을 해명하고,[64] 이들 간의 역동적인 상호작용의 은밀한

63) N. Luhmann(Fn.44).

64) H.-G. Moeller(Fn.46) 서문, ix면.

관계와 그 내용을 드러내고 또한 적극적으로 참여하여 '체계이론적 소통'을 실행하는 점에서 바로 Zizek이 말하는 '빼어난 선천적 위반자'의 '도착'이다.

5. We-making - We-reshaping

이러한 N. Luhmann식 '반기획'에 담겨져 있는 '도착'의 관점과 '위반'의 시도를 무조건 추종하는 것은 유보하더라도, 적어도 '사회체계=소통'의 명제의 적실성을 인정하는 입장에서 보면, Neil MaCormic의 간명한 단언에 토를 달 이유는 전혀 없다:

『궁극적인 규범적 명제들은 사유된 것이 아니고 또한 '일련의 법리적 추론'(a chain of legal reasoning)만의 산물은 아니다.』[65]

특히 이러한 점이 부각되는 헌법해석은 이른바 '법감정'(Rechtsgefühl; legal emotion) 또는 좀 더 일반적인 용어로는 '법의식'(legal consciousness), '시대정신'(Zeitgeist) 등의 논제나 표제어들로 표상되는 문화적, 도덕적 요소들이 주요 '동인'으로 확인과 검증 및 여과의 과정을 거쳐 작용되고 수렴되어 나가는 가치판단 및 가치형성의 소통이다. 여기에서 이러한 '사회체계=소통'의 맥락에서 초점을 맞추는 관심사는 "누가, 어떤 규칙과 조건에 따라, 어떤 양식의 사유 또는 인식작업을 통해, 어떤 차원 및 범주 또는 층위에서 누구와 대화와 토론 및 소통을 하며 '헌법말놀이'를 하는 것인가?"의 문제이다.

당위적인 담론의 '구조틀'(framework)과 '소통'의 기능적 양태는 어떠해야 하는가? 입법을 비롯한 '헌법구체화'의 정치 및 정책과정과 법률을 비롯한 다양한 형식에 담긴 그 산물들에 대한 법원 및 헌법재판소의 '사법심사'(judicial review) 속에서 또는 이들을 통해 '관념적인 크기'만을 갖

65) Neil MacCormic, Legal Reasoning and Legal Theory, 1978, 5면.

는 '국민'의 관념과 다분히 파편화된 상태로 주어지는 '국민의 뜻'이 어떻게 반영되고 있는가? 도대체 반영될 수는 있는가? 어떤 밀도와 강도로 존중되고 수렴되고 있는가? "대한민국의 주권은 국민에게 있고, 모든 권력은 국민으로부터 나온다."(헌법 제1조 제2항)고 규정되어 있건만, '주권재민'(主權在民)의 이념과 원리는 명실상부 구현되고 있는가? 결국 다시 헌법(학)의 '주체의 문제'이다.

헌법(학)에서 전제하는 헌법제정의 주체 및 법복종의 조건으로 제시되는 '동의'(consent)의 주체로서 '우리 국민'(We the People)은 적어도 '만장일치의 동의'(unanimous consent)가 아닌 점에서 '허구'(fiction)일 뿐이다. 종종 이른바 '헌법적 권위주의'(constitutional authoritarianism)의 명분으로 악용되는 바와 같이, '우리 국민'은 일면 사회학적, 정치학적 '실재'로 존재하지 않는 점에서, 특히 '대중주권'(popular sovereignty)을 준거로 하는 '다수독재'(majoritarian dictatorship)의 논리로 악용될 위험을 내포하고 있거니와, 타면 그럼에도 불구하고 또는 바로 그렇기 때문에 헌법철학 및 헌법이론의 관점에서는 헌법민주주의 체제의 성립과 유지를 위한 필수적인 '관념의 실재', 즉 '헌법적 정당성'(constitutional legitimacy)의 실체적 토대로서 구성되고, 늘 갱신되어 나가야만 한다. 자유민주주의 체제에서 '우리 국민'은 바로 이 '실재'와 '관념' 간의 간극에 대한 경계와 '상시적인 갱신'의 당위적인 요청이 함축되어 있는 헌법적 명제이다. 이러한 맥락에서 헌법(학)이 상정하는 '주체'는 '점잖은 우리 국민'(decent We the People)이다.[66] 더 정확하게 말하면 늘 우리가 '헌법'과 함께 '환기'(evocation)하

---

66) '우리 국민'의 허구성과 위험성에 대해서는 대표적으로 Randy E. Barnett, Restoring the Lost Constitution, 2004, Chapter 1, 11-31면. '대중주권'(popular sovereignty)의 위험과 그 한계에 대한 요론으로는 Richard Stacey, "Popular Sovereignty and Revolutionary Constitution-Making". in: D. Dyzenhaus/M. Thorburn(ed.)(Fn.61), Chapter 8, 161-178.
'점잖다'는 몸가짐과 옷차림이 묵중하고, 품격이 고상하다 … 등의 의미를 갖는 우리말인데, 영어 'decent'의 적확한 번역어로 생각된다. 적확 성경의 『고린도전서』에 "모든 것을 '점잖게' 하고, 질서대로 하라"(Let all things be done decently and in order; 1 Corinthian 14, 40)는 설시가 있는데, 번역본에는 '적당'으로 번역된

는 '주체'는 일면 헌법철학 및 헌법이론적 기대가 함축된 전제이고, 타면 정치생활 속에서 이 기대에 부응하는 '주체성'을 발전시켜 나가야 하는 '과정'의 맥락에서 개념 자체가 본질적으로 점잖아야만 하는, '좀 더 점잖음'을 향해 나아가야 하는 '당위'의 명제다.

규범의 범주와 맥락 속에서 주목하는 헌법의 charisma의 핵심은 바로 이 '주체성' 자체이다. 앞에서 '공(空)주체론'의 명제로 기본관념은 논의하였거니와 부연하자면, 그 '이름'과 함께 헌법의 정신과 이념, 그리고 이를 토대로 하는 '헌법의 charisma'가 응축되어 있다고 할 수 있는, 말하자면 헌법의 핵심인 기본권의 보장 또는 적정한 실현의 준거틀인 헌법의 기본원칙들과 마찬가지로, 헌법의 제정도 그 실체는 '공간'(空間; emptiness; empty space)의 형성이다. 고착된 실체로서 선재하는 '국민'이 있었는데 없어진 것을 회복하거나 또는 변질된 것을 복원하는 것이 아니다. 원래 없었던 것을 시원적으로 만들어 내고, 갱신해 나가는 '주체'의 형성, 즉 '공간'을 만들어 내는 것이 그 알맹이인 '주체화'의 과정이다.

또한 그 어떤 층위와 분야에서도 그러하지만, 바로 헌법에서야말로 '주체'는 오롯이 자임하는 것이다. 누가 임명하거나, 공적으로든 사적으로든 인정을 받는 것이 아니다. 헌정사를 돌아보면 '주체'를 '주체'로 칭할 수 있었는지 의문이고, 오히려 '주체'가 무엇인지, 누가 '주체'인지 따져 묻는 상황이 일반적이었고, 오늘날도 크게 다를 것이 없다고 생각되지만, 그럴수록 애오라지 '우리'(We)가 '주체'임을 '자임'(自任)하고 '자처'(自處)해야 한다. '빈자리', 즉 '공간'을 먼저 만들어야 가능한, 즉 '스스로 자신

'decent'를 영어사전에서 찾아보면 '좋은', '친절한', '예절바른', '점잖은', '친절한', '공정한', '인간다운' 등등의 의미와 함께, 옷을 갈아입어 보는 방을 노크할 때 옷을 다 입었는지를 물어볼 때 "Are you decent?"라고 묻는다는 내용이 나온다. Karl Polanyi가 그의 명저 『The Great Transformation』(1944)에서 유명한 '시장'(market)의 은유, 즉 사람을 갈아서 '덩어리들' 또는 '대중'(masses)으로 만드는 '악마의 맷돌'(satanic mill)과 대비하여 제시한 핵심표제어로 생각되는 바, 즉 '시민사회(civil society)의 회복'과 함께 주창한 'decent individual', 'decent society'도 같은 의미로 상정된 것으로 여겨진다. 35, 266면.

의 자리를 잡는다'는 '주체화'의 함의를 모르거나, 잊거나 또는 회피하면 그 즉시 '객체'일 뿐이다. 상시적으로 그 위험에 노출되어 있어 늘 경계해야 하거니와, charisma가 그러하듯이, 한 번 '객체'가 되고 나면 '주체성'의 복원은 더더욱 어렵다. 같은 맥락에서 헌법제정 이후의 모든 헌법해석도 바로 '주체'의 지속적인 '자임'(自任)과 '자처', 즉 '주체화'의 과정이다. 그 자체가 '주체'이고, '주체'의 자리인 '공간'의 존재와 외연을 확인 및 획정하고 또한 필요한 경우 다지고, 확장하고, 변형시켜 나가면서 그 속을 계속 새로 비우고 채워나가는 지속적인 쇄신의 재구성작업이다.

요컨대, '동사'(動詞; verb)로서 '헌법'이 '비움과 채움'을 계속해나가는 변증법적 '지양'(止揚; Aufhebung)과 이를 통한 '환기'(evocation)와 '갱신'(更新; renewal)의 과정이라면, 이 '동사성'(動詞性)의 요체는 바로 "과정으로서 민주적인 국민"(democratic people as process) 이고, 이는 항상적인 진행형의 '비움과 채움', 즉 '우리를 만들고 개조해나가는 것'(We-making; We-reshaping)인 동시에 '우리의 세계제조'(Our world-making)의 과정이며, 그 결정적인 계기이고 동인이다.67)

---

67) '우리 국민'(We the People)의 허구성에 대해서는 앞에서 언급하였거니와, '과정으로서 국민'(people as process)은 '민주적 정당성'을 토대로 하는 헌법이론과 민주주의 정치이론이 전제로 하는 '국민' 개념의 문제, 특히 "누가 국민을 창설하는가?"(Who constitutes the people?)라는 질문에 대하여 제대로 답할 수 없는 치명적인 약점을 지적하면서 '국민'을 단순한 '개인들의 집합체'(a collection of individuals)가 아니라 '일련의 사건들'(a series of events)과 '현재진행형의 과정'(on-going process)으로 보는 관점에서 제시되는 명제이다. 이에 관해서는 대표적으로 Paulina Ochoa Espejo, The Time of Popular Sovereignty: Process and the Democratic State, 2011, 특히 Chapter 7, 170-195면.
유사한 맥락에서 Ham Chaihark/Kim Sung Ho(Fn.53)가 '국민'과 '국민주권'에 대한 전통적인 이해의 허구성과 역사와 현실을 제대로 포착하지 못하는 이론적 한계를 지적하면서, 학제 간 접근을 통해서 그 역사와 그 정치현실적 실체 및 개념들에 대한 비판적으로 분석하고 해명한 것은 우리 '헌법이야기'를 한 점에서 뿐만 아니라, 본서에서 취하고 있는 '헌법현상학'의 관점에서도 되새겨봄직하다. 또한 "헌법이 바로 '헌법제정의 주권자인 국민'(the sovereign constituent people), 즉 '우리의 정체성'(us who we are)을 만들기 때문에 우리는 우리들 자신의 헌법을 제정할 필요가 있다"(We need to make our own constitution, because it makes us who we are - the sovereign constituent people)는 단정과 함께, 신학적 개념으로서 이른바 '유일한 영원한 아버지'(an eternal patria) 또는 (헌법)'창설자들의 원의(原

6. 헌법상상 - 이데올로기와 유토피아의 변증법

텍스트를 매개로 하는 '일종의 이데올로기와 유토피아의 변증법'(a dialectic of ideology and utopia)의 맥락에서 보면, utopia는 실재의 현실에 대한 다른 관점과 미래 대안세계의 '구상'(vision)이다. utopia의 구상은 체제의 지속가능성의 관점에서 당위적으로 요구되는 정당성의 기대치와 현실의 정당성 간의 간극을 메우는 — 또는 종종 부정적인 관점에서 은폐하거나 분식하는 — 이데올로기와 조합되어 현실에 대한 비판의 작인(作因)과 기존의 체제와 제도에 대한 구체적인 변혁의 자극으로 전환된다.

다소간의 작위성을 유의(留意)한다면, 앞에서 인용한 『까다로운 주체』에서 Zizek이 말하는 '빼어난 선천적 위반자'로서 '도착증자'(倒錯症者), 즉 "지배적인 공적 담론을 지탱하는 은밀한 환상들을 조명하고 무대에 올리고 실행"하는 '도착'의 주체는 utopia의 상상자이고, 그 자리, 즉 "은밀한 도착적 환상들이 '정말로 그것'인지에 대한 의혹을 드러내는" '히스테리적 위치'는 이데올로기의 공간 속에 있는 것으로 파악할 수 있다.[68)]

이러한 점에서 보면, 헌법텍스트는 '가치'(value)라는 용어의 명시적인 사용 여부와 무관하게 기본적으로 '가치기반의 문서'(value-based document)

意)'(the original intent of founders)에 대한 '맹목적인 숭배'(blind reverence)가 아니라 우리 자신의 '성찰과 선택'(reflection and choice)에 초점을 맞추어 헌법제정의 토대를 추적한 궤적 그리고 '정치신학'(political theology)에서 벗어난 '대중주권'(popular sovereignty)의 명제와 그 의미를 간결하게 정리하여 마무리 한 부분도 일독의 가치가 충분하다. 275-286면.

68) S. Zizek, 이 성민(역)(Fn.54), 397면. 아래에서 논의하는 바와 같이, 정치철학, 특히 자유주의가 '유토피아주의'(utopianism)에 적대적이지 않고 오히려 친하고 이론구성의 맥락에서도 필요로 하는 점을 고려하면, K. Popper를 비롯한 자유주의들의 '유토피아주의'에 대한 공격은 좀 의아하지만, 제시되는 두 가지 핵심논거, 즉 자유주의의 인식론과 합치되기 어려운 반사실성과 utopia의 관념이 정치운동과 결합되는 경우 초래될 수 있는 파국적인 결과에 대한 우려는 아마도 이 '도착적 환상'의 위험성을 극도로 경계한 것으로 생각된다. '열린 사회'(open society)의 명제에 담겨져 있는 Popper의 자유주의론의 건강성을 해명하면서 '유토피아주의'에 대한 반대론을 오히려 자유주의의 대한 인식론적, 유토피아적 옹호의 취지로 재해석한 논의로는 Roger Paden, "Popper's Anti-utopianism and the Concept of an Open Society", in: The Journal of Value Inquiry, Vol. 34(2000), 409-426면.

이고, 이를 출발점 또는 매개로 하는 '헌법상상'으로서 헌법해석은 본질적으로 '도착'이나 '히스테리'의 어떤 맥락에서든 또는 utopia의 환상을 구체적인 소망과 기대로 치환하는 '상징화'와 '가치판단'의 양식들을 구성하는 '사회의식의 한 형태'(a form of social consciousness), Zizek의 표현을 다시 빌려 말하면, '일종의 히스테리적 증상을 꿈의 텍스트'로 변환시키는 과정인 점에서 필연적으로 가치 및 가치(론)와 연관된 이데올로기(론)와 연관된다.[69] '가치지향의 접근'(value-oriented approach)을 배제하거나 금기시하는 방법론을 취하는 경우조차도, 그 자체가 적어도 간접적으로는 특정한 가치관 또는 가치실현방법의 구조틀을 전제로 하는 점에서 '사유와 텍스트'(thought and text)의 관계를 파악하는 작업으로서 거의 모든 헌법해석은 본질적으로 이데올로기적 작업이다. Raymond Plant의 말대로, 결코 '분리될 수 없는 인간의 본성과 공동체(가치)에 대한 관념들'(non-separable conceptions of human nature and community) 간의 담론 속에서 이데올로기를 매개로 하여 기존의 세계, 특히 정치생활의 현실에 대한 비판의 관점과 구상을 구체적인 실천의 '행위'(action)로 변환시키는 '이데올로기적 상상'(ideological imagination)이다.[70] 다만, 상상이되,

---

69) 법이론의 명제로서, 특히 자본주의체제에 대한 비판적인 관점에서 이데올로기와 사회질서의 상호연관성에 대해서는 Lauren Langman, "Law, Psychiatry and the Reproduction of Capitalist Ideology: A Critical View". in: International Journal of Law and Psychiatry, Vol. 3(1980), 245-247면.
'가치와 헌법'에 관해서는 D. Grimm, "Values in German Constitutional Law", in: D. Davis/A. Richter/Ch. Saunders(ed.), An Inquiry into the Existence of Global Values, 2015, Chapter 8, 199면. S. Zizek, 이 성민(역)(Fn.54), 396면.
Marxist 역사가의 입장에서 E. Hobsbawm은 오늘날 세상의 모습이 Marx의 사상을 통해 도달하려고 하는 유토피아적 상황과는 아직 거리가 멀다고 보는 관점에서 '20세기의 이데올로기 투쟁, 정치투쟁, 해방투쟁'을 "터무니없이 비유토피아적인 것들"이라고 평가한다. E. Hobsbawm, 강 성호(역)(Fn.16), "마르크스와 역사학"(1983), 275면. 하지만, 헌법해석작업의 '상상'의 측면, 특히 여전히 미흡하기는 하지만 이 '상상'이 구현된 인권신장의 20세기 진보역사에 초점을 맞추어 이러한 유토피아의 치환과 변환의 과정으로 본다면, 적어도 Marxism이라는 고정된 관점을 벗어나서 보면 충분히 '유토피아적인 것'이라고 할 수 있을 것이다.

70) R. Plant, "Community: Concept, Conception, and Ideology", in: Politics and Society, Vol. 8(1978), 79-107면. '헌법상상'에 관한 명쾌한 상론으로는 M.

'헌법상상'은 막연한 무정향의 꿈을 꾸는 것이 아니라 헌법규범의 틀 속에서 수행되는 'We-making'의 구상(vision)이고, 완결된 것은 아니되 '문법'(grammar)이 없거나 또는 '문법'을 완전히 벗어난 '몽상'(夢想)이 아니다. 적어도 규범의 형식과 구조적 체계 속에서 다소간의 규칙성을 갖고 단어(텍스트)와 사실(현실)의 의미를 확정시켜 줄 수 있는 '문법'(grammar)을 적용하는 헌법해석과 연접(連接)되는 점에서 비판과 토론의 가능성을 열어 놓는 담론, 즉 이데올로기에 대한 변증법적인 극복의 과정인 학문적 이론의 작업이기도 하다.

또한 대부분의 헌법은 역사의 급전회(急轉回)와 이 결정적인 계기의 핵심인 '과거와의 단절'(Never again!), 즉 — 종종 명시적인 텍스트가 아니라 '써지지 않은 불문헌법'(unwritten constitution)에서 새겨야 하는 — 공동체의 근본적인 이념 및 가치관 차원의 '심층적인 단락(段落)'(deep break)의 맥락 속에서 출현된다.[71] 이러한 급전의 단락 이후에 그 이념적 정체성과 가치체계의 구조틀이 지속되는 가운데 수행되는 헌법해석도 역사 속에서 역사를 써나가는 작업이다. 이러한 점에서 헌법학, 헌법해석론은 현실과 규범의 교차점에서 E. H. Carr가 말하는 역사, 즉 '현재와 과거 간의 끝없는 대화'(unending dialogue between the present and the past)[72]를 통해 보다 나은 내일을 기획하고, 준비하는 미래 지향의 규범적인 '역사현상학'이기도 하다. 더 나아가서는 공시성과 통시성이 응집된 인간의 사회생활의 맥락 속에서 '가치언어'와 '가치조화' 또는 '가치조정'의 당위척도를 탐구하는 '언어현상학', '가치현상학', '공동체현상학'이기도 하고, 독자적인

Loughlin, "The Constitutional Imagination", in: The Modern Law Review, Vol. 78(2015), 1-25면.

71) D. Grimm(Fn.69), 199-200면. 법개념 및 규범적 개념으로서 '불문헌법'(unwritten constitution)에 대한 헌법철학적 논의, 특히 '합법성'(legality)과 '정당성'(legitimacy)의 명제와 관련하여 대비되는 두 가지 법이해, 즉 '선형적 법이론'(linear theory of law)과 '순환적 법이론'(circular theory of law)을 중심으로 한 헌법이론적 해명으로는 Mark D. Walters, "The Unwritten Constitution as a Legal Concept", in: D. Dyzenhaus/M. Thorburn(ed.)(Fn.61), Chapter 2, 33-52면.

72) E. H. Carr, What is History?(1961), 김 택현(역), 역사란 무엇인가, 1997, 50면.

개인과 사회, 즉 공동체 전체 및 이 둘 간의 '변증의 상호작용' 속에서 '인간'을 동시에 주목하는 일종의 '인간(개인)현상학'이다. 궁극적으로는 국가와 법 및 경제, 역사와 언어, 정치(현실), 권력 등의 사회철학적 현상, 말하자면 '가치를 생산하고, 교환하며, 이를 통해 가치를 발전시켜 나가는 과정'으로서 '문화'를 주목하는 포괄적인 '문화현상학'이다.

'생명권'이나, '학문'과 '사상', '의사표현', '양심'과 '종교', '예술'의 자유 등등을 권리의 격을 붙여서 논하면서 '가치'와 '이데올로기'에 기반한 언어와 논증을 최대한 피한다고 하더라도, 그 출발점과 귀착점은 '우리들 자신의 존재의 의미'(the meaning of our own being)를 규정하는 '인간의 존엄'(human dignity)과 생명가치 그리고 문화적 가치, 결국 가치다. 판단 대상인 사안의 범주와 그 층위에 따라 노정은 다르고, 그 중간 노정 속에서 구체적인 가치의 지표 및 평가척도들, 그리고 다소간에 정책, 과학, 경제, 비용편익분석이 관여될 수밖에 없고, 그 내용은 상대적이고 다양할 수 있고 또한 그래야 한다. 하지만, '헌법상상'에서 시종일관 주목하고 유념하는 것은 '문화적 존재'로서 인간의 삶과 인간의 전유(專有)세계인 문화세계에서 절대적이고 보편적인 '진선미'의 궁극의 정신적 이념과 문화가치이다.

'법률(법텍스트)=법'의 전제 하에 '법과 도덕의 분별'을 통해 법 및 법적 판단의 '비도덕성'(amorality), 즉 '과학적 실증성'과 '확정성'을 주창하는 '법형식주의'(legal formalism)를 비롯한 '실증주의 법이론'과 '법정용론'(法整用論; Rechtsdogmatik)[73]도 근본적으로 혼합된 '하나의 법현상'(a

---

73) 필자는 '법도그마틱'의 번역어로 '법정용론(法整用論)'을 제안한 바 있다. 아직 충분히 논의되지는 못하였으나, 토론의 계기를 마련하는 취지에서 이 용어를 한 번 사용한다. 이에 대한 설명과 함께 '법정용론'의 개념과 특성 및 기능에 대한 상론은 이 덕연, 법도그마틱과 은유, 2021, 90-96, 19-89면. 이어서 이른바 '과학적 정당화'를 내세우는 법실증주의이론 및 법해석방법론과, 이 관점에서 '정당화'의 문제를 주변부화하고, '정당성의 문제'를 '효력의 문제'로 다루는 법실증주의에 대한 비판은 오롯이 '법정용론'에 그대로 적용된다. 이와 관련한 핵심논점을 간결하게 정리한 논의로는 Jirí Pribán, "Legalist Fictions and the Problem of Scientific Legitimation", in: Ratio Juris, Vol. 16 (2003), 14-36면.

phenomenon of law)으로 주어지는 '법존재'(being of law), 즉 '법의 세계'에서 도덕과 윤리를 근본적으로 부인하거나 배제하는 것은 결코 아니다. 법과 도덕 간의 존재론적, 인식론적 연관성을 부정하는 것도 아니다. 아무리 기술적인 명명작업으로 감추려고 하더라도 그 '명칭' 또는 '표제개념' 속에서 모든 이념과 현실이 법논리적으로 지양될 수는 없고, 그 명칭과 개념 자체는 — Lacan의 말을 빌리면 이른바 '비-전체'(非-全體)일 수밖에 없거니와[74] — '법윤리학'(Rechtsethik) 또는 일종의 '법가치학'의 범주에서 벗어날 수 없다. 그 요체는 오롯이 인간의 개인적, 사회적 생활 속에서 가장 중요한 문화적 가치, 즉 튼실한 '도덕감'을 토대로 하는 정의와 도덕가치의 최대 또는 최적 실현의 가능성과 그 방법을 찾는 것이다.

전술한 바와 같이, 이미 언어(철)학에서 언어의 의미 또는 개념의 확정성의 전제는 완전히 부정된 지 오래거니와, '법률(텍스트)=법', 즉 법률해석의 결과가 아니라 해석에 앞서 선확정된 의미가 존재한다고 보는 관념과 이를 토대로 하여 문자기호로 구성되는 '실정법'을 '실증성'(positivity)과 '확정성'(determinacy)을 최대한 담보할 수 있는 법형식으로 상정하는 '법의 과학적 정당화'(scientific legitimation of law), 즉 이른바 '법과학'(legal science)의 관점은 '반실증의 허구(fiction)'이다. 역시 결코 실증적이지 못한 '합법성(legality)=정당성(legitimacy)'과 '법과 도덕의 분별'의 작위적인 가정의 구조틀 속에서 '사법재량'(judicial discretion)의 부정 또는 최소화를 전제로 정형화된 법공식의 기계적인 적용을 통해 법을 찾는 방법이 최선이라고 보는 법이론도 오늘날의 다원사회와 정치적 여건 등의 현실, 즉 실증의 생활환경과 부합되기 어렵다. 부르주아를 중심으로 한 시민계급의 정치사회적 승전의 전리품으로 확립된 '민주적인 법적 정당성의 체계'(democratic legal legitimation scheme) 속에서 의회입법자가 제정하는 '법률'에 원천적으로 반민주적이고 자유적대적인 내용의 '법규범'이 담겨질 수 없었던 근대 시민혁명 당시의 특정한 정치경제 및 사회적 환경에서만 적실성을 갖는 이데올로기적 법이론의 산물일 뿐이기 때문이다.

74) S. Zizek, 이 수련(역)(Fn.54), 29면에서 재인용.

특히 '정당성의 문제'가 법형식론 차원의 '효력의 문제'(matter of validity)로 치환(置換)될 수 없고, '절차적 정당성'은 차치하더라도, 이른바 '논리적 실증성'(logical positivity)만으로 '타당성'(validity), 즉 '실체적 정당성'이 확보될 수 없는 헌법담론에서는 더더욱 그러하다. '좋은 삶의 질서'(order of good life)로서 법률 이하의 모든 법령의 효력 또는 정당성의 근거인 동시에 그 해석의 준거를 제공하는 헌법의 해석에서 더욱 부각되거니와, 오늘날의 다원화된 복잡사회에서 '법의 정당화'의 근원과 자원은 형식과 이성, 논리만이 아니라, 감성과 초논리 또는 비논리적인 '도덕감'이나 '정의감', '시대정신'과 함께 정치·경제·사회·문화 등 모든 생활영역에서 '구체적인 좋은 삶' 속에서 탐색되고 조달되어야 하기 때문이다. '좋은 삶'을 지향하는 법의 '당위'의 측면을 외면 또는 경시하는 것은 경계해야 하지만, 이른바 '법현실주의'가 비판의 명제로 제시하여 주목을 요구하는 것도 바로 '존재', 즉 '좋은 삶'의 현실이다. 이데올로기 및 유토피아와 헌법해석의 연결점으로 '헌법상상'을 논의하는 것도 바로 이 때문이다.

결국 관건은 '옳은 법'을 탐색하는 '법적 상상'(legal imagination)의 세계, Heidegger의 말을 빌려 표현하면 법언어, 즉 '법존재의 집'(house of being of law) 속에서 살아가는 '법화자'(法話者), 특히 모두가 '민주적 정당성'을 기반으로 하되, '기능적 정당성' 또는 '절차적 정당성'과 연관되는 결정형식의 차이에서 차별화되는 입법자와 행정부 및 법원 및 헌법재판소 등 법해석 및 적용자들의 결정권을 어떻게 배분하고, 특히 누가 최종 결정권을 갖고 주도하는 법운용체계를 설계할 것인지 고민하고 선택하는 것이다. 다만, 당연히 이 고민의 핵심과 선택의 준거는 구조물로서 '법의 집'의 건축 자체가 아니라, 그 집 속에서 일구어나가야 하는 '(법)가정의 편리와 편안, 즐거움'(convenience, comfort and pleasure of home), 즉 최대한 정의롭고 행복한 공생의 조건과 환경을 만들어 나가는 것이다. '헌법상상' 및 이와 관련된 모든 담론의 지향점 또는 귀착점은 — 'base'가 아니라 — 야구선수가 각고의 노력을 기울여 닦은 기량을 쏟아 타격을 한 후 온 힘을 다해 뛰어 확보하려는 '안착'(安着: safe)과 같은 것이고, 'home run'이면 더 좋겠지만 쉽지 않거니와, '안착'에 이어서 후속타자의 도움을 받아 궁극적으로 도달하려고 하는 'home'이다.

7. 우리의 헌법과 헌법학은 준비되어 있는가?

일반법에 비해 부각되는 최고의 '정치 및 문화(생활)기본법'으로서 헌법의 기능과 특성, 특히 '도덕감'과 가치기반성, 이데올로기 연관성 및 역사성과 함께 이에 따른 헌법언어와 개념의 고도의 추상성과 개방성을 고려하면, 적어도 '상상'의 차원에서 일반법과 헌법은 본질과 그 해석의 지향점이 판이하다고 할 수 있다. 그 수단과 방법도 당연히 차별화하여 접근해야 하는 것은 불가피하고 당연하다. 적어도 추상적인 차원에서 이러한 헌법담론은 당연히 헌법학자들만이 참여하는 '뜬구름잡기'는 결코 아니다.

권위주의 체제 하에서의 우리가 수십 년 간 경험했듯이 헌법이 단순한 '장식'이나 '명목'에 그치는 경우에 헌법담론은 폭력과 권력에 굴종하는 '정당성분식'(正當性粉飾)의 기만술(欺瞞術)에 불과하였고, 그 실용성은 '대외용 헌법', '사법시험용 헌법'에 그쳤던 것이 사실이다. 하지만 최고 권력자인 대통령을 파면시킨 혁업(赫業)을 들지 않더라도 기본권침해를 이유로 한 숱한 위헌결정들로 예증되는 바, 적어도 1987년 체제 이후 30여 년에 걸쳐 헌법의 규범적 효력을 가장 구체적으로 확실하게 담보할 수 있는 헌법재판제도가 정착되고 활성화되었다. 오늘날 우리는 단순한 '법전 속의 법'(law in books)이 아니라 '재판규범'으로 적용되고, 아직은 많이 미흡하기는 하지만 다소간에 '생활규범'으로 실현되는 '행동 속의 법'(law in action)으로서 헌법을 갖고 있다고 할 수 있다.

다만, 산적한 헌법소원을 비롯한 헌법심판청구사건이나 위헌확인사건의 숫자, 대선 주자들의 공약과 연설에서 '헌법'과 '헌법정신' 또는 '헌법적 가치' 등의 용어들의 잦은 언급으로 부인되고 은폐될 수 없는 '결여'가 크고 무겁다. '정치규범', '사회생활규범'으로서 헌법의 기능부전(機能不全)이 그것이다. 정치인을 비롯한 모든 공직자와 시민의 생활태도와 행동을 실제로 유도하는 힘, 즉 '규범적 효력'을 갖고 '공존을 위한 합리적이고 정의로운 사회'를 형성하고,[75] '건강한 타협'과 이를 토대로 한 '지속가능한 발전'을 위한 가치규범의 platform을 제공해주는 '조정자' 및 '안내자'로서 헌법(학)의 역할부재가 심각하다. 특히 '양극화문제'를 비롯하여 심각한 분열과 대립, '고비용 저효율'의 갈등관리체계, 저출산 및 (초)고령화 등 우리 사회가 직면하고 있는 근본적인 도전들과 관련하여 절실한 시대적 과제로 주어진 '변혁'의 vision을 제시하고 '사회개혁'(social reform)을 선도하는 기능은 더더욱 취약하다.

Gerald N. Rosenberg가 미국 Supreme Court의 혁혁한 판례들에 대한 포괄적인 분석을 통해 '역동적인 법원'(Dynamic Court)에 대한 신뢰와 지지보다는 '속박된 법원'(Constrained Court)의 측면을 주목하여, 말하자면 '중대한 사회개혁'(significant social reform)의 선도자로서 법원의 역할을 기대하기 어렵다는 부정적인 평가를 하면서 제시하는 "공허한 희망"(the hollow hope)[76]은 우리 헌법재판소와 법원의 경우에는 다른가? 그가 강조하여 말하듯이, 긍부정의 평가가 엇갈리는 '빈도'(frequency)의 문제가 아니라 긍정적으로 볼 수 있는 제도 및 제도 외적 '조건들'(conditions)을 주목하는 경우 우리는 '낙관의 희망'을 가질 수 있는가? 우리의 헌법과 헌법학은? 안타깝지만, 회의적이다.

『어떤 국가가 겪은 도전도 지난 50년 간 한국이 경험한 것만큼 크지는 않다. 어떤 선진국도 앞으로 10년 또는 20년 내에 정책·구조, 그리고 노동력의 개발과 보상이라는 측면에서 — 무엇보다도 그것에 대한 가정과 기본적 목표에서 — 한국보다 더 심각한 변화를 겪지는 않을 것이다. 그렇지만 한국은 그런 변화를 기회로 바꿀 수 있을 만큼 충분히 준비된 유일한 국가이기도 하다.』

---

75) 이에 관해서는 허 영, 한국헌법론, 2021, 28면.

76) G. N. Rosenberg, The Hollow Hope Can Courts Bring About Social Change? (1991), 2nd ed., 2008. 특히 9-36면.

1999년 1월, 그러니 23년 전 Peter F. Drucker의 말이다. "6·25 전쟁 이후 지난 50년 동안 한국보다 더 잘 교육받고, 성취감 넘치는, 미래 지향적인 엘리트 지식근로자를 개발한 국가는 없다"는 이유를 들며 그의 역저 『Management Challenges for the 21st Century』의 한국어판 서문에서 한 말이다.[77] 석학의 예지(叡智)라 할 만큼 지난 20여 년 동안 우리가 겪은 '변화'는 정확히 그러했다. 하지만 그의 상찬에 걸맞게 과연 우리는 지금 절실하게 요구되는 '갱신'과 변혁'을 위해 충분한 준비가 되어 있고, 준비를 하고 있는가? 이 준비작업에 우리 헌법과 헌법담론은 참여하고 있는가? 헌법은 준비되어 있는가? 내일을 생각하며 준비하고 있는가? 무엇을 어떻게 보완해야 하는가?

P. Drucker의 '한국현상'에 대한 진단과 전망 후 세기를 넘어서 15년이 지난 2015년에, 사회이론가이며 이른바 '비판법학'(Critical Legal Studies: CLS)의 대표적인 선구자 중의 한 명인 Robert Mangabeira Unger[78]는 "한국에 경의를 표하는 외국인 벗"으로서 조언을 건네었다. 자신의 프로그램적 제안들이 한국사회에 '특별한 의미'가 있을 것이라고 하면서 한국의 당위적 내일은 '지금까지 존재하지 않았던 것'이고, 이를 위해서는 '지적 식민주의의 탈피'와 '담대할 정도로 독창적인 고민'이 필요하다고 충고한다.[79]

생각건대, 적어도 진보와 변화의 측면을 완전히 부정하는 일방적인 강박(强迫)의 명제에 대한 '절대금기'의 주장으로 이해되거니와, '현실적인 것은 이성적이다'라는 우파 헤겔주의의 보수의 메시지를 단호하게 부정

---

77) P. F. Drucker, Management Challenges for the 21st Century(1999), 이 재규(역), 21세기 지식경영, 1999, 13-14면.

78) Unger는 자신이 모국인 브라질에서 망가베이라로 불리기 때문에 중간 이름을 포함시켜 주기를 주문했다고 한다. POLITICS: THE CENTRAL TEXTS, Zhiyuan Cui(ed.)(1997), 김 정오(역), 정치, 2015, "역자해제", 703면, 주석 3. 굳이 이런 부탁을 한 것은 단순히 혼동을 피하기 위한 것을 넘어서 학자로서 자신의 정체성, 특히 영미권 중심의 선진국과 함께 비서구권을 주목하는 그의 개방된 관심과 접근방법을 분명히 하고자 하는 각별한 함의가 반영된 것이 아닐까 추측해본다.

79) R. M. Unger, 김 정오(역)(Fn.78), 7, 10면.

하면서 '급진민주주의의 기획'을 모색하는 Unger의 이른바 '구성적 사회이론'(constructive social theory)은 우리 사회의 이해와 발전에 매우 유용한 시사(示唆)를 주는 점에서 그의 말대로 '특별한 의미'가 있다. '민주주의의 신화적 역사'와 '(재산권을 비롯한: 필자 부기) 사적 권리(private rights)의 신화적 역사'를 근본적으로 부정하면서 제시하는 대안의 '민주주의이론'도 마찬가지다. Unger가 늘 '구조적 변화'를 위한 대안 프로그램과 함께 주목하는 '설명의 기획', 즉 사회의 이데올로기적 구조와 제도적 장치들의 우연성과 변혁가능성을 축소하지 않으면서 그 현상들을 해명하는 사회적·역사적 이해의 발전을 모색하는 관점과 그가 제시한 한국 사회의 현황에 대한 냉철한 진단이 주목되는 것도 같은 맥락에서이다:

『한국은 많은 측면에서 국가발전의 놀랄 만큼 성공적인 사례가 되어왔다. 그 과정에서 한국은 국가와 대기업의 동반자 관계와 교육적 자질에 대한 헌신에 의존해왔다. 물론 그러한 교육적 자질은 정부보다는 사회와 가정으로부터 나온 것이다. 그러나 지금의 경제적·정치적·교육적 장치들의 구속 아래에서는 계속해서 발전할 수 없다.』[80]

우리 스스로를 바라봄에 있어서 외국 석학의 권위에 의존하는 민망함을 굳이 장기와 바둑에서 흔히 얘기 하는 '훈수의 장점'으로 변명할 필요는 없다. Unger가 '경제적 장치와 기회의 급진적인 분산', '교육방식의 변혁', '체제순응주의의 탈피', '시민들의 적극적인 정치생활참여', '혁신 친화적인 정부 및 정치제도의 확립' 등을 처방하면서 제시하는 '갱신한국'의 국가상과, 민주주의의 건강성을 담보하는 필수조건의 하나로 시민의 적극적인 정치참여를 강조하는 것은 단순히 삶의 부담과 책임을 공유하지 않는 외부인의 객쩍은 의견으로 가볍게 생각되지 아니한다:

---

80) R. M. Unger, 김 정오(역)(Fn.78), 10면.

『한국은 불복종, 이단, 저항, 실천적 비전과 비전가들, 그리고 희망과 상상력의 연합 등을 흔쾌히 받아들이는 국가가 되어야 한다.』[81)]

『광범위하고 진지한 시민의 참여가 없는 경우, 강화된 민주주의는 가장 자유로운 정체에서 가장 전체적인 정체로 전환될 수 있다.』[82)]

갈등과 대립의 양상이 예사롭지 않은 우리 사회의 모습을 보면, 그가 제시하는 '강화된 민주주의 헌법'과 이를 통해 보장되고 촉진되는 '일상적인 삶의 활동'으로서 대화의 효용, 특히 갈등의 지양과 대립극복의 기능에 대한 촉구와 해명도 되새겨봄직하다:

『강화된 민주주의 헌법은 개인적 욕구와 집단적 헌신을 대립시키지 않는다 … 의문의 여지가 없는 제도적·상상적 가정의 구조틀 내에서 이익을 추구하는 평범한 실천을 그 틀에 이의를 제기하는 의외의 활동으로 좀 더 쉽게 확장하게 함으로써 대립을 막는 것이다. 따라서 (헌법상의: 필자 부기) 제도적 프로그램이 북돋는 상상과 입법의 실천은 공적인 투쟁이라기보다는 목적을 규정하고 이를 추구하는 일상 활동의 확장이다.』[83)]

이러한 '강화된 민주주의 헌법'과 그 핵심요소인 건강한 국가와 시민단을 어떻게 만들어가야 하는가? 아마도 어떤 사회를 누가 어떻게 만들어 나가야 하는가 하는 질문이 선행되어야 할 것으로 생각된다. Brazil 출신 학자의 조언이라 더욱 귀를 기울이게 되거니와, 사회변혁의 가장 결정적인 요소의 하나로 이른바 '부정의 능력'(negative capability),[84)] 즉 "제도적 '맥락'(context)을 변화에 더욱 개방적이게 만들어서 구조와 일상, 혁명과 점진적 개혁, 사회운동과 제도화 간의 거리를 좁혀 나갈 수 있는 능

81) R. M. Unger, 김 정오(역)(Fn.78), 10면.
82) R. M. Unger, 김 정오(역)(Fn.78), 693면.
83) R. M. Unger, 김 정오(역)(Fn.78), 694면.
84) R. M. Unger, 김 정오(역)(Fn.78), 296면 이하.

력"을 강조하면서 Unger는 사회를 깊게 이해하기 위한 접근방법으로 "고정되지 않은(the unsettled) 관점에서 고정된 것들(the settled)을 보는 것"[85]을 제시한다. 이는 주어진 이데올로기 및 제도의 '형성적 맥락'에서 벗어나지 못한 채, 오히려 '고정된 관점에서 고정되지 않은 것들을 보는 것'에 익숙한 우리들에게 절실하게 다가온다. '미국식 사회과학의 복제'를 지양(止揚)하고 '위축된 마르크스주의'를 극복하는 학문과 문화적 환경의 쇄신을 당부하며 한국 지식인에게 넌지시 하는 그의 충고는 통렬하다. 가슴에 손을 얹고 필자도 예외가 아니라고 전제한다면 그다지 큰 용기가 없어도 과감하게 물어볼 수 있다:

『사회과학을 공부하는 이 시대의 한국 지식인들이야말로 Unger가 지적하는 '제도 및 구조 물신주의'(institutional and structural fetishism)에 물든 허수아비, 즉 "기존의 확립된 제도와 관행들, 이들로 구성된 구조(structure), 그리고 이 구조와 틀(framework)을 결정한 상상의 '형성적 맥락들'(formative contexts) 속에서 의지할 데 없는 꼭두각시"[86]가 되어가고 있는 '우리 모두'가 아닌가?』

P. Zima가 말하는 '이론', 즉 "이데올로기적 술화에 대한 대립관계를 통해 규정되는 이론적 술화"와 "자신의 배양토인 이데올로기에 대한 변증법적 부정"[87]의 작업을 제대로 시도조차 못하고, '기존상태'(status quo)와 이를 규정하고 있는 기존의 구조와 규범틀을 벗어나 사고할 수 있는 역량을 갖추지 못하고 있는 사회과학자, 현실과 이념, 존재와 당위 사이의 어중간 한 지점에서 '선 자리'와 '설 자리', '갈 자리'와 '갈 길'을 가늠조차 하지 못한 상태에서 헌법지식의 '알음알이'의 마당을 배회하는 헌법학자에게는 더더욱 그러하다:

85) Zhiyuan Cui, R. M. Unger, 김 정오(역)(Fn.78), 서문, 25면.

86) R. M. Unger, Social Theory: Its Situation and Its Task, 1987, 12, 200-212면; R. M. Unger, 김 정오(역)(Fn.78), 424면.

87) P. Zima, Ideologie und Theorie. Eine Diskurskritik(1989), 허 창운/김 태환(역), 이데올로기와 이론, 1996, 554면.

『이러한 두 종류의 학문적 문화의 평화적 공존은 지적 삶에서 극복해야 할 적이다.』[88)]

우리의 학문생태계에 없다고 할 수 없는 이러한 불순한 '평화적 공존'은 이른바 '허수아비 논법'(straw-man argument)의 '사이비논쟁'의 부산물이고, 가치생산적인 규범형성을 위해 필수불가결한 '참논쟁'을 호도(糊塗)하는 '야비한 공모'(dirty conspiracy)이다. 우리 사회의 분열을 지적하고, 통합의 명제를 강조하지만, 정작 여전히 가장 주목해야 하는 자본과 노동 간의 구조적인 갈등의 문제는 외면하고, 심지어 없지는 않지만 달리 접근해야 하는 gender 간의, 세대 간 또는 지역 간의 대립을 조장하여 문제를 치환하여 오히려 분열을 부추기고 심화시키는 분장사(扮裝師)들 간의 야합이다. 건강한 토론은 차치하고, 일방적으로라도 최소한 해명과 설득을 하는 대화의 장을 열어주기는커녕 오히려 실상을 왜곡하고 선동과 강박을 부추기고 정당화하는 데 앞장 서는 이러한 불순한 공모동맹체 속의 좌파와 우파는 '좌우지간'(左右之間)에 '입장'(standpoint), 즉 '위치성'(positionality)을 갖지 못하는 '사파'(邪派; 詐派) 또는 흑도(黑道)에 불과하다. 논과 밭의 허수아비는 가치생산에 도움이 되지만, 학문적 담론에서 이러한 '사파 허수아비'는 일종의 '건강한 갈등'과 '저비용 고효율'의 갈등관리를 위한 가치담론 및 가치형성의 생태계라 할 수 있는 '학술무림'(學術武林)에 큰 해악이 될 뿐이다.

또한 이러한 '사파'들 간의 연합은 권력과 금력을 장악하고 있는 기득권 집단 간의 '불공정한 담합'(unfair collusion)의 '기생'(寄生)체제이다. 우리 사회에 전반적으로 깔려 있는 '사기 능력주의'(fraud meritocracy)와 caste제도까지는 아니지만 학연, 지연 등과 얽혀 사실상 Unger가 비판하는 '조합식으로 조직된 사회적 신분'(corporately organized estates)[89)]의 연합체라고 할 수 있는 불순한 'elite cartel', 그리고 이들을 토대와 축으

88) R. M. Unger, 김 정오(역)(Fn.78), 7면.

89) R. M. Unger, 김 정오(역)(Fn.78), 424면.

로 하는 불공정한 입법과 제도설계 및 편파적인 법집행과 제도운영의 파행을 묵인하고 은폐하며, 심지어 '조장'(助長)하기까지 하면서 거리낌 없이 '곡학아세'(曲學阿勢)의 수당을 챙긴다. 곡직(曲直)을 물어 시시비비(是是非非)를 따져야 하거늘, 불문곡직(不問曲直)하고 '앞서서 복종'(obey in advance)한다. 용기를 저버리고 '불편한 질문'[90]을 던지지 않는 것으로 추가수당까지 받아 넣는다. '좌우지간'에 '위치성'을 갖지 못하는 입장은 연구와 담론의 대상들이나 이른바 '지행합일'(知行合一)의 관점에서 당위적인 가치실천의 방향과 그 방법 및 수단들의 선택에 아무런 영향을 주지도 않으며, 반대로 영향을 받지도 않는다. 전후, 좌우 그리고 상하지간에 '위치성'이 없는, 달리 말하면 어디에든 자리를 잡고 설 수 있는, 사리사욕에 따라 언제든지 진영과 자리를 바꿔 서는 '사파지식인'들의 '선 자리' 또는 '서는 자리'와 '보는 곳', 말하자면 관점과 시각은 오로지 '수당의 크기'에 의해서 결정될 뿐이다.

global 논제이기는 하지만, 요즘 우리 사회에서도 많이 회자되고 있는 '다수결주의'를 빙자(憑藉)한 이른바 '좀비민주주의'(zombie democracy),[91] 불구경하듯이 관전하는 구경꾼들의 환시(環視)리에 '정치건달'들의 실없는 자리다툼만이 난무하는 '좀비정치'(zombie politics)[92]의 한 구석에서

---

90) 중유럽과 동유럽역사, 그리고 Holocaust를 탐구해 온 Yale대학 교수인 Timothy Snyder가 오늘날에도 언제든지 Hitler의 Nazi체제와 같은 전체주의의 폭정이 현실화될 수 있다는 경고와 함께 재앙을 막기 위한 시민지침으로 제시한 20가지 중에, 그 첫째가 '미리 복종하지 마라'(Do not obey in advance)이고, 특히 지식인들이 귀담아 들어야 할 것으로 생각되는 마지막 20번째 지침이 '최대한 용감하라'(Be as courageous as you can)다. On Tyranny: Twenty Lessons from Twentieth Century, 2017.

91) Insa Koch, "When politicians fail: Zombie democracy and the anthropology of actually existing politics", in: The Sociological Review Monographs, Vol. 65(2017), 105-120면. David Runciman, Coup! Catastrophe! Technological takeover!(2018), 최 이현(역), 쿠데타, 대재앙, 정보권력: 민주주의를 위협하는 새로운 신호들, 2020, 66면.

92) 이를 제목으로 하여 최근에 출간된 정치평론서로는 강 준만, 좀비정치, 2022. 표 창원은 '좀비정치'를 "우리 편은 '선', 상대방은 '악'으로 규정하고 '다름은 '틀림'으로 인식, 사실관계 확인이나 맥락, 입장 등을 무시한 채, 상대방 혹은 의견이 다른 이를 무조건 공격하고 물어뜯는 정치"로 정의한다. 소박하지만, 현상의 맥을 잘 짚은 것

수당을 챙기는 '좀비지식(인)'이 차지하고 있는 자리도 적잖다. 행정과 심지어는 사법도 zombie를 붙여 거론할 수 있는지는 차치하되, 정치'를 주도하는 두 집단으로 정적과의 '사이비 전쟁' 속에서 담합거래를 통해 고위공직을 챙기는 이른바 '실세들'과 이 담합을 거들어주고 수당을 챙기는 언론이나 유튜버 등의 '진영스피커들'을 '정치군수업자'라는 적합한 명칭을 붙여 그 야합(野合)의 동맹관계를 지적하고 해부하는 것은 적확하다. 다만, 시장점유율(market share)이나 매출액과 순이익의 규모, 관여의 층위와 방법 등을 고려하면 정치군수업계를 거론하면서 절대적인 '우세종'(優勢種) 또는 '우점종'(優占種)인 '사파지식인' 집단을 빼놓고 얘기한다면 말이 되지 않는다.

19세기의 실증적 과학주의의 세례를 받은 자연과학을 공부한 철학자인지라 그랬는지 모르겠지만, Charles S. Peirce가 자연과학에 초점을 맞추어 전범으로 제시한 '과학적 인간'(scientific man)[93]은 '참지식인'의 조건을 명쾌하게 정리해준다. 오늘날 당연히 여성을 포함한 '과학적 인간'(scientific person), '과학적 시민'(scientific citizen)으로 확장되어야 할 것으로 생각되거니와, 아무튼 '오류가능성'(fallibility)을 원천적으로 부정하여 진리를 박제화하는 '진리독재자' 또는 종종 이른바 '공인(公認; 共認)된 지식'의 허위(虛威)를 내세워 오류에 대한 검증의 기회를 제도적으로 봉쇄하여 불공정한 '진리독과점'의 지위를 차지하고 '진리참칭(僭稱)'을 일삼는 '사파지식인'이 너무 많다. '과학자'는 많지만, Peirce가 명쾌하게 정리해주는 '합리적 이성'(reason) 외에 그 어떤 것도 추종하지 않는 '과학적 태도'(scientific attitude)를 갖춘 '과학지성'은 적다. 말하자면 '앎'(knowing)보다는 '배움'(learning)을 사랑하고, 오로지 '삶의 가치증진'(make life worth living)을 목적으로 하여 '하나의 우주'(a cosmos)를 탐구하며, 아무리 적은 지식을 가진 사람일지라도 '비교의 검증'을 통해 자신의 생각을 교정할

으로 생각된다. 게으른 정의, 2021, 80면.

93) Ch. S. Peirce, "The Scientific Attitude and Fallibilism", in: Justus Buchler(ed.), Philosophical Writings of Peirce, 1955, 42-59면.

수 있는 가능성이 조금이라도 있으면 이견을 가진 사람을 '형제'(brother)로 인정하며, 특히 '연마기(練磨機)가 필요한데 도끼를 드는 식'(axe to grind)의 딴 속셈을 갖고 돈벌이나 좀 더 안락한 삶, 그리고 자기편 동료의 이익에 집착하지 않는[94] '건강한 지성'(sound intellectual)은 우리 사회에서 찾아보기 어렵다. 특히 정치생활과 가까운 사회과학계의 경우에 더욱 그러하다. 다소간에 소극적인 방관자로 보이기는 하지만, 헌법학도 다르지 않다.

8. 자유주의와 민주주의 간의 취약한 동맹 - 자유주의 담론의 현황과 전망

당대의 대표적인 자유주의자인 Richard A. Epstein이 '자유지상주의'(libertarianism)를 비판하면서 솔직하게 인정하고 털어 놓아야 할 문제로 적시하는 이른바 '저항문제들'(holdout problems), 즉 "개개인들이 '사회적 이윤'(social gain) 중에 과도한 몫을 원하는 문제"[95]는 짐짓 중립성을 표방하는 '(자유)경쟁불간섭원칙'을 명분으로 하여 방치되고 있다. '능력주의'(meritocracy)와 자유방임의 허울과 그 속에 내장된 '탐욕스러운 지대추구'(egregious rent-seeking)의 기획과 치밀한 프로그램들의 실상을 드러내는 '급진의 도발(挑發)'이 절박한데, 우리의 학문적 문화의 환경에서 '건강한 지성'과 '건강한 담론'의 장은 척박(瘠薄)하다. 외형만 진보와 보수로 구분될 뿐이고, 적어도 제도권에서는 존재하지 않았다고 해도 과언이 아닌 우좌대립의 구도 속에서 '허수아비 좌우파' 간의 천박한 이데올로기 논쟁을 넘어서지 못하는 정치사회적 상황이 여전히 지속되고 있다. 이러한 척박한 상황에 기인하는 것인 동시에 이런 상황을 조성하고 고착화하는데도 일조하여 왔고, 현재도 다르지 않은 '자유주의'(liberalism)의 담론이 특히 그렇다.

---

94) Ch. S. Peirce(Fn.93), 42-43면.

95) Richard A. Epstein, Why Progressive Institutions are Unsustainable, 2011, 8면.

서구의 정치철학과 이론에서 보수주의를 '문화'로 정착된 수많은 선례들과 이들로 구성된 질서를 일종의 계율처럼 집착하는 정치적 경향으로 보는 것은 타당하다. 하지만 그렇다고 해서 보수와 진보의 획일적인 대립구도를 전제로 하여, 후술하는 바와 같이 자유주의를 단순히 우파의 정치 이데올로기와 동일시하는 것은 심각한 오류이다. 마찬가지로 '전통'을 부정하거나 경시하는 경향을 자유주의적 충동으로 단정하는 것도 오해이다. 후술하는 바와 같이, 언급의 맥락에 따라 다를 수 있지만, 자유주의도 독자적인 도덕적 존재로서 인간의 '개념'과 인간의 본성에 대한 개인주의적 관점, 그리고 '공동체'(community)의 관념 및 이들을 핵심으로 하는 확고한 '문화적 전통'을 구심점으로 하는 정치철학이기 때문이다.

'선택의 자유'(freedom of choice)라는 자유주의의 기본명제를 '절대적인 가치상대주의'(absolute value-relativism)와 동일시하는 것은 오로지 범주에 따라 차별화되어야 하는 '전제'를 보편타당한 것으로 본 '오류의 전제'에 기인하는 이른바 '그릇된 결론'(non-sequitur)이다. 선악 및 좋은 삶의 가치들의 근본적인 '공약불가성'(incommensurability)과 이성이나 어떤 보편적인 척도에 따른 '비교불가성'(incomparability)의 전제 하에 상충하는 가치들을 합리적으로 조화 또는 조정할 수 있는 가능성을 전면적으로 부정하는 철저한 '가치다원주의'(value-pluralism)의 관점에서 개개인의 삶의 핵심적인 조직원리로 기능하는 '가치들'(values)을 '자의적인 선호들'(arbitrary preferences)과 같은 것으로 보는 것은 첫 단추를 잘못 꿴 것이다. 가치의 주관성 및 중립성의 전제 하에 모든 가치들의 '합리적인 정당화'(rational justification)의 가능성을 근본적으로 부정하는 I. Berlin식의 '논쟁적 자유주의'(agonistic liberalism)의 이론은 선뜻 수긍하기 어렵다. '자유원리'(principle of freedom)의 존재론적 근거로 '가치다원주의'와 함께 '자유선택'(free choice)에 의한 '자기창조'(self-creation)라는 인간존재의 특권적 본질을 제시한 점에서 자유주의의 담론에 유력한 토대와 단서를 제공해준 점은 부인할 수 없지만, 적어도 '하나의 이상적인 사회'(an ideal society)를 구상하는 '유토피아주의'(utopianism)나 '궁극적인 가치'(ultimate value)의 정당성'이라는 '형이상학'(形而上學) 차원의 가치론의 명제 또는 그에 대한 상대주의의 철학적 입장을 바로 정치이론 및 이데올로기 담론의 문제로 치환한 점에서 그러하다.

'형이상학적 안락과 위로'(metaphysical comfort and consolation)를 허락하지 않는 '모든 가치의 상대화'는 '모든 가치의 합리적인 정당화는 불가능하다'는 전제에 유보된 조건, 말하자면 최소한의 가치정당화의 필수성과 그 가능성을 전제로 해서만 타당할 수 있다. 적어도 개인 단위에서든 공동체의 차원에서든 '완전무결한 조화'가 있을 수 없는 현실, 말하자면 숱한 근본적인 이념과 가치의 상충 속에서 어려운 선택을 해야 하는 도덕적·정치적 생활과 이들을 조정하고 조직해야 하는 '형이하학'(形而下學) 차원의 이데올로기 담론과 정치이론에서 '조화와 평화'(harmony and peace)는 필수불가결하기 때문이다. 이를 부정하는 것은 자유주의뿐만 아니라 모든 이데올로기(비판)론과 이를 모태로 하는 정치이론, 궁극적으로는 '자유원리'가 내장된 헌법의 존재이유와 희망을 부정하는 것이다. 이 희망의 부정은 형이상학 차원의 utopia에서만 타당하고, 현실세계에서는 독재체제의 가능성과 한계를 가늠하는 명제로서만 논의될 수 있을 뿐이다. 목표가 아닌 실천의 명제로서 정의의 당위가치에 대한 희망의 기대치와 현실세계의 정의구현 수준 간의 불가피한 간극을 메워주는 이데올로기의 순기능적 역할과 함께, 이데올로기의 '통합자'(integrator)의 역할이 '가치맹'(value-blind)의 이데올로기 복속, 말하자면 실제 민주주의가 대응해야 하는 현실을 은폐하고, 모순을 분식(粉飾)하는 '현혹자'(眩惑者)로 전락하지 않도록 경계하는 맥락에서 '비판과 계몽', '계몽의 계몽'의 당위명제를 강조하고, 더 나아가서는 '해체'까지 제시하는 것도 바로 이 때문이다.

모든 인간사와 마찬가지로 그 어떤 이상적인 제도로 뒷받침되는 민주주의에도 상존하는 모순을 해결하는 것은 불가능하거나 또는 적어도 정리될 수 없다고 보는 '회의주의'(skepticism)가 모순의 발본색원(拔本塞源),

말하자면 깔끔한 해결을 주장하는 '이상주의'(idealism)보다 더 현실적이고, 민주적이다. '실용주의'의 관점에서 보면 더 이상적이기도 하다. 모순의 '해소'(解消)가 아니라 '관리'에 초점을 맞추는 현실주의의 맥락에서 이념과 이데올로기 간의 교섭, 즉 '비판 및 계몽'의 변증이 담보되고, 기만(欺瞞)의 위험성에 대한 경계가 유지되는 제도적, 현실적 조건 하에서라면, — '신정론'(神正論; theodicy)을 각색하여 '이데올로기 정론'(ideodicy)이라고 말할 수 있는 — '이념 이데올로기론'(idealogy)이 제공하는 '헛된 조화'(mocking harmony)의 위안일지라도 없는 것보다는 낫다. 숨을 쉬지 않아도 되는 utopia는 말 그대로 'no-where'이고, 항상적인 '비판과 계몽'의 대상이되, '조화와 평화' 및 이를 통한 '공생과 통합'의 명제 자체가 실종된 세상은 '조화와 평화'라는 언어에 대한 희망조차 가질 수 없는 세상, 말하자면 자유의 공기 자체가 없는 '숨 막히는 진공'이기 때문이다.

같은 맥락에서 재확인하면, Gregory R. Johnson과 Glenn A. Magee가 Berlin을 비판하면서 적확하게 단언하는 바와 같이, '선가치들'(goods)과 '덕성'(virtue) 및 '가치의 위계질서'와 연관되는 '좋은 삶'(good life) 및 '좋은 사회'(good society)에 대한 특수한 구상을 토대로 하며 그 실현을 지향하는 자유주의의 핵심가치, 즉 개인의 '독자성'(autonomy), '상호존중'(mutual recognition)과 '관용'(tolerance) 및 '설득'(persuasion)에 대한 '열린 태도' 등은 합리적으로 정당화될 수 있다.[96] 적어도 '반명제'에 대

---

96) G. R. Johnson/G. A. Magee, "Berlin on Liberalism and Objective Value", in: The Journal of Value Inquiry, Vol. 34(2000), 397-408면. 이러한 비판론과 연관하여 독자적인 존재인 인간에 대한 조종이나 통제를 금기시하는 당위적인 도덕적 명제로부터 인간의 조종과 통제가 실제로 불가능하다고 믿는 반쯤은 철학적 명제로 쉽게 옮겨 가는 것을 비판하는 S. N. Hampshire의 경고도 함께 고려될 수 있다. "Philosophy and Madness", in: The Listener 78(July-December 1967), 291면; I. Berlin, Liberty Incorporating Four Essays on Liberty((1995), 박 동천(역), Isaiah Berlin의 자유론, 2006, 85면에서 재인용. 이에 대해 당연히 Berlin은 정반대로 "인간은 너무나 쉽게 조종당할 수 있다"고 믿기 때문에 '조종당하지 말라'고 경계하는 것이라고 반박한다. 같은 책, 87면. 하지만, 전술한 바와 같이 극단적인 '절대적 상대주의'의 입장을 토대로 하는 정치철학과 이론이 결국 '너무 쉬운 조종과 통제'에 대하여 방어벽은커녕 오히려 진입로를 활짝 열어 주게 되는 위험성에 대한 언급은

한 부정의 논거로는 객관적으로 '유효하고 타당한'(valid) 이러한 당위명제들에는 대화와 토론 자체를, 상대를 부정하는 폐쇄적인 독단의 태도와

없다. 자유주의의 핵심가치들의 절대성과 그 합리적인 정당화를 근본적으로 부정하는 경우, 납득하기 어려운 논리적 무장해제의 딜레마를 피하기 어렵다. 예컨대, Berlin과 비교하면, 단연코 극단적으로 대립되는 전체주의적인 '반자유주의'의 대표자라고 할 수 있는 Mussolini의 '상대주의론'은 'Fascist' 부분만 삭제하면 Berlin의 글이라고 사칭하여 인용하여도 분별이 쉽지 않다:
『우리의 가치들이 어떤 객관의 천상에서 영원하고 확실하다는 것이 보증되는 것에 대한 욕망은 아마도 일종의 유년기의 관심사인 확실성이나 과거 원시시대의 절대적 가치들에 대한 갈망에 지나지 않는다 … 우리들이 갖는 확신들의 상대적 타당성만을 확보할 뿐이지만, 단호하게 그 입장에 서는 것이 문명인과 야만인을 구별하는 기준이다. 그 이상을 요구하는 것은 아마도 '일종의 심원하고 충족될 수 없는 형이상학적 궁핍'(a deep and incurable metaphysical need)일 것이다. 다만, 이 궁핍이 자신의 실행을 결정하도록 허용하는 것은 똑같이 심원하면서 동시에 더 위험한 도덕적, 정치적 미성숙의 징후이다.』 I. Berlin, Four Essays on Liberty(1969), 172면. John Gray, Isaiah Berlin, 1995. 142면에서 재인용.
『상대주의가 고착된 범주들과 '객관적인 불멸의 진리'(objective, immortal truth)의 담지자로 자처하는 사람들을 경멸한다고 한다면 … Fascist의 태도와 행동보다 더 상대주의적인 것은 없다. 모든 이데올로기들은 동등한 가치를 가지며 또한 모든 이데올로기들은 단지 허구들일 뿐이라는 사실로부터 오늘날 상대주의자들은 누구나 자기 자신을 위하여 자신만의 이데올로기를 창조하고 전력투구하여 그 실행을 도모할 권리를 갖는다는 결론을 도출한다.』 Benito Mussolini, Diuturna, in: H. B. Veatch, Rational Man, 1962, 41면; G. R. Johnson/G. A. Magee의 위의 논문, 397면에서 재인용.
이는 '대중민주주의이론'(populist theory of democracy)의 맥락에서도 다르지 않다. J. S. Maloy가 주기적인 선거를 통한 정권교체와 기본권이 보장되는 '서구의 부자 공화국'(Western rich republic)의 민주주의에 대하여 비판적인 입장을 취하면서도, 이른바 '민주적인 치국술(治國術)'(democratic statecraft)의 명제에 초점을 맞추어 이상적인 민주주의의 가치들과 모순이 내장된 민주주의의 현실에 대한 '회의주의' 및 '실용주의'(pragmatism) 간의 조화의 가능성을 긍정적으로 보는 관점에서 실행의 과제로 강조하는 '대중의 심판'(popular judgement)과 '제도화된 책임추궁가능성'(institutionalized accountability)의 기본원칙도 그 토대와 전제는 자유주의의 핵심가치들과, 그 합리적인 정당화와 책임추궁을 전제로 하는 권위적인 조정의 가능성에 대한 존중과 긍정이다. 이에 관해서는 Democratic Statecraft: Political Realism and Popular Power, 2013, 특히 189면 이하.
직접 전거의 인용은 생략하고 I. Berlin의 '가치상대주의' 및 '가치다원주의'를 비판적으로 검토하였거니와, 주로 참고한 Berlin의 정치철학과 자유주의이론에 대한 개관과 평론으로는 John Gray, Isaiah Berlin, 1995. 특히 Berlin의 자유주의사상의 핵심토대라고 할 수 있는 인간의 '자기창조의 필연성'(necessity of self-creation) 및 '선택'(choice-making)으로부터 '자유'(freedom)로, 그리고 '다원주의'로부터 '자유주의'로 이어지는 Berlin의 논증에 대한 비판론은 Chapter 6, "Agonistic Liberalism", 141-168면.

'몰가치'의 절대주의적 이데올로기에 대한 저항력이 내장되어 있다. 적어도 정치이론과 담론에서 거의 절대명제인 '예외 없는 원칙은 없다'라는 원칙은 '원칙의 원칙'으로 자신에게도 해당된다. 자유주의의 경우에도 예외가 아니다. 귀납과 연역의 현실 및 이론 속에서 수많은 '예외허용'의 주장들과 '유보요구'의 압력을 이겨내고 정립되어 지속되고 있는 자유주의에 특유한 '가치중립성'의 원칙은 '가치선택의 자유'와 평등가치를 포함하는 자유가치들의 합리적 조정의 가능성과 당위성을 확인하는 전제이다. 자유주의의 기본가치들과 절대불가침의 최소한의 '자유원리'의 핵심인 '선택의 자유'를 부정하는 몰가치의 절대주의에 대한 '예외 없는 절대부정'을 전제로 대중의 적극적인 공론참여와 이견의 최대한 경청과 포용 및 이견들 간의 공정한 담론, 즉 '대중의 심판'과 '책임추궁'과 연계되는 '정당화경쟁'을 요구하는 '상대적 상대주의'의 명제일 뿐이다. 정치를 통제할 뿐만 아니라 권위와 복종의 관계를 구조화한 헌법질서 속에서 진행되는 '정당화경쟁'으로서 정치를 가능하게 하며, 특히 조정과 타협을 통한 정치적 결정에 기본적인 platform을 제공하는 헌법에서 '자유원리'는 오롯이 자유의 제한 및 조화의 가능성을 전제로 한다.

다만, 기존의 정치철학의 패러다임과 이데올로기적 구조틀 속에 정착된 전통적인 가치질서와 이것이 내장된 '문화'에서 '정치'의 안정적 유지와 개선의 동인을 찾는 보수주의의 접근과는 정반대로, 자유주의가 '현실변혁'을 주창하는 진보주의와 동맹을 맺는 경우 또는 '정치적 혁명'의 신념과 합쳐지는 경우에는 '정치'로부터 '문화'의 변화를 촉발시키려는 방침을 잡게 되는 것일 뿐이다. 보수 또는 진보 어떤 정치철학과 이론을 선택하는 경우에도 자유주의의 기본적 가치들과 정당화경쟁을 통한 합리적 선택과 조정의 가능성은 부인될 수 없다. 이러한 점에서 인간의 생각과 마음 그리고 지성을 신경과학적으로 탐구하여 지성의 비결로서 '상상 및 은유'와 함께 경이로운 정신적 유연성과 탄력성의 신비를 모색한 Nick Chater의 간명하고 적확한 은유의 시사(示唆)는 문화로서 자유주의의 관념

과 정치철학의 전통 및 이에 대한 탐구도 많이 미흡한 우리에게 각별하다:

『자유 사회에서 우리는 단순히 저마다의 개인적 꿈을 꾸거나 자신만의 특별한 이야기를 쓰는 것이 아니다. 그보다 계속해서 우리의 이야기들을 하나의 일관성 있는 전체로 엮어가려고 고군분투하는 것이다.』[97]

정치체제 차원에서 자유주의의 정치이념과 함께, 이와 근본적으로 분리될 수 없는 '일상의 문화'의 측면을 특히 '자유'라는 본연의 가치를 축으로 하여 형성되어 온 '정치체제'(political system)인 동시에 '일종의 생활 및 사고방식'(a way of life and thinking)인 민주주의의 '도구적 가치' 및 '본질적인 가치'와 연계하여 주목해야 하는 것은 바로 이 때문이다. 서구에서 16-7세기에 걸쳐 출현된 이후 결코 평탄하고 필연적인 진보의 단선적인 노정이 아니었다. 반봉건과 반전제의 계몽과 해방, 그리고 자율과 함께 부르주아적 개인주의의 인간관을 토대로 하는 시민적 연대의 이념과 원리가 정치철학 및 사회사상으로 확장되어 착근되어 온 과정은 결코 평안한 것이 아니었다. 다소간의 격렬한 이데올로기적 갈등과 대립 속에서 종종 다양한 층위의 사회운동과 결합되기도 하며 정치 및 일상생활의 구조틀로 발전되어 온 자유주의의 역사는 늘 '동요 속의 진보', '진보 속의 동요'였다.

97) N. Chater, The Mind is Flat(2018), 김 문주(역), 생각한다는 착각, 2021, 316면. '개인주의'와 관련하여 추가하여 후술하거니와, 이러한 맥락에서 이른바 '실용적 유교민주주의'(pragmatic Confucian democracy)의 관점에서 '유교적 가치'와 '민주주의 본연의 가치' 간의 '상용'(相容)또는 '유교적 민주주의'의 가능성을 둘러싼 방법론적 난제를 해명하고 극복하려는 시도는 우리의 자유주의이론과 관련해서도 많은 시사점을 제공한다. Sungmoon Kim, Democracy After Virtue - Toward Pragmatic Confucian Democracy, 2018. 특히 민주주의 본연의 가치와 그 철학적 토대를 외면해 온 종래 유교적 정치이론과 함께 이른바 '도구적(instrumental) 가치(구조틀)'와 '본질적(intrinsic) 가치(구조틀)' 간의 일차원적인 대립구도를 지양하는 입장에서 서구의 그것과는 다른 '유교적 도덕감정'을 갖고 '유교적인 사회적 맥락'(Confucian societal context) 속에서 사회정치생활을 해나가는 동아시아 시민들의 '공적 생활'(public life)을 주목하고 그 진흥방법을 모색한 '규범적인 유교적 민주주의이론'(normative Confucian democratic theory)은 '유교적 자유주의이론'으로 각색하여 생각해봄직하다. 이에 관해서는 특히, 같은 책, 50-78, 189-196면.

바로 이 '동요'에 초점을 맞추는 경우 또한 많이 그 차이가 희석되었다고 하더라도 적어도 서구의 개인주의적 가치관과 다분히 다른 집단적인 정체성과 유교적인 도덕관이 유력한 '시민문화' 및 '사회문화'로 여전히 남아 있는 우리의 입장에서 더욱 부각되거니와, 민주주의의 제도와 절차 속에 담겨진 정치생활프로그램으로서 자유주의의 원리와 제도 및 제도운영의 성과에 대한 개인적·사회적 체험과 성찰은 선택 또는 선별이 아니라 필수적인 과정이다. 다소간에 단축될 수는 있을지언정, 생략 또는 우회할 수는 없다. 단기적이고 미시적인 까탈진 '비용편익분석'으로 피하거나, 중장기적인 평가도 축소하거나 과하게 단축해서도 안 된다.

어느덧 유행이 지났는지 요즘 조금 잠잠해진, 1980년대 이후 한동안 풍미하였던 '신자유주의'(neo-liberalism)의 논쟁에 합류하는 것도 우리에게는 맥락이 사뭇 다르다. 학점의 우열은 차치하고 '선수필수과목수강'의 조건을 채우지 못한 상태에서 후속 강의를 듣는 것과 다르지 않다. 별도의 독자적인 보습공부로 대체하여 충분히 좋은 성과를 내는 것은 강의실에만 가능할 뿐이지, 이론적 담론과 정치 및 정책의 마당에서는 기대할 수 없다. 이것이 가능하다고 보는 것은 오만과 무식으로 단단히 무장하지 않고서는 불가능한 성급한 오판이다. 전략 및 전술적으로 나름 '선동책략'이 필요하고, 그래서 넉넉하게 봐줄 수 있는 '사회운동'의 세계나 개인적인 삶의 태도의 차원에서라면 몰라도, 학문적 담론의 마당에서는 필요한 경우에 타당한 근거와 이유가 있는 과감한 도전과 구상이 아닌 '무모한 용감', 즉 '만용'(蠻勇; reckless bravado)은 결코 용인될 수 없는 '금기'(禁忌)다.

자유주의의 이념과 가치를 를 천착해 온 노 명식은 2011년에 20년 만에 『자유주의의 원리와 역사』의 개정판을 내면서 서문에서 한국사회에서 '오해된 자유주의', 즉 '자유주의(담론) 부재'의 상황을 해명하고 진단하였다.[98] 10여 년의 세월 속에서 당연히 담론의 정치사회 및 문화적 환경과

98) 노 명식, 자유주의의 역사, 2011.

그 양상은 적잖이 변화되었지만, '자유주의'를 다분히 보수진영의 수구적인 이데올로기로 오해하는 전제의 오류와 이 '오류의 허수아비'를 세워놓고 공방을 벌이는 실없는 담론들이 견고하게 유지되고 있다는 것이 핵심 논지다.

이러한 담론의 정체상태는 최근에 몇 차례 변죽만 울린 헌법개정논의에서도 그대로 답습되었다. 우리 헌법 전문에 명시된 '자유민주적 기본질서'와 위헌정당해산의 요건으로 규정된 '정당의 목적이나 활동의 민주적 기본질서에 위배'(제8조 제4항)와 관련하여, 특히 '자유'를 삭제하자는 주장과 반론은 '자유(주의)'를 보수진영의 정치 이데올로기로 예단하는 왜곡된 전제에서 비롯된 무용한 논쟁이었다. 말하자면 이른바 '범주의 오류'(fallacy of category)의 전형적인 경우였다. 우리 헌법의 통치질서로서 '자유민주적 기본질서'는 '민주주의원리'와 '법치국가원리'가 융합된 '민주적 법치국가'(demokratischer Rechtsstaat)의 질서, 말하자면 '기본권보장의 민주적 기본질서'이고, 따라서 '자유민주적 기본질서'와 '민주적 기본질서'는 그 의미가 전혀 다르지 않기 때문이다. 여기에서 '자유'는 보수와 진보 간의 이데올로기 논쟁의 범주에서, 예컨대 정치경제학적 담론에서 '개인(주의)'과 '사회(주의)'간의 대립구도 속의 명제인 '사회적 시장경제'나 '사회민주주의'에서 우파와 좌파를 구별하는 'litmus test'의 용어가 아니다. 예컨대, 독일의 좌파정당인 '사민당'(SPD; Sozialdemokratische Partei Deutschlands)도 강령(Das Godesberger Programm, 1959)에 사유재산권의 보장과 법치국가, '사회적 시장경제'(soziale Marktwirtschaft) 및 '인간의 자유로운 개성신장'(freie Entfaltung des Menschen)을 담고 있다.

'자유민주적 기본질서'에서 '자유'는 '권력분립의 원칙'과 함께 법치국가원리의 핵심요소인 '기본권', 말하자면 '정치적 자유주의'를 비롯한 자유주의담론과는 다른 차원 및 범주에서 '주관적 공권'인 동시에 '원칙규범'(Grundsatznorm) 또는 객관적인 '가치질서'(Wertordnung)로서 보장되어야 하는 '자유와 권리'(전문; 헌법 제37조), 즉 '기본권'의 다른 표현으로 이해되어야 한다. 이렇게 보면, 우리 헌법이 맨 첫머리에서 천명하는 '민주공화국'은 오롯이 '자유민주공화국'이다. 과도한 힘을 갖고 무소불위의 행태를 보이는 집단을 겨냥하여 비판적인 시사용어로 사용되는 '재벌공화국', '학벌공화국', '검찰공화국' 등과 마찬가지로, 다른 범주나 맥락 속에서 사용되는 의미의 '사회'를 붙인 '사회민주공화국'은 우리 헌법상 수용될 수 없는 형용모순이다. 이견 없이 우리 헌법상 원리로 인정되는 '사회국가원리'를 포함시켜 표현하는 경우에도 '자유사회민주공화국' 외에 대안은 없다. '법치국가원리'의 핵심인 기본권보장의 원리를 후퇴 또는 희석시키거나, 개인의 자유와 자율적인 시장의 영역을 부정하는 의미의 '사회민주공화국'은 '공화국원리'와 배치되며, '(자유)민주적 기본질서' 내에 포섭될 수 없는 '비공화국'이다.

아무튼 종종 헌법학의 담론도 벗어나지 못하고 있는 '(자유)민주주의'를 둘러싼 '허수아비 민주주의 토론'99)의 상황이 어떤 획기적인 계기가 없는 한 앞으로도 상당 기간 그럴 것으로 전망하는 마음이 답답하고 안타깝다:

『자유주의가 반공주의를 대변하는 극우파의 정치 이데올로기에 불과한 것으로서 이미 역사의 뒤안길에서 폐기 처분된 것쯤으로 여겨지고 있는 한국 사회 - 심지어 지식인 사회에서조차도 …

한국 현대사에서 1960년대 이래 유신체제와 그것을 실질적으로 계승한 신군부 시대에 … (반독재의 저항이라는 절대명분 앞에서: 필자 부기) 정의와

---

99) 대표적인 민주주의이론가의 한 명인 R. Dahl의 민주주의 담론사에 대한 간명한 풍자적 평가는 시사하는 바가 적지 않다: 『Democracy has been discussed off and on for about twenty-five hundred years, enough time to provide a tidy set of ideas about democracy on which everyone, or nearly everyone, could agree. For better or worse, that is not the case.』 On Democracy, 2000. 7면 이하. 어느 정도의 기간을 예기해야 할지 모르겠으나, 대충 우리 헌법제정을 기점으로 보면 우리의 민주주의담론과 실험의 이력은 아직 백년도 되지 않았는데, 그렇다면 "모든 국민들이 동의할 수 있는, 민주주의에 대한 잘 정리된 일단의 생각들"을 기대하기에는 아직 턱없이 부족한 것인가? 답답한 마음에 바라건대, 초고속의 압축성장을 이루어 낸 한강의 경제기적을 민주정치에서도 기대하는 것은 무리인가? '민주화'의 논제에 대해서는 다음 Ⅲ장에서 다시 짚어본다.

불의, 선과 악에 대한 해석에서 자기의 주장 이외의 다른 어떤 논리도 일체 용납되지 않는 이분법적 흑백논리가 압도하고 있었다. 자유의 문제도 정의의 문제도 객관적·이론적으로 냉철히 접근하는 태도가 일체 배제되어 있었다.』[100)]

이런 현상이 기억의 대상이 아니라, '민주화 이후'의 현재에도 우리 사회의 자유주의 담론을 지배하고 있다고 보는 입장에서, 노 명식은 '수수께끼 같은 현상'을 묻고 새로운 문제를 주목한다. Michael Sandel이 "무엇이 마땅히 해야 할 옳은 것인가?"(What's the Right Thing to do?)라고 묻는 '정의(론)'의 문제와 함께, 영미권에서는 10만 부 정도, 일본에서는 60만 부가 팔렸는데 한국사회에서는 Sandel의 『Justice,』(2009) 번역서가 출판된 지 1년 만에 100만 부 이상이 팔리는 '놀라운 현상'의 배경과 까닭을 짚어보며, 그 이유의 해명과 함께 대안을 제시한다. 그가 적시한 '한국사회의 사회정의에 대한 갈망'과, 그럼에도 불구하고 '정의론'을 자유주의 이론이 아니라 이데올로기적으로 접근하는 '정의담론'의 취약성, 즉 '자유주의 토착화'의 기반 위에 세워져야 할 '정의이념과 개념의 부존재' 상황에 대해서는 전적으로 동의한다.

다만, 지양과 극복의 명제로 제시한 '자유주의의 이데올로기화'와 '올바른 자유주의 토착화'에 대해서는, 짐작되는 바 그 취지에는 토를 달 것이 없으나, 앞에서 언급한 이데올로기의 양면성과 복합성, 특히 utopia와 현실 간의 역동적인 상호작용 또는 상상매개의 맥락에서 '진보의 동인'으로서 이데올로기의 필수불가결한 순기능을 주목하고, 민주주의와 자유주의의 건강한 동맹을 모색하는 관점에서는 좀 더 진지하게 고민하고 토론해야 할 것이 적지 않다.

---

100) 노 명식(Fn.98), 8-9면.

9. (사회)정의론과 자유주의 및 개인주의 - '우리의 도덕'(Morality of We)

자유주의의 존재적, 윤리적 핵심은 개인주의이다. 자유주의는 사회나 정치공동체 등 어떤 집합체보다도 '개인'(individual)을 궁극의 사회적 실재로 주목하고 우선시하는 또는 우선시해야 한다고 보는 개인주의, '규범적 개인주의'(normative individualism)를 토대로 한다. 도덕적 기본가치들과, 신념체계 또는 이데올로기 간의 발생사적 선후, 좌우 및 상하의 인과관계에 대한 논의와는 무관하게, 정치경제학의 맥락 속에서 주목하는 자유주의의 특유한 정체성은 공동체 차원의 객관적인 '도덕감'이나 '정의감' 또는 이들을 토대로 한 '공유신념'보다는 '인권'으로서 '자유', '관용', 자신의 육체와 정신 및 재산에 대한 전유(專有), 즉 'privacy', '사유재산권' 등과 같이 개개인의 '주관성'(subjectivity) 속에 내장되어 있는 근본적으로 소유욕을 갖는 '사적 존재'(private being)로 여겨지는 '개인' 단위의 근본가치들에 의해 규정된다.

이러한 점에서 '역사적 개체'로서 자유주의의 고유한 특성을 가치들에 대한 '자유주의의 신념'이 아니라 부르주아적 개인주의의 인간의 개념 속에서 '개인이 선택하는 가치들을 재정의, 재배열하는 방식'으로 보는 관점은 적확하다. 제2차 세계대전 후 냉전시대에 나름 선방하던 서구의 정치경제와 그 지배적인 정치철학으로 정착된 자유주의에서 이른바 '자유주의 증후군'으로 지적, 도덕적, 정신적 쇠퇴 등의 내적 요인을 지적하며 서구의 몰락과 서구 자유주의 위축을 전망한 James Burnham은 오늘날 정치 이데올로기로서 자유주의는 특정한 '이상'이나 '목적'과 연관된 일련의 가치들 자체라기보다는 '가치의 우선순위를 정하는 형식'으로 현출(顯出)된다는 점을 해명하였다.[101] 현대 자유주의체제에서 심각한 dilemma와 그 근원으로 '자유와 정의' 간의 심각한 괴리의 현상을 주목한 것이다.

Rawls의 정의론에 대한 일종의 변증법적 지양을 통해 '자유주의 이

101) J. Burnham, Suicide of the West; an Essay on the Meaning and Destiny of Liberalism(1964), 이 택휘(역), 자유주의 운명, 1987, 특히 143-169면.

후'(Post-Liberalism)를 고민한 John Gray가 자유주의자들이 보편적인 권위를 갖는다고 주장하는 일단의 기본원리들의 '불확정성'(indeterminacy)과 근본적인 가치들의 '공약불가성'(incommensurability)을 지적하면서 자유주의가 주창하는 진보의 '환상들'(illusion)을 드러내 보여주는 것도 논지가 다르지 않다. 아마도 가장 적극적인 자유주의자라고 할 수 있는 Randy E. Barnett이 자유주의의 요체를 '자유' 자체를 목적이 아니라 오로지 개인에 '정의권'(定義權)과 '기획권'(企劃權)이 유보되는 '좋은 삶'(good life) 또는 '행복추구'(pursuit of happiness)의 수단으로 보는 것이라고 하면서, 좌파의 모토인 '사회정의'(social justice) 및 '제3의 길'(the third way)과 우파의 명제인 '법적 도덕주의'(legal moralism)에 대하여 단호하게 반대하는 것도 유사한 담론의 맥락에서 이해된다. '자유주의'와 '자유지상주의'(libertarianism)의 구별은 차치하더라도, Gray의 입장과 '자유지상주의의 옹호의 근거로 '개인적 주권'(individual sovereignty)과 이를 토대로 하는 '규범적 개인주의'의 당위적, 현실적인 타당성과 함께 '현대 자유지상주의의 절제'(modesty of modern libertarianism)를 제시하는 Barnett의 주장은 그 방향은 정반대이지만, '정의'와 '자유'의 이념을 횡단하는 다소간에 공약될 수 없는 가치들 간의 우선순위와 배분의 방식을 주목하는 점에서는 다르지 않다.[102)]

102) J. Gray, Post-liberalism Studies in political thought, 1993, 283-328면. R. E. Barnett, The Structure of Liberty, 2. ed, 2014, 특히 329-335면. '정의의 자유주의적 구상'에 대한 비판과 함께 Barnett의 자유주의를 가장 "급진적이고 도발적인 정치이론" 중의 하나라고 비판한 주목할직한 서평으로는 James E. Flemming, "The Parsimony of Libertarianism", in: Constitutional Commentary, Vol.17(2000), 171-186면. Barnett은 개정판의 추록으로 이 서평에 대한 반론을 개진하였다. 서구의 전통적인 자유의 이념의 틀 속에서 그 기본적인 주장과 논증은 나름 설득력이 있다. 다만, 제시한 논거 중에 이란이나 구 소련 등 권위주의 체제를 탈출하여 서구 국가로 몰려든 수많은 사람들의 발걸음을 '자유지상주의'(libertarianism)의 수월성에 대한 실증례로 본 것은 다양하고 복합적인 동기와 요인들을 지나치게 단순화한 환원적 발상으로 생각된다. 또한 마무리하면서 사유재산권의 보장이 반생산적인 효과를 야기하는 바로 그 지점에서 "우리는 멈출 수 있다"고 하는 단언도 오늘날의 자본주의 정치경제체제의 현실과는 거리가 먼 탁상공론이 아닌가? 같은 책, 355면.
흔히 Nozick류의 '자유지상주의'를 '일종의 자유주의적 관'(a liberal view)으로 보좌우 또는 상하 간에 어떤 입장에서 어느 방향을 주목하여 보든 정치철학 및 이데올로기로서 자유주의와 '정당한 몫'(just desert), 즉 '공정한 가치배분'에 관한 정의담론 간의 공동운명의 관계는 오늘날 더욱 부각되는 명제임은 분명하다. 현실적으로 난제이고 논리적 한계도 분명하나, 적어도 완전히 승패를 가르는 이념전쟁은 현실적으로 가능하지 않을 뿐더러, 모든 무력전쟁과 마찬가지로 그 자체가 '악'이다. 정의나 가치론의 맥락에서 근본적인 쟁점이거니와, 동서고금을 막론하고 어떤 이념과 가치관에 따른 가치정의 및 가치배분의 형식도 그 정당성과 적실성은 '기존상태'(status quo)의 현실 또는 이 '현실 속 이성'의 실재, 그리고 이 현실과 실재에 대하여 엇갈리는 가치적 평가를 떠나서 주장되고 관철될 수 없기 때문이다. 오늘날 (극)다원주의의 사회 현실 속에서 더더욱 자명하거니와, 강압과 강요의 '상호배척'이 아니라 양보와 관용의 '상호인정'(mutual recognition)의 전제 하에 접점을 찾아서 타협을 모색하는 것만이 선택가능한 유일한 방침이다.

적잖은 경우에 그러하고, 바로 그렇기 때문에 민주적인 선거를 통한 정권교체를 헌법차원에서 정치제도화한 것이거니와, 공시적으로 타협과 설득이 불가능하다면, 엇갈리는 '유불리'(有不利)의 상대적인 차이를 통시적으로 조정하여 나가는 수밖에 없다. 층위와 맥락에 따라서는 거시적인 결정을 미시적으로 보정하는 조정도 부분적으로는 유효한 방책이 될 수 있을 것이다. 같은 맥락에서 목적이나 욕망, 필요, 힘써 추구함 등과 관심사나 이익 및 가치들에 대한 독자적인 '사회적 실재'(social reality)로서 개인, 말하자면 오롯이 '홀로 선 주권자로서 세계를 대면하는 사적 존재'(a

---

는 것에 반대하는 입장에서, '공공선'(common good)의 가치의 관념 자체와 함께 '공공선'을 위하여 불편부당하게 행사되어야 하는 '공권력'(public power)으로서 정치권력과 재산권의 공공복리기속성이나 자유권의 제한가능성, 그리고 국가와 법의 '가치조정자'로서의 역할과 기능 및 이와 연관되는 기본적인 자유주의적 제도들 부정하는 '자유지상주의'를 '자유주의'의 정치철학과 계보를 같이 하는 것으로 볼 수 없다고 하는 유력한 주장도 이러한 논의와 연결하여 주목된다. 대표적으로 Samuel Freeman, "Illiberal Libertarians: Why Libertarianism Is Not a Liberal View", in: Philosophy and Public Affairs, Vol. 30(2001), 105-151면.

private being who faces the world in his sovereign loneliness)의 독자적인 선택을 존중하는 '규범적 개인주의'라는 'meta 원리'의 전제를 확인하고, 이 전제 하에 도덕적 규범들과 가치들을 '집적'(aggregation)하고 '형량'(weighing) 및 '조정'(coordination)하는 '규범적 윤리학'(normative ethics)의 구성방식에서 자유주의의 적실성과 지속가능성을 주목하는 Bhikhu Parekh의 관점은 적확하다.103)

우리만의 현상은 아니지만, 추상적인 이념 또는 관념이 아니라 구체적인 가치들의 배분질서가 혼란스러운 일종의 anomie상태 속에서 가치들의 재정의와 재배열은 우리에게도 시급한 과제로 주어져 있다. 서구의 개인주의를 토대로 하는 자유주의의 이념, 특히 '규범적 개인주의'와 '지금 우리'의 정치경제적 구조틀 간의 근본적인 괴리와 이로 인해 '자유이념(원리)'과 '평등이념(원리)'이 이른바 '운동권 이데올로기'의 차원을 넘어서지 못한 상태에서 지속되는 혼돈과 균열의 정체상태를 짚어보아야 한다. 도덕적 가치판단에 대한 권위적인 결정, 특히 최종결정권 자체를 원천적으로 인정하지 않는 '가치상대주의'나, '선성'(goodness) 또는 '덕성'(virtue)

---

103) B. Parekh, "Liberalism and Morality", in: The Morality of Politics, B. Parekh/R. N. Berki (ed.), 1972, 81, 83면. '규범적 개인주의'의 일반이론의 맥락에서 '규범적 윤리학'에 대한 요론으로는 Dietmar von der Pfordten, "Five Elements of Normative Ethics – A General Theory of Normative Individualism", in: Ethic Theory Moral Practice, Vol. 15(2012), 449-471면. 자유주의적 개인주의의 토대에 대한 철학적 논의의 개관으로는 Anthony Arblaster, The Rise and Decline of Western Liberalism(1984), 조 기제(역), 서구 자유주의의 융성과 쇠퇴, 2007, 특히 49-92면.
적어도 극단적인 개인주의는 배제되어야 하며 또한 서구의 '개인주의'의 무비판적인 수용은 당연히 피해야 하지만, 'meta원리'로서 '규범적 개인주의'의 현실적, 당위적 함의 자체를 경시하는 것도 타당하지 않다. 이는 단순히 관념론적인 '공동체주의'의 관점에서만 그러한 것이 아니다. 특히 비교경제학이나 제도주의경제학에서 경제발전을 비롯하여 제도와 제도운용의 수준에 중대한 영향을 미치는 다양한 차원의 문화적 요소들 중의 하나로 사회적 차원에서 정착된 '개인주의의 정도'(degree of individualism)를 각별하게 주목하는 이유는 우리에게도 해당된다. 이에 관하여 적잖은 시사점을 제공해주는 실증적인 연구로는 Mariko J. Klasing, "Cultural dimension, collective values and their importance for institutions", in: Journal of Comparative Economics, Vol. 41(2013), 447-467면.

의 근본관념을 배제하고 개인 또는 집단의 특수성을 고려하지 않는 '절차적 정의론'의 논리적·현실적 흠결, 특히 도덕적 무중력의 진공상태와 그 속에서 창궐하는 '상대'(相對)를 인정하지 않는 '근본주의'(fundamentalism)의 현상과 그 앞에 무방비상태로 서 있거나 또는 그럴 수 없기 때문에 종종 '근본주의'의 제압을 명분으로 물리적, 정신적 폭력을 휘두르는 국가권력을 용인해야 하는 '무기력한 주권자'로서 개인의 딜레마도 외면할 수 없다. 단순화한 대립구도의 맥락에서 말하면, 오늘날의 복합적인 다원주의 사회에서 자유주의와 그 토대인 개인주의와 어떤 층위와 차원에서든 공동체주의의 이론적, 현실적 효용은 '근본주의'로 출현하는 상대방에 대한 부정의 명제로서만 타당하다. 적어도 현실과 유리된 유토피아 차원의 몽상이나 맹목적으로 현실을 추종하는 '무작정(無酌定)의 좌우지간'이 아니라 유토피아와 현실 간의 상호작용을 촉발하고 '삼투'(滲透; osmose)를 매개하는 정치 이데올로기와 이데올로기를 변증법적으로 극복해나가는 이론적 담론, 즉 정치경제학의 맥락에서는 그러하다.

이러한 관점에서 보면, 자유와 권력, 시장 및 사회와 국가, 그리고 자율과 강제 또는 계획은 선택이 아니라 적정한 배정과 조정 및 조율의 문제이다. 정치이념으로 자유주의와 개인주의의 가치철학의 고유한 장점이 부각되는 것도 바로 이 지점이거니와, 적정의 상태 및 지점에 대한 이견과는 무관하게 어떤 정치이념과 이데올로기를 취하든 주목해야 하는 '절제와 통제'는 권력의 크기와 강제의 방식을 불문하고 모든 층위에서 전면적으로, 상시적으로 주목해야 하는 자유주의 헌법의 핵심명제이다. 사회구조 속에서 경제관계를 주목하고, 세계 사회경제사 차원의 광대한 시공간의 영역으로 '시장'(market)을 천착한 Karl Polanyi가 '권력'(power) 및 '경제적 가치'(economic value)가 '일종의 사회적 실재의 패러다임'(a paradigm of social reality)[104]이라는 점을 설파하면서, '복합사회'(complex

---

104) K. Polanyi, The Great Transformation, 1944, 267면. '해방' 및 '개방'이며 '또 다른 세계로의 접근'인 시장의 발전과 관련하여 단순하고 단선적인 역사를 단호하게 부정하면서도 일단 그 발전과정상 잠정적인 마지막 모습으로 제시하는 "시장이 일

society)에서 '시장신화'(myth of market)에 집착하는 자유주의와 '국가신화'의 fascism을 동시에 경계한 것은 엄청난 사회복합성 환경의 변화에도 불구하고 여전히 적실하다:

『자유주의철학은 권력과 강제를 악(evil)으로 보고, 자유는 권력과 강제의 '부재'(absence)를 요구한다. 하지만 복합사회에서 이는 불가능하다. '자유'(freedom)의 일종의 환상적인 이념에 충실하여 사회의 현실을 부정하거나, 아니면 그 현실을 수용하여 자유의 이념을 배척하는 것 둘 중의 하나를 선택하는 것 외에는 대안이 없다. 전자는 자유주의의 결론이고, 후자는 fascist의 결론이다』.[105]

고상한 이념 또는 가치들과 관련된 이러한 관념적 문제와 함께 또는 이 보다 우선하여 '잘 먹고 잘사는' 구체적인 삶의 문제도 고민해야 한다.

반화된 사회"(société à marché généralisé)의 명제도 '경제 속의 사회'의 도착구조를 주목한 것이다. Julien Feund,, "La Théorie politique de l'individualisme possessif de Hobbes à Lockes; Review", in: Critique, 1972, 556면; Fernand Braudel, Civilisation Martérielle, Économie et Capitalisme; Tome 2. Les jeux de l'échange (1986), 주 경철(역), 물질문명과 자본주의 II-1, 교환의 세계상, 1996, 20면에서 재인용.

105) K. Polanyi(Fn.104), 265-266면. J. Gray(Fn.102)가 '자유주의의 이후'를 모색하면서 자유주의의 '생동하는 핵심'(living kernel)으로서 '시민사회'(civil society)와 함께 개인의 독자성을 존중하되 '급진적이지 않은 가치다원주의'(non-radical value-pluralism)를 제시하는 것도 Polanyi의 정치철학 및 정치경제학적 관점과 다르지 않다. 314-326면.
A. Arblaster(Fn. 103)가 서구 자유주의 토대와 역사를 종횡으로 관통하여 개관하는 그의 책을 마무리하면서 '자본주의적 자유주의'의 권위주의화와 시민적 자유의 쇠퇴의 경향을 주목하며 남겨 둔 의문은 우리에게도 유효하다. 바로 Polanyi가 적시한 '사회현실부정'의 결론을 배제하면서, "최선의 자유주의는 계속 필요하다"는 단호한 전제 하에 사회현실의 변증법적 지양 또는 극복을 모색해야 하는 '개인주의적 자유주의'의 난제는 '우리'의, '우리의 자유주의'의 절박한 문제이기도 하다:
『인간에 대한 개인주의적 이해를 받아들이지 않으면서, 전통적으로나 논리적으로 이를 토대로 하는 자유주의의 훌륭한 가치들을 계속 신봉할 수 있는가? 인권과 자유의 원리가 자유주의적 개인주의가 결코 할 수 없었던 방식으로, 말하자면 인간의 본래의 잠재적 사회성을 주목하면서 인간의 결속과 상호의존성을 수용하는 '인간철학'의 견고한 토대를 찾아낼 수 있을까?』(번역문을 일부 수정하였음), 661면.

J. Rawls가 '윤리적 다원주의'(ethical pluralismus)와 '도덕적 합의'(moral consensus)의 연결을 모색하면서 자유주의 체제의 토대로 강조하여 제시하는 '합리적인 중첩된 합의'(a reasonable overlapping consensus)가 '무욕'(無慾)의 공원묘지(Friedhof)가 아니라 모두가 기를 쓰고 더 많이 가지려고 하는 세상에서 상정될 수 있는가?[106)]

'중첩된 합의'가 없다고 할 수 없다면, Rawls가 '정의원리들에 의한 통치'(Herrschaft von Gerechtigkeitsprinzipien)[107)]의 이상적인 모델로서 모색하는 '민주주의'의 문화, 즉 '민주주의 기풍'(ethos of democracy)의 관건인 그 중첩되는 부분의 크기와 두께는 얼마나 되는가? Herbert Simon이 단언하는 바와 같이, "우리들(미국 시민들: 역자 부기)에 대하여 넉넉하게 봐주더라도, 우리의 소득 중의 5분의 1만큼이 '노력하여 번'(earned) 부분이고, 나머지는 생산성이 엄청 높은 사회체제의 일원이라는 것에 따른 일종의 '가독'(家督; patrimony), 즉 공동체 전체의 통시적·공시적 협업(coordination)의 성과"[108)]라고 한다면, 빵의 크기와 관련된 '정당한 몫'(just desert)의

106) J. Rawls, Political Liberalism, expanded ed. 2005, 128-129, 170-172면. 이는 김 도균이 다원주의 시대의 자연법의 진로를 모색하면서 이른바 '심원한 견해불일치'의 현상에 대한 진단과 함께 제기하는 의문과 맥락이 같다:
『중요한 정치적 사안이나 헌법적 사안 또는 도덕적 사안을 둘러싸고 사회구성원들의 합리적 견해들이 첨예하게 심층적으로 대립할 때, 사회의 근본을 이루는 헌법 원리들이 모든 합리적 시민들에 의해 지지되는 정치질서가 과연 가능할까. 그리고 이런 사회에서의 정치적 안정과 통합은 과연 가능할까?』"공적 이성과 자연법론 - 공적 이성의 문제의식을 통한 자연법론의 재구성", 법학논총, 한양대 법학연구소, 제38집(2021), 36-38면.

107) 이에 관해서는 R. Forst, Das Recht auf Rechtfertigung, 2007, 227면.

108) Herbert Simon, "Public Administration in Today's World of Organizations and Markets", in: Political Science and Politics, Vol. 33(2000), 756면. 임금은 본질적으로 '정치적 결정의 산물'이라고 단정하면서 장 하준이 묻고 답한 것도 같은 맥락의 문제의식으로 이해된다. Ha-Joon Chang, 23 Things They Don't Tell You About Capitalism(2010), 김 희정/안 세민(역), 그들이 말하지 않는 23가지 - 장하준 더 나은 자본주의를 말하다, 2010, 47-56면. New Delhi에서 일하는 인도 버스기사는 시간당 18루피를 받는데, 보다 덜 힘들고 편한 운행조건 하에 일하는 Stockholm의 버스가사는 약 50배에 달하는 시간당 870 루피 상당의 130크로나를 받는 엄청난 소득격차를 사회체제와 제도들의 생산성의 차이로 해명하면서 제시하는 '공평한 사회', 즉 "개인의 재능과 노력뿐 아니라 역사적 유산과 축적된 집단적

문제와 관련하여 우리는, 특히 적어도 평균의 수십, 수백 배 이상의 소득을 차지하는 상위계층의 구성원들은 '공정'의 가치에 대한 '합의의 중첩'을 말할 수 있는가?

선재하는 연합체인 '정치적 자유주의 및 경제적 자유주의'와 동맹관계에 있는 신고전학파 경제학의 '과학적인'(?) 절대명제, 즉 '가격기제(price mechanism)=합리적인 중첩된 합의'라는 '시장신화'(myth of market)는 적실한가? '사실의 문제'(question of fact)가 아닌 '가치의 문제'(question of value), 말하자면 과학으로 해결될 수 없는 윤리적·도덕적 가치문제로서 '공정성'(fairness)과 Rawls가 주창한 '정의로서 공정'(justice as fairness)[109]의 척도가 공정한 절차와 과정을 통해 정해지고, 평등한 기회가 주어지는 가운데 적용되고 있는지 되묻지 않을 수 없다;

『'갖고 못가짐'이나 '갖는 몫의 크기'가 아니라 '정당화'가 관건이라면 그 준거는 또 무엇인가? … 정의론과 연관되는 윤리학이나 도덕적 가치론의 화두로 주목되는 바, 즉 '신념의 불일치'(disagreement in belief)와 '신념의 불일치에 대한 태도의 불일치'(disagreement in attitude about disagreement in belief)[110]가 불가피하다면, 결국 정당한 배분의 질서를 모색하는 정치경제학적 담론에서 관건은 결국 '태도에 대한 신념의 불일치'(disagreement in belief about attitude)에 대한 적확한 이해와 접근이다. Ch. L. Stevenson이 윤리적 태도에 내포되어 있는 정서의 요소를 해명하면서 감성적인 접근의 필수성을 강조하는 바와 같이, 지적인 접근을 통

노력까지 적절히 고려해서 개인의 노동에 대한 보상이 행해지는 사회"의 명제도 마찬가지다:

『시장에 맡겨 두기만 하면 결국에는 모든 사람이 타당하고 공평한 임금을 받게 될 것이라는 널리 알려진 주장은 신화에 불과하다. 이 신화에서 벗어나 시장의 정치성과 개인 생산성의 집단적 성격을 이해해야만 공평한 사회를 건설할 수 있을 것이다.』

109) J. Rawls, Justice As Fairness, 2001.

110) Ch. L. Stevenson, "The Nature of Ethical Disagreement", in; Russ Schafer-Landau(ed.), Metaethics, Vol. Ⅲ, 2008, pp. 3. 이에 관한 상론은 이 덕연, "헌법으로 본 빈곤(사회양극화)문제와 예산과정", 공법연구, 제39집, 2011, 249-251면.

해 태도의 변화는 촉진될 수 있지만 감성을 불러일으키는 정서적 영향이 없이는 변화의 과정 자체가 시작될 수 없다[111].』[112]

상찬(賞讚)이든, 벌책(罰責)이든 모든 몫의 배분에 대하여 '정당화'를 요구하는 '정당화존재'(Rechtfertigungswesen)로 인간의 본질을 파악하는 R. Forst의 정의론도 같은 맥락에서 주목된다. 그에 따르면, 정의(Gerechtigkeit)는 누가 어떤 권리와 재화를 왜 갖는지 또는 갖지 못하는지 그 근거를 탐문할 뿐만 아니라, 정당화의 정치체제인 민주주의의 관점에서 재화 또는 가치배분의 정당한 공동체질서를 모색하는 하나의 '정치형식'이다.[113] '민주적인 정당화'의 맥락에서 보면, 갖고 못 갖고, 더 갖고 덜 갖는 것 자체는 관심의 대상이 아니다. Forst가 단언하는 바와 같이, 오히려 부정의에 대한 반대의 근본적인 동기는 '무엇인가 또는 더 많이 가지려는 의지'(Etwas-oder Mehr-haben-Wollen)가 아니다. '정당화'에 대한 자신의 요구와 기본적인 권리가 더 이상 억압, 위축 또는 무시당하는 것을 용인하지 않는 것이 요체이다.[114] Rawls가 강조하는 '민주주의 기풍'도 그 핵심은 정치생활의 한 형식 및 정치원리로서 민주주의의 요소, 즉 앞에서 언급한 바, '정당화존재'인 개인 또는 집단 간의 '상호인정'(mutual recognition)[115]과 '포용'(inclusion)의 태도다. 이는 민주주의의 과정 또는 담론으로서 '정당화'의 출발점이고 그 매개인 '(사회)정의'의 개념과, 자유주의의 이론과 실천이 편입되어 시험되는 정당한 배분체제에 대한 담론의 장에서도 다르지 아니하다.[116]

---

111) Ch. L. Stevenson(Fn.110), 8-9면.

112) 이 덕연, "헌법철학과 (정치)경제헌법해석론으로 본 '포용국가' 및 '사회적 시장경제", 헌법학연구, 제25권, 2019, 109-110면.

113) R. Forst(Fn.107), 9면.

114) R. Forst(Fn.107), 10면..

115) 이에 관해서는, 개인 차원에서는 물론이고, 집단 또는 계층의 차원에서도 자신의 '정체성'에 대한 자긍심과 독자적인 인격의 주체로서 가치는 타인에 의한 인정과 존중에 의해 결정된다는 점을 해명하고, 정치경제학적, 사회심리학적인 핵심화두로 '인정투쟁'의 명제를 제시한 A. Honneth, Kampf um Anerkennung(1992), 문 성훈/이 현재(역), 인정투쟁, 2011, 특히 345-383면.

116) 이 덕연(Fn.112), 110-111면.

생각건대, '자유주의이론'의 전후를 가르는 것으로 평가되는 J. Rawls의 정치철학, 특히 공리주의철학과 개인적 자유주의의 편향성, 자유주의적 중립성의 전제들을 비판하며 Sandel이 '사회적 연대'(social solidarity)와 '공공선'(common good)의 회복에 초점을 맞추어 제시하는 '공공철학'(public philosophy)의 대안도 가치문제로서 '공정'과 '정당화'의 문제들을 묻고 답한 것으로 여겨진다.[117] '자유주의적 자유'(liberal freedom)와 달리 자치에 필요한 덕목들을 시민 개개인의 '자아'(self) 속에 함양시키는 '형성적 정치'(a formative politics)를 요구하는 이른바 '공화주의적 자유'(republican freedom)의 정치이론과 '공동체주의'(communitarianism)라는 토대도 궁극적으로는 그의 말대로 "각자의 사회에서 자유롭고 민주적인 삶의 방식에 장애가 되는 마음의 습관에 도전하는 철학적 자원들"로 제공된 것이다.[118]

도덕적 이념과 정의의 가치 또는 '공적 도덕'과 '개인적 도덕' 명제의 분리를 Rawls의 '정치적 자유주의론'의 공적인 동시에 취약한 부분으로 평가하는 입장에서 Stuart Hampshire가 비판하는 지점도 바로 개인의 도덕성의 주관적 특성과 그에 따른 본질적인 불일치 또는 적어도 Rawls가 말하는 '이성적인'(reasonable) 사람을 상정하더라도 현실적으로 '중첩'을 기대하기 어려운 점을 외면 또는 경시하는 이론적 전제의 부분이다.[119] 일면 Rawls가 절차적 정의론의 맥락에서 강조하는 자유주의의 요청, 즉 '모든 당사자에 대한 최대한의 청문기회 보장'(audi alteram partem)과 함께 이른바 '공적 이성'(public reason)의 핵심인 '시민적 덕성', 특히 '공민성의 의무'(duty of civility)를 전적으로 지지하면서도,[120] 또 한편

117) Sandel이 2005년 9월에 한국철학회가 주관한 '다산철학기념강좌'에서 한 네 차례 강연들도 그 핵심내용은 바로 '자유주의적 자유관'의 이론적·현실적 흠결을 비판하고, 이를 보정하기 위한 정치이론적 토대와 방법으로서 '공공철학'을 해명한 것이었다. 김 선욱 외 5명(역), 공동체주의와 공공성, 2008. 특히 제1강연 "Liberalism and the Unencumbered Self", 35-99면.

118) M. Sandel, 김 선욱(역)(Fn.117), 서문 11면.

119) S. Hampshire, "Liberalism: The New Twist", in: The New York Review of Books, Vol. 40(1993), 43-47면.

120) S. Hampshire(Fn.119), 44, 47면.

'이성'(reason)과 '이성적인'(reasonable)의 관념들의 적실성에 대하여 제기하는 의문은 개개인의 '자아'(self) 속에 담겨져 있는 '정의관념의 토대', 즉 '도덕적 가치판단의 상이한 관점과 기준을 지적하는 것이다. 말하자면 개인과 도덕 간의 작위적인 분리의 전제를 부인하는 가치관의 관점에서 기본적인 자유주의적 가치들과 관련하여 (예컨대 낙태문제와 관련하여) '이성적인' 사람들 간의 중첩되는 공감대가 왜 우선적으로 요구 또는 기대되어야만 하는지, 그리고 그 이유는 무엇이며, 어떻게 강요가 아닌 공감이 '형성'될 수 있는지, 이 '형성'의 과정 속에서 Rawls가 제시하는 '절차의 중립성'이 적실한 것인지 등등을 묻는 것이다:

『인간의 도덕적, 종교적 정서들이 본질적으로 배타적이고 원리들이나 이념으로부터 창출되는 것이라면, 만인의 만인에 대한 투쟁이 어떻게 피해질 수 있으며, 공적 질서를 위해 필수적인 정도의 공감대가 어떻게 형성될 수 있는가?』[121]

『일종의 열정과 포괄적인 도덕주의자들과 애국자들이 그들의 환상을 추구하기 위해 이리저리 돌진해 들어오는 순간 자유주의자들은 무참하게 유린된다 - 반면에 자유주의자들은 각각 사안에 대하여 관련된 모든 측들에 대한 '청문'(hearing)을 허용하는 관습을 위하여 투쟁한다. 이것이 바로 자유주의자들의 열정, 즉 '충돌 속에서 시민적 예절을 지향하는 일종의 열정'(a passion for civility within conflict)이다.』[122]

---

121) S. Hampshire(Fn.119), 46면.

122) S. Hampshire(Fn.119), 47면. '사회정의'(soziale Gerechtigkeit)의 이념과 구현방법을 천착해 온 Austria의 저명한 사회철학자 Peter Koller가 자본주의 시장경제체제의 구조적인 흠결성, 특히 '사회국가'(Sozialstaat)의 제도적, 현실적 지속가능성을 회의적으로 보면서 사회적 약자집단을 연합시키고 그들의 이익과 목소리에 대한 주의를 환기할 수 있는 새로운 사회운동의 필요성을 강조하는 것도 바로 '청문'에서 자유주의와 사회정의 및 민주주의의 연대가능성을 주목하는 것이다. "Die Idee sozialer Gerechtigkeit - Normative Voraussetzungen und historische Genese", in: Österreich Zeitschrift Soziologie, Vol. 37(2012), 47-64면.

"희망의 정치"! '공생'(co-life)의 희망! '우리'(We)의 희망!! "나"(I)는 너무 많고, "우리"(We)는 너무 적어진 서구 '자유민주주의'(liberal democracy)의 도덕적 쇠락을 진단하면서 생태계 위기현상으로 회자되는 '기후변화'(climate change)의 유행을 선용하여 '공공선의 회복'(restoring the common good)을 "문화적 기후변화"(cultural climate change)의 명제로 제시하는 Jonathan Sacks의 예지(叡智)도 성찰과 소망의 결이 다르지 않다.[123] 필연까지는 아니더라도, 뭔가 의미가 없지는 않다고 생각되거니와, 성경에 Saul의 아들이며 David의 친구로 나오는 이름을 같이 쓰는, 도덕에 대한 생리학, 신경학, 생물학, 인류학 등 학제 간 연구의 필요성을 강조하며 실행해 온 도덕심리학자 Jonathan Haidt가 인간의 도덕성, 특히 사회의 복리를 유념해야만 하는 도덕적 규칙과 판단에서 '도덕적 추론'(moral reasoning)과 함께 중요한 요소인 '도덕적 감정'(moral emotion)에 대한 집요한 탐구 끝에 제시하는 '서로 간(each other)의 도덕성'의 명제도 마찬가지다:

『도덕적 감정들이 궁극적으로 도덕적 추론의 종이나 주인 또는 동반자 중에 어떤 것으로 드러나든 간에, 이들이 인간 도덕성의 창설 및 그 일상적인 작용에서 엄청난 역할을 수행한다는 것은 분명하다. 모욕, 분노, 혐오, 수치, 당혹, 죄책감, 동정, 감사 그리고 고상한 품위(elevation) 등에 대한 '감지력'(感知力; capacity to feel)이 인간과 다른 동물들을 분별하는 기준이 될 수 있는지는 단언할 수 없다. 하지만 이 '감지력'으로 우리들은 단연코 '경제적 인간'(Homo economicus)과 분별된다. 우리 모두를 우리들 자신보다 '더 위대한 어떤 것'(something greater than ourselves), 즉 '서로'(each other)로 묶어주는 점에서 도덕성은 우리들의 존엄과 품격을 고양해준다.』[124]

---

123) J. Sacks, Morality, 2020. 1-20, 311면.

124) J. Haidt, "The Moral Emotions", in: Richard J. Davidson/Klaus R. Scherer/H. Hill Goldsmith(ed.), Handbook of Affective Sciences, 2003, 866면. 앞에서 인

'이기심'(selfishness)과 '이익'(profit; benefit; private gain)에 의해 작동되는 '계약'(contract)과 '시장'(market), 그리고 이들에만 초점을 맞추는 '나의 경제학'(an economics of "I") 대신에, '타인에 대한 배려'(caring of others), 즉 '공생'(共生)의 '공여'(供與)(commitment to share a life)와 '도덕적 정체성'(moral identity)으로 운용되는 '맹약'(盟約; covenant)의 기제, '시민공동체'(civic community), '우리의 경제학'(an economics of "We")이 제자리를 잡아야 한다는 J. Sacks의 주장과 '한 번에 하나씩의 행위, 한 번에 하루씩, 한 번에 하나씩의 삶'(one act at a time, one day at a time, one life at a time)의 마음가짐으로 만들어 나가면 된다는, '천천히 서두르라'는 뜻으로 새겨지는 제언은 단호하고 명쾌하다.[125)]

'나'를 중심에 놓고 사회와 시장, 세상 그리고 나를 중시하여 소통 및 소비하고, 선택하고, 생각하며 살아가는 태도나 관점을 표상하는 신조어로 '나중시대'라는 말이 유행하고 있다는데, '공동체'와 '우리'를 우선하여 함께 잘 살아가는 '공생'의 명제를 무겁고 진지하게 생각하는 '공중시대', '우중시대'를 희망하고 기대하는 점에서 Sacks의 확신과 제언에 전적으로 동의한다. 간절한 희망과 낙관의 기대를 갖고 '바로 지금' 나와 우리들이 함께 세상을 바꿔나갈 수 있다는 당부는 진보의 원동력이라고 할 수 있는 '독자적인 비판력', 즉 도덕적인 이성의 주체로서 인간의 성찰능력

용하여 언급한 바, 인간의 '도덕감'이 진화의 산물이되, 이 진화의 과정 속에서 인간의 자유의지의 가능성과 그 자체의 진화성을 주목하여 도덕성의 근원을 설명한 D. L. Krebs(Fn.20)의 입장과 같은 기조이다.

125) J. Sacks(Fn.123), 309, 312-317면. '진정한 가치감각'(true sense of value)을 토대로 한 미래경제의 청사진 속에서, 특히 2008년 전세계적인 금융시장의 대혼란 이후 불거진 바, 즉 탐욕과 무절제를 근원으로 하는 오늘날 복합적인 자본주의의 위기와 시장경제체제의 병증에 대한 냉철한 진단과 함께 그 극복의 방책으로 일종의 '절제의 경제학'을 제시하면서 타인과 특히 후속세대에 대한 '책임감'(sense of responsibility)을 강조하는 '만족을 아는 경제학'(Economics of Enough)의 정치경제학적 관점과 '공생'의 도덕 및 생태철학도 문제인식의 지평과 정치적 구상이 똑같다. '평가'(measurement)와 '가치'(value) 및 '제도개혁'(institutional innovation) 각각의 측면에서 '절제선언'(the Manifesto of Enough)으로 제안하는 구체적인 정책방침들도 주목할직 하다. Diane Coyle, The Economics of Enough, 2011, 특히 1-18, 267-298면.

을 확신한 I. Kant의 명제와 다르지 않다: “너는 해야만 하기 때문에, 할 수 있다.”(Du kannst, denn du sollst.)

Sandel의 성찰의 물음도 마찬가지다: “Why Morality?” 『Justice』에 앞서 “실질적인 도덕적 논의가 진보적 공공목적과 배치되지 않는다는 사실”을 보여주는 ‘공공철학의 모험적 시도’라고 하면서 출간한 정치평론집 『Public Philosophy: Essays on Morality in Politics』(2005)에서 그가 묻고 답한 것도 ‘우리’와 ‘서로’의 도덕성의 궁핍을 지적하면서 민주사회에서도 또는 자유민주주의 사회에서야말로 ‘도덕적 가치’(moral value)가 중요하다는 전제 하에 기존의 고착된 사유틀에 대한 비판과 함께 고민과 대안담론의 단서들을 제시한 것이라고 할 수 있다.[126)]

아무튼 (추가)수당의 포기만으로 면피될 수 없거니와, 허공에 대고 하릴 없이 소리를 지르거나 선사들의 토굴 속의 맹렬정진을 흉내 내며 맹목의 한탄을 하고, 이른바 ‘뒷담화’ 수준의 비판을 해대는 것도 몰염치의 책임회피인 점에서 ‘사이비지식’과 다르지 않으니, 지금 우리 사회에서 밥값을 하려면 묻고 또 물어야 한다:

『비관을 넘어서, 없지만 포기할 수 없는 ‘없는 곳’(nowhere), 즉 ‘utopia’를 향한 ‘건강한 담론’의 대지를 조성하고, ‘희망의 집’을 건축해 나가려면 무엇을 어떻게 성찰해야 하는가?』

10. ‘희망의 건축학’으로서 헌법(학) – ‘마감’(磨勘; finish)과 ‘풍화’(weathering)

‘희망’을 단순한 ‘소망’(素望)이나 추상적인 ‘소망’(所望)이 아니라 현실과 역사 속의 ‘존재명제’인 동시에 ‘당위명제’인 ‘원칙’(Prinzip)으로 제시하는 Ernst Bloch는 ‘희망원칙’(Das Prinzip Hoffnung)의 핵심요소의 하나로

126) M. Sandel, 안 진환/이 수경(역), 왜 도덕인가?, 2010. 특히 시민의식회복의 당위성과 가능성을 짚어본 13. Chapter와 ‘개인주의를 넘어 공동체로’라는 소제목을 붙인 14. Chapter는 우리의 ‘자유(주의)담론’과 ‘정의담론’에서 참고함직하다. 302-319면.

'구체적인 utopia'(concrete utopia), 즉 'utopia의 구체적인 상상(concrete imagination)'을 강조한다.[127)]

맥락에 맞게 좀 더 어의를 분명하게 헤아리면, Bloch가 말하는 '희망'은 추상이든 구상이든 '명사'(名詞)가 아니라 진행형의 '동사'(動詞; Hoffnung)로 이해되어야 한다. 비관의 절망과 '단념'(斷念), 즉 생각을 끊고, 도달할 수 없지만 접근을 포기해서는 아니 되는 궁극의 가치인 '이념'을 그냥 포기하는 체념(滯念)의 '냉소주의'(cynicism)를 경계하며 그 근거와 이유를 규범적으로, 현실적으로 해명한 것으로 생각된다. 풀어서 말하자면, — 인간의 존재와 현실 그리고 세상에 대한 긍정적인 관점에서 '예기'(豫期)의 확신을 갖고 — '희망을 품고 살아가야 하고 또한 그럴 수 있다'는 삶의 태도를 제언(提言)하는 것이다. 서로 보듬고 함께 살아가는, 그래야 인간다운 존재로 살아남을 수 있는 인간의 존재론적 운명과 본질, 인간의 삶의 의미와 가치, 그리고 그 실현의 구체적인 가능성과 한계에 대한 통찰의 예지(叡智)인 Bloch의 메시지, '희망을 품고 살아감'의 원칙은 추상적인 지침이 아니다. '삶'과 '희망'이 아니라 구체적인 '살아감'과 '희망을 품음', 즉 '희망에 대한 희망'을 간직하고 살아가라는 것이다.

'희망'이라는 말만큼 사람에게 힘이 되는 소중한 말은 별로 없다. 앞에서 인용한 Kant의 금언, "Du kannst, denn du sollst"의 함의를 뒤집어 새겨 보아도 그 message는 똑같이 선명하다. Wittgenstein의 말대로, 성내고, 두려움과 슬픔과 기쁨, 놀람을 느낄 수 있는 동물, 예컨대 문간에 주인이 있다고 믿기는 하지만, 주인이 모레 올 것을 희망할 수는 없는 개와는 달리 우리 사람은 희망을 할 수 있다. '희망함'의 '현상들'(Erscheinungen)은 일종의 '복합적인 삶의 형식들'(Modifikationen der komplizierten Lebensformen)이고, '희망'과 '희망'이라는 말은 오로지 언어를 자유자재로 사용하는 인간에게만 허락된 자산이기 때문이다.[128)] '희망

---

127) E. Bloch, Das Prinzip Hoffnung(1959), Neville Plaice/Stephen Plaice/P. Knight(trans.), The Principle of Hope, 1986.

128) L. Wittgenstein(Fn.46), Philosophische Untersuchungen, Teil Ⅱ, <i>-1.

에 대한 희망'을 담고 있는 이 말의 전유(專有)는 소중한 특권이지만, 바로 그렇기 때문에 그 향유(享有)는 자유가 아니라 당위의 의무이다. Du sollst, denn du kannst!

역사학자 Howard Zinn의 '희망의 고집'도 이 당위명제에 대한 '합리적인 역사적 감각'의 표현이다. 『You Can't Be Neutral On a Moving Train』(1994) 서문에서 Zinn은 세계에서 벌어지고 있는 수많은 우울한 뉴스를 생각하면 어떻게 낙관할 수 있느냐고 반문하며 '희망의 이유'를 따져 묻는 질문에 대하여 희망에 대한 '의무감'(義務感)을 말하며, '느낌'이지만 사람들이 보고 듣기를 원하는 수 없이 많은 합리적인 이유와 증거들을 얘기해주기 위하여 책을 썼노라고 밝히고 있다:

『결국 내겐 절망할 권리가 없다. 나는 희망을 고집한다. 이건 물론 느낌일 뿐이다. 하지만 비합리적인 것은 아니다. 사람들은 느낌을 존중하지만, 그럼에도 이유를 원한다. 계속 나아가야 할 이유, 굴복하지 말아야 할 이유, 개인적 사치나 절망으로 물러서면 안 되는 이유를 … 나는 이유들이 존재한다고 주장해 왔다. 나는 증거가 있다고 믿는다. 하지만 그 날 밤 질문자에게 말해주기에는 너무나도 많았다. 책 한 권은 거뜬히 될 것이다. 그래서 나는 이 책을 쓰기로 결심했다.』[129)]

---

129) H. Zinn, 유 강은(역), 달리는 기차 위에 중립은 없다, 2002, 10, 22면. 2001년에 출간된 Howard Zinn on History, 이 재원(역), 하워드 진, 역사의 힘(2009)도 '희망'의 구체적인 이유와 실증적인 증거를 제시하는 평론들로 채워져 있다. 특히 이른바 '신좌파'에 대한 비판적인 검토를 통해 '새로운 급진주의'의 '반(反) 권위주의성'과 '반(反)이데올로기성'과 함께 '이론'에 대한 관심을 주문하며 제시하는 세 가지 구성요소, 그리고 자유에 대한 '실존주의적 강조'와 함께 강조하는 '현재에 대한 책임감'은 '희망의 역사(학)' 또는 '역사(학)의 희망', 나아가서는 역사(학) 대신에 '학문'이나 '이론'을 대입한 보편의 일반적인 명제의 차원에서도 주목함직 하다:
『선험적인 인간의 욕구에 기초를 두고 우리가 지금까지 매달려 온 현실에 제한받지 않는 '전망', 낡고 고정된 범주의 프리즘이 아니라, 지금 여기의 특수성을 깨닫고 오늘날의 불합리성을 주변 사람들에게 이해시킬 필요가 있다는 인식을 통한 지금의 현실에 대한 '분석', 현재의 특정 조건에서 행동을 통해 사회를 효과적으로 바꿀 수 있는 기술의 '탐색' 』(104-105면)
『자유를 느끼는 만큼, 우리는 책임도 져야 한다. 우리 시대에는 자유 뿐 아니라 책임까지도 못 느끼게 만드는 것들이 존재한다. 지금 시대의 삶은 너무나 복잡하다 …

'희망에 대한 희망'이라는 함의를 강조하여 풀어 본 것도 그래서이거니와, 이러한 당위적 함의의 '희망원칙'과 '희망의무'의 구체성과 연관되는 명제가 바로 '구체적인 utopia'이다. 그에 따르면 '목적결정'(object-determination)으로서 '구체적인 utopia'는 궁극적으로 폐기될 수 있는 파편일지라도 그 자체가 부분적이고 잠정적인 '목적결정'인 현실과 관념 속의 '구체적인 파편'(concrete fragment)을 전제로 하고 또한 그것을 포함한다. 또한 이러한 '구체적인 파편'을 극복될 수 없는 불가변의 현실로 보지 않으면서도 배제하지는 않는 '구체적인 utopia'는 단순한 '사실의 실재'(factual reality)가 아니라 '과정의 실재'(process-reality)이다. '구체적인 utopia'가 무모한 환상이나, 현실을 무비판적으로 수인하는 보수주의의 이데올로기를 분식(粉飾)하는 허위의 rhetoric이 아닌 것은 바로 공상(空想)이 아닌 이 '과정의 실재' 속에 '좋은 utopia'의 가능성과 그 관념적, 현실적 효용을 담보하는 이른바 '중개된 새로운 것'(the mediated Novum)의 요소를 내포하고 있기 때문이다.[130)]

생각건대, 일종의 '희망의 건축학'으로 여겨지는 Bloch의 강의는 "(건물의) 건축은 마감공사로 완성되지만, '풍화'(weathering)는 마감작업을 새로 시작한다"는 현대 건축학의 역설의 주장과 상통한다. 말하자면 '풍화'를 건축물의 '마감'(finish)을 앗아가는 과정에서 '자연의 마감'을 추가하는 과정, 즉 풍화현상을 물리적 구조물의 완전성을 전제로 한 건물의 '쇠락'(衰落)이 아니라, 지속적인 변화를 통한 '완성'의 과정으로 보는 통시적인 관점은 그 자체가 희망적이다.[131)] '반야심경'(般若心經)에서 모든 존재의 본질, 즉 '공상'(空相)의 징표로 해명하는 '불생불멸'(不生不滅), '불구부

모든 이에게 책임이 있고, 동시에 아무에게도 책임이 없다. 그러나 우리가 자유로움을 느끼고자 한다면, 반드시 책임도 느껴야 한다. 다른 사람의 행동이 아니라 내 행동에 대하여 … 과거나 어떤 보장도 없는 미래가 아니라 지금 이 순간, 우리가 서있는 현재에 대해서 …』(118면).

130) E. Bloch, Neville Plaice etal.(trans.)(Fn.127), 221, 197면.

131) M. Mostafavi/D. Leatherbarrow, On Weathering(1993), 이 민(역), 풍화에 대하여, 2021, 특히 8-9, 11, 21-25, 119-121면.

정'(不垢不淨) 및 '부증불감'(不增不減)의 명제로 그 발상의 미학적, 존재론적 타당성과 함께 현실적인 함의와 효용을 되새겨 볼 수 있다.

'구체적인 utopia'를 꿈꾸는 희망을, '희망에 대한 희망'을 품고 살아가는 과정 속에 포함되는 '현실의 파편들', 즉 이 꿈을 제약하기는 하지만, 그 꿈에 의해 변화되고 극복되어 나가는 '구체적인 파편들'은 역동적인 변증의 '과정의 실재'인 '전체'의 '부분들'이다. 다만, 관찰자의 '입장'(standpoint)과 연관되는 독자적인 '위치성'과 '계기'(momentum)를 갖지 못하는 일방적인 관계 속에서 '전체'에 수동적으로 편입되는 무의미하고 무력한 '가치중립적인 파편'의 부분들은 아니다. 또한 "전체는 단순한 부분들의 총합 그 이상의 어떤 것이다"(The whole is more than the sum of its parts)[132)]라는 '체계생명관'(Systems View of Life) 또는 '체계세계관'(Systems View of World)의 핵심명제와 같은 맥락에서 단순한 총합으로서 '전체'를 산술적으로 나눈 몫에 그치는 '부분'들도 아니다. 부정 및 배제의 대상인 얼룩이나 오염도 '구체적인 utopia'의 구상과 방법론에서는 상정될 수 없는 무흠결의 '완전한 목적결정'을 전제로 하는 절대의 선악(善惡), 미추(美醜)의 구조나 형상, 문양도 아니다. 오롯이 '불구부정'(不垢不淨), '부증불감'(不增不減)의 요소일 뿐이다.

'구체적인 utopia'를 상상하는 'utopia 구상'의 당위성과 그 현실적인 효용의 핵심조건인 이 '중개된 새로운 것'의 작인(作因)으로 Bloch가 강조하여 제시하는 '비판권'(critical right)은 '희망의 언어'로, '언어의 희망'으로 자주 그리고 깊이 새겨야 한다. 현실 속의 '구체적인 파편'들을 문양과 얼룩, 깨끗한 것과 더러운 것으로 분별하는, 적어도 성급하게 판정을 내려 쉽게 내치거나 또는 굴종(屈從)하는 태도를 각별하게 경계해야 한다. '현실의 이성'과 '이성의 현실'의 동시주목을 요구하는 Hegel의 명제, 즉 '보수와 진보 간의 건강한 타협'의 가능성과 그 수단 및 방법을 수시로 되짚어가며 고민해야 하는 우리의 입장에서 더욱 그러하다:

---

132) Ch. v. Ehrenfels, Über Gestaltqualitäten. Repr., in: F. Weinhandel(ed.), Gestalthaftes Sehen, 1960(1890). F. Capra/P. L. Luisi(Fn.32), 10면에서 재인용.

『구체화되고 절대적인 것으로 만들어진 '과정의 실재'에서 떼어내진 하나의 '사실준거'(fact-basedness)는 그럴 수 없거니와, 오로지 '과정의 실재'만이 utopia의 꿈들에 대하여 판정을 하거나 그것을 단순한 환상으로 내칠 수 있다. 외부세계 속의 모든 단순한 사실에게 이 '비판권'(critical right)을 넘기게 되면 우리는 고착되어 존재하는 것과 그 자체가 절대적인 실재로 고착되어 있는 것만을 하게 된다. 하지만, 엄청나게 변화된 오늘의 현실 속에서조차도 '사실집착'(restriction to Factum)이 현실적인 것이 되기 어렵다는 것, 말하자면 '실재' 자체가 완결된 것이 아니라 실재의 끝언저리에서 더 전진하고 돌발해나가는 어떤 것임이 분명해졌다.』[133)]

지지난 세기 말인 1888년에 Edward Bellamy는 그의 소설 『Looking Backward 2000-1887』[134)]에 붙인 후기에서 '엄청난 변화들'(great changes)의 조짐을 예기(豫期)하면서, 관건은 '그 변화들이 개선이 될 것인지 아니면 개악이 될 것인가'의 문제이되, 인간의 '근본적인 고상함'(essential nobleness)을 믿는 입장에서 "황금시대가 우리들 뒤가 아니라 앞에 있으며, 멀리 있지 않다"(Golden Age lies before us, not behind us, and is not far away)고 하며 낙관의 소망을 확신의 미래로 단정하였다:

『우리의 아이들은 단연코 그것을(황금시대) 보게 될 것이고, 우리들이 신념과 노력으로 그렇게 만든다면 이미 성인인 우리들도 그럴 것이다.』[135)]

---

133) E. Bloch, Neville Plaice etal.(trans.)(Fn.127), 197면.

134) 이 책은 출판 첫 해에 당시로는 경이로운 수준으로 6만 부가 팔렸고, 제2차 세계대전까지 전 세계에서 약 600만 부가 팔린 시대의 best-seller였다. 사회주의의 utopia를 상상하여 Bellamy가 그린 미래사회는 무한경쟁 끝에 독점자본주의로 귀결되어 사회주의로 전환되는 자본주의의 발전과 쇠락의 과정을 예기한 점에서는 Marx의 자본론과 논리적 구성이 유사하고, 그 예측이 틀렸다는 점에서는 같다. 다만, 그는 Marx가 제시한 공산주의 체제가 아니라 국가가 주도하는 '완전한 계획경제'체제를 기획하였다.

135) E. Bellamy, Matthew Beaumont(ed.), Looking Backward 2000-1887, 2007, 197면.

20세기를 살아 간 '우리'와 '우리의 아이들'이 보았는가? 그의 예측이 틀렸다고 해서 가볍게 폄하하기에는 그의 사람에 대한 믿음과 역사에 대한 희망이 도탑다. 세기를 넘어 선 지금 우리는 이렇게 낙관할 수 있는가? 신념과 노력으로 우리는 몰라도 우리의 아이들에게라도 '황금시대'를 볼 수 있게 만들 수 있는가? 지금 그렇게 하려고 하고 있기는 한가? Bloch가 부디 포기하지 말라고 당부하는 '구체적인 utopia의 상상'을 간직하고 있는가? '희망의 원칙'에 충실하고, '비판권'(critical right)을 행사하고 있는가? 진보의 가능성을 비관하여 '희망원칙'을 저버리고, '비판권'을 지레 포기하고 있지는 않은가? '희망의 상상권'이라고 할 수 있는 '비판권'의 존재 자체를 잊은 것은 아닌가?

'희망원칙'을 근거로 하는 당위의 책무인 동시에, 역사와 삶에서 자신을 성찰하여 존재가치를 찾고 가치상향적 관념의 구상(構想)을 형성해나가는 인간의 보편적 권리라고 할 수 있는 이 '비판권'의 핵심은 양심 및 사상의 자유 그리고 이 자유를 즐기는 대화와 토론의 '놀이마당'을 보장하는 것이다. '진리참칭(僭稱)', 특히 '정치적 위선'(political hypocrisy)[136]과 이를 은폐하고 분식해주는 '곡학아세'(曲學阿世)의 '학문적 위선'(academic hypocrisy)과 이들의 배양토인 '진리독재'나 '진리독과점'의 체제에 대한 '부정과 저항의 말놀이'에 적극 참여해야 하는 의무인 동시에 포기할 수 없는 '불가양의 권리'로 주어지는 것이다. 이 '비판권'의 포기와 양도를 절대 인정하지 않는 것이 바로 '과학적 태도'(scientific attitude)의 출발점이고 그 핵심이다. 앞에서 인용한 논문에서 Pierce가 진리의 앎에 대한 열망의 첫걸음은 '그 진리가 어떤 것이 될 수 있는지 상상하는 것'(imagine what that truth can be)이라며 경계의 예지와 함께 정리해주는 '상상'의 함의와 효용은 오롯이 '희망'과 '희망에 대한 희망'을 갖고 하는 '구체적인 utopia의 상상'에 나래를 펼쳐준다:

---

136) 이에 관해서는 '권력의 마스크'(Mask of Power)라는 복합적인 함의의 부제를 달고, 이 명제를 제목으로 한 D. Runciman, Political Hypocrisy, 2008.

『진리를 열망하는 사람이 진리를 오래 추구하다 보면 반드시 '속박되지 않은 상상'(imagination unbridled)이 문제를 벗어나서 잘못된 길로 이끄는 것을 알게 된다. 하지만, 그럼에도 불구하고 궁극적으로 '진리를 어렴풋하게나마 알 수 있게 하는 것'(an inkling of truth)[137]은 결국 '상상'뿐이라는 것은 참이다.(상상은: 필자 부기) '현상들을 멍하니 쳐다보는 것일 수'(stare stupidly at phenomena)는 있다; 그러나 '상상'이 없이는 그 어떤 합리적인 방법으로 그 현상들을 연관시킬 수 없을 것이다.』[138]

11. '(초)문화법'으로서 헌법

자기반성과 갱신의 요청에 초점을 맞춘 것으로 생각되는 바, Unger가 강조하여 제시하는 '부정의 능력'을 우선 되새기게 된다. 궁극적으로 '객관적 진리'의 발견이 아니라 가치다원주의적 사회의 헌법이 지향하는, '헌법민주주의'가 추구하는 사실상 '유일한 절대선'(the absolute good)의 가치명제라 할 수 있는 '적정한 타협'(optimal compromise)과 이를 통한 '조화적 통합'은 가장 기본적인 헌법명제이다.

이 두 가지 기본명제와 연결하여 헌법학과 헌법이론의 적극적인 과제로서 이 '부정'(negation)의 논제를 일종의 '미래지향의 구상'(vision)인 동시에 '방법'(method)이고 '프로그램 기획'(program project)인 '헌법상상'의 맥락에 대입하여 생각해보는 것은 '헌법=문화법'의 관점에서 적실하다. 다만, Jonathan Rauch가 제시한 이른바 '자유과학'(liberal science), 말하자면 '현대 자유민주주의의 인식론적 질서'를 규정하는 '최종결정권의 부

---

137) 이는 M. Polanyi가 제시하는 이른바 '암묵적 차원'(tacit dimension)의 '암묵적 지식'(tacit knowledge)과 매우 유사한 의미로 이해된다. Tacit Dimension(1966), 김 정래(역), 암묵적 영역, 2015, 29-55면. 법적 추론과 관련하여 진전된 인식론적 논의로는 Steven L. Winter, A Clearing in the Forest, 2001, 3-6면. 이에 관해서는 V장에서 상술함.

138) Ch. S. Peirce(Fn.93), 43면.

재'와 '개인결정권의 부정'[139]이라는 두 가지 기본규칙의 준수와 실행, 그리고 궁극적으로 '진리의 방어'(defense of truth)라는 정신과학적 지침은 공통되지만, 이 '건강한 타협'의 필수조건인 '부정의 능력'을 키워나가는 최고규범의 프로그램이고 그 실천의 과정인 '헌법학 문화'의 마당에서 그 지양과 극복의 대상은 사회과학이나 인문학 등의 경우와는 사뭇 다를 것이다. 이 차이는 별론의 대상으로 남겨 두되, 아마도 앞에서 인용한 Unger가 제시하는 '불복종', '이단', '저항', '희망과 상상력의 연합' 등의 덕목을 법의 세계 및 법적 판단에서 철저하게 이질적인 것으로 배제하는 관점, 예컨대 실증성만이 법의 과학적 객관성과 법적 판단의 타당성을 담보하는 것으로 믿는 법실증주의의 신화나 또는 작위적으로 그렇게 전제하는 독일의 '법도그마틱'(Rechtsdogmatik)에 편향된 법학방법론, 사회과학이나 사회이론과 분리된 채 현실에 대한 '설명의 기획'도, '변혁의 프로그램'도 담아내지 못하는 '고립된 헌법학'이 우선 쇄신의 대상이 될 것이다.[140]

---

139) J. Rauch, The Constitution of Knowledge A Defense of Truth(2021), 조 미현(역), 지식의 헌법, 2021, 29면.

140) Unger의 일면 매우 현실적이고 구체적이면서, 타면 고담준론인 Unger의 '말놀이'를 애써 번역해낸 역자는 Unger가 늘 관심을 갖고 적극 참여해왔던 브라질의 상황이 우리의 상황과 흡사한 모습이라고 하면서 "진보진영은 여전히 마르크스주의에 한 발을 담그고 있고, (보수진영의 토대가 되는: 필자 부기) 1948년에 제정된 헌법을 통해 수용된 자유주의적 제도와 사고가 현재 한국 사회를 지배하고 있고, 한국인들의 삶을 주도해나가고 있다"는 설명과 함께 "진보와 보수 두 진영 간에 벌어지는 공방이 과연 무엇을 추구하는지, 공방의 핵심이 무엇인지 가늠하기 힘들다"고 기술하고 있다. R. M. Unger, 김 정오(역)(Fn.86) 12면.

하지만, 앞에서 언급한 바와 같이, Unger가 극복의 대상으로 지적하는 '위축된 마르크스주의'와 한국의 진보진영이 세례자로 자처하는 마르크스주의가 결이 같은 동류로 볼 수 있는지, 보수 이데올로기로서 자유주의도 과연 '동명'(同名)에 상부하는 실체가 있는 것인지 또는 있다면 무엇인지, 그리고 도대체 한국사회를 지배하는 자유주의가 사회문화적 이데올로기로 자리를 잡은 적이 있기는 하였는지는 의문이다. 편견에 사로잡힌 어설픈 진리독점과 오만한 교조주의가 지배하는 폐쇄된 환경 속에서 건강한 이론적 담론, 즉 유의미한 대화와 토론 자체가 없었기 때문이다.

P. Zima가 명쾌하게 정리한 바와 같이, 이론은 "한편으로 진리라는 목표점이 존재하지 않는 열린 과정이면서, 다른 한편으로는 진리에 관한 생각에 의해서만 추동되는, 이 생각이 없다면 전혀 무의미해져 버리는 과정"이다. P. Zima, 허 창운/김 태환

쇄신의 대상으로서 헌법과 헌법학을 생각하는 것은 지금 여기에서 개개인의 삶을 보다 풍성하게 만들고, '정당한 몫'(just desert)의 판정기준을 늘 비판적으로 성찰하여 개선해나가며 사회변혁의 당위성을 검토 및 확인하고 그 가능성을 살려나가야 하는 헌법명제들을 숙고하는 것이다. 그리고 이 숙고 속에서 '규범적 효력'을 갖는 '최고규범'으로 헌법을 '명명'(命名)하고, 명실상부하게 헌법의 정신과 가치를 형성 및 발전시켜 나가는 것은 오롯이 그 주체인 '우리'(we)와 '우리 사회', 그리고 '우리 문화'를 만들어 나가는 과정, 즉 '동사'(動詞)로서 '문화' 자체이다.

이러한 의미에서 헌법은 '문화법'이다. 정치·경제·사회 및 문화생활의 모든 영역을 포괄하는 '초문화법'(super-cultural law)이다! '문자기호'의 '언표세계' 바깥으로 한 발만 더 내딛고, '언표'로 구성된 '개념'의 틀을 한 치만 벗어나면 이러한 복합적이고 포괄적인 '문화'의 현상을 바로 대면하게 된다. 분열과 대립 속에서 화합을, 상쟁의 갈등 속에서 '공생'을, 불의로 가득 찬 세상의 수많은 '절망'의 조짐 속에서 '정의'와 '공정'을, 그리고 '진보의 동인'으로서 말을 거세하는 폭력 대신에 이러한 소중한 말들과 이 말들을 갖고 하는 대화와 토론, 그리고 그 속에 발현되는 이념과 관념의 힘에 대한 '희망'의 가능성을 찾고 만들어 나가는 '문화현상학'의 세계에서 Cohen의 읊조림과 정 태춘의 음유(吟遊), 이들의 노랫말과 음률, 곡조와 잘 어우러지는 '반가사유상'의 미소는 전혀 이질적이지 않다.

'(초)문화법'인 헌법의 이름과 권위로 '이단과 저항'의 '또라이'를 허(許)하라!(?) '슬며시 옆구리를 찔러 주의를 환기시킨다'는 뜻의 영어단어 'nudge'가 연상되는 '반가사유상'의 미소로 넌지시 허하노라!

(역)(Fn.87), 555면. 적어도 불순물을 걸러내고, 정치사회적 구상으로서 이데올로기의 본질과 그 형성의 맥락, 그리고 그 속에서 발현되는 순기능 및 역기능을 해명하여 논쟁이 가능한 상태로 만들어 주는 넓은 의미의 '술화비판론'(Diskursskritik), 말하자면 일종의 '이데올로기학'(ideologics) 또는 '이념이데올로기학'(idealogics)이라고 할 수 있는 '이데올로기 비판론'(Ideologie Kritik)이 제대로 전개되지 못한 점에서 우리 사회에서 보수와 진보진영의 대립을 자유주의와 마르크스주의 간의 공방으로 보기는 어렵다.

'신조'(creed)가 없어지기를 기원하였으니, 아마도 Lennon과 마찬가지로 없기를, 없어지기를 소망한 B. Dylan이 '엄마'에게 더 이상 쓸모없으니 계급장을 떼어 달라고, 총을 내려놓게 해달라고 간청하며 그 문을 두드린(Knockin' On Heaven's Door, 1973) '천국'(Heaven)으로 2016년에 올라간 L. Cohen이 '반가사유상'을 본 적이 있는지 궁금하다. '반가사유상'을 넋 놓고 앉아 바라보며 또는 배경으로 하여 그가 읊조리는 "Villanelle for Our Time"과 "Hallelujah", 그리고 "Democracy"(1992)와 "In My Secret Life"(2001)를 라이브로 듣고 볼 수 있다면 얼마나 좋을까? … 그럴 수 없는 것이 못내 아쉽다.

Ⅲ. 헌법(민주주의)생각 - 헌법의 '탐막'(撢摸: groping)과 시(인)

1. '민주화 이후 민주주의'의 이후

이 책에서 저자가 모색하고자 하는 것은 '현상'으로서 헌법, 말하자면 '명사'인 동시에 '동사'이기도 한 헌법의 정태와 동태, 전후와 좌우, 상하와 안팎 그리고 '보이는 헌법'과 함께 '보이지 않는 헌법'을 주목하는 포괄적인 헌법현상학이다. 국가와 정치생활의 현상학이고, 정치의 meta 이념인 정의와 민주주의의 현상학이다.

정의와 민주주의를 요즘 사회개혁 또는 진보의 슬로건으로 가장 뜨거운 화두인 '공평하고 올바르다'는 일반적인 의미의 '공정'(公正; equity & fairness)으로, 하나의 통치형태로서 헌법학의 개념이 아니라 일종의 정치적 생활양식으로서 포괄적인 문화적 개념으로 사용한다면 이렇게 말할 수 있다. 시사적인 '사회정의=사회적 공정'의 맥락에서 또한 정치영역을 넘어서 사회, 경제, 문화 등 모든 생활영역에서 그리고 개인과 공동체 전체의 차원을 포함하여 모든 층위의 결사를 망라하여 '공적 이성'(public reason), 시민의 광범위한 '참여'(participation)와 '실제 동의'(actual consent) 또는 '최대한의 공공선'(the greatest common-good)의 산출 등 어떤 것을 준거로 하든 '정의롭고 좋은 공화'(the just and good commonwealth)의 이념형의 개념으로 사용한다면, 지금 여기에서 우리가 하는 헌법적 사유와 상상 그리고 대화의 주제와 그 지향점은 오롯이 '정의'와 '민주주의'의 '명실상부화'(名實相符化), 즉 '연대'(solidarity)와 '민주'의 연합을 통한 '민주적 정의화'(democratic justicization)이다.

최 장집이 『민주화 이후의 민주주의』[141]를 마무리하면서 제시한 "여전히 한국 사회는 민주화의 과제를 안고 있다"[142]는 진단은 여전히 유효

141) 2002년에 발표되었으며, 2005년, 2010년에 제1, 제2 개정판이 출간되었다. 여기에서는 2010년의 개정2판을 참조하였다.

142) 최 장집(Fn.141), 287면.

하다. 오히려 그 후의 적잖은 우리 사회의 구조적, 양적 변화는 전면적인 재진을 요구하고 있고, 날이 갈수록 구조적 상수들과 시류와 국면에 따른 부분적인 변수들이 뒤섞이면서 더더욱 적확한 처방책을 찾기 어려운 다차원의 '복잡상황'으로 치닫고 있다. 그의 책 제8장의 제목으로 '민주주의의 민주화'로 붙이기도 하였고, 이 책의 토대가 된 '민주주의 특강'(고려대학교, 2002년 8월 12일~21일)을 하면서 저자가 가졌던 의도와 기대가 '민주주의의 이해'와 제대로 된 '정치의 언어의 확장'에 기여하고자 하였던 것이라고 말하고 있지만,[143] 정작 민주주의의 개념에 대해서는 간헐적으로 Tocqueville 등을 인용하고 있을 뿐, 명쾌한 정의는 찾아볼 수 없다.

다만, 1987년을 한국에서 '절차적 수준에서 탈권위주의 민주화'가 성취된 변곡점으로 보고, '민중적·시민적인 것의 실현'과 이를 위한 민주주의의 제도와 내용의 발전의 과제를 제시하는 맥락에서, 특히 민주주의와 헌법 및 제도 간의 복합적인 상호작의 구조를 주목하면서 민주주의를 "근본적으로 정치적 평등의 원리에 기초해 한 사회의 생산적 자원의 할당과 분배에 영향을 미치는 집합적인 결정을 가능케 하는, 다수(majority)를 형성하는 과정"이라고 하는 대목은 눈에 띈다.[144] 추측건대, '탈독재 또는 탈권위주의의 상태'와 요즘 대세의 화두인 '경제 및 사회 민주화'의 요청을 포함하는 '참여민주주의' 또는 '숙고민주주의'를 포괄하는 의미의 민주주의 개념을 상정하고 있는 것으로 생각된다. 그 대강의 취지는 앞에서 살펴 본 Unger의 '강화된 민주주의'의 기획과 다르지 않다.

학문적, 이론적 엄정성을 떠나서 일단 논의 개관의 맥락에서 대체로 말한다면, 필자가 일종의 '문화현상학'으로 주목하는 헌법학의 맥락에서 민주주의와 그 개념도 이와 크게 다르지 않다고 할 수 있다. 문제인식의 출발점도 마찬가지다. 세기를 넘어 선 후 지난 20년 간의 '기후변화'에 따른 생태환경의 위기나, internet과 smart phone, AI로 대표되는 'digital 혁명'

143) 최 장집(Fn.141), 14-15면.

144) 최 장집(Fn.141), 274-275면.

의 파고, 급속한 세계화의 흐름 속에서 날로 심화되고 있는 '자유주의'(liberalism)와 자본주의의 구조적인 위기의 징후들 그리고 이와 연관된 '극다원주의'(hyper-pluralism)와 '대중영합주의'(populism), 대의통치체제와 제도들의 기능부전 등의 global 차원의 정치경제, 사회문화적 문제들은 21세기 이전의 고민의 틀과 방법을 갖고서는 적절하게 접근할 수 없음은 물론이다. 하지만, 말 그대로 새로운 paradigm과 급진적인 프로그램이 요구되는 이러한 현상들을 염두에 두되 별론의 대상으로 하고, 우리가 '지금 여기'에서 주목해야 하는 문제들에 초점을 맞춘다면 최 교수의 질문은 여전히 유효하다.

나날이 경신(更新)되며 세계 최저와 최고, 최선과 최악을 종횡무진(縱橫無盡)하는 공시적·통시적 지표와 현상들을 더하여 생각을 하는 경우에도 그러하다. 말하자면 출산율과 양극화로 치닫는 소득불평등, 대학진학률, 자살률, 산업재해사망률, 노령화속도 및 노인빈곤율 등 이미 치명적인 '고황'(膏肓)의 징후들을 보여주는 거의 상수화된 인구학적, 사회학적 지표들은 쫓고 대면하기에 숨이 차고, 벅차다. 세계사상 미증유(未曾有)의 일대사건이라 할 수 있는 최빈국에서 세계 10위의 경제대국으로 발전한 '대한국민(민국)의 기적', 1960년대 Beatles 이래 최초로 'Butter'를 비롯하여 6개의 신곡이 연속으로 Billboard Chart 1위에 오른데 이어 2021년 이후 AMA(American Music Awards) 대상을 연속하여 차지한 BTS와 2019년 Academy상을 휩쓴 봉 준호 감독의 '기생충'과 2020년 전 세계적으로 주목된 '오징어게임', 2022년의 'Pachinco', 그리고 이들 영화와 드라마 속에 담겨진 우리 사회의 심각한 문제들을 새롭게 성찰하고 고민해야만 한다. 게다가 더더욱 심화되고 고착화된 상황과 추세 속에서 적어도 상당기간 앞으로도 낙관하기 어렵다는 우울한 전망을 전제하면 그러하다. 이전과는 차원과 구조가 완전히 다른 새로운 platform으로 빠르게 넘어가고 있는, 싫든 좋든 그럴 수밖에 없고 그렇기 때문에 바둑에서 말하는 '가벼운 행마(行馬)'로 넘어가야만 하는 'meta-platform'의 국면에서 '감당하기 어려운 무거운 문제들'이 제각각 '행마'의 급소마다 진을 치고 앞길을 가로 막고 있다.

특히 2019년 말에 시작되어 끝 모르고 계속되고 있는 Corona Pandemic의 상황에서 더욱 악화되고 있는 '불평등' 및 '소득양극화'의 문제는 '지속가능한 발전'이 아니라 '지속가능성' 자체에 의문을 갖게 하고 있다. 우선 늘 그래왔지만, 점점 더 고착화되고 있는 정치부재의 현상, 말하자면 '공공선'의 관념은 정치철학 개론서의 '분류함'(pigeon hole)에 처박아 놓고 사사로운 이익에만 집착하는 몰가치와 몰염치의 '정치병증'(政治病症)이 심각하다. '사파(邪派)지식'에 의해 부추겨지는 '동조편향'(同調偏向; conformity bias)의 어설픈 논리와 천박한 이데올로기적 '확증편향'(確證偏向; confirmation bias)에 빠져 참호 속에 웅크리고 똬리를 틀고 앉아 상대진영을 향해 무차별 난사하는 모습의 '정치 아닌 정치'는 절망스럽기까지 하다. 공자가 논어에서 간단명료하게 답해주듯이 '정자정야'(政者正也),[145] 정치는 바로잡는 것이거늘! 특히 2022년 대선정국 속에서 지켜보는 '반정'(反政)과 '몰정'(沒政)의 '비정치'(非政治), '상호인정과 신뢰', '소통과 통합'이 아니라 기를 쓰고 온통 '상호적대와 불신', '폐색(閉塞)과 분열'로만 치닫는, '조화음'(調和音)은커녕 '파열음'(破裂音)만 빚는 '사이비 이념전쟁'은 몸과 마음을 무겁게 만든다.

이러한 사회경제적 환경과 '패거리 정당정치', 말하자면 공고한 cartel의 틀 속에서 사적인 '지대추구'(rent-seeking)에 몰두하는 일단의 정치엘리트, 즉 이른바 '정치계급'(political class)에 의해 주도되는 '무정치'(無政治)의 상황 속에서 "한국 사회가 좀 더 사람 살 만한 곳으로 발전하고, 민주주의가 사람들의 기대를 충족시키면서 건강한 뿌리를 내릴 수는 없다"는 20년 전의 단언과 이어서 제시하는 20년 전의 질문들은 그대로 원용해도 무리가 없다:

---

145) 논어 제12 안연(顔淵)편 제17장. 『季康子問政於孔子 政者正也 子帥以正 孰敢不正』: 계강자가 정치에 관해서 물으니 공자께서 대답하여 말하길 "정치는 바로잡는 것일지니, 당신이 바른 것을 쫒는다면 누가 감히 바르지 않겠는가?"

『왜 이렇게 되었을까? 왜 한국 민주주의는 사회적 욕구와 변화에 부응하지 못한 채 무력해지고 있는가? 왜 제도권 정치세력은 현실을 개선할 수 있는 대안을 적극적으로 조직하지 못한 채 보수적 경쟁에 머물고 있는가?』[146)]

세기를 넘어선 것이 어제 같은데, 벌써 2022년이다. '민주화 이후의 민주주의' 이후 20년 세월이 무색하게도 다행히(?) 전혀 각색(脚色)과 윤색(潤色)의 부담을 지지 않고 이러한 우려와 문제인식은 그대로 동감하고 공유할 수 있다. 그래서 여전히 주목해야 하는 바, '민주주의'를 화두로 하여 함께하기를 권하면서, 아주 느리게라도 그 실현을 소망하고 기대하며 접근의 태도와 방법을 짚어보고자 하는 맥락에서 갖는 '헌법적 열망'(constitutional aspiration)은 오롯이 '민주주의의 열망'(democratic aspiration)이다. '조화적 통합'을 지향하는 최고규범으로서 헌법과 헌법언어의 권위를 빌려 주창할 수 있는 궁극의 '헌법적 열망'은 정치경제 및 사회적 ideology와 utopia가 함축된 '민주주의의 열망'이다. 이를 간명하게 담아낸 표현으로 생각되는 바, '경제와 헌법'을 집요하게 탐구해 온 J. M. Buchanan이 '사회질서'(social order)와 관련하여 '과학적인 분석'(scientific analysis)의 보편적인 논제로 제시하는 질문은 '분석'을 넘어서 또는 '분석'에 앞서 여전히 '민주화 이후'의 과제를 대면하고 있는 바로 지금 한국 시민에게야말로 공감과 성찰의 화두로 되새겨봄직하다. R. Dworkin이 강조하는 모든 시민에 대한 '평등한 관심과 존경'(equal concern and respect),[147)] 말하자면 '상호신뢰와 인정'(mutual trust and recognition) 그리고 이를 토대로 해서만 가능한 '건강한 타협'(healthy compromise)의 기조 속에서 그 구체적인 실천의 노정과 방법의 탐색이 절실하게 요구되는 민주주의의 화제(話題)이다:

---

146) 최 장집(Fn.141), 9면.

147) R. Dworkin(Fn.72), Chapter 6, "Justice and Rights", 180-183면, Chapter 12, "What Rights Do We Have?", 272-278면.

『어떻게 하면 우리가 우리들 자신의 가치들을 창조할 수 있고 또한 그래야만 하는 독자적인 개인들로서 자유를 유지하는 가운데 평화롭게 행복을 추구하며 화합하여 함께 살아갈 수 있는가?"』(How can we live together in peace, prosperity, and harmony, while retaining our liberties as autonomous individuals who can, and must, create our own values?)[148)]

현실에 대한 냉철한 인식, 대면하고 있는 문제의 본질과 구조에 대한 과학적인 분석과 함께 실현 가능한 대안이 제시되어야 진정한 비판이라고 할 수 있지만, 상황의 국면과 그 맥락에 따라서는 '관심을 갖고 고민하자!'라는 단순명료한 선창(先唱)의 rhetoric도 절실하고 유용하다. 구체적인 노정과 방법의 각론이나 좌우지간의 이데올로기 좌표는 굳이 따져 묻지 않고 가만히 귀를 기울이는 것도 더러는 필요하다. 아마도 마뜩한 마음으로 편히 가지는 못하였을 것으로 생각되는 백 기완이 순우리말로만 쓴 그의 우화소설에서 "말을 잘할 줄 모르고 자꾸 헷갈리는" 어느 소박한 할머니의 입을 빌려 들려주는 '노나메기'의 이야기, 즉 '어느 깨우친 이의 괴나리봇짐'에서는 결코 나올 수 없고 오롯이 '니나'(민중)가 '갈마'(역사)에서 스스로 깨우친 '함께 바르게 잘살자!'는 꿈과 희망도[149)] 같은 화제에 대한 치열한 성찰 끝의 소박한 그래서 정결한 답으로 옷깃을 여미게 만든다:

『남의 목숨인 박땀, 안간 땀, 피땀만 빽어먹으려 들지 말고 … 너도나도 다 함께 박땀, 안간 땀, 피땀을 흘리며 … 그리하여 너도 잘살고 나도 잘살되 올바로 잘사는 벗나래(세상)』[150)]

148) J. M. Buchanan, "The Constitution of Economic Policy", in: The American Economic Review, Vol. 77(1987), 250면.

149) 백 기완, 버선발 이야기, 2019, 208-213면.

150) 백 기완(Fn.149), 212면.

차별도, 억압도 없는 형제애와 자유의 세상을 주창하는 이른바 '대동'(大同)사상과 다르지 않다. 책임과 지원, 부담과 돌봄의 연대를 의미하는 'citizenship'의 대강도 마찬가지다. 시장과 경쟁의 메커니즘에 의해 불합리한 차별과 부정의가 고착되고, 점점 더 심화되어 가는 거의 불가역의 상황에서 '혁명적인 변화'가 절실하게 필요하다, 아직 늦지 않았다고 하며, Joan C. Toronto가 '민주적 돌봄'(democratic caring)의 명제로 제시하는 '돌봄민주주의'(Caring Democracy)151)의 구상도 그 핵심취지는 다르지 않다.

논어(論語)에 나오는 군자의 도(道), 말하자면 헌법의 기본 표제어라고 할 수 있는 '조화적 통합'과 같은 의미의 '화이부동'(和而不同)의 명제와 상통하는 것으로 생각되는 이 화제와, 이 화제의 제기와 대면의 전후, 좌우, 상하 자체를 하나의 '현상'으로 살펴보고자 한다. 이 문제에 대한 답, 당연히 언감생심 '정오'(正誤)를 분별하는 맥락에서 정답이 있다는 전제 하에 그것을 찾고자 하는 것은 아니다. 현실을 주목하되 그에 매몰되지 않고, 인식 또는 이해의 대상을 가능한 여러 측면에서 최대한 많이 더듬어 보고 '실재'(reality)의 유래와 본질, 그리고 변화 및 유지의 과정을 가늠하는 이른바 '더듬어 짚어봄'(撢摸; groping)의 방법을 통해 우리의 '헌법'과 '헌법민주주의'의 '진보'(progress) 또는 '진보의 지정체'(遲停滯)'(delay and stagnation of progress)와 더딘 '진보의 진화'(evolution of progress)의 '현상'을 진단해보려는 것이다.152) 특히 '상징어'로서 '민주주의'와 그 '개념' 및 '개념진화'의 현황과 지나 온 과정을 되짚어보면서 겹치고, 섞이고, 갈려진 여러 노정들과 그 매듭들 속의 단서들 중에 우리가 간과했던 것들

151) J. C. Toronto, Caring Democracy: Markets, Equality, and Justice(2013), 김희강/나 상원(역), 2014.

152) 학문방법론으로서 '더듬어 짚어봄'(groping)은 자전(字典)에 나오는 단어는 아니지만, 그 어의를 충실하게 담아내는 조어(造語)로 더듬을 '탐'(撢)자와 모색(摸索)에서 더듬을 '막'으로 읽는 '막'(摸) 두 자를 합쳐서 '탐막'(撢摸)의 방법으로 하면 이해에 도움이 될 것으로 생각된다. 'groping', 좀 더 정확하게는 'ceaseless groping'은 Pierre Teilhard de Chardin이 그의 저서 『The Phenomenon of Man』(1955; Revised English edition, 1965), 특히 118, 223-226, 241-242, 307-308면, 에서

또는 제대로 성찰하지 못했던 것들은 없었는지 검토하고, 있다면 왜 그러

'윤생체'(輪生體; verticil)의 생성에서 부터 '문'(門; phylum)의 단계를 넘어 '집성과 분열'(aggregation and disjunction)의 끝없는 '변화와 지속'의 과정을 거쳐 오늘에 이른 생명발전의 현상, 말하자면 '가장 낮은 단계의 화학작용'(the humblest chemism)에서부터 '최고의 정신의 통합'(the highest syntheses of spirit)에 이르기까지(312면) '전진함에 따른 성장'(crescit eundo; it grows as it goes)(280면)으로서 '유전'(heredity)과 '진화'(evolution)의 방식 또는 원리로 본 것이다. 특히 개체와 집단의 '돌연변이'(mutation)와 '변이'(transformation), 특별한 양식의 돌연변이라고 할 수 있는 '상호수태'(相互受胎; interfecundation), 말하자면 유전자들의 혼합, 문화나 정치체들 속에서 종들의 '결합'(anastomoses) 등의 현상을 관통하는 원리로 또한 이 현상을 인식하고 설명하기 위한 '은유적 상상'의 방법으로 사용하였다.

미리 앞서서 선별하지는 않는다는 전제 하에, 특정한 대상의 정밀한 지향과 많은 개체군들을 무작위로 짚어보는 이른바 '맹목적인 상상'(blind fantasy)을 '익숙하지 않은 결합'(strange combination)으로 연계시켜 그 원유(原由)와 본질을 접근해들어 가는 일종의 '암중모색'(暗中摸索; groping in the dark)의 방법이다. 말하자면 '많은 맹인들이 코끼리를 더듬어 판단한다'는 '군맹무상'(群盲撫象)의 오류를 뒤집어서 오히려 긍정적인 측면을 주목하는 관점에서, 범주의 확장에 비례하여 규모와 비용이 감당할 수 없을 정도로 커지는, 그래서 한계가 분명한 '기획과 계산'이 아니라, 일종의 '은유'(metaphor)의 표현으로서 '단순한 우연'(mere chance)이 아닌 "지도된 우연"(directed chance)(110면), 즉 걱정과 기쁨들에 대한 경외심을 갖고 겸손해지게 만드는 "모든 것을 모색하고 모든 것을 발견한다"(trying all and discovering all)(224면)는 접근방법이다. 모든 존재에 적용되는 '운동의 통일성'(unity of movement)과 '의식의 생기와 확장'(rise and expansion of consciousness)에 대한 통시적인 '근본적인 구상'(fundamental vision)과 공시적 차원에서의 '즉각적인 해명'(simultaneous illumination)은 이 방법에 의해서만 가능하다고 본다. 무한정 확장되는 다수성을 주목하여 '탐막'(groping)을 '무적의 무기'(invincible weapon)로 지칭하는 Teilhard de Chardin은 이 용어 또는 접근방법을 단순히 유전에 대한 '진화생물학'의 '계통발생학'(phylogenesis)적 인식의 차원을 넘어서, 그의 표현에 따르면 '집단적 구상의 숭고한 행위'(a supreme act of collective vision)인 지식체계나, 사상, 제도 등과 같은 '인공구성물들'(artificial constructions)의 '발명'(invention)과 '진화'에 대한 '유추'(analogy)에도 적용하여 존재론과 가치론, 문화학, 사회과학을 망라하는 일반적인 학문방법론으로 확장시켰다. 이는 이른바 '보편적인 탐막'(universal groping)(250면)의 인식방법론의 토대를 정초한 것으로 평가되고 있다. 이에 관한 소개와 요약의 설명으로는 L. E. Goodman(Fn.16), 71-72면. 주석 22번.

'도덕적 진보의 진화'라는 일종의 '생명문화이론'(a biocultural theory)의 틀 속에서 '도덕적 관점에서 진보'(progress from a moral point of view)와 '도덕의 진보'(moral progress)를 구별하면서 '메타 도덕의 진보'(meta-moral progress)의 관념과 함께 '도덕의 '다원성'과 '도덕진보'의 '다양성'과 '역동성'을 주목하는 입장도 유사한 관점과 방법으로 주목된다. Allen Buchanan/Russell Powell, The Evolution of Moral Progress - A Biocultural Theory, 2018, 특히 45-111면.

했는지, 어떻게 보완해야 하는지를 해명하고자 하는 것도 필자의 주요 관심사의 하나이다.

2. 헌법민주주의의 지평과 열망

J. Rawls가 즐겨 언급하는 이른바 '헌법민주주의의 역사적 전통'(historical tradition of constitutional democracy)을 거론하지 않더라도, 여기에서 논의하는 민주주의의 화두는 최고규범으로서 헌법의 형식을 채택한 '헌법주의'(constitutionalism) 틀 속의 민주주의, 즉 '헌법민주주의'다. 여전히 정치규범 및 생활규범으로서 헌법이 제자리를 못 잡고 있기는 하지만, 피와 땀으로 얼룩진 민주화 투쟁 끝에 독재에서 벗어나고, 선거를 통한 정권교체가 정착되었고, 1987년 민주화의 산물로 확보된 헌법재판제도가 30여 년 이상 지속되고 있으며 촛불에 힘입어 최고 권력자인 대통령까지 파면시킨 '헌법국가'의 제도적 환경 속에서 '자유와 계몽'의 '헌법민주주의', 말하자면 '민주적 법치국가'의 틀은 더 이상 서구만의 전유전통은 아니다.

이른바 '극다원주의'(hyperpluralism)의 환경 속에서 민주주의가 '당면한 막다른 골목'(pending dead-end)을 주목하는 Alessandro Ferrara[153]는 '쇄신'(renewal)의 과업과 함께 그 방법으로 J. Rawls를 비롯한 '정치적 자유주의'(political liberalism) 사상의 확장과 갱신을 제시하면서 '민주주의의 지평'(democratic horizon)을 전망한다. Frank I. Michelman이 지적하는 바와 같이[154] '민주주의의 지평'은 오롯이 '헌법의 지평'(constitutional

필자가 이 책에서 '불러내어 일으켜 세운다'라는 은유의 표현으로 '헌법환기'의 목적을 상정하여 '헌법'이라는 대상을 일견 '낯선 조합'(strange combination)으로 엮어서 '반가사유상'과 '정 태춘', 'Villanelle'로 '헌법상상'을, 우리 시로 헌법생각을 해보고, 법언어 또는 개념분석작업인 '헌법도그마틱'과 언어기호를 매개로 하지 않는 사유 및 표현의 양식으로서 '은유'를 짚어 보는 것도 바로 이 '탐막'의 일환이라고 할 수 있다.

153) A. Ferrara, The Democratic Horizon - Hyperpluralism and the Renewal of Political Liberalism, 2014.

154) F. I. Michelman, "A constitutional horizon?", in; Philosophy and Social Criticism, Vol. 42(2016), 640-648면.

horizon)이라고 할 수 있고, 오히려 이 표현이 더 적확하다고 할 수 있지만, 어떤 맥락에서이든 '호명'(呼名)되고 '호창'(呼唱)되는 것 자체가 나쁠 것은 전혀 없다. 요즈음 '헌법정신'이 유행이거니와, 그 핵심은 '민주주의의 정신'(spirit of democracy)이다. 적어도 그 다양성과 역동성, 그리고 이에 따른 '가쟁성'(可爭性; agonisticality)을 긍정하는 조건 하에 좀 더 과감하게 말한다면, '헌법정신'='시대정신'(Zeitgeist)='민주주의의 정신'='상호인정의 정신'='타협의 정신'이라고 할 수 있다.[155] '민주주의의 지평'은 '헌법의 언어'로 존재하고 사유되며 또한 '헌법의 화행'(constitutional speech-act)에 의해 변해가는 '헌법의 지평', 좀 더 정확하게 말한다면 '헌법지평 속의 지평'이기 때문이다.

'헌법정신'을 다소 결이 다른 '헌법감각'(konstituioneller Sinn; constitutional sense)이라는 용어로 대체하여 각색(脚色)하면, 이 '헌법의 지평'은 N. Luhmann이 강조하는 '감각의 지평'(Sinnhorizont; horizon of sense), 즉 단연코 '창조'(creation)나 '공여'(donation) 또는 '기원'(起源; origin) 등에 따른 세계의 특성이 아니라 "감각을 사용하는 작용들의 산물"(product of the operations that use sense)이라고 할 수 있다.[156] Luhmann이 강조하는 '감각'(Sinn; sense)의 매체와, 사회의 체계로서 사회와 그 속에서 작동되는 '정신적·사회적 체계들'(psychic and social systems)의 '감각(의미)형성'(making sense), 즉 '소통'(Kommunikation)의 기능에 초점을 맞추어 보면, 헌법은 일종의 '감각(의미)창설의 체계'(sinnkonstituierendes System) 이다.

---

155) '민주주의의 정신'과 그 다양성, 특히 이른바 '논쟁적인 윤리' 및 '연합적 윤리'에 따른 다양한 민주주의에 대한 상론으로는 A. Ferrara(Fn.153), 109-141면. 전술한 바 있거니와, '상호인정'의 명제는 오늘날 다원적 민주주의에서 특히 강조되는 '타협의 정신과 태도'(spirit and attitude of compromise)의 핵심요소라고 할 수 있다. 우리의 정치 및 사회생활에 정립된 '원칙'이 존재하는지 또한 '원칙에 대한 완고한 열정'(stiff-necked devotion to principle)이라도 일관된 입장들이 대립되고 있는지 의문이지만, 그렇지 않다고 하더라도 — 또는 그렇지 못하다면 더더욱 — 타협의 필수성은 중요하다. 이에 관해서는 Dennis Thompson/Amy Gutmann, The Spirit of Compromise: Why Governing Demands It and Campaigning Undermines It, 2012.

156) N. Luhmann(Fn.45), 44-59면; H.-G. Moeller(Fn.46), 65-66면.

헌법해석은 '헌법언어'와 '헌법감각'을 갖고 하는 (규범)'세계이해'(making sense of the world) 및 '세계형성'의 작업이다. 말하자면 '감각'을 갖고 하는 헌법해석은 감각의 수평 속에서 헌법의 위치와 방향을 가늠하며 나아가는 배의 운행과 같고, 헌법 및 헌법민주주의의 수평은 그 운행에 따라 끊임없이 변한다:

『'감각의 매개'(medium of sense)를 갖고 하는 작용들을 통해 정신적·사회적 체계들은 자기 자신들이 그 속에서 자리를 잡는 '구조틀'(framework)을 생산해낸다. 우리는 세계를 이해함으로써 우리 자신을 이해한다. 소통도 그러하다. 이는 바다의 '수평'(horizon) 속에 자신의 자리를 잡아서 위치와 방향을 알아내는 배와 같다. 그 움직임을 통해서 배는 계속하여 수평 속에서 자신의 위치를 다시 가늠하고, 따라서 수평은 그 움직임에 따라 변화된다. 이 수평은 — '그 배의 환경'(the ship's environment) — 배 자신의 작동들의 직접적인 산물이다.』[157)]

이러한 '헌법지평 속의 민주주의'는 William Lucy가 그의 『Law's Judgement』에서 제시하는 '법의 추상적인 판단'(Law's Abstract Judgement)[158)] 의 명제와 연결된다. 일종의 '규범적 기획'(a normative project)인 동시에 '분석과 천착의 기획'(an analytic-cum-excavatory project)으로 본 이 일반명제는 가장 상위에 있는 인간의 존엄과 평등 및 공동체의 민주정치의 이념, 그리고 이 이념에 대한 '주목'(aboutness)과 '지향'(intentionality)의 명제로 표현된다.[159)] 또한, 헤겔의 말을 빌려 말하면, '현실의 이성'(das wirlkich is vernünftig)과 '이성의 현실'(das vernünftig ist wirklich), 즉 보수와 진보 간의 건강한 타협을 모색하는 '실천의 기획'이고, 이를 위한 '대화 프로그램

157) H.-G. Moeller(Fn.46), 66면.

158) W. Lucy, Law's Judgement, 2017, 특히 4-5면. Richard Mullender, "Law's Abstract Judgement and Language as 'the House of Being'", Book Review, in: Legal Studies, Vol. 40(2020), 172-181면.

159) R. Mullender(Fn.158), 173면.

의 기획'이다. 그 자체가 '민주적 언어'(democratic language) 이기 때문이거니와, 민주주의 이념과 기획의 '불투명성'과 '불분명성'은 고도의 추상성에 따른 한계라기보다는 오히려 그 생명력의 원천이다.

Lucy가 적확하게 제시하는 바, '성찰의 비판적인 태도'(reflective critical attitude)와 '공명과 불협화음'(resonance and dissonance) 속에서 비판적 반성과 의견의 불일치를 초래하는 '동요점'(動搖點; agitation point)160)은 그가 우선 초점을 맞추는 법관에게 뿐만 아니라 '헌법적 상상'의 모든 주체들에게도 해당되는 헌법 및 헌법 형식의 '민주적인 법판단'의 핵심이다. 거의 모든 사회의 압도적인 다수가 보편적으로 민주주의를 열망함에도 불구하고 실제 민주정치의 보편적인 구현은 여전히 요원한 꿈일 뿐인 현상과 함께 이 속에서 확인되는 '민주주의의 모순'(paradox of democracy),161) 특히 '민주주의에 대한 욕구'(democratic desire)가 민주주의에 대한 친화의 정도를 평가하는 최선의 척도는 아니라는 점을 주목하고 고려하건대, 이 '동요점'은 당위명제로서 민주주주의 규범적 가치와 정치현실로서 민주주의의 교차점에 더욱 도드라진다.

민주주의에 대한 열망과 그 근원으로서 '선택의 자유' 및 '기회의 평등'이라는 이념 그리고 이들을 고무하는 '해방의 가치'에 대한 공감대는 많이 튼실해진 것 같은데 여전히 많이 미흡한 우리 민주정치의 모습은 이 '모순'을 반증하지 못하고 있다. '민주주의의 모순'의 구조가 다르고,

---

160) W. Lucy(Fn.158) 101, 152면. 이는 Unger가 말하는 '강화된 민주주의' 프로그램의 불완전성, 말하자면 민주화에 수반되는 위험의 가능성과 심각성을 인정하는 데서 출발하는 '헌법민주주의' 기획의 '반완전주의'(anti-perfectionism)의 특성을 강조하는 관점과 유사하다. Unger는 자신이 제안하는 '급진민주주의 프로그램'에 치명적이라고 할 수 있는 세 가지 외견상 딜레마로 제도체제의 권위를 떨어뜨릴 수 있는 '자기방어기제'로서 헌법의 수구적(守舊的) 역기능, 헌법체계 왜곡의 위험, 연대의 이념과 헌법의 중립성 간의 상충 등을 제시하고, 그 극복의 가능성과 세부적인 프로그램을 해명한다. 이에 관해서는 R. M. Unger, 김 정오(역)(Fn.78), 691-701면.

161) 이에 대해서는 자유와 민주주의의 확립을 위한 세 가지 요소로 동인으로서 '해방가치들'(emancipative values), '행동자원'(action resources)의 역량, 담보로서 '시민자격'(civic entitlements)을 강조하여 해명하는 Christian Welzel, Freedom Rising, 2013, 특히 '민주주의의 모순', 307-331면.

따라서 '동요점'의 좌표도 다를 수밖에 없는 바, 당연히 다른 '지정학'(地政學)의 지점에서 '민주주의의 지평'을 바라보고, '민주주의 정신'의 '보이지 않는 헌법'(invisible constitution)을 포함하는 우리의 헌법텍스트를 토대와 매개로 하여 '건강한 헌법상상'을 모색하는 것, 즉 '민주주의의 기획'도 '동요'이다. 관건은 가능한 한 불필요한 '우왕좌왕'(右往左往)을 피하고, 최대한 방향과 중심을 잘 잡고 적정속도로 전진하는 것이다.

법당에 들어서면서 신발을 가지런히 놓는 '조고각하'(照顧脚下)의 마음과 자신을 돌아보는 '회광반조'(回光返照)의 태도를 갖고 조심스럽게, 그러나 필요한 만큼은 당돌하게 걸어 나가는 것이 필요하다. 현실을 외면하지 않되, '이데올로기와 유토피아의 건강한 변증'과 그 실행의 가능성과 한계들을 '더듬어 짚어보려'(groping) 한다. 아마도 이 경우 건강하기 위해서는 해가 되기보다는 오히려 필수불가결한 것으로 여겨지거니와, 다소간의 무모한 비약과 발랄한 '생기'(生氣)의 도발은 너그럽게 봐주고 넉넉하게 수용되어야 할 것이다. 자처한 것이지만, 이런 분위기의 '헌법상상'을 통해 우리의 '민주주의의 지평'을 내다보며 헌법을 '환기'(喚起)하고, 그 너머의 '헌법적 열망'의 유토피아를 생각해본다.

3. 우리 시로 되새겨 본 헌법과 헌법생각의 태도

(1) 무엇을 위한 시(인) - 무엇을 위한 헌법?

'말놀이'(Sprachspiel)를 통한 상상과 열망은 본디 시(인)의 몫이거니와, 헌법적 상상과 열망도 다르지 않다. 시인들은 언어 또는 개념을 순식간에 분해조립하고, 수술과 봉합을 떡 먹듯이 하여 '조작'(造作; manipulate)하고 '개조'(改造; reshape)하며, 생명을 불어 넣어 유행시키기도 하고, 사망선고를 내려 퇴장시키기도 한다. 특수한 상징처리방법이라고 할 수 있는 '은유'(metaphor)로 개념을 전복(顚覆), 해체 또는 대체하고, 찰나의 상징작업으로 단숨에 무한의 data process를 처리하는 '화행'(話行; speechact)

의 선수들이다. 언감생심 시인의 깜냥이 못되는 필자로서는 자연히 마음이 가는 우리의 소중한 시인들의 주옥들을 빌려 '말놀이' 에 참여하는 수밖에 없다.

저 너머를 내다보면서 발밑을 살피며 길을 떠나는 마음가짐을 담은, 뭔가 그럴듯한 출사표를 던지고 싶은데 궁색하다. 아마도 바로 이런 경우에 철학이 필요한데, 이 또한 깜냥이 아니다. 적어도 짚어봄직하다 생각되는 '(헌)법과 시'라는 화제를 상정하는 의미는 있을 것이라는 기대는 부차적인 소망일뿐이다. 좀 머쓱하기는 하지만, Hölderin의 "궁핍한 시대에 무엇을 위한 시인인가?"(Wozu Dichter?)라는 질문을 되새기며, R. M. Rilke와 그의 시들을 소재로 하여 '궁핍한 시대'(Dürftige Zeit)와 그 너머를 진단하고 내다본 Heidegger라는 거장(巨匠)의 등 뒤에 숨어서 불필요한 작위의 분식(粉飾)이라는 비판을 감수하고자 한다. 축약도, 풀어쓰는 것도 쉽지 않으니, 일종의 '시현상론'(詩現象論)이라 할 수 있는 그의 논설을 직접 인용한다.

"무엇을 위한 시인인가?"(Wozu Dichter?)[162] Heidegger는 평설을 마무리하면서 '시인선구자론'을 제시한다. 그에 따르면 시와 시인의 역할은 '존재자의 유일무이한 것'(das Einzigartige des Seienden), 즉 단지 '자신과 만나는 유일한 것'인 '존재'(das Sein)와의 만남, '존재'의 저 편으로 넘어가는 것도, 다른 '존재' 위에 올라서는 것도 아닌 '존재자'를 넘어서 '존재' 자체로 다가서고, '존재'의 진리의 본질로 회귀하는 만남'(übersteigen das Seiende; übertreffen das Sein; Herübergang)[163]을 주선해주는 것이다. 바로 이 '만남주선자'의 역할에 대한 그의 '시(인)론'(詩(人)論)의 일부와 그가 "대단한 예언의 안목을 가진 시"라고 극찬하며 전재한 Rilke의 시 한 수를 옮겨 적는 것으로 변명을 대신한다:

162) M. Heidegger, "Wozu Dichter?", Holzwege, 1957, 248-295면.
163) M. Heidegger(Fn.162), 286면.

『선구자는 좀처럼 따라잡기 어렵고, 쉽사리 사라져 버리지도 않는다. 그의 '시작'(詩作; Dichten)은 '하나의 불변의 존재해 온 것'(Gewesenes)으로 영원히 남기 때문이다. '착하'(着荷; Ankunft)된 존재자는 운명 속으로 되돌아가 모인다. 이런 방식으로 결코 사라져 버림의 흐름 속에 빠지지 않는 처음부터 모든 '무상'(無常; Vergänglichkeit)을 극복한다. 사라진 것은 사라지기 이전에 이미 '운명이랄 것이 없는 것'(das Geschicklose)이다. 이에 반해 '불변의 존재자'는 오롯이 '운명자'(das Geschickliche)이다. 이른바 '영원한 것이라고 하는 것' 속에는 정지상태의, 말하자면 '영속성 없는 현재'(dauerloses Jetzt)의 빈 자리에서 멈추어 버린 '사라져 간 것'(das Vergängliches)만이 잠복해 있을 뿐이다.

Rilke가 "궁핍한 시대의 시인"(Dichter in dürftiger Zeit)이라고 한다면, 그는 무엇을 위한 시인이며, 어디를 향해 가는 도중에 노래하는 것인지, 세계의 밤의 운명 속에서 시인은 어디에로 귀속되는지 등등의 물음에 대해서도 오로지 그의 시만이 답할 수 있다. 이 시 속에 무엇이 정리되어 남게 되는지는 이 운명이 결정한다.』[164]

『세계의 왕들은 늙어
후계자들을 보지 못할 것이다.
왕자들은 어려서 요절하고
창백한 공주들은
노후(老朽)한 왕관을 폭력에 내맡겼다.
민중은 왕관을 잘게 부수어 금으로 만들고,
시대의 흐름을 탄 세상의 주인은
그것을 불로 달궈 늘여서 기계로 만드니,
기계는 원망하면서도 주인의 뜻에 복종한다;
그러나 기계와 함께 행복은 없다.

---

164) M. Heidegger(Fn.162), 295면. 적잖은 수정을 하였지만, 번역서를 참고하였음을 밝혀둔다. 신 상희(역), 숲 길, 2007, 470면.

금속은 고향을 그리워한다.
그리하여 그에게 구차한 삶을 가르치는
주화와 톱니바퀴로서 연명하기를 그만두려 한다.
공장에서, 금고에서 빠져 나와
그들을 맞아들이고 난 후 자물쇠를 채울
열려 있는 산들의 광맥 속으로
되돌아갈 것이다.』[165)]

Heidegger는 '비은폐성(Unverborgenheit)의 결여'로 뒤틀어서 '시대의 궁핍'을 말한다. 말하자면 '고통과 죽음, 사랑'의 본질의 은폐와[166)] '우발적인 위험'(zufällige Fährnis)이 아니라 일종의 '존재론적 위험', 즉 인간과

---

165) R. M. Rilke, "Buch der Pilgerschaft"(1901), Stundenbuch, 제2권. Gesammelte Werke, Bd. II, 254면. Heidegger(Fn.162), 269면에서 재인용. 신 상희(역)(Fn.164), 427-428면을 참고하였다. 맥락상 일부 행의 순서를 바꾼 번역문을 대체로 유지하되, 좀 어색하거나 부정확한 것으로 생각되는 부분을 나름 재검토하여 일부는 수정하였다. 17행의 형식이라 다르기는 하되, 규칙적이지는 않지만 각 행의 내용의 맥락에 맞춘 것으로 생각되는 바, 각 행의 '두운'(頭韻)은 'd'로 하면서 '각운'은 't'와 'n'의 2운체인 점에서 앞에서 본 "Villanelle for Our Time"과 유사하다. 운과 그 의미를 유념하며 낭송해봄직하다 생각되어 원문을 전재한다:
『Die Könige der Welt sind alt
und werden keine Erben haben.
Die Söhne sterben schon als Kanben
und ihre bleichen Töchter gaben
die kranken Kronen der Gewalt.
Der Pöbel bricht sie klein zu Geld,
der zeitgemäße Herr der Welt
dehnt sie im Feuer zu Maschinen,
die seinem Wollen grollend dienen;
aber das Glück ist nicht mit ihnen.
Das Erz hat Heimweh. Und verlassen
will es die Münzen und die Räder,
die es ein kleines Leben lehren.
Und aus Fabriken und aus Kassen
wird es zurück in das Geäder
der aufgetanen Berge kehren,
die sich verschließen hinter ihm.』

166) M. Heidegger(Fn.162), 253-254면.

존재 자체와의 관계 속에서 '인간의 본질'에 다가오는 '진정한 위험'(die Gefahr)의[167] 은폐를 폭로한다. 그에 따르면 고통과 죽음, 사랑이 한데 뭉쳐진 '존재의 본질'과 멀리 떨어져 있기 때문에 '궁핍한 것' 자체가 궁핍하다고 할 수 있는 '궁핍한 시대'는 현재진행형이다. Heidegger의 말대로 온전히 열려 있는 '세계의 내면공간'(Weltinnenraum) 속에서 언어성찰의 방식으로 언어를 대상화하지 않고 오롯이 '말함'(Sagen)에 종사하는 '말함', 즉 '말함' 자체인 '(시인의) 노래는 현존재'(Gesang ist Dasein)[168]이다. '언어로 표현하는 것'(Aussagen)은 방법과 수단에 불과하다.[169]

언어로서 언어 너머의 존재와 그 본질의 세계를 열어 보여주는 현존재의 노래로 시인이 폭로하고 증언하는 이러한 '궁핍의 시대'와 그 궁핍의 '진정한 위험'은 당대의 인간의 실존의 상황과 개인의 차원을 넘어선다. 후술하는 바와 같이, 존재의 본질과 삶의 가치에 대한 번민과 공감의 궁핍, 더 나아가서 '궁핍의 궁핍', 말하자면 이 궁핍의 은폐와 이 은폐 자체를 분식(粉飾) 또는 외면하는 '몰가치'(沒價値)와 '반가치'(反價値)의 anomie 현상이 만연한 오늘날의 (극)다원주의 사회에서 궁핍은 공동체 존재론 차원의 '헌법민주주의'의 위험과 C. Geertz가 '현대 지성사의 작은 기현상들 중의 하나'(one of the minor ironies of modern intellectual history)라고 한 이른바 '이데올로기(용어)의 이데올로기화'(ideologizing of ideology)[170]

167) M. Heidegger(Fn.162), 273면.

168) Sonnet an Orpheus, 제1부, 제3 Sonnet. "여기에서 현존재(Dasein)의 용어는 '머물러 있음'(Anwesen)이라는 전통적인 의미로 존재(Sein)와 같은 뜻으로 사용되고 있다. <노래하는 것, 특히 세계적 현존재를 말하는 것, 순수한 연관 전체의 온전함으로부터 말하고 오직 이것만을 말하는 것, 이것은 곧 존재자 자체의 구역에 속해 있다는 것을 말한다. 이러한 구역은 언어의 본질로서 존재 자체이다. 노래를 노래한다는 것은 현존하는 것 자체 속에서 현존한다는 것이며, 그것이 곧 현존재이다. (Singen den Gesang heißt: Anwesen im Anwesenden selbst, heißt: Dasein)>". M. Heidegger (Fn.162) 292면. < > 안의 부분은 신 상희(역)(Fn.164), 463면의 번역문을 그대로 옮겼다.

169) M. Heidegger(Fn.162), 291-292면.

170) C. Geertz, "Ideology as a Cultural System", in: The Interpretation of Cultures: Selected Essays, 1973, 193면. 단순한 표현방법과 수단 차원의 문제로 볼 수 있는지 의문이거니와, 아무튼 ideology라는 용어의 이데올로기화는 사소한

와 그에 따른 이데올로기의 궁핍, 특히 '정치적 자유주의'(political liberalism)의 이데올로기적 궁핍으로 변질되고 확장되었다.

최근에 새삼 부산하게 야단법석인 '기후변화' 문제를 비롯한 생태계위기도 마찬가지거니와, 전 세계적인 '민주주의의 위기', 이와 엇물려 있는 '국민'과 '인류'의 '존재의 위기' 앞에서 우리 사회도 예외가 아니다. 적어도 '짐이 국가다'(L'Etat, c'est moi)라는 오만방자한 regime의 폐기를 법리적으로 확인한 '국가법인설'의 '허구론'(Fiktionstheorie)에 담긴 긍정의 측면을 고려하더라도 일종의 '추상의 구조물'에 불과한 점에서 '놈(것) 자(者)'를 붙여서 '불생자'(不生者; non-alive thing)라고 칭할 수 있는 국가가 무소불위의 폭력과 금력을 움켜쥐고 뜨거운 피와 부드러운 살을 가진 '살아 있는 사람'(alive natural person)을 지배하는 시대역진의 행진은 멈출 기색이 없다. 최근 Corona-19 Pandemic 속에서 이른바 '비상헌법'(emergency constitution),[171] '긴급은 법을 모른다'(Not kennt kein Gebot; necessity knows no law)는 위험한 명제에 힘입어 더더욱 부추겨지고 있거니와, 틈만 나면 눈치 보지 않고 집안으로 들어와 안방과 공부방까지 차지하고 부엌 냉장고 뒤지며 '밤 내라 대추 내라' 고함지르는 국가와 '국가주의'(statism)[172]의 망령이 무섭다.

기현상이라고 볼 수 있겠지만, 그 배후에 있는 또는 그와 연관되는 'ideology 자체의 이데올로기화'의 현상은 결코 작은 문제가 아니다. 이데올로기의 순기능의 측면을 고려하는 경우 그러하다.

171) '비상(긴급)헌법'에 관해서는 B. Ackerman, "The Emergency Constitution", in: The Yale Law Journal, Vol. 113(2004), 1029-1091면; L. H. Tribe/P. O. Gudridge, "The Anti-Emergency Constitution", in: The Yale Law Journal, Vol. 113(2004), 1801-1870면. 특히 장기간 지속되고 있는 Corona 위기 이후의 상황 속에서 '비상체제'(Notregime)의 한계에 대해서는 J. Isensee, "Corona und die Normativität der Verfassung", in: S. Mückel(hg.), Religionsfreiheit in Seuchenzeiten, 2021, 85-111면. 특히 104면.

172) '국가주의'에 대해서는 독일 연방헌법재판소 재판관을 역임한 E.-W. Böckenförde의 국가론과 민주주의론을 비판적으로 평석하며 민주주의가 직면한 중대한 도전들과 함께 '국가주의'의 본질과 위험성을 해명한 M. Künkler/T. Stein, "Statism, Secularism, Liberalism - Böckenförde's Contributions to German Staatsrechtslehre in the Light of Contemporary Challenges within and beyond the State", in: German Law Review, Vol. 19(2018), 137-159면 참조.

요즈음 자본주의의 망령이 도사리고 있는 광풍의 주식시장, 금융시장에서 다시 선창되고 있는 '대안은 없다'(TINA; There Is No Alternative)[173]라는 지난 시대의 슬로건의 깃발은 여전히 펄럭이고 있다. Noam Chomski가 고발하는 '그들에게 국민은 없는'[174] '신자유주의'와 '불한당'(不汗黨) '불량국가들'(rogue states)과 '마구 휘젓는 국가들'(churning states)[175]의 횡행(橫行)을 제어할 수 있는 방책을 찾기 어렵다. 수십 년 전에 Chomski가 "우리들이 인간의 의지에 복종하는 제도들 속에서 내려진 결정들이 아니라 '기괴하고 잘 모르는 사회적 법들'(mysterious and unknown social laws)에 속박되어 있다는 것을 알아 가고 있다"는 현실적인 이유를 제시하면서 소망한, '점진적인 진보'(slow progress)를 예지할 수 있는 '낙관적인 사람들'(optimistic souls)[176]은 잘 보이지 않는다. 그 방향만 바르다면 '급진'(急進)이 아니라 '완보'(緩步)도 좋은데 … '대안은 얼마든지 있다'(TATA; There Are Thousands of Alternatives)는커녕 '대안이 있다'(TIA; There Is Alternative)는 목소리와 '대안을 만들어낼 수 있다'는 희망과 확신은 미약하다. '비관적인 사람들'(pessimistic souls)의 과격한 근본주의들은 드세다. TINAism에 제동을 걸고 그 이론적 대안으로 정리되어야 할 TIAism은 찾아보기 어렵다. 있는데 보이지 않는 것인지, 가시권 밖에 멀리 있는 것인지, 아니면 없어서 안 보이는 것인가?

이러한 국가 및 국가를 지배하는 파렴치(破廉恥)한 일단의 '정치 elite'들과 이들과 동맹을 맺은 이른바 '불사인'(不死人; immortal person), 즉 기

---

173) M. Thatcher 전 영국 총리가 1980년대 신자유주의 정책을 추진하면서 내건 정치 슬로건에서 유래됐다.

174) N. Chomski, Profit over People(1999), 강 주현(역), 그들에게 국민은 없다, 1999; Rogue States, 2000, 장 영준(역), 불량국가, 2001.

175) Anthony de Jesay, The State, 1985. Churning State which does, indeed, involve redistribution, but which is, to a large extent, unrelated to legitimate welfare state objectives, and which has more or less openly been transformed into a negative-sum game among competing interest groups.

176) N. Chomski, "Consent without Consent: Reflections on the Theory and Practice of Democracy", in: Cleveland State Law Review, Vol. 44(1996), 437면.

업과 기업인들, 좀 더 정확하게 말하면 (극)소수의 투자자와 대금업자들 및 이들과 '깐부'인 경영자들을 통해 세계를 주재하는 '시장신'(市場神; Market God)[177]의 등극에 따른 갖은 왜곡과 은폐들이 심각하다.[178] 특히 Karl Polanyi가 말하는 '악마의 맷돌'(Satanic Mill)에 의해 갈려버린 '건강한 고민과 상의(相議)', '점잖은 개인과 사회'(decent individual, society)의 궁핍 그리고 그 궁핍의 분식과 은폐로 야기되는 문화적, 경제사회적 위험이 긴박하다.

10·26 사태로 유신체제가 붕괴된 지 어언간 40여 년이 지났고, 민주적 선거를 통한 정권교체도 여러 차례 해봤고, 이제는 전 두환, 노 태우 (장군)도 갔지만 우리의 역사와 정치의 민주화도 아직 오리무중(五里霧中)이다. '대의수요'(demand for representation)와 '대의공급'(supply of representation) 간의 불균형, 말하자면 시민사회의 '민주주의 수요'(demand for democracy)와 정치제도들의 '민주주의 공급'(supply of democracy) 간의 심각한 불일치는 헌법이 기획하고 기대한 '정치적 평형'(political equilibrium)과는 거리가 멀다.[179] 그 메뉴얼은 원래 있기는 했었는지 의문일 정도로 보이지

177) Harvard에서 종교학을 가르친 신학자 Harvey Cox의 책에서 따온 용어임을 밝혀둔다. The Market as God(2016), 유 강은(역), 신이 된 시장, 2018. 이 책의 가장 앞머리에서 인용한 Francesco 교황의 신랄한 비판은 되새겨봄직하다: 『우리는 새로운 우상을 만들어 냈다. 고대 금송아지 숭배<출애굽기 32, 1-35참조>가 … 돈에 대한 맹목적 숭배로 돌아왔다 … 이런 체제에서는 … 환경같이 허약한 것은 무엇이든지 신격화된 시장의 이익 앞에서 무방비 상태가 된다.』 유 강은(역), 신이 된 시장, 2018, 11면. '하루하루 힘겹게 살아가는 우리 시대 사람들'의 삶과 그에 따른 '비참한 결과'를 바라보는 교황의 안타까움은 '궁핍의 시대'를 증언하는 시인들의 그것과 결이 다르지 않다: 『수많은 질병이 확산되고 있습니다. 많은 사람, 심지어 강대국이라 불리는 나라의 사람들조차 두려움과 절망에 사로잡혀 있습니다. 살아 있다는 기쁨이 자주 퇴색되고, 다른 이들에 대한 존중이 갈수록 결여되며, 폭력이 증가하고, 사회적 불평등이 더욱 심화되고 있습니다. 살기 위해서, 흔히 인간의 품위마저 버린 채 살기 위해서라도 고군분투해야 합니다.』 EVANGELLI GAUDIUM, 2013, 복음의 기쁨, 2014, 52-53면.

178) N. Chomski, 강 주현(역)(Fn.174), 323-339면.

179) 헌법논제로서 '민주주의의 수요와 공급 간의 평형'에 대한 논의로는 M. W. Fowler, Democratic Equilibrium - The Supply and Demand of Democracy, 2015, 특히 27-50면.

않고, 도무지 찾아보려 하지도 않으니 헌법제도의 평형장치는 거의 작동 불능의 상태이다.

대의민주제의 성패를 가르는 핵심 정치기제인 선거장치는 '고장'(故障)이 난 상태에서 방치되고 있다. 선거를 통해 우수한 정치 elite를 선별해내기 어렵게 되었고, 어렵사리 선별해내도 '악화'(惡貨)가 '양화'(良貨)를 구축하듯이 양질의 정치인품들은 퇴출되어 버리고 파렴치한 불량품들만이 회전문을 통해 밀려들어 오는 악순환이 반복되고 있다. S. Zizek이 설파(說破)한 바와 같이, '사회관계의 위계적 네트워크 전체'가 잠시 유예되고 '원자화된 추상적 단위의 개인들로 구성된 우연의 집합체'가 자신의 운명을 비합리적인 모험에 거는 것이 선거이고, 이른바 '형식적 민주주의'의 근원적인 비합리성은 다분히 불가피한 것이기는 하다.[180] 그러나 우리가 겪고 있는 병증은 적어도 이런 양상의 비합리성과 이런 정도의 기능부전은 아니다. '민주주의 자체의 근본적인 불가능성',[181] 즉 Zizek의 말대로 "온갖 종류의 조작과 부패, 대중 선동에 의한 지배" 등 민주주의에 수반되는 위험도 외면과 은폐가 아니라 준비와 도전의 대상으로 보아야 하며, 따라서 그 '변질의 가능성의 (완전한) 제거는 오히려 민주주의의 자체의 상실로 이어지게 된다'[182]는 역설(逆說)은 전적으로 타당하다. 하지만, 이 '역설'이 선거제도 자체의 폐지라면 몰라도 '급진적인(radical) 선거개혁'의 명제를 부정하는 근거가 될 수는 없다.

요컨대, 만연한 '공해'(公害) 속의 우리 민주주의에는 오물(汚物)이 너무 많이 덕지덕지 늘어 붙어 있다. 인류학자인 Mary Douglas가 '공해저감'(pollution reduction)의 긴절한 명제와 함께 이른바 '청소의식(儀式)'(ritual of cleaning)을 강조하면서 적확하게 표현한 바와 같이, "오물(dirt)은 제자리를 잡지 못한 것이다."(Dirt is matter out of place).[183] 청소를 해서 깨끗

180) S. Zizek, 이 수련(역)(Fn.33), 238-239면.

181) S. Zizek, 이 수련(역)(Fn.33), 29면.

182) S. Zizek, 이 수련(역)(Fn.33), 239면.

183) M. Douglas, Purity and Danger, 1966. Frank Hendriks, Vital Democracy - A Theory of Democracy in Action, 2010, 32면에서 재인용.

이 문질러 닦아 내고, '오물'들은 쓰레기통과 소각장이나 매립장의 자리로 되돌려 놓아야 한다. 가끔 대청소는 필요하되, 불가불 한 번 하고 마는 일도 아니다. 문화에 초점을 맞추어 민주주의를 연구해 온 Michael Thompson의 '화장실청소'(lavatory cleaning)의 은유는 민주주의 본연(本然)의 '다소간의 불합리성'을 강조하는 Zizek의 취지와 결이 다르지 않다:

『민주주의는 화장실 변기 청소와 같이 힘든 과업이다; 우리가 아무리 모든 것을 깨끗하게 청소하고 정리정돈을 해놓아도 바로 누군가 들어와서 변기 바깥으로 오줌을 누어버린다.』

(Democracy, like lavatory cleaning, is an uphill task; no sooner have we got it all clean and tidy than comes in and pisses all over it.)[184]

양치와 목욕, 집안 청소가 그러하듯이, '민주주의의 청소'도 불가불 매일 반복되는 '의식'으로 치러야 하는 정치생활의 일상사이다. 다만, 일상적인 청소로는 감당이 되지 않는 것이 '지금 우리' 민주주의의 문제이다. 너무 더럽고, '오물'이 산적(山積)하여 있고, 줄기는커녕 점점 더 쌓여가고만 있다.

저비용 고효율의 '조정자'(coordinator)로서 정치와 정당의 역할은 보이지 않고, 오히려 '정치군수업자'들의 추임새에 장단을 맞추어 앞장서서 '흥정(타협)은 말리고 싸움은 붙이는' 오물(汚物)정치의 현상이 고착되어 있다. Adam Przeworski가 적시한 현상, 즉 분쟁들이 제도들에서 벗어나서 더 불거지는 '확전경향'(tendency of escalation)[185]이 일상화된 상황에서 '선거의 민주화', '정당의 민주화', 궁극적으로 '민주주의의 민주화'(Demokratisierung der Demokratie)[186]를 논해야 하는 우리의 민주주의의

---

184) M. Tompson/G. Grendstad/P. Selle(ed.), Cultural Theory as Political Science, 1999, 18면.

185) A. Przeworski, Why Bother with Elections?, 2018, 133면.

186) 이에 관해서는 Ph. Manow, (Ent-)Demokratisierung der Demokratie, 2020, 특히 29-117면.

궁핍, 눌러 붙은 먼지 때와 '오물'의 '과잉'이 염려되는 '민주화 이후의 민주주의'의 궁핍은 여전하다.

⑵ 우리 시(인)들과 헌법생각의 태도

1) 위대한 아픔

그러지 마라! 그러면 아니 된다! 어떤 경우든 포기와 생각을 끊는 '단념' 그리고 '냉소'(冷笑)는 아니라고 경계(警戒)하는 현자들과 예민한 시인들의 소리는 새벽에 저 만치 떨어진 암자(庵子)에 들려오는 '주지스님의 마른 기침소리'('탁발승의 새벽 노래', 1978) 같이 가까운 듯 멀다. 하지만, 이런 궁핍, 궁핍에 대한 성찰의 궁핍을 생각하며, 우선 언감생심 가당치 않지만, "잎새에 이는 바람에도 괴로워하고 … 모든 죽어가는 것들을 사랑해야 겠다"는 윤 동주의 "별들을 노래하는 마음"을 가지려 한다.[187] 적어도 그런 마음가짐을 유념은 하고자 한다. 대중가수 이 동원과 테너 박 인수가 듀엣으로 불러 널리 알려지고 익숙해진 다정다감한 음률(김 희갑 작곡, 1989)과 함께 정 지용이 "— 그곳이 참하 꿈엔들 잊힐리야"라고 노래한 고향, 우리들의 어머니와 아버지, 그들의 아버지와 어머니들 … 모두의 고향:

『넓은 벌 동쪽 끝으로
옛이야기 지즐대는 실개천이 회돌아 나가고,
얼룩백이 황소가
해설피 금빛 게으른 울음을 우는 곳 …
…
흙에서 자란 내 마음
파아란 하늘 빛이 그립어
함부로 쏜 활살을 찾으려
풀섶 이슬에 함추름 휘적시든 곳 …
…

---

187) 윤 동주, "서시"(1948), 하늘과 바람과 별과 시, 하서명작선, 1996, 9면.

하늘에는 석근 별
알수도 없는 모래성으로 발을 옮기고,
서리 까마귀 우지짖고 지나가는 초라한 집웅,
흐릿한 불빛에 돌아 앉어 도란 도란거리는 곳 …」[188]

그런 고향을 마음의 고향, 다정(多情)의 샘으로 간직하려 한다.

일제 치하에서 성노예로 끌려가 고생하였던 소녀들은 말할 것도 없거니와, 조선 인조 때 청나라 '공녀'(貢女)들만이 아니었을 우리 역사의 수많은 '환향녀'(還鄕女)들의 '한'(恨)도 풀이는 못해줄망정 잊으면 죄가 될 것이니 … 돌아오지도 못한 우리의 '누이들'과 함께 그들이 모두 되살아나와 홍제천에서 몸을 씻는 목욕이 아니라 '니나노~' 한 바탕 한풀이 하고, 광화문 네거리로 나아가 BTS와 손잡고 춤을 추고, 세종과 이 순신 장군 옆에 둘러 앉아 '따뜻한 저녁밥을 함께 먹는', 박 노해의 말대로 '그냥 목이 메는' 기가 막힌 광경도 꿈꿔본다.

이러한 꿈과 함께 우리 헌법의 전문(前文) 앞머리에 있는 "유구한 역사와 전통에 빛나는 우리 대한국민"(We, the people of Korea, proud of a resplendent history and traditions dating from time immemorial)의 '한풀이'와 nostalgia도 공유하며, 그 속절없는 세월 속의 서러운 '한'을 '정'(情)으로 바꾼 '위대한 아픔'도 또렷이 기억하려 한다. '반가사유상'과 '석굴암', '직지심경', 우리의 말과 소리 그리고 이를 갖고 맑은 영혼과 곱고 착한 심성을 담아 노래한 우리의 시인들 … 이런 문화유산의 눈에 보이는 전통도 소중하다.

하지만, 아픔을 아픔으로 앙갚음을 하지 않고, 그 억울한 아픔을 차라리 '화병'(火病; Hwabyung)으로 앓을지언정 '한'의 응어리로 맺지 않고 풀

188) 정 지용, "향수"(1927), 鄭芝溶詩集, 1935, 鄭芝溶 시와 산문, 1987, 90-91면. 어감을 공유하는데 좋을 것으로 생각되어 현재 맞춤법에 맞추어 수정하지 않고 원문(제 1, 3, 5절)을 그대로 유지하였다.

고 녹여서 "얼쑤! 절쑤! 닐리리야 닐리리야 니나노~" 신명나는 '흥'과 서로 아끼고 보듬어주는 '정'으로 승화시키며 의연히 기어코 살아남은 우리 '니나'(민중)의 '아리랑의 삶'과 이 아리랑 속의 '위대한 아픔'이 우리의 전통에서 가장 빛나는 핵심이다.[189] "우리는 고생하기 위하여 이 세상에 나온 사람 같다"고 하며, 고난을 '하나님의 섭리'로 새긴 청년 함 석헌의 생각도 맑은 영혼과 함께 이런 믿음을 증거하는 것이 아닌가 싶다:

---

189) '위대한 아픔'은 나중에 다시 인용하여 언급하게 될 『뜻으로 본 한국역사』에서 함 석헌은 우리의 역사를 '고난의 역사'라고 단정하면서도 어떻게 그렇게 시종일관 엄혹(嚴酷)한 관점 속에서도 따뜻한 시선을 유지할 수 있고, 낙관적일 수 있을까 하는 의문을 가져왔고 또한 같은 맥락에서 '유구한 역사'는 알겠는데, 뭐 그리 전통에 빛나는가, 적어도 더 길고 굵었던 '치욕과 굴욕의 역사'의 부분을 생각하면 빛보다는 오히려 그늘과 어둠이 짙게 드리워져 있다고 해야 하는 것 아닌가 자문자답하면서 필자가 어렴풋이 가져왔던 생각의 일단이다.
이러한 생각은 최근에 재미 한인작가 Min Jin Lee의 『PACHINKO』(2017)를 읽으며 새삼 되새기게 되었다. 1910년대 한일합병 전후의 시대에 부산 영도에 살던 어린 소녀 Sunja가 미혼모가 되고, 우여곡절 끝에 영혼이 맑은 청년 목사 Isak과 결혼하여 Osaka로 이주하여 아줌마, 두 아들 Noa와 Mozasu의 엄마가 되고, 억울한 옥살이 끝에 남편 Isak을 먼저 보내고 Noa도 잃는 고통을 견디어 내고, 일본인들의 갖은 멸시와 박해 속에서 'go-saeng go-saeng'(苦生)하며 오로지 자식들 뒷바라지에 모든 것을 바치고, 그런 가운데서도 좌절하지 않고 기어코 살아남아 미국 Columbia대학을 졸업한 Solomon이라는 건강한 조선 청년 손자를 둔 일흔세 살의 백발 할머니가 되는 때(1989)까지의 일생을 따뜻한 시선으로 담담하게 그려낸 소설이다. 생각건대, 작가가 많은 강연을 통해서 숱한 고난을 이기고 살아남은 한국인의 힘과 정체성을 역설하며, 특히 한국 부모들의 자식에 대한 무한사랑과 그에 대한 고마움을 강조하거니와, 아마도 이 소설에서 작가가 처음부터 끝까지 존경심을 갖고 주목하였던 것도 바로 주인공 '순자'의 '위대한 아픔'이었다고 짐작한다. 한국의 역사 그리고 이 시대를 살아가는 한국인 모두가 바로 Sunja다! 먼저 간 큰 아들 Noa를 추억하며 여전히 '미안하다 … 미안하다'고 되뇌는 엄마의 아픔, 다행히 고맙게도 많이 무뎌진 'Sunja의 아픔'은 오늘을 살아가고 있는 '우리 대한국민' 모두의 아픔, 특히 '우리 엄마들'의 아픔이다!;
『Sorry, Noa, Sorry. It had been eleven years since he'd died; the pain didn't go away, but its sharp edge had been dulled and softened like sea glass.』 527면.
최근에 새 시집을 낸 박 노해가 들려주는 어머님의 애틋한 말씀, 평생을 가는 고문 독으로 몸이 상한 아들을 내려다보며 "아직도 많이 아프냐아?"고 물으시고 곁에서 기도하는 엄마의 '가만가만 두런거리심'에도 '소중한 아픔'의 뜻이 담겨져 있다:
『… 이승만 죽고 박정희 죽을 때도 나는 기도했다/전두환 노태우 감옥 갈 때도 나는 기도했다/잊지는 말아라 용서도 말거라/그래도 미움으로 살지 말거라… 사람은, 미움으로 살아서는 안 된다/인생은, 사랑으로 살아내야 한다/곧고 선한 마음으로 끝내 이겨내야 한다』 너의 하늘을 보아, 2022, 134-135면.

『고난은 결코 정의(情意) 없는 자연현상이 아니다. 잔혹한 운명의 장난도 아니다.』[190)]

물론 '우리만 아팠다', '우리 역사의 곡절이 가장 심각하고, 그 속에서 쌓인 우리의 설움과 아픔, '한'(恨)이 제일로 크다'고 할 수는 없다. 콜럼부스가 발견하기 전에는 뭐라고 불렀을 지 모르는, 그냥 살아가던 그들의 땅에서 무참하게 살육당한 수많은 Indio와 Indian 원주민들, 노예로 끌려가서 '화물'로, '상품'으로 취급되고, 참혹하게 핍박받은 아프리카 사람들, 제국주의의 식민 치하에서 신음하였던 훗날 이른바 '제3세계'라고 호칭된 나라의 사람들, Nazi 치하의 Poland에 있었던 Auschwitz를 비롯한 수용소에서 죽고, 고생한 유태인들 … 그렇게 말한다면, 같이 나누어야 덜어진다는 슬픔과 아픔 그리고 '해원상생'(解冤相生)으로 그 응어리를 풀어야 할 '한'(恨) 마저도 독점하는 일종의 '비통국수주의'(悲痛國粹主義; chauvinism of sorrow and pain), '한제국주의'(恨帝國主義; imperialism of han)다.

아픔을 나눌 수 있는 정과 마음을 가질 만한 아픔과 한을 우리도 가슴에 품고 있다고는 할 수 있을 것이다. 우리도 아픔을 주기도 했다는 것도 기억하고 되밝히고 되새겨야 한다. 다시 인용하여 말하면, L. Wittgenstein이 '고통'과 '고통스러움'에 대한 심리적 현상의 설명과 진술을 언어학적으로 해명한 바와 같이, 본래 다른 사람의 고통을 공감한다는 것은 단순한

---

190) 함 석헌, 뜻으로 본 한국역사(1950), 개정판, 1965, 355-356면. 5·16 쿠데타 이후에 쓴 글임을 감안해서 보아야 하고, 다소 맥락이 어색하긴 하지만, '지성의 미래'를 예지하며 그가 제시한 '헌법덕론'(憲法德論)도 여기에서 되새겨봄직하다. '4·19'를 '지성의 발로', '5·16'을 '물성(物性)의 발로'라고 단정하며 '지성과 물성의 충돌'이라는 또 다른 고난 속에서 '헌법'을 찾았던 생각은 '헌법현실과 헌법규범의 괴리' 속에서 오늘 '헌법'을 환기하려는 필자의 생각과 다르지 않다:
『(지도자에게 능력과 지식 그리고 지성이 필요하지만: 필자 부기) 그보다도 더 먼저 필요한 것은 덕이다. 덕이 무엇이냐? 자기 속에 전체를 체험하는 것이다. 그것을 현대적으로 나타낸 것이 헌법이다. 옛날 임금의 덕이 발달하면 헌법이 되었다. 아무리 어질어도 자기의 의사를 고집하지 않고 국민 전체의 의지와 지혜로 표시된 헌법에 겸손히 복종할 만한 덕이 있지 않고는 이 난국을 뚫고 나갈 수가 없다. 자신이 있어야 하지만, 잘못된 자신이 사람을 망친다. 이 의미에서 종교와 교육과 언론과 집회와 예술의 자유를 보장하는 헌법은 절대로 필요하다.』 같은 책, 386면.

'믿음'일 뿐이되, 다만, 내가 고통스러울 경우에는 '다른 사람의 고통을 안다'고 할 수 있지만, 실은 "그는 고통스럽다" 대신에 "나는 그가 고통스럽다고 믿는다"고 말하려고 하는 결심이 전부이거니와, 바로 이 '공감의 믿음'과 '경청(傾聽)의 결심'을 시인은 촉구한다:

『"태어난 지 사흘 만에 엄마, 누나, 할머니, 친척들이 방공호에서 다 죽었어요" 소리치며 위령비라도 세워달라고 … 3킬로를 자전거로 달려와 땀범벅이 된 한 사내가 다급히 버스를 막아서고는 "말 좀 들어달라"고 절규하는 "khai, khai, khai"』[191)]

우선 본래 야만(野蠻)인 전쟁 중의 일이었다고 하더라도 면책되는 것은 아니다. 그만 되었다 할 때 까지 '잘못했다', '미안하다' 용서를 빌어야 한다.

2) 시로 본 '역사와 헌법' - '위대한 뿌리'

최고의 시로 상찬을 받아 온, 어느 평론가가 "이 시에서 이 나라 역사의 굵은 주름살을 본다"[192)]고 하였던, '농무'(農舞)의 시인 신 경림이 "젊은 시절에 읽다가 그 감동이 얼마나 강했던지 책을 그 자리에 떨어트리고 말았다"[193)]고 한 바로 그 시에서 백석의 다짐:

『… 내 슬픔이며 어리석음이며를 소처럼 연하여 쌔김질 하는 …
내 어지러운 마음에는 슬픔이며, 한탄이며, 가라앉을 것은
차츰 앙금이 되어 가라앉고,
외로운 생각만이 드는 때쯤 해서는
…

---

191) L. Wittgenstein(Fn.128), Section 303. 이 종형, '카이, 카기, 카이 khai, khai, khai', 안 도현 엮음, 검은 시의 목록, 2017, 151-153면에서 재인용.

192) 유 종호, "한국의 메시미즘:, 현대문학, 통권 제81호, 1961, 김 응교, 백석과 동주 서른세 번의 만남, 2020, 363면에서 재인용.

193) 신 경림, "다시 책읽기에 재미를 붙이기까지", 창작과 비평, 1994, 겨울호, 201면.

어니 먼 산 뒷옆에 바우섶에 따로 외로이 서서
어두워 오는데 하이아니 눈을 맞을, 그 마른 잎새에는
쌀랑쌀랑 소리도 나며 눈을 맞을,
그 드물다는 굳고 정한 갈매나무[194]라는 나무를 생각하는』[195]

가난한, 그렇지만, 바로 그렇기 때문에 단정하고 결연한 다짐도 되새겨본다. 헌법의 형식과 그 원본의 핵심은 계몽과 해방, 그리고 연대이다. 특히 미국의 '원의주의자'(originalist)들이 강조하는 명제인 '헌법충실'(fidelity to constitution)을 비롯하여 이른바 '헌법주의'(constitutionalism) 또는 '헌법적 애국심'(constitutional patriotism)은 계몽과 해방의 '발원지평'(發源地平)에 대한 열망과 다짐이다. Cohen의 음률 속의 Scott의 시어, "우리가 함께 딛고 출발한 신념"(the faith from which we start)에 대한 희망의 '다짐'이고, '되새김'이다.[196] '금명제'(金命題)로 되새겨보면 "같음을 찾고, 다름을 만드는 것"(Quaerere aequale, facere differentiam)이다.

"시여, 침을 뱉어라"라고 도발하며 시를 쓴다는 것은 '머리'로 하는 것이 아니고, '심장'으로 하는 것도 아니며, 오롯이 '몸'으로 하는 것, 즉 "온몸으로 바로 온몸을 밀고 나가는 것"[197]이라고 설파(說破)하는 김 수영의

194) 갈매나무는 한반도 어디에서나 흔히 볼 수 있는 낙엽수인데, 왜 드물다고 했는지에 대하여 '굳고 정한 갈매나무'는 드물다고 표현한 것으로 추측되기도 한다. 또한 '정한'에서 '정'을 맑을 정(淨)으로 보아 '맑디맑은'으로 해석하는 논문들이 많은데, 중국 시에 많이 나오는 '간저송'(澗底松), 즉 시냇가의 낮은 곳에서 그늘의 어둠과 추위를 견디는 '굳고 곧은 소나무'에 비유하여 '정'을 바를 '正'이나 곧을 '貞'으로 번역하는 것도 생각해볼 수 있다는 의견도 있다. 이에 관해서는 김 응교((Fn.192), 371-375면.

195) 백 석, "남신의주 유동 박시봉방"(南新義州 柳洞 朴時逢方), 학풍, 창간호, 1948. 김재용(엮음), 백석전집, 개정증보판, 2011, 146-148면에서 재인용.

196) 우리 제헌헌법도 전문에서 "유구한 역사와 전통에 빛나는 우리들 대한국민은 … 우리들과 우리들의 자손의 안전과 자유와 행복을 영원히 확보할 것을 결의(決意)하고 … 헌법을 제정한다"고 하였고, 현행 헌법도 "유구한 역사와 전통에 빛나는 우리 대한국민은 … 우리들과 우리들의 자손의 안전과 자유와 행복을 영원히 확보할 것을 다짐하면서 … 헌법을 개정한다"고 하여 헌법제정의 '결의'를 그대로 이어서 '다짐'을 개정의 취지로 천명하였다.

197) 김 수영, "시여 침을 뱉어라 - 힘으로서의 시의 존재"(1968), 이 영준(엮음), 시여, 침을 뱉어라, 2022, 10-11면.

'거대한 뿌리'(1964)는 우리 시사에서 큰 줄기의 하나이다. 그가 시와 시인의 핵심으로 말하는 늘 새롭게 날것을 추구하는 '미지(未知)의 탐색'과 '모험'은 그의 말대로 '자유의 서술'도, '자유의 주장'도 아닌 '자유의 이행'이다:

『자유의 이행에는 전후좌우의 설명이 필요 없다. 그것은 원군(援軍)이다. 원군은 비겁하다. 자유는 고독한 것이다.』[198]

맞는 말이다. 맞는 말이라고 생각한다. 하지만 거대(巨大)하든 (미소)(微小)하든 근원이고, 밑동인 뿌리는 원군이 아니라 '주군'(主軍)이다. 그냥 나 그리고 우리의 '본체'(本體), 즉 '온몸'이다. 온몸으로 밀고 나간다는 바로 그 '몸'이다. '본체'가 없이는 '적자생존'의 진화든, '격세유전'(隔世遺傳) 또는 '돌연변이'(突然變異)든 신진대사가 있을 수 없다. 그냥 사멸(死滅)일 뿐이다. "전통은 아무리 더러운 전통이라도 좋다"고 외치는 것도 우리 전통의 '뿌리목'을 쓰다듬는 '자유이행'의 일단이다.

명시적으로 규정하지 않아도 당연한 것이되, 굳이 전문에서 '유구한 역사와 전통에 빛나는 우리 대한국민'으로 주체를 천명하고, '전통문화의 계승·발전과 민족문화의 창달'을 국가의무로 규정(제9조)하고 있는 우리 헌법의 생각에서도 이 '뿌리목'의 위와 아래를 생각해야 하는 것은 필연이고 당위이다. 김 수영의 '거대한 뿌리'는 문화사의 '뿌리목'이 표상된 우리 헌법 속에서 그 '역사성'을 어떻게 발전시켜 나가야 할 것인지를 명쾌하게 제시한다. 그가 힘주어 '좋은 시'의 핵심으로 말하는 '힘의 결정(結晶)',[199] 즉 '언어의 작용 속에 맺혀 있는 힘'은 '헌법생각'에서도 선연(鮮然)하다.

'집단적 기억'(collective memory)의 현상을 주목하는 현대 심리학, 특히 '뇌신경학'(brainneurology)의 주요 화두의 하나인 '삽화(插畫)적 기억'

198) 김 수영, 이 영준(엮음)(Fn.197), 14면.

199) 김 수영, "생활현실과 시"(1964), 이 영준(엮음)(Fn.197), 39면.

(episodic memory)은 헌법학에서도 관심을 가져야 할 것으로 생각된다. '시간의 화살'(time's arrow)의 '일방향의 직진성'(unidirectional straightness)이라는 자연의 법칙을 거스르는 유일한 예외로서 '삽화적 기억'은 다른 일상적인 기억체계와는 다른 특유한 '신경인식의 체계'(neurocognitive system)이다.200) 말하자면 일종의 '물리적 실재'(physical reality)인 두뇌의 신경과 '심리적 실재'(psychological reality)인 '마음 또는 정신'(mind)이 혼합되어 작동되는 특수한 기억체계이다. 일종의 '정신적 시간 여행'(mental time travel)이라고 할 수 있는 이 '삽화적 기억'을 가능하게 만드는 신경인식체계의 구성요소로 '주관적인 시간감각'(sense of subjective time)과 '자아'(self), 즉 여행자의 '정신적 시간여행'과 함께 '시간 속의 실체로서 자신의 존재를 인식할 수 있는 능력'(capacity to be aware of one's own existence as an entity in time; capacity of autonoetic awareness) 등의 세 가지가 주목된다.201) 이 중에서 특히 역동적으로 중첩 및 혼합되고 분열되는 역사의 시간 속에서 자신의 존재와 정체성에 대한 앎, 즉 'autonoetic awareness'의 능력은, 특히 통시적 차원과 공시적 차원의 교차점에서 '집단적 기억'으로 확장시켜 보면, '헌법상상'의 토대인 '헌법적 감각'과 그 상상과 생각의 대강을 규정하는 동시에 생각을 통해 형성 및 확인되기도 하는 '시대정신'의 요체라고 할 수 있다.

"시인은 밤낮 달아나고 있어야 한다"202)면서 우리의 과거와 전통을 되짚어 밝히는 김 수영은 바로 이 'autonoetic awareness'의 능력을 갖춘 시간여행의 선수이다. 역사시간여행은 '문화규범'으로서 특히 부각되

200) Endel Tulving, "Episodic Memory: From Mind to Brain", in: Annual Review of Psychology, Vol. 53(2002), 1-25면. 주요 참고문헌과 함께, (삽화적) 기억과 관련하여 이른바 '동시존재 또는 발생성의 문제'(cotemporality problem)에 초점을 맞추어 현실주의와 형이상학의 철학적 관점 간의 최근 토론의 추이를 정리해준 논문으로는 César Schirmer dos Santos, "Episodic Memory, the Cotemporality Problem, and Common Sense", in: Essays in Philosophy, Vol. 19(2018), 1-21면.

201) E. Tulving(Fn.200), 2면.

202) 김 수영, "시인의 정신은 미지(未知) - 나의 시의 정신과 방법", 이 영준(엮음) (Fn.197), 25면.

는 헌법의 '역사성'을 '헌법상상'에 반영하는 과정 자체인 동시에 그 핵심이다. 거의 60년에 이르는 세월 속에서 환경이 많이 바뀌었지만, "놋주발보다도 더 쨍쨍 울리는 추억"으로 "광화문 네거리에서 시구문 진창을 … 寅煥네 처갓집 옆의 지금은 매립한 개울에서 아낙네들이 양잿물 솥에 불을 지피며 빨래하던 시절을" 되새기며 하는 그의 통렬한 반동과 고발, 그리고 성찰의 메시지는 오늘 더 신선하다:

『… 버드 비숍 여사를 안 뒤부터는 썩어빠진 대한민국이
괴롭지 않다 오히려 황송하다 역사는 아무리
더러운 역사라도 좋다
진창은 아무리 더러운 진창이라도 좋다
나에게 놋주발보다 더 쨍쨍 울리는 추억이
있는 한 인간은 영원하고 사랑도 그렇다

… 진보주의자와 사회주의자는 네에미 씹이다 통일도 중립도 개좆이다
은밀도 심오도 학구도 체면도 인습도 치안국
으로 가라 동양척식회사, 일본영사관, 대한민국관리,
아이스크림은 미국놈 좆대강이나 빨아라 그러나
요강, 망건, 장죽, 종묘상, 장전, 구리개 약방, 신전, 피혁점, 곰보, 애꾸,
애 못 낳는 여자, 무식쟁이,
이 모든 무수한 반동이 좋다 …』[203)]

'진창'의 역사 속에서 온갖 패악(悖惡)과 광기(狂氣)에 찬 폭력을 견디어내고, 그 속절없는 세월 속에서도 '한'에 체하지 않고, 숱한 고통과 분노, 모진 슬픔을 삭여서 선한 '정'과 쾌활한 '흥'의 결로 승화시켜 온 민초들의 삶을 관통하는 '시간여행'과 그 끝자락에서 던지는 역사세례의 메시지는 여전히 선명하고 소중하다. 시와 마찬가지로 헌법도, '헌법생각'도 그 자체가 '자유의 이행'이어야 한다. 특히 천박한 이데올로기와 금력과 권

---

203) 김 수영, "거대한 뿌리"(1964), 거대한 뿌리, 개정판, 1998, 99-100면.

력에 굴종하는 '곡학아세'(曲學阿勢)의 현학(衒學)과 매판(買辦)의 '사이비지식'을 벗어나야 한다. 오늘 건강한 '헌법상상', 그리고 헌법에 대한 '구체적인 반성'을 하는 '헌법생각'의 첫걸음을 내딛기 위해서는 우선 김 수영이 말하는 바, 이 땅에 발을 붙여야 하며, 그러기 위해서는 뿌리를 박아야 한다. 그 뿌리는 "거대한 뿌리"다. '거대한 뿌리여야 한다'가 아니다:

『제3인도교의 물속에 박은 철근기둥도
내가 내 땅에 박는 거대한 뿌리에 비하면 좀벌레의 솜털 …

괴기영화의 맘모스를 연상시키는
까치도 까마귀도 응접을 못하는 시꺼먼 가지를 가진
나도 감히 상상을 못하는 거대한 거대한 뿌리에 비하면 …』[204)]

내가 내 땅에 이 '거대한 뿌리'를 박고서는 자리는 이 산하가 우뚝 서라고 촉구하는 "역사의 정수리"가 아닐까? 부고(訃告)를 낸 지 오랜데 기다린다고 하며 또는 바빠서 가볼 틈이 없다며 '5·18'을 비롯한 과거청산의 과제를 여전히 미결상태로 남겨놓고 있는 우리 헌법(학)을 생각하는 것도, '헌법상상'을 하며 '깨달음'을 재촉하면서 그가 거듭하는 말을 숙연하게 되새기는 것 … 모두가 다 바로 '거대한 뿌리'의 뿌리목을 눈여겨 지켜 볼 때나 가능한 일이 아닌가 싶다:

『거듭 말하노니
나를 위해 울지 말거라.
현대사 앞에서는 우리 모두 문상객이 아니라 상주이거늘
…』[205)]

---

204) 김 수영(Fn.203), 100면.

205) 이 산하, "나를 위해 울지 말거라 - 의성 한국전재 민간희생자 합동위령제에 부쳐", 악의 평범성, 2021, 124면.

3) 가난한 마음 - '나타샤'와 헌법

눈이 날려 쌓이는 밤에 "혼자 쓸쓸히 앉어 소주(燒酒)를 마시고(원문: 마신다), 소주(燒酒)를 마시며 … 나타샤를 생각"하며, '세상한테 지는 것이 아니라 더러워 버리는 것'이라며 "출출이 우는 깊은 산골로 가자"던 당대의 modern boy 백석의 정감(情感)도 그립다. 그리움도 힘이다. '돌쇠'도, '막쇠'도 '환향녀'와 '나타샤'도 '흰 당나귀'와 함께 모두가 좋아서 웃고 슬퍼서 울 수 있게 만드는 가난한 정감의 헌법(학)?!:

『가난한 내가
아름다운 나타샤를 사랑해서
오늘밤은 푹푹 눈이 나린다
…
눈은 푹푹 나리고
나는 나타샤를 생각하고
나타샤가 아니올 리 없다
언제 벌써 내 속에 고조곤히 와 이야기 한다
산골로 가는 것은 세상한테 지는 것이 아니다
세상 같은 건 더러워 버리는 것이다

눈은 푹푹 나리고
아름다운 나타샤는 나를 사랑하고
어데서 흰 당나귀도 오늘밤이 좋아서 응앙응앙 울을 것이다』[206)]

"떨리는 치떨리는 노여움으로 나무판자에 숨죽여 흐느끼며 … 남 몰래 타는 목마름으로 타는 목마름으로 민주주의여 만세"[207)]를 쓴 김 지하의 처절한 외침과 함께, 이른바 '열사'(烈士)로 자식들을 먼저 보낸 어머니들의 부르르 떠는 몸과 맘을 기억하려 한다. 미끄러운 얼음판 위나 눈길

206) 백 석, "나와 나타샤와 흰 당나귀", 여성, 1938.3, 김 재용(엮음)(Fn.195), 81-82면.
207) 김 지하, "타는 목마름으로", 타는 목마름으로, 창비시선, 1982, 8-9면.

을 걷는 종종걸음도, 추위에 움추림도, 더위에 늘어짐도, 그리고 무서울 때 '오금아 나 살려라' 하는 것도, 오금이 저린 것조차도 다 살자고 하는 몸짓이고 마음가짐이거늘 … 다시는 절대 이런 불안과 시험에 들지 않게 되기를 간구하며 되뇌어 본다:

『대낮에
마당 한 복판에 갑자기
참새 한 마리 뚝 떨어져
머리 피투성이로 파닥이다 파닥이다
금세 죽어 숨진다
아내가 부삽으로 흙에 파묻고
장터 가려는 내 길을 막고 서서
몸 부르르 떤다』[208)]

정 회성의 책임을 외면하지 않는 선명한 다짐도 기억해야 한다. "흐르는 것이 물뿐이랴 … 우리가 저(샛강바닥 썩은 물에 뜨는 달: 전행의 구절 필자 부기)와 같아서 흐르는 물에 삽을 씻고 먹을 것 없는 사람들의 마을로 다시 어두워 돌아가야 한다"('저문 강에 삽을 씻고', 1978)[209)]는 정갈한 은유로 인간의 운명을 차분하게 관조하면서 내던지는 말이 숙연하다:

『나도 알 만큼은 안다", "누구는 소용없는 일이라지만 (봄이 오기 전에 나는 얼음을 꺼야 한다: 전2행) 나는 자유를 위해 증오할 것을 증오한다"('이곳에 살기 위하여', 1978)』[210)]

---

208) 김 지하, "그 소, 애린 32", 신 경림, 신 경림의 시인을 찾아서 2, 2002, 22-23면에서 재인용.

209) 정 희성, "저문 강에 삽을 씻고"(1978), 신 경림(Fn.208), 31면에서 재인용.

210) 정 희성, "이곳에 살기 위하여", 저문 강에 삽을 씻고, 1978, 신 경림(Fn.208), 34면에서 재인용.

"나는 인생을 증오한다"211)고 너무나도 쉽게 단정하면서 '아침저녁으로 자욱이 안개가 끼는 샛강'과 그 방죽 위를 '깔깔거리며 지나가는 출근길에 늦은 여공들', '긴 어둠에서 풀려나는 검고 무뚝뚝한 나무들 사이를 느릿느릿 새어나오는 아이들', '모두 낯선 걸어가는 얼굴들' 그리고 '지난 겨울에 얼어 죽은 醉客 하나'를 쳐다보는 기 형도의 가난한 마음과 연민의 시선도 기억하는 것이 좋다.212)

4) 혁명과 '몸 하나의 희망'

"사회주의가 정말 우리가 바라는 그런 좋은 세상인가요?"라는 질문, '성실하게 땀 흘리며 살아온', 아마도 여공으로 노조활동하다 붙잡혀 고생하고 있던 '그 여자'의 "소박한 물음 앞에서 산산히 무너져 내리고 말았습니다"213)라고 고백하는 박 노해라는 사람과 그의 삶의 노래도 '헌법상상'의 소중한 재료다. 혁명의 도정에서 돌아와 가빴던 숨을 고르며 이데올로기의 열정 대신 "과거를 팔아 오늘을 살지 말 것/오늘이 미래를 잡아먹지 말 것/미래를 위해 오늘을 유보하지 말 것"이라는 경계(警戒)의 다짐과, '아직과 이미 사이'에 곧추서서 "아직 오지 않은 좋은 세상"에 대한 절망 속에서도 "우리 속에 이미 와 있는 좋은 삶들"의 희망을 보자고 하는 권유(勸諭)도 '혁명'을 근본적으로 배척하는 것은 아니되 일상의 소중한 삶과 제도적 진화를 통한 진보의 가능성을 먼저 주목하는 '헌법생각'의 태도와 방침으로 되새겨봄직하다.214)

『담장 너머 경주 남산 어느 암자에선지
저녁 공양 알리는 듯 종 울림소리
더엉 더엉 더엉

211) 기 형도, "장미빛 인생"(1987), 입 속의 검은 잎, 재판, 1994, 34-35면.
212) 기 형도(Fn.211), "안개"(1985), 11-14면.
213) 박 노해, "序 · 그 여자 앞에 무너지다". 사람만이 희망이다, 1997, 8면.
214) 박 노해(Fn.189), "경계", 136면; (Fn.213), "아직과 이미 사이", 21면.

문득 가슴 받히는 한 슬픔이 있어
그냥 목이, 목이 메입니다
…
사는게 별거야
혁명이 별거야
사랑하는 사람들끼리 하늘 땅에 떳떳이
따뜻한 저녁밥을 함께 먹는거지
…』[215)]

'사는게, 혁명이 별거냐'며 차분하게 성찰하고, 건네는 박 노해의 다독임도 그저 숙연(肅然)할 뿐이다:

『길을 잃었다고 자기를 잃어버리지 마십시오
무엇에든 쉬이 놀라지 마십시오 쉬이 들뜨지 마십시오
자기 선 자리에서 현실에 충실하면서도
미래에 대한 모색과 지난날에 대한 정리와
자신을 성찰하는 일에서 균형감각을 놓지지 마십시오
상황이 어려울수록 조용한 자신감을 잃지 마십시오
…
어려운 때일수록 근본 자리로 돌아가 뿌리를 깊숙이 내리십시오
하루하루 치열하게 '기다림'을 사십시오 멀리 내다보는 오늘을 사십시오
…
지금은 긴 호흡으로, '몸 하나의 희망'입니다』[216)]

5) '갈매나무'와 헌법상상

'긴 호흡'으로 불러보고 싶은 소중한 우리 시인들의 이름, 각각의 사정이야 다르지만, 아마도 고와서, 너무나도 맑아서 모진 '풍진'(風塵)의 세상

---

215) 박 노해(Fn.213), "한 밥상에", 160-161면.
216) 박 노해(Fn.213), "몸 하나의 희망", 105-106면.

을 견디지 못하고 '이 세상 소풍'[217]을 일찍 끝낸 '동주'(1917-1945), '지용'(1902-?), '형도'(1960-1989), 그리고 1945년 해방 이후 스승인 고당 조만식과 가족과 친지들의 고초를 염려하여 월남하지 않아 북한 평양에서 지내다 1959년 이후 함경남도 삼수군 관평리 산골에서 살다 생을 마친 '고고한'(孤高寒)[218] '백석'(1912-1996),[219] 그 이름들조차 정갈하다.

지금 우리는, 우리가 살아가는 세계는 궁핍하다. '완전념'(完全念)의 기준에서가 아니라, 우리가 가질 수 있는 '기대치'를 갖고 말해도 그러하다. 아주 없다는 의미가 아니라, 많이, 적잖이 궁핍하다는 의미로 말하면 '민주'(民主)가 없는 민주주의 시대이고, '자유'가 없는 자유주의, '공정'과 '정의'의 이념이 '배리'(背理)된 '부조리'(不條理)의 시대이다. '공공선'과 함께 근본적인 헌법의 이념과 가치를 되새기고, '조리'(條理)의 '조리'(調理)를 궁리해야 하는 '궁핍의 시대'이다. 종종 궁핍 자체가 은폐되기도 하는 '궁핍의 궁핍'의 시대이기도 하다.

'Rilke'와 Rilke의 시를 풀어 Heidegger가 말한 '궁핍의 시대'와는 사뭇 다르지만, 아무튼 그 혹독한 궁핍 속에서 지켜낸 맑은 영혼들과 굳고 단정한 결기, 애틋하고, 짠하고, 처절하기도 한 그들의 가난한 마음들과 그 때 그 곳들의 분위기들, 그리고 그 시공간 속에 담겨져 있는 알짜배기들의 얼거리를 짚어본다. 쉽지는 않겠지만, 가능한 한 '긴 호흡'으로 백석이 생각한 '그 드물다는 굳고 정(正; 貞; 淨)한 갈매나무'를 찾아나서는 마음가짐으로 오늘 그리고 내일의 우리 헌법을 상상하고 생각해보자는 것이다.

---

217) 천 상병, "歸天", 천 상병 시선 아름다운 이 세상 소풍 끝내는 날, 1991, 33면.

218) 화가인 김 영진(夢友 조셉킴)이 "6년 가까운 기간 동안 백석의 시에 '미쳤다' … 지금도 반쯤은 백석의 시에 '미쳐 있는 상태'라고 해도 과언이 아니다"라고 토로하며 낸 평전(2011)의 제목으로 붙인 수식어인데 적확한 표현으로 생각된다. 제2부에서 백석의 시와 사람 됨됨이 그리고 그의 시가 '한국 정체성의 상징'으로서 한국 문화의 전반에 미친 큰 영향을 상세하게 설명하는 내용도 읽어봄직 하다. 외롭고 孤·높고高·쓸쓸한寒 백석평전, 2011, 81-203면. 말석에서나마 헌법을 공부하는 필자의 이 글을 통해서 한국 헌법학에도 백 석과 그의 시가 있음이 인정될 수 있기 바란다.

219) 해방 이후 북한에서 백 석의 삶과 문학활동에 대해서는 김 재용(Fn.195), "근대인의 고향상실과 유토피아의 염원", 609-629면.

Ⅳ. 헌법도그마틱220)

1. 개관

법도그마틱의 개념과 그 기능 및 특성, 그리고 '포섭도그마'의 오류와 한계에 대한 일반적인 논의는 기본적으로 헌법 및 헌법해석방법에도 그대로 해당된다. 오히려 헌법도그마틱에 초점을 맞추는 경우 논의의 기조와 논점들이 더더욱 분명하게 드러난다. 좀 더 구체적으로 말하면, 그 개념의 불확정성이나, 법개념 또는 개념관계의 체계화를 요소로 하는 표준화된 법해석 또는 법적용의 모델로서 법도그마틱의 기능적 효용과 그 한계에 대한 검토의 맥락에서 그러하다. 특히 '좀 더 좋은 법도그마틱'(bessere Rechtsdogmatik), 또는 '계몽된 법도그마틱'을 위한 갱신의 요청과 그에 부응하는 적확한 '여닫음'에 대한 주문은 학문적 차원에서든 실무의 차원에서든 기본적인 문제인식과 함께 문제해결의 대안과 단서를 탐색하는 관점에서 헌법도그마틱, 특히 기본권해석론에서 그 필요성과 함의가 더욱 부각된다.

1973년 U. Meyer-Cording의 법도그마틱에 대한 사망진단은 오진으로 판명되었거니와, 30년이 더 지난 2007년에 B. Schlink는 다시금 '헌법도그마틱의 해체'를 단언하였다. B. Schlink는 '헌법해석'을 넘어서 '헌

---

220) 이 장은 필자의 『법도그마틱과 은유』(2021), 195-241면의 부분을 본서의 편제에 맞추어 전재한 것이다. 목차와 주석만 고치고, 일부 추가하고 보정은 하였으되, 내용은 그대로 유지하였다. 앞에서 언급한 바와 같이, '법정용론'(法整用論이)라는 용어가 아직 일반적으로 수용되지 않은 점을 고려하여 아래에서는 '법도그마틱'이라는 독일어 용어를 사용한다. 다만, 저술 당시에 보지 못하였던 논문에서 B. Jeand'Heur가 연역 및 귀납의 추론 및 보통법의 체계에서든 성문법체제에서든 선례준용 등의 과정에서 주목한 법실무적 기능, 말하자면 법규범을 개별 사안에 작용하기 위하여 일종의 '구체화된 규범프로그램'으로 정리하여 준비하는 '정비(整備) 기능'(Zubereitungsfunktion)은 '법정용'의 번역에 설득력을 더해주는 것으로 생각되어 소개한다. "Die neuere Fachsprache der juristischen Wissenschaft seit der Mitte des 19. Jahrhunderts unter besonderer Berücksichtigung von Verfassungsrecht und Rechtsmethodik", in: H. Hoffmann/H. Klaverkämper/H. E. Wiegand (Hg.), Fachsprachen, 1. Handband, 1998, 1286면 이하.

법형성'의 범주로 무분별하게 진입한 것으로 본 연방헌법헌법재판소의 결정들에 대한 검토를 통해 연방헌재가 자신이 스스로 형성한 도그마틱의 규범적 효력, 즉 헌법도그마틱의 '자기기속'을 부정하였다고 비판하였다.[221) Schlink의 비판은 일반법원, 특히 상급법원에서도 종종 목격되고 있지만, 연방헌재의 경우 더욱 심각한 '과도한 자기수권'의 문제에 초점을 맞춘다. 요컨대, 기본법이 '헌법해석' 또는 '헌법발전'(Verfassungsfortentwicklung)에 대하여 '포괄적인 권한'(pauschale Kompetenz)을 부여하지 않았음에도 불구하고, 연방헌법재판소는 너무 멀리 나갔고, 기회가 주어지는 대로 자신의 관할권에 대한 제약들을 무시하여 왔다는 것이다.[222)]

Schlink의 이러한 비판은 이미 반세기 전인 1959년에 내려진 E. Forsthoff의 진단, 말하자면 헌법해석에서 점점 더 법학적 해석의 확립된 규칙들이 외면되면서 '법치국가헌법의 해체', 즉 '법치국가'(Rechtsstaat)로부터 '법관국가'(Richterstaat)로의 변화가 초래되고 있다고 하는 견해와 기조를 같이 한다.[223)] 또한 이러한 문제의 해결을 위한 처방으로 제시된 "법학적 방법으로의 회귀!"(Zurück zur juristischen Methode!)도 다르지 않다. 주지하는 바와 같이, 법학적 방법과 정신과학적인 가치형량의 방법을 도식적으로 구별하여 대립시킨 것 때문에 이 촉구는 별로 큰 반향을 불러일으키지는 못하였지만, 적어도 법해석론의 관점에서 '법적 결정'을 법학

---

221) B. Schlink, "Abschied von der Dogmatik. Verfassungsrechtsprechung und Verfassungsrechtswissenschaft im Wandel", in: JZ, 2007, 157-162면.

222) 이와 관련하여 일반법의 합헌적 해석, 오로지 법원에 의해서만 관장될 수 있는 규범적인 중간범주로서 척도형성, 예컨대 청구인의 사망과 같이 권리보호이익이 없게 된 경우에 본안판단, 헌법개정법률에 대한 합헌적 해석과 이를 통한 헌법개정제도에 대한 자기수권, 기본법 제79조 제3항에 의거한 국민의 헌법제정권주체로서 동질성의 통제 또는 수호 등이 실례로 제시되고 있다. O. Lepsius, "Kritik der Dogmatik:, in: G. Kirchhof/S. Magen/K. Schneider(Hg.), Was weiß Dogmatik?, 2012, 43-44면. 주석 10-15번 참조.

223) E. Forsthoff, "Die Umbildung des Verfassungsgesetzes", in; Festschrift für C. Schmitt, 1959, 35-62면: "Rechtsstaat im Wandel", in: Verfassungsrechtliche Abhandlungen 1950-1964, 147-175면; Der Rechtsstaat der Industriegesellschaft, 1971, 116면 이하.

적으로 통제할 수 없게 되는 것을 헌법해석과 법률해석의 공통된 문제로 제시하고, 법관의 자의(恣意)에 대한 합리적인 통제의 가능성과 필요성에 대한 확인과 함께 사법적 판단에 대하여 결정권한의 한계를 설정해주는 공준의 확보를 법학방법론의 핵심과제로 제시한 것은 여전히 적확한 것으로 평가된다.

이 문제와 관련하여 주목되는 바, 즉 권력분립적 법치국가에서 매우 중요한 헌법적 의미를 갖는 법관의 '법률기속원칙'은 헌법률의 해석에서도 근본적으로 다르지 않다. K. Hesse의 말대로, 헌법해석의 과제를 "합리적이고 통제될 수 있는 해석절차에 따라 올바른 결과를 찾아내고, 그 결과에 대하여 합리적이고 통제될 수 있는 논거를 제시함으로써 '법적 확실성'과 '예측가능성'을 확보하는 것"이라고 한다면,[224] 여기에서 '합리적이고 통제가능한 해석절차'는 '헌법률기속'을 전제로 하기 때문이다.

다만, 법률에 대하여 유효한 해석의 방법과 규칙, 즉 법도그마틱이 헌법해석에도 적용되어야만 한다면, 헌법과 전통적인 법해석방법론에 의해 확립된 규칙들의 관계에 대한 차별화된 접근이 필요하다. 일반 법원도 그러하거니와, 특히 연방헌법재판소는 이 규칙들을 곧이곧대로 적용하지 않기 때문이다. Schlink가 특히 헌법해석의 '자의성'(恣意性)에 대한 경계와 함께 '가측성' 또는 '예측가능성'을 담보하는 도그마틱의 기능을 강조하면서 제시하는 '새로운 헌법학'(neue Verfassungsrechtswissenschaft)이나,[225] Forsthoff가 제시한 '법학적 방법'의 헌법(학) 차원에서의 타당성과 실무적 효용이 관건이다. Forsthoff가 회귀의 원점으로 제시한 '법학적 방법들'이 어디에 존재하는지 또한 '법학적 방법들'이 법적 결정에 대한 합리성통제의 기능을 수행할 수 있는지 여부의 문제에 대한 답은 여전히 제시되지 못하였거니와, 특히 헌법해석의 경우에는 더더욱 그러하다. 다만, Forsthoff가 단순히 법실증주의적인 개념법학으로의 회귀나, Savigny가

---

224) K. Hesse, Grundzüge des Verfassungsrechts der Bundesrepublik Deutschland, 18. Aufl., 1991, Rn. 51.

225) B. Schlink(Fn.221), 161-162면.

제시한 해석방법들(문리적, 논리적, 역사적, 체계적 해석)로의 선회를 요구하는 것은 아니고, 그가 강조하여 경계한 것은 법학적 방법, 즉 헌법도그마틱의 폐기가 '법학의 퇴위'(Depossedierung der Rechtswissenschaft), 말하자면 철학, 정치학 및 사회학 등에게 역할을 떠맡기고, 결과적으로 법관의 '결정발견'에 대한 법학의 통제가 상실되는 결과였다. 이러한 우려와 경계는 결국 개념법학이나 Savigny가 제시한 해석방법들과는 다른 헌법해석방법론과 이를 뒷받침하는 헌법이론의 대안을 모색해야 하는 과제로 귀결된다.

법률해석에 유효한 해석규칙이 헌법에도 적용되어야 한다는 Forsthoff의 주장이 여전히 적확하다면, 이 우려와 '법학방법론으로의 회귀'의 촉구에 동의하는 입장에서 제시되는 방법론들의 설득력은 우선 '유효한 해석규칙에 대한 공술', 즉 법도그마틱의 기능적 한계를 제시하는 법해석(방법)론들에 대한 반론의 가능성과 타당성에 달려 있고, 또한 이 반론이 헌법 및 헌법해석의 경우에도 적확한 것인지 또는 얼마나 적확한지에 달려 있다.

2. '헌법도그마틱'의 현황 - 용어사용과 논의의 맥락

법이론 또는 법해석론의 차원에서 법도그마틱이 법학의 연구영역을 독점하는 것, 적어도 지나친 법도그마틱의 편향성은 바람직한 것으로 볼 수 없다. 이러한 맥락에서 보면 헌법의 경우에 '도그마틱의 해체' 또는 헌법재판의 '법도그마틱과의 결별'을 우려하는 입장이 제시되고 있는 것은 이채롭다. 우리 공법학의 경우에도 다르지 않지만, O. Lepsius의 말대로 독일에서도 행정법은 물론이고 헌법학의 경우에 최근에 그러했던 만큼 도그마틱적 논제에 집착했던 시대는 없었기 때문이다.[226]

사실 도그마틱이라는 용어는 사법(私法)에서 사용되었을 뿐, 오랜 동안 공법에서는 통용되지 않았다. 독일의 공법학분야에서 도그마틱이라는 용

226) O. Lepsius(Fn.222), 49면.

어는 1971년 국법학자대회가 "행정의 현재과제를 당면한 행정법 도그마틱"(Die Dogmatik des Verwaltungsrechts vor den Gegenwartsaufgaben der Verwaltung)을 주제로 채택하면서 본격적으로 사용되기 시작하였다. 헌법의 경우에도 상황은 크게 다르지 않았다. Weimar 국법학에서도 그러했지만, 기본법체제 하에서도 상당 기간 오늘날 회자되는 '헌법도그마틱'이라는 용어는 상정될 수 없는 것이었다. 헌법해석론의 영역에서도 도그마틱은 거의 언급되지 않았다.

"헌법해석의 원칙들"을 주제로 하였던 1962년 독일 국법학자대회에서 선도적인 연구성과로 평가되는 H. Ehmke의 발제에서 도그마틱은 언급조차 되지 않았다. 오히려 법실증주의를 토대로 하는 Larenz류의 개념법학에서 통용되던 개념분석과 체계를 핵심수단으로 하는 법해석론은 헌법과 연관되기 어려운 것으로 보는 입장에서 '헌법도그마틱'이나 '체계사고' 등의 용어는 전혀 사용되지 않았다.[227] 말하자면 도그마틱으로 포착될 수 없는 헌법해석의 관점이나, 선이해, 해석권한 및 규범의 특성에 따른 차별화된 헌법해석의 가능성과 한계, 즉 한참 후에 주목되기는 하였지만, 이른바 헌법해석 또는 헌법재판의 '기능적-법적 한계'에 초점을 맞춘 논의가 지배적이었다.[228] Ehmke도 헌법재판실무와의 연관성을 강조하기는 하였지만, 그것은 '헌법도그마틱'이 아니라 도그마틱과는 결이 다른 '관점론적 헌법해석'과 관련된 것이었다. 도그마틱은 '헌법의 구체화'에 초점을 맞춘 헌법해석에서 고려되는 다양한 요소들 중의 하나로서 사안관련성, 규범영역, 문제해결기술, 이론 및 규범구체화 등과 경쟁관계에 있

---

227) H. Ehmke, "Prinzipien der Verfassungsinterpretation", in VVDStRL 20(1963), 54면 이하.

228) 1972년에 발표된 F. Müller의 "헌법의 작업방법들"(Arbeitsmethoden des Verfassungsrechts)에서도 '도그마틱'이라는 용어는 전혀 언급되지 않았다. 민법에서 여전히 지배적이었던 법실증주의를 토대로 한 개념법학과, 헌법규범의 특성과 규범프로그램을 주목하는 규범구체화의 '기능론'(Funktionenlehre)을 분별하는 것이 관건이었다. 주목되었던 것은 '체계'가 아니라 '체계를 구조화하는 방법론'이었다. Enziklopädie der geisteswissenschaftlichen Arbeitsmethoden, 11. Lfg.: Methoden der Rechtswissenschaft Teil. 1, 1972, 136면 이하, 143면 이하, 165면 이하.

는 것으로 이해되었다.

아무튼 법학방법론의 새로운 지향성, 특히 실증적인 사회과학에 대한 개방의 필요성이 주목되기 시작한 1970년대 이후의 상황에서 보면, 그 본질상 '법적인 것'과 '법외적인 것'을 분별하는 전제 하에 법의 '비정치성' 또는 '정치적 중립성'을 강조하고 또한 인접학문들로부터 주어지는 이론적인 숙고들이나 영향에 대하여 차폐하는 경향의 법도그마틱은 적어도 헌법해석론의 범주에서는 적실한 해석방법으로 수용되기 어려웠다. 이러한 맥락에서 보면 헌법해석론과 헌법재판이 도그마틱과 결별한 것이 아니라, 오히려 원천적으로 결별의 전제인 연결 자체가 없었거나 느슨했던 것으로 보아야 할 것으로 생각된다. 이러한 점에서 오늘날 헌법해석론의 차원에서 오히려 주목되어야 하는 것은 Forsthoff가 제시한 '법학적 방법으로의 회귀'의 맥락에서 법도그마틱의 유효성에 대한 논의가 활성화되고 있는 상황변화의 조짐이다.

실제로 2-30년 전만 해도 주로 기능적, 정치적인 관점에서 헌법해석의 요소로서 '선이해' 또는 '관점'과 연관하여 논의되었었던 논제들이 오늘날에는 종종 도그마틱적 논의의 소재로 다루어지고 있다. 헌법해석론상 도그마틱이 과거에는 헌법해석의 결과를 정당화하는 일종의 '논증양식'(Argumentationsfigur)의 관점에서 주로 논의되었다면, 오늘날에는 본질적인 헌법해석문제들이 도그마틱과 연결되어 논의되고 있다. 심지어 '인간의 존엄성-도그마틱'(Menschenwürde-Dogmatik),[229] '가치질서-도

229) 인간의 존엄성의 '불가촉성'(Unantastbarkeit)을 규정하고 있는 기본법 제1조 제1항도 실정법 이상도, 이하도 아니라고 보는 입장에서 도그마틱적 접근을 한 대표적인 예로는 M. Herdegen, "Die Idee der Menschenwürde: absolute und doch differenziert?", in: R. Gröschner/O. W. Lembecke(Hg.), Das Dogma der Unantastbarkeit, 2009, 100면 이하. R. Alexy는 '인간의 존엄성'이 '원칙'인 동시에 '규칙'(Regel)이기는 하지만, '인간의 존엄성'과 관련하여 '형량'(Abwägung) 대신에 전통적인 법해석의 공준을 적용하려는 시도는 실패할 수밖에 없다고 단언하면서, 인간의 존엄성과 관련된 비례성심사에서 '합리적인 법적 논증의 한 형식'으로서 '형량'의 방법이 적용되어야 한다고 주장하였다. "Menschenwürde und Verhältnismäßigkeit", in: AöR, Bd. 140(2015), 513면. '인간의 존엄성'의 초실증성의 난점을 극복하기 위한 시도들에 대해서는 J. Isensee, "Würde des Menschen", in:

그마틱'(Wertordnung-Dogmatik)을 언급한다. 이전에는 일종의 집합개념으로 '기본권해석론', '기본권론' 또는 '기본권이론'이라는 용어가 통용되었는데, 오늘날에는 '기본권 도그마틱'(Grundrechtsdogmatik)이라는 용어가 종종 사용되고 있다.[230)]

이러한 맥락에서 보면 오늘날 헌법이론과 '헌법도그마틱'은 그 논의 내용상 그 범주가 확연하게 구별되기 어렵다. 방법론상으로도 그러하다. 양자를 보충의 관계에 있는 것으로 파악하는 관점에서는 헌법학의 분업체계 속에서 헌법이론을 '관찰자분과'(Beobachterdiszplin)로, 헌법도그마틱을 '참여자분과'(Teilnehmerdisziplin)로 보고, 도그마틱과 달리 실정법의 정당성과 구속성을 '소여'(所與)가 아니라 '검증의 문제'로 전제하는 헌법이론을 '헌법도그마틱의 기초학분과'(Grundlagendisziplin der Verfassungsdogmatik)로서 헌법의 적용에 초점을 맞추는 이른바 '효력있는 법의 사용학'(geltendrechtliche Gebrauchswissenschaft), 즉 '헌법도그마틱'의 한계를 보완해주는 것으로 본다.[231)] 이론을 '최고급의 도그마틱'(Premium-Dogmatik)이 아니라 '일종의 관찰양식'(eine Weise des Beobachtens)으로 보는 견해도 같은 맥락에서 이해된다.[232)]

요컨대, '헌법도그마틱'이라는 용어의 빈번한 사용 자체가 헌법해석론의 전통적인 개념법학으로의 회귀를 증명하는 것으로 볼 수 없음은 물론이고, 전술한 바와 같이 확연하게 구별되기 어렵다고 하더라도 '헌법도그

D. Merten/H. J. Papier(Hg.), Handbuch der Grundrechte in Deutschland und Europa, Bd. IV, Grundrechte in Deutschalnd: Einzelgrundrechte I, 2011, 3면 이하. 이 덕연/강 태수(편역), 언어와 헌법 그리고 국가, 2013, 170-180면.

230) 예컨대, E.-W. Böckenförde는 1974년에 '기본권이론'으로 표현하였던 것을 1990년에는 '기본권 도그마틱'이라는 용어로 대체하고 있다. "Grundrechtstheorie und Grundrechtsinterpretation", in: NJW, 1974, 1529-1438면; Zur Lage der Grundrechtsdogmatik nach 40 Jahren Grundgesetz, 1990.

231) M. Jestaedt, "Verfassungstheorie als Disziplin", in: O. Depenheuer/Ch. Grabenwarter (Hg.), Verfassungstheorie, 2010, § 1, 12-19면

232) G. Roellecke, "Beobachting der Verfassungstheorie", in: O. Depenheuer/Ch. Grabenwarter(Hg.)(Fn.231), 60면.

마틱'과 헌법이론을 같은 것으로 볼 수는 없고 또한 '헌법도그마틱'의 부상이 헌법이론의 몰락을 의미하는 것일 수도 없다.

이는 영미권의 헌법이론 또는 헌법해석론의 맥락에서 보면 더욱 분명하게 드러난다. 'Dogmatik'의 적절한 번역어를 찾기 어려운 사정 때문에 'Verfassungsdogmatik'에 상응하는 번역어로 'constitutional doctrine'이 통용되지 않고, 일반적으로 'constitutional reasoning'이라는 용어가 사용되는 것으로 생각되지만, 이는 단순히 용어사용의 차원에 국한된 번역의 문제만은 아니다. '헌법도그마틱'을 헌법해석방법론상 '개념분석적 접근', 말하자면 헌법텍스트의 '기본구조틀'(basic framework)을 대상으로 하는 '협의의 헌법해석'에 해당하는 것으로 본다면, '헌법도그마틱'은 'constitutional reasoning'의 여러 연구논제들 중에 하나일 뿐이기 때문이다. 즉 다측면의 특성을 갖는 헌법해석 또는 헌법문제들에 대한 결정 및 이와 관련된 학문적 연구를 포괄하는 'constitutional reasoning'에는 '분석적-개념적 접근'(analytical-conceptual approach)뿐만 아니라 사법적 판단을 일종의 공적인 정책결정으로 보는 입장에서 '결정에 초점을 맞춘 접근'(decision-making approach), 민주적인 정치적 담론의 맥락에서 '정치적 소통에 초점을 맞춘 접근'(political communication approach), 가치판단과 정당화의 준거를 토대로 하는 '규범적 접근'(normative approach)도 포함된다.[233] J. M. Balkin이 말하는 바와 같이 미국헌법에 특유한 것인지는 의문이지만, 아무튼 그가 제시하는 '수사학적인 창안'(rhetorical invention)의 헌법해석도 마찬가지다. 말하자면 법적 문제의 분석과 법적 논증의 수단으로서, 특히 대부분의 헌법문제들이 해당되는 바, 수학적으로 확실하게 증명될 수 없고, '당해 공동체 내에서 가장 합당한 것이 무엇인가'(what is most plausible and reasonable in a given community)에 초점을 맞추어야 하는 특정한 종류의 문제들의 해결책을 탐색하는 수단으로 '관점'

233) A. Dyevre/A. Jakab, "Foreword: Understanding Constitutional Reasoning", in: German Law Journal, Vol. 14(2013), 986-1015면.

(topoi; topics)을 활용하는 '헌법의 구성'(constitutional construction)[234]도 물론 포함된다.[235] 또한 헌법해석론의 맥락에서 'constitutional reasoning'은 이러한 다양한 접근방법들이 각각 격리되어서 적용되어야만 하는 것이 아니라 상호 연결 및 조합되어서 활용될 수 있는 가능성과 필요성을 강조하고, 법텍스트분석의 새로운 실증적인 기법들과 보다 포괄적이고 비교법적인 이론들의 결합도 주문한다.[236] 이러한 관점에서 보면, 영미법권의 헌법이론적 논제로서 'constitutional reasoning'에는 '헌법도그마틱'의 헌법이론 및 헌법해석방법론적 한계와 그 보완 및 극복에 대한 문제인식이 원천적으로 전제 또는 내포되어 있는 것으로 생각된다.

---

234) R. E. Barnett은 '헌법의 구성'을 "원의미가 소진된 경우 무엇을 해야만 할 것인지를 결정하는 것"(deciding what to do when original meaning runs out)이라고 기술하여, '헌법의 구성'을 결정자, 특히 법관에게 '완전한 자유'(complete freedom) 또는 '완전한 재량'(complete discretion)이 주어지는 결정의 양식 또는 그 영역으로 보고 있다. "Interpretation and Construction", in: Harvard Journal of Law and Public Policy, Vol. 34(2011), 70면. 하지만 헌법해석론상 '헌법의 구성'을 일종의 '관점론적 헌법해석'으로서 '문언중심주의'와 '해석주의'의 도그마, 즉 '헌법도그마틱'의 범주를 벗어난 형성적인 또는 창조적인 헌법해석작업이라고 본다면, '헌법의 구성'에서 고려되는 재량도 행정법에서 논의되는 일종의 '기속재량'으로 재량의 '인부'(認否)가 아니라 상대적인 '기속' 또는 '자유'의 크기가 관건이다. 이러한 점에서 이른바 '협의의 헌법해석'(constitutional interpretation in narrower sense)과 분별되는 '헌법의 구성'에서도 자의적(恣意的)인 헌법해석에 대한 헌법해석론의 무장해제로 귀착되는 '완전한 자유재량'은 인정될 수 없다.

235) J. M. Balkin, "Arguing about the Constitution: The Topics in Constitutional Interpretation", in: Constitutional Commentary, Vol. 33(2018), 146-151면. '상시적으로 변하는'(always changing) '실제 헌법'(constitution in practice)과 '헌법텍스트'(constitutional text)를 구별하고, '상시적으로 진행하는'(always ongoing) '헌법의 구성'을 '일종의 변증법적 과정'(a dialectical process)으로 보는 관점에서 법관의 헌법해석을 통한 '적극적인 헌법구성자'로서의 역할을 강조하는 것도 같은 맥락에서 타당하다.:
『법관들은 단순히 '헌법(문언)의 의미의 문제들'(questions of constitutional meaning)을 해결하는 것이 아니다; 의회나 행정부에 의한 '국가개조'(state-building)와 '경찰작용 속에서 형성되는 헌법규범들'(police constitutional norms)을 정당화하고, 정치권에 자극을 주어 행동에 나서게 하고 또한 새로운 논제를 제시하기도 한다.』
J. M. Balkin, "The Framework Model and Constitutional Interpretation", in: D. Dyzenhaus/M. Thorburn, Philosophical Foundstions of Constitutional Law, 2016, 241-242면.

236) A. Dyevre/A. Jakab(Fn.233), 986-987면.

다음에서 논의하는 바와 같이, 앞에서 상술한 도그마틱의 기능적 효용과 함께 그 한계가 '헌법도그마틱'에도 그대로, 또는 좀 더 정확하게 표현하면, 헌법해석방법론적 한계의 측면이 더욱 부각되어 해당된다고 한다면, 이른바 '계몽된 법도그마틱'이 도그마틱의 반개혁적인 기조의 폐쇄성을 극복하여 '헌법도그마틱'에 원용되어 안정적이며 동시에 역동적인 헌법해석의 방법으로서 그 적실성을 보완하여 나갈 수 있는 가능성과 한계를 검토해보는 작업이 헌법해석론의 당면 과제로 주어진다.

3. '헌법도그마틱'의 기능적 효용과 한계

(1) '헌법도그마틱' 문제의 맥락

법도그마틱의 법관의 법적 결정에 대한 통제의 가능성 또는 그 밀도와 관련해서는 의견이 엇갈리고 있지만, 민주적 법치국가에서 채택한 법운용모델에서 '법관의 법해석의 자의성(恣意性)이 수인될 수 없다'는 법이론 및 국가론적 명제에 대해서는 이견이 있을 수 없다. 다만, 법관의 법해석에 대한 법도그마틱의 통제의 가능성을 담보하는 '법인식원'으로서 법도그마틱의 규범성은 법관의 '실정법구속성'과 법관의 '자기기속' 사이에서 차별화될 수밖에 없고, 그 자체가 고착된 공준으로 주어지기보다는 법의 영역 및 층위에 따라 상시적인 변화의 과정 속에 있다.

일반법원, 특히 종종 '체계사용'의 범주를 벗어나서 적극적으로 이른바 '체계형성'을 통해 법도그마틱을 생산하는 상급법원의 경우에도 그러하지만, 특히 헌법재판의 경우 법도그마틱의 규칙들은 구속력을 갖지 못하는 것이 실무의 현실이다. 심지어는 법적 결정의 근거로서보다는 오히려 적확한 것으로 여기는 선확정된 결정에 대하여 사후적으로 적절한 근거를 제시하는 맥락에서 선별적으로 사용된다. 미국의 연방대법원장이었던 Ch. E. Hughes의 응축된 표현을 이용하여 말하자면, 헌법재판관은 헌법에 기속되지만, 헌법은 "재판관이 헌법이라고 말하는 바로 그것"인데,[237] 재판관이 헌법이라고 말하는 것, 즉 헌법해석에 대한 방법론상의 규칙이 구속력을 갖는 공준으로 확립되어 적용되지 못하고 있는 것이다.

이러한 맥락에서 보면, 일반 법률의 해석을 대상으로 하여 "학문적 방법론은 법관에게 도움의 의미도, 통제의 의미도 갖지 못한다"는 Josef Esser의 단언은[238] 헌법해석의 경우 더욱 적확하다.[239] 법관의 '법도그마틱 기속성'에 대하여 근본적으로 회의적인 입장에서 법의 '발견'(Findung) 또는 법의 '해석'(Interpretation; Auslegung) 대신에 법의 '획득'(Gewinnung)이라는 용어를 사용하는 M. Kriele도 헌법해석방법론의 특유한 문제를 주목하여 다음과 같이 간명하게 정리하였다:

『하나의 방법상의 규칙이 어떤 경우에는 준수되고, 또 다른 어떤 경우에는 준수되지 않는다면 그것은 유효하지 않다는 것을 의미한다.』[240]

Kriele의 주장이 규범적-실천적 차원에서 제시된 것은 아니고, 기술(記述)적인 것이라고 하더라도, 이러한 문제인식이 적어도 헌법해석의 경우에 더더욱 적확하다고 본다면, 결국 헌법해석방법론의 관점에서 우선

237) C. E. Hughes, Adress, 1980, 139면: "We are under a constitution, but the constitution is what the judges say it is."

238) J. Esser, Vorverständnis und Methodenwahl in der Rechtsfindung, 1972, 7면.

239) 이 점과 관련하여 독일 연방행정재판소장을 역임한 H. Sendler의 솔직한 고백은 되새겨봄직 하다. "Die Methoden der Verfassungsinterpretation", in: B. Ziemske u.a.(Hg.), Staatsphilosophie und Rechtspolitik, Fs. f. M. Kriele zum 65. GT, 1997, 481면: 『방법론과 법이론 문헌에서 배운 것은 '모든 법관은 자신의 의존성, 특히 환경과 성향의존성과 함께 무의식적인 선이해를 자각하여 그것들을 합리적인 차원으로 격상시키고 다른 이해들과 형량할 수 있도록 하기 위해서 노력해야만 한다'는 사정이다. 이는 실로 법관에게 가장 어려운 일이다. 그것은 완전하게 실현될 수는 없거니와, 어쨌든 이 일을 할 수 없는 경우에는 실제로 - 대부분 무의식적으로 - 무늬만 합리적인 교량으로 결단을 은폐하거나 또는 심지어는 의도적으로 결단을 위장하게 될 위험이 초래된다. 요컨대 자신의 수많은 의존성을 자각하여 그것에 맞설 수 있고, 그것에 굴복하지 않는 사람만이 진정 독립될 수 있다. 그런 사람만이 편견에 얽매이지 않고 평의실에서 그에 대해 말을 할 수 있다.』

240) M. Kriele, Theorie der Rechtsgewinnung - entwickelt am Problem der Verfassungsinterpretation, 1967, 25면.

주목되어야 문제는 헌법과 전통적인 법해석방법론의 공준들의 관계를 어떻게 설정할 것인가 하는 것이다. 즉 근본적으로 헌법해석자의 '임의성'(자의성)을 수인할 수밖에 없는 것은 아닌지, 그렇다고 한다면 헌법적 결정의 타당성의 근거는 어디에서 찾아질 수 있는지, 그렇지 않다고 본다면 '헌법의 획득' 또는 '헌법의 구성'(constitutional construction)과 헌법텍스트는 무엇을 매개로 하여 연결되는지[241] 또한 그 '임의성'을 제약 또는 통제할 수 있는 유효한 방법과 수단, 그리고 그 준거는 무엇인가 하는 등등의 헌법도그마틱이론의 문제이다. 이러한 점에서 G. F. Schuppert와 Ch. Bumke가 '법질서의 헌법화'(Konstitutionalisierung der Rechtsordnung)라는 명제와 관련하여 급변하는 법실무를 도그마틱의 차원에서 정리해나가야 하는 법학의 과제를 강조한 것은 '헌법도그마틱'에도 그대로 해당된다:

『법질서의 헌법화와 연관되는 가변적인 법실무를 반영하고, 그것을 도그마틱의 차원에서 정리해나가는 과제를 법학이 회피할 수는 없다. 헌법화의 과정 속에서 도그마틱 체계의 변화가 필연적인 것인지, 변화되어야만 한다면 그 범위와 그에 따른 결과는 어떤 것인지 등등의 문제들은 법학연구의 핵심논제들이다.』[242]

(2) '헌법인식원'으로서 '헌법도그마틱'? - 헌법해석론상 '가치다원주의' 및 '방법다원주의'의 필수성

1) 헌법해석의 특성 - 헌법언어의 이데올로기 감염성

법해석론의 관점에서, 특히 '헌법인식원'(Verfassungsrechtserkenntnisquelle)으로서 '헌법도그마틱'의 독자성은 당연히 헌법의 본질과 특성 및 기능과 연관된다. 법원론(法源論)상 정언명제인 최고규범성을 비롯하여 일반 법률

---

241) J. M. Balkin(Fn.235), 154면.

242) F. Schuppert/Ch. Bumke, Die Konstitutionalisierung der Rechtsordnung, 2000, 58면.

의 경우에 비해서 두드러진 정치규범, 가치규범으로서 헌법의 특성은 물론이고, 권력통제 및 이를 통한 기본권보장의 기능, '조화적 통합'을 지향하는 이익 또는 가치조정의 기능 등은 헌법해석에 특유한 방법의 모색을 요구한다.

P. Kirchhof가 적확하게 기술한 바와 같이, 일종의 문화의 '과정'인 동시에 그 과정의 '결과'인 헌법을 "당대의 문화수준과 이 문화수준과 교섭하는 법사상에 따라 형성되는, 법에 대한 지금 여기에서의 기초적인 질문에 대한 답"[243)]이라고 본다면, 헌법텍스트를 매개 또는 출발점으로 하여 그 답을 탐색하는 헌법해석도 당연히 당대의 문화 및 법사상과 교섭하는 가치판단 또는 가치형성의 작업일 수밖에 없다. 앞에서 논의하였듯이, '도덕적 감각'(moral sense)에 따른 도덕적 판단과 무관한 헌법해석이 있을 수 없는 것도 이 때문이다. 또한 헌법이 헌법제정자의 정치적 결단과 타협의 산물이고, 존재와 당위의 교차적인 상호관계 속에서 상시적으로 변화되는 규범인 동시에 현실이라는 점에서 이 가치판단의 작업은 과거에 대한 반성과 미래지향의 투사 간의 교집합으로 주어지는 현실인식과 가치판단의 '선이해'와 연계될 수밖에 없다.

이러한 점들을 고려하건대, '실정법 기속성'을 전제로 하는 일종의 '법텍스트작업'이라는 공통점에도 불구하고 헌법해석과 일반 법률해석의 속성은 근본적으로 다른 것으로 이해된다. 헌법해석의 경우 텍스트해석의 코드로 약속된 부분이나 규범적 소여로 주어지는 해석방법의 규칙들 및 이 규칙들의 적용에 대한 확립된 공준의 내용은 다소간의 상대적인 차이가 아니라 구조를 다르게 볼 수밖에 없을 정도로 적다. 다만, 개념에 대한 분석을 주된 수단으로 하는 일반적인 법도그마틱이 헌법해석에 동일하게 적용될 수 없는 결정적인 이유로 흔히 제시되는 바, 즉 헌법규정, 특히 기본권규정의 경우에 특유한 개념의 고도의 추상성과 다의성 자체는 법

243) P. Krichhof, Das Gesetz der Hydra Gebt den Bürgern ihren Staat zurück!, 2006. 116면.

도그마틱 이론의 관점에서 보면 상대적인 차이에 불과하다. 정도의 차이는 있지만, 법률상의 '일반조항'의 경우에 그 개념의 추상성과 다의성은 헌법상 기본권이나 국가목표조항 등과 다를 것이 없고, 경제행정법이나 환경행정법 등 행정법에서 적잖이 활용되고 있는 '목적프로그램'의 형식은 적어도 해석의 가능한 범위나 법해석의 법형성적 기능의 관점에서 보면 크게 다르지 않다.

하지만, 개인의 행태나 구체적이고 개별적인 행정작용을 규율하는 일반법에서 발견되는 '일반성'(generality)과 국가권력의 수권과 통제에 초점을 맞추는 헌법의 '일반성'은 그 본질과 효용이 다르다. 입법론의 관점에서 보면, 전자의 경우에 '일반규정'의 형식은 예외적이고 보충적인데, 반면에 후자의 경우에는 일반적이고 필수적이다. 장기적으로 국가권력을 통제하는 정치규범으로서 특성을 갖는 헌법은 불가피하게 고도로 일반적, 추상적으로 규정될 수밖에 없는 광의의 '규범적 원칙'의 형식을 취할 수밖에 없다. 기본권을 비롯하여 이러한 불확정한 추상적 원칙들은 당대의 가치들을 단순히 반영한 것이 아니라, 정치적 과정으로서 헌법해석을 통한 활성화의 잠재적인 가능성, 즉 문화적 가치적 진보의 동인(動因)을 내포한다. 그렇지 않다면, 헌법은 없어도 무방한 것일 수 있고, 모든 헌법문제들은 일반 법률로 규정할 수 있을 것이다. 같은 취지에서 Louis Fisher가 적확하게 기술한 바와 같이, 헌법이 존중되는 것은 오롯이 바로 이 동인을 함축한 '지속적인 가치들'(enduring values)과 '폭넓은 도덕적, 정치적 이념의 합의'(a consensus of broad moral and political ideas)를 표상하고 있기 때문이다.[244]

문제는 이 '가치적 합의'의 크기가 충분하지 못한 또는 가치적 이견의 골이 다소간에 깊고 넓은 상황이 드물지 않고, 이러한 상황에서 더욱 부각되거니와, 주관성과 폐쇄성 및 이에 따라 절대화의 경향을 내포하는 가

244) L. Fisher, Constitutional Dialogues Interpretation as Political process, 1988, 14면.

치관념은 실용적인 법적 판단, 특히 합목적성의 관점에서 요구되는 합리적인 형량과 조정에 장애가 된다는 것이다. 가치판단의 문제를 조정과 정치적 타협의 과정으로 진행되는 민주적인 의회입법의 몫으로 보고, 이에 대한 헌법적 통제에 대하여 자기절제를 요구하는 '사법소극주의'(judicial passivism)도 일차적으로는 민주주의원리를 명분으로 제시하지만 헌법해석(방법)론의 관점에서 보면 본질적으로 논리 및 형량과 친하지 않은 가치(관념)의 비합리성 또는 초합리성을 강조하는 것이다. 관건은 분화된 개별법에서는 다소간에 회피할 수 있지만, 통합의 메타법이라고 할 수 있는 헌법의 해석과 헌법적 판단에서는 형량적대성을 이유로 배제할 수 없는 가치(판단)의 문제에 대하여 획일적인 가부간의 접근이 나이라 분별과 각색을 통해 차별화된 접근의 구조틀을 이론적으로 정리하는 작업이다.

또한 이러한 '일반원칙'들은 근본적인 정치문제 및 특정한 정책결정과 연관되는 점에서 그 구체적인 적용에 앞서 요구되는 해석에서 원칙들의 배후에 있는 목적에 대한 규범적 판단과 함께 정치적 결단이나 정책결정에 대한 합목적성 판단의 개입이 불가피하기 때문에 해석론의 관점에서도 일반법과는 그 범주가 다르다. 말하자면 다소간에 '정치의 사법화' 및 '(헌)법의 정치화'가 불가피한 맥락에서 근본적으로 '법과 정치 간의 불확실한 경계영역'(uncertain boundary territory between law and politics)[245]에 있다고 할 수 있는 헌법원칙들의 적확한 해석에 대한 논쟁들은 대부분 정당 간의 정책경쟁 및 정치적인 이견들과 연관되기 때문에 다분히 '당파적인 이데올로기 투쟁'(partisan ideological warfare)[246]의 양태로 진행된다.

이러한 점에서 설령 헌법해석의 준거 또는 정당한 방법들에 대해서는 일반적으로 의견이 일치한다고 하더라도, 특정한 사안들에 대하여 경쟁

---

245) S. M. Griffin, "Pluralism in Constitutional Interpretation", in: Texas Law Review, Vol. 72 (1994), 1759면.

246) G. A. Phelps/J. B. Gates, "The Myth of Jurisprudence: Interpretive Theory in the Constitutional Opinions of Justice Rehnquist and Brennan", in: Santa Clara Law Review, Vol. 31(1991), 568면.

의 맥락에서 선택의 대안으로 주어지는 헌법해석의 방법들이 상이한 결론으로 귀착되는 경우에 어떤 방법이 우선 적용되어야 하는지에 대하여 의견이 대립되는 상황과 이 속에서 부각되는 헌법이론적 이견들은 법도그마틱 차원의 문제상황이나 단순한 어의학적 이견과는 그 맥락과 본질이 판이하다. 법도그마틱과 마찬가지로 '헌법인식원'으로서 '헌법도그마틱'의 고유한 효용이 완전히 부정될 수는 없다고 하더라도, 적어도 헌법철학과 헌법이론이 교차 또는 중복되는 지점에 자리를 잡고 있는 헌법해석방법론상 그 독점적인 위상이 더 이상 유지될 수 없는 것은 바로 이 때문이다. 헌법텍스트의 의미, 즉 헌법규범은 물론이고 헌법텍스트의 의미를 탐색하는 방법들의 적용규칙 자체에 대해서조차 합의된 것이 없고, 더 나아가서 의견이 일치될 수 없다는 헌법이론적 명제, 말하자면 가치문제와 그 탐색방법에 대한 '단 하나의 타당한 이론'을 부정하는 가치 다원주의적인 헌법존재론 및 방법다원주의의 전제 하에 헌법에 특유한 해석방법들을 모색하는 것은 불가피하다.

'통합성'(integrity)을 강조한 R. Dworkin의 법이론과 해석론을 비롯하여 상대적으로 실용주의의 전통이 강한 미국에서 제시된 '법현실주의'(legal realism), '비판법학'(Critical Legal Studies), '법과 경제운동'(law and economics movement) 대표자인 R. Posner의 '법실용주의'(legal pragmatism) 등도 그 이념적 좌표는 다르지만 담론의 맥락은 다르지 않다. 다원적 복잡사회 속에서 작위적인 단절이 더 이상 유효할 수 없게 된 상황에서 (헌)법 및 사법(司法)과 입법, 정치, 정책 또는 현실, 그리고 도덕과 이데올로기 및 가치(담론) 간의 복합적이고 역동적인 상호작용을 주목하는 관점, 말하자면 '결과의 비중립성'과 함께 경직된 '기계적인 법률학'(mechanical jurisprudence)의 '비현실성'과 '반실용성', '규칙주의'(legalism)적 메커니즘의 고착된 보수편향성에 대한 비판의 관점을 공유하는 입장들이었다.

또한 일반법의 해석과 다른 접근이 필수적이라는 전제 하에 '관점론적 해석방법', '현실기준적 해석방법', '가치형량의 방법', '실제적 조화의 방법' 등 헌법해석의 특유한 방법들이 제시되는 결정적인 이유는 이러한 특수한 '일반성'과 함께, 법도그마틱의 차원을 넘어서지 않고는 다룰 수 없는 헌법언어의 본질적인 특성, 즉 '이데올로기 감염성'에서 찾아진다. 이데올로기의 개념정의는 여기에서 일단 유보하고, 좀 더 구체적으로 말하자면, 해석주체의 근본적인 인간관이나 세계관, 기본적인 '도덕관념' 또는 '정의관념' 등의 가치적 선판단과 현실에 대한 인식이 직접적으로, 전면적으로 영향을 미치는 헌법텍스트작업의 구조적인 속성이 그것이다. 미국 연방대법관을 역임한 D. H. Souter가 헌법을 '가치들의 만신전(萬神殿)'(pantheon of values)으로 비유하면서 헌법해석방법으로서 '문언중심주의'(textualism)[247]에 따른 이른바 '규칙에 맞는 독서'(fair reading) 또는 '통상적인 의미에 초점을 맞춘 접근'(plain, ordinary meaning approach)의 한계를 지적하고, 특히 상충되는 원칙들 및 그 배후에 있는 가치들 간의

---

247) '문언중심주의'에 대한 개관으로는 C. Nelson, "What is textualism?", in: Virginia Law Review, Vol. 91(2005), 347-418면. 헌법해석론의 차원에서 '문언중심주의'에 대한 명쾌한 비판으로는 D. B. Ayer, "The 2019 Higgins Distinguished Lecture: The Subversive Side of Textualism and Original Intent", in: Lewis & Clark Law Review, Vol. 24(2020), 1049-1062면. M. Greenberg, "Legal Interpretation and Natural Law", in: Fordham Law Review, Vol. 89(2020), 109-144면. '문언중심주의'가 초기에 주목한 현실주의와 형식주의 간의 균형을 깨뜨려서 결과적으로 헌법의 권력분립구조 속에서 오히려 법원의 역할을 지나치게 확장시킨 이른바 '극단적인 문언중심주의'(textualist extremism) 또는 '공격적인 문언중심주의'(aggressive textualism)를 비판하면서 '문언중심주의'의 공적과 그 효용의 한계에 대한 적확한 인식을 주문하고, '문언중심주의'와 '목적중심주의'(purposivism) 간의 협소해진 차이에 초점을 맞춘 보다 생산적인 대화의 가능성과 필요성을 제시하는 견해는 법률해석의 차원을 넘어서 헌법해석의 경우에도 타당하다. J. T. Molot, "The Rise and Fall of Textualism", in: Columbia Law Review, Vol. 106(2006), 53-59면.
'문언중심주의자들'(textualists)이 '원래의 공적 의미'(original public meaning: OPM)에 부합되는 법해석방법을 주장하면서 제시하는 실증적인 준거, 즉 '통상적인 독자들'(ordinary readers)들이 법령을 어떻게 이해할 것인가 하는 문제에 대하여 '질문의 유형'(types of question)과 '텍스트 외 정보의 유형'(types of extratextual information)에 따라 상이한 답이 나오는 것을 응용실험방법으로 해명하여 실제로 적용이 가능한 수준의 '합의된 원래 공적 의미'(commonsense OPM)를 기대할 수 없다는 일반법해석 차원의 실증적인 연구성과도 마찬가지다. 대표적으로 James Macleod, "Finding Original Public Meaning", in: Georgia Law Review, Vol. 56(2021), 1-79면. 헌법해석론에 초점을 맞춘 논의는 특히 75-76면.

형량과 조정이 요구되는 어려운 헌법사건들에 대한 판단에 법관의 '경험'(experience)이 근본적인 요소로 인입될 수밖에 없다는 점을 강조하는 것도 같은 맥락에서 이해된다.[248)]

2) 해석주의와 중립성의 원칙

'헌법도그마틱'과 그 대강이 다르지 않은 것으로 이해되는 바, 즉 "현대 헌법이론을 선도하는 두 가지 도그마"(two leading dogmas of modern constitutional theory)로서 이른바 '해석주의'(interpretivism)[249)]와 '중립성의 원칙'(neutral principle)[250)]을 자유주의적 세계관, 즉 사회형성의 주체로서 독자적인 개인과 개인의 자유(선택)권만을 주목하는 보수적인 정치경제적 이데올로기와 사회이론을 토대로 하는 헌법해석론의 지침으로 보

---

248) D. H. Souter, Harvard Commencement Remarks, Harvard Gazette(May 27, 2010), https: //news.harvard.edu/gazette/story/2010/05/text-of-justice-david-souters-speech/. Souter는 헌법해석에서 '역사적 경험'(historical experience)의 중요성을 강조하면서 그 대표적인 실례로 'Plessy vs. Ferguson 판결'(1896)과 이를 파기한 'Brown vs. Board of Education판결'(1954)을 제시하였다. 말하자면 전자의 판결을 내린 당시 대법관들은 노예제도를 실제로 체험하였던 입장에서 'separate but equal', 즉 '형식적인 평등'(formal equality)을 상당히 진보적인 것으로 생각하였지만, 반면에 반세기 후의 대법관들은 이전의 대법관들이 주목할 수 없었던 바, 즉 차별취급 자체만으로도 소수인종들에게 '근본적인 열등감'(inherent inferiority)을 안겨준다는 것을 인식하는 관점에서 문언의 변경이 없는 동일한 '평등조항'(equal protection clause)을 준거로 하여 '형식적인 평등'을 위헌으로 판단하였고, 그 결정적인 요인은 달라진 세상에 대한 '역사적 경험'의 차이였다는 것이다.

249) 결과적으로 극단적인 '사법자제'로 귀착되는 헌법해석론, 즉 '문언중심주의'에 따른 '해석적인 사법심사'(interpretive judicial review)만을 정당한 것으로 보는 대표적인 논의로는 M. J. Perry, "Interpretivism, Freedom of Expression, and Equal Protection", in: Ohio State Law Journal, Vol. 42(1981), 261-317면.

250) '중립성의 원칙'에 대한 헌법해석론적 개관으로는 H. Wechsler, "Toward Neutral Principles of Constitutional Law", in: Harvard Law Review, Vol. 73(1959), 1-35면; R. H. Bork, "Neutral Principles and Some First Amendment Problems", in: Indiana Law Journal, Vol. 47(1971), 1-35면. 인식론의 관점에서 헌법해석방법론의 지침으로서 '중립성의 원칙'의 한계를 헌법이론적으로 분석하고 비판한 선도적인 논문으로는 D. M. Kahan, "The Supreme Court 2010 Term Forward: Neutral Principles, Motivated Cognition, and Some Problems for Constitutional Law", in: Harvard Law Review, Vol. 125(2011), 1-77면.

는 M. V. Tushnet의 견해는 적확하다.[251] 이 두 가지 도그마는 법해석론상 '명확하고'(clear) 또한 '지속적으로 안정된 의미'(stable meaning over extended periods)를 갖는 것으로 전제되는 '헌법문언' 또는 헌법제정자의 '원의'(original intent)에 사법권을 기속시키고, '일관성'(consistency)의 요청에 따라 법관의 법해석을 방법론적으로 제약함으로써 '정치적 행위자'(political actor)로서 법원 또는 법관의 자의적인 법해석에 대한 통제, 즉 '입법독재'나 '행정독재'보다는 '사법재량'을 통한 '사법독재'(judicial tyranny)의 방지에 초점을 맞춘 정치이론 및 이에 부응하는 헌법이론적 구상의 산물일 뿐이다.

Tushnet이 단언하는 바와 같이, '동맹관계'의 틀 속에서 '자유주의와 보수주의 간의 양자 대화'는 가능할지언정 하나의 '통합된 사회이론'(unified social theory)의 정립은 불가능하고, '다자간 대화'로 진행될 수밖에 없는 사회이론적 담론들을 포괄하기에 충분한 헌법이론은 불가능하거나 불필요한 것 둘 중의 하나일 수밖에 없다.[252] 또한 어떤 특정한 원칙들도, 선재하는 '규칙의 준수'(following rules) 또는 '원칙들의 중립적인 적용'(neutral application of the principles)을 요구하는 어떤 유형의 이론도 자유주의가 요구하는 의미에서 중립적일 수 없다. '규칙준수'의 명령 자체가 다분히 이데올로기적 담론으로 진행되는 '도덕적 대화들'(moral dialogues)의 실질적인 내용에 대해서는 어떤 것도 말해주지 않기 때문이다.[253] 이

---

251) M. V. Tushnet, "Following The Rules Laid Down: A Critique of Interpretivism and Neutral Principles", in: Harvard Law Review, Vol. 96(1983), 784-785면.

252) M. V. Tushnet(Fn.251), 786면.

253) L. H. Tribe(Fn.25), 24면. M. V. Tushnet(Fn. 251), 823면. Tushnet은 미국헌법의 핵심명제로 또한 헌법해석의 지향점으로 '정의의 확보와 구현'을 제시한 L. H. Tribe의 저서(American Constitutional Law, 1978)에 대한 서평에서 '법적 논증의 표준 기술들'(standard techniques of legal argument)을 사용하는 경우에도 선례로부터 심지어 미국헌법이 '사회주의'(socialism)를 요구한다는 결론도 도출될 수 있다고 하면서, 다만 미국의 어떤 법관도 가까운 장래에 이러한 해석론을 취하지 않을 것이지만, 이는 헌법해석상 '규칙의 준수'나 '원칙의 중립적인 적용'의 법관에 대한 제약 때문이 아니라 그러한 논증들이 타당하다고 생각하지 않는 방식으로 법관이 교육되고 임용되는 것에 따른 결과일 뿐이라고 주장한다. 이에 관해서는 Book

러한 관점에서 보면 굳이 '가치다원주의'(value pluralism)[254]나 '방법다원주의', 진리와 의미, 지식, 도덕, 현실 또는 이들에 대한 인식의 '객관성'과 '확정성'에 대한 근본적인 회의를 전제로 하는 '탈현대주의'(post-modernism)[255]를 거론하지 않더라도, 개방된 헌법담론에서 '절망적인 불확정성'(hopeless indeterminacy)[256]까지는 몰라도 적어도 판단준거의 '저확정성'(underdeterminacy)[257]은 용인할 수밖에 없다. 이러한 맥락에서

Review: "Dia-Tribe", in: Michigan Law Review, Vol. 78(1980), 696-698면.

254) '입헌주의'(constitutionalism)의 토대로서 '가치다원주의'에 대해서는 W. A. Galston, "Pluralist Constitutionalism", in: Social Philosophy & Policy Foundation, Vol. 28(2011), 233-240면. 일종의 'meta-해석'으로서 '제도적 선택들'(institutional choices)을 헌법해석의 과정 속에 편입시키고, 해석과정의 객관화에 초점을 맞추는 이른바 '대화적 해석'(discursive interpretation)의 모델을 제시하면서 다원주의 시대에 부응하는 '사법심사'(judicial review)와 헌법의 기능을 상론한 연구로는 M. P. Maduro, "In Search of a Meaning and Not in Search of the Meaning: Judicial Review and the Constitution in Times of Pluralism", in: Wisconsin Law Review, Vol. 2013, No. 2, 541-564면.

255) '탈현대주의'가 헌법이론과 헌법해석에 미친 영향에 대한 상론으로는 C. Massey, "The Constitution in a Postmodern Age", in: Washington & Lee Law Review, Vol. 64(2007), 165-231면. 탈현대의 언어철학 및 언어이론과 법 및 법해석의 관계에 대한 심층적인 논의로는 Ch. Becker, Was bleibt? Recht und Postmoderne, 2006, 특히 헌법해석과 관련해서는 149-151면.

256) C. Massey(Fn. 255)에 따르면, 탈현대주의적 사고의 핵심전제인 '절망적인 불확정성'의 '사실상 승인'(de facto recognition)은 헌법해석론에서도 불가피하고, 법원이 명시적으로 제시하지 않고 도그마틱이나 실용적인 또는 역사적인 이유 등의 다양한 논거로 포장하는 이른바 '총체적인 접근'(totality approach), 말하자면 헌법문언과 일반원칙 또는 가치와 현실 간의 '요동'(搖動; oscillation)이 수반될 수밖에 없기 때문에 '예측가능성'과 '일관성' 등의 도그마틱의 요청들에 부응하기 어려운 '사정의 총체성'(totality of circumstances)을 준거로 하는 헌법해석방법도 그에 따른 필연적인 결과일 뿐이다. 210-211면.

257) 다만, '저확정성'은 가능한 한 단정적인 절대명제를 피하기 위한 절제된 표현일 뿐이고, 인식론의 관점에서 보면 '확정성'과 '불확정성' 간의 불명확한 경계에 있는 것이 아니라 '확정성'과 분명하게 구별되는 '불확정성'의 하부범주에 속한다. 말하자면 K. Kress가 비판법학자들이 제시하는 '극단적인 불확정성'(radical indeterminacy)과 구별하여 제시하는 바, 법의 심각한 흠결, 즉 법의 정당성에 대한 부정의 논거가 아니라 법의 본원적인 일반적 속성으로 제시하는 '중간 정도의 불확정성'(moderate indeterminacy) 또는 '형이상학적인 불확실성'(metaphysical indeterminacy)이나 '존재론적 불확실성'(ontological indeterminacy)과 구별되는 '인식론적 불확실성'(epistemic indeterminacy)과 같은 의미로 이해하면 무리가 없을 것이다. "Legal Indeterminacy", in: California Law Review, Vol. 77(1989), 283면;

'자유주의'와 경쟁관계에 있는 '평등주의'(egalitarianism)[258]나 '공동체주의'(communitarianism)[259]등을 외면하는 것은 이데올로기 및 이론 간 경쟁으로서 헌법담론 자체를 부정하는 것이다. 요컨대, '법문언'의 '확정성' 및 법에 대한 인식 또는 이해의 '객관성'의 전제들이 근본적으로 부정된 오늘날의 현실 및 규범적 상황에서 이 두 가지 '도그마'는 더 이상 '도그마'로 인정될 수 없다.

또한 '해석주의'와 '중립성의 원칙'은 이론적, 방법론적 딜레마도 피할 수 없다. '해석주의'는 자신이 전제로 하는 '원의도에 대한 충실'(fidelity to original intent), 즉 헌법제정 당시의 역사에 대한 '객관적인 이해'를 토대

"Legal Theory: A Preface to Epistemological Indeterminacy", in: Northwestern University Law Review, Vol. 85(1990), 138면. 법이론의 차원에서 사용되는 '논증적 불확실성'(argumentative indeterminacy)이라는 용어도 같은 맥락에서 이해된다. 이에 대해서는 Ch. L. Kutz, "Just Disagreement: Indeterminacy and Rationality in the Rule of Law", in: Yale Law Journal, Vol. 103(1994), 1017-1020면.

258) '평등주의'에 대한 정치철학적 개관으로는 S. Scheffler, "What is Egalitarianism?", in: Philosophy & Public Affairs, Vol. 31(2003), 5-39면. '자유주의적 입헌주의 모델'(liberal constitutionalism model)의 안정성과 정당성에 대한 위협으로서 경제적 불평등 또는 빈곤의 문제를 주목하면서 평등과 재분배의 명제에 보다 충실한 헌법해석 및 헌법정책론적 대응의 필요성을 강조한 연구로는 R. Dixon/J. Suk, "Liberal Constitutionalism and Economic Inequality", in: The University of Chicago Law Review, Vol. 85(2018), 369-401면. J. Rawls의 '배분적 평등주의'(distributive egalitarianism)와는 달리 규범적 명제로서 '사회적 관계'의 평등성을 주목하는 이른바 '관계적 평등주의(relational egalitarianism)에 대해서는 R. Nath, "Relational egalitarianism", in: Philosophy Compass, Vol. 15(2020), 1-12면.

259) '공동체주의'의 철학 및 사상사적 궤적과 함께 '공공선'(common good), '개인적 권리와 사회적 책임 간의 적정한 균형', '문화적 상대주의' 등 그 핵심이념에 대한 개관으로는 A. Etzioni, "Communitarianism revisited", in: Journal of Political Ideologies, Vol. 19(2014), 241-260면. 헌법이론 및 헌법해석론상 주목되어야 하는 논제, 특히 독일의 기본법의 배후에 있는 사회 및 법이론으로서 '공동체주의'를 3가지 유형, 즉 '실질적인 보수주의적 공동체주의'(substantive, conservative communitarianism), '자유주의적 공동체주의'(liberal communitarianism) 및 '평등주의-보편주의적 공동체주의'(egalitarian-universalistic communitarianism)로 구별하고, 각각의 모델에 따라 다른 전제 및 결론으로 귀착되는 기본적인 법이론 및 헌법규범적 판단에 대한 해명으로는 W. Brugger, "Communitarianism as the social and legal theory behind the German Constitution", in: International Journal of Constitutional Law, Vol. 2(2004), 431-460면.

로 하여 헌법제정자의 '원의도'를 '주어진 그대로 파악'(real grasp)해야 한다는 '원의주의'(originalism), 특히 Larry Alexander가 제시하는 "고지식한 원의주의"(Simple-Minded Originalism)[260]의 헌법해석론적 요청에 부응

---

260) 의미의 '근본적인 의도성'(essential intentionality)과 '단일한 정통 저자'(a legitimate author)를 토대로 하는 '헌법적 정당성'(constitutional legitimacy)이라는 이른바 '고정테제'(Fixation Thesis)로서 두 가지 전제를 토대로 한 '고지식한 원의주의', 즉 단순하게 곧이곧대로 정당한 저자가 전달하려고 의도한 '원의'에 충실할 것을 요구하는 원의주의에 대한 압축된 설명과 비판으로는 Lawrence. B. Solum, "Simple-Minded Originalism? Simply Wrong!", in: Heidi M. Hurd (ed.), Moral Puzzles and Legal Perplexities, 2019, 189-205면. 개인들 간의 '일대 일의 면대면 소통'(one-to-one, face-to-face communication)과 개인들에 의해 기초되지만 일단의 제도들에 의해 '공중을 위해'(on behalf of the public), '공중에 대하여'(to the public) 제안 및 인준되는 '복합적인 소통상황'(complex communicative situation)을 연결한 '유추'(anaolgy)의 기발함은 인정하면서도 그 오류를 단호하게 지적하는 해명은 간명하다: 『헌법의 해석과 구성은 필연적으로 개인 간의 일대 일의 소통의 단순한 경우보다는 더 복합적인 구조를 갖는다. Simple-Minded Originalism is simply Wrong.』 205면.
궁한 경우에는 '소심한 원의주의자'(faint-hearted originalist)일 수밖에 없다고 자인하면서도 민주주의와 권력분립의 틀 속에서 사법의 본질을 소극적인 법해석작업으로 보는 입장에서 헌법텍스트를 준거로 하여 당대의 가치 또는 헌법의 진화된 내용을 찾는 '원의주의'가 일종의 '타협의 산물'(something of compromise)로 귀결된다는 점을 강조하면서 헌법해석방법론으로서 '원의주의'의 타당성을 주장한 대표적인 견해는 A. Scalia, "Originalism: The Lesser Evil", in: University of Cincinnati Law Review, Vol. 57(1989), 849-866면. '원의주의'와 다양한 해석규칙들을 통해 불확정성의 문제가 대부분 해결될 수 있고, '헌법구성의 지대'(contitutional construction zone)가 최소화될 수 있다고 보는 입장은 J. O. McGinnis/M. B. Rappaport, "The Power of Interpretation: Minimizing the Construction Zone", in: Notre Dame Law Review, Vol. 96(2021), 919-972면. 헌법해석의 과도한 역사의존을 경계하는 관점에서 '원의주의'를 비판하는 대표적인 '비원의주의'(non-originalism)의 주장은 W. J. Brennan, Jr., "The constitution of the United States: Contemporary Ratification", in: South Texas Law Review, Vol. 27(1986), 433-446면. 다만, '원의도'(original intent)를 준거로 하는 논증양식을 '역사적인 논증'(historical argument)의 범주로 분류한 Ph. Bobbitt을 비판하면서 J. M. Balkin(Fn.235)이 지적하는 바와 같이, 오늘날 대부분의 원의주의자들의 논증들은 '원의'보다는 '공적인 원의미'(original public meaning)를 주목하며 또한 헌법적 논증 속에서 역사를 활용하는 경우에도 '원의도'나 이른바 '공적으로 채택된 역사'(adoption history)를 논거로 제시하는 것은 찾아보기 어렵다. 이러한 점에서 '원의주의'의 이론에서도 관건은 헌법해석의 기준으로 '원의도' 또는 '원의미'를 곧이곧대로 따라야 하는지 여부가 아니라, '공적인 원의미'를 얼마나 두껍게 또는 얇게 고려하는가 하는 것이다. 147, 152면. 이에 관해서는 Ph. Bobbitt, Constitutional Interpretation, 1991, 9-13면.

하기 위해서는 필연적으로 '해석학'(hermeneutics) 또는 '해석학적 해석론'(hermeneutic interpretivism)의 방법을 취하는 것이 불가피하기 때문이다.

헌법텍스트의 '원의미'가 '헌법의 규칙'(constitutional rule)을 다루는 '헌법적 행위자들'(constitutional actors)을 제약해야만 한다고 보는 입장에서 '헌법구성'의 한계를 강조하면서도, 동시에 '헌법의 저확정성의 영역'(domain of constitutional underdeterminacy), 즉 헌법텍스트의 '어의'(linguistic meaning)를 식별하는(discern) 단순한 '헌법해석'의 방법으로 접근될 수 없는 이른바 '구성지대'(construction zone)가 적어도 완전히 배제될 수는 없다고 보는 대표적인 견해는 L. B. Solum, "Originalism and Constitutional Construction", in: Fordham Law Review, Vol. 82 (2013), 453-537면. 최근에 주목되고 있는 '기업의 기본권'과 관련하여 이른바 '기업 존재론'(corporate ontology)보다는 개인의 경제적 자유와 관련된 헌법규정들과 헌법텍스트로부터 도출되는 일반원칙들을 준거로 하는 원의주의적 접근이 더 유용한 것으로 보는 견해도 '헌법해석'과 분별되는 '헌법구성'의 불가피성을 부정하는 것은 아니다. O. Alderson, "Abandoning Corporate Ontology: Original Economic Principles and the Constitutional Corporation", in: Journal of Constitutional Law, Vol. 22 (2020), 561-588면.

이러한 맥락에서 여기에서 논의는 '원의도' 자체보다는 적어도 암묵적으로 '원의도'를 직간접적인 준거 또는 매개로 하여 접근될 수밖에 없는 '원의미'의 발견을 지향하는 '원의주의', 그리고 이와 연계된 헌법해석방법으로서 '해석주의'의 인식론적 오류에 대한 비판에 초점을 맞춘 것임을 밝혀 둔다. '원의주의의 약속'(originalism's promise)을 미국 헌법의 자연법적 근거인 동시에 미국의 헌법실무를 타당한 것으로 만드는 토대로 보는 입장에서 역사적이고 현명한 논증을 제공하는 일종의 '소통의 모델'로서 또한 '조정의 모델'로서 '원의주의'의 규범적 효용을 긍정적으로 본 최근의 연구서와 이에 대한 비판적인 서평 및 이에 대한 반론으로는 L. J. Strang, Originalism's Promise: A Natural Law Account of the American Constitution, 2019; D. A. J. Telman, "The Structure if Interpretive Revolution", in: Constitutional Commentary, Vol. 35(2020), 109-139면; L. J. Strang, "Originalism is a Successful Theory (in part) Because of Its Complexity: A Response to Professor Telman", in: Constitutional Commentary, Vol. 35(2020), 141-171면.

국내 문헌 중에, 헌법규정의 '원래의 의미'를 헌법해석의 기준으로 제시하여 헌법해석의 자의성과 유동성을 배제하여 헌법해석의 객관성과 정치적 중립성을 확보하고, 헌법의 현실통제기능을 중시하는 점에서 '원의주의'의 상당한 설득력을 인정하면서도 헌법해석의 요소로서 헌법텍스트에 담겨진 '구체적 의미'의 가변성과 함께 헌법현실과 가치의식이라는 외적 요소와 헌법해석자의 관점을 외면하는 교조적인 '원의주의'의 한계를 지적하는 견해로는 김 문현, "헌법해석방법으로서 원의주의에 대한 검토", 헌법재판연구, 제3권 제2호(2016), 131-176면. 미국의 헌법학계에서도 전통적인 '원의주의'를 벗어나서 헌법제정자의 의도에 집착하지 않고 헌법텍스트의 의미를 중시하면서 시대의 변화에 대응할 수 있는 '새로운 원의주의론'(new originalism)이 전개되고 있는 상황을 주목하면서 원의주의적 헌법해석을 성급하게 시대착오적인 낡은 헌법해석방법으로 평가하는 것을 경계하는 주장도 주목된다. 김 민배, "헌법해석과 원의주의의 쟁점", 헌법논총, 제2집(2016), 63-140면.

앞에서 상론한 바와 같이, 헌법해석작업은 해석자의 '선이해'가 필연적으로 인입되는 '상상'(imagination)의 작업 또는 '상상'이 필수적인 작업이다. 선재하는 유일한 정답을 전제로 그것을 확인하는 차원의 '재구성'(reconstruction)이나 헌법제정자의 '원의도'나 헌법문언의 '원의미'(original meaning)를 단순히 '발견'(discovering)[261)]하는 작업이 아니라 '해석주체와 객체 간의 역동적인 상호작용'을 통해 의미를 '재창조'(re-creation)하는 '해석학적 작업'이다. 이러한 '해석학적 관점'에서 볼 때, 특히 헌법의 토대의 견고성을 '철학'이나 혁명적인 창설의 계기가 아니라 '미래'(future), 즉 특정한 구상의 도덕성과 정의 및 정당성의 토대가 되는 공동체의 결정조건들과 권위적인 결정의 '이유제시'와 '이유납득'의 실행을 시대를 넘어서 지속 및 갱신해 나가는 진보성에서 찾는 관점에서는 더더욱 '해석주의자들'(interpretivists)이 전제로 하는 헌법제정 당시의 '과거세계'(the world of the past), 즉 역사의 '소여성'(所與性)과 '계속성', 그리고 헌법제정자가 상정한 헌법문언의 '원의미'의 '확정성'(determinacy)은 원천적으로 부정될 수밖에 없다.[262)] F. Frankfurter가 법률에 내포된 입법자의 정치적 구상들이 명백하지 않고 잠복되어 있는 경우에 법률의 해석에 수반되는 어려움과 관련하여 제시한 '가장 근본적인 문제'(bottom problem)는 헌법의 해석에서 더더욱 적확하다:

---

261) T. Sandalow, "Constitutional Interpretation", in: Michigan Law Review, Vol. 79(1981), 1035면.

262) 헌법을 포함하여 법체계 자체의 토대를 그 자체의 미래에서 찾는 입장에서 '지금 여기에 있는 우리'(We *here and now*)의 '현재에 속하는 자치'(Self-government belongs to the present)의 명제와 정당성과 헌법해석의 동태적인 관계를 주목하는 대표적인 견해는 Jed Rubenfeld, "Legitimacy and Interpretation", in: Larry Alexander(ed.), Constitutionalism, 1998, Chapter 5, 194-234면. M. V. Tushnet, "Following The Rules Laid Down: A Critique of Interpretivism and Neutral Principles", in: Harvard Law Review, Vol. 96(1983), 799-800면.

『법문들의 표면 밑에 있는, 그러나 오롯이 그 일부인 것이 무엇인가? (What is below the surface of the words and yet fairly a part of them?)』.[263)]

'법문언중심주의' 또는 '해석주의'와 마찬가지로 '자유주의'의 사회이론과 연계된 법이론의 일단이라고 할 수 있는 '중립성의 원칙'도 마찬가지다. '해석주의'의 구상, 즉 '중립성의 원칙'과 '일관성'의 요청에 따라 법관의 자의적인 법해석을 효과적으로 방지하여 '법의 지배'의 정당성을 확보할 수 있다고 하는 이론구성의 맥락에서 강조되는 바, 즉 법관에 대한 '실질적인 제약들'(substantive bounds)은 '공허한 것'(empty)이거나 또는 특정한 도덕철학 및 이를 토대로 하는 '다른 실체적인 헌법이론들에 기생하는 것'(parasitic on other substantive theories of constitutional law)일 뿐이다. '중립성' 자체를 종종 해명하기 난처한 수수께끼 같은 '일종의 복합적인 관념'(a complex notion)으로 보고, 오늘날 자유주의적 평등주의의 이념으로서 '중립성'과 정치적 대의의 이념으로서 '중립성' 간의 상충을 주목하는 정치철학 및 정치이론의 문제인식은[264)] 헌법해석론에서도 적확하다.

'중립성의 원칙'에 따른 방법론적인 제약도 역시 실무상 '공허한 것'이거나, 헌법원칙들의 '내용의 중립성'(neutrality in content)을 전제로 '중립적인 적용'(neutral application)[265)]을 요구하는 점에서 이론적으로 자가당착에 빠질 수밖에 없다. 말하자면 법관에 요구되는 '불편부당성'(impartiality)이 편파성의 배제를 의미하는 것이지 법 및 법적 문제에 대하여 어떤 '선입견'(preconception)도 갖지 않아야 한다는 것일 수 없거니와, 원리의 선택과 정당화 및 적용의 '공적 수용'(public acceptance)을 주목하여 헌법해

263) F. Franfurter, "Some Reflections on the Reading of Statutes", in: Colombia Law Review, Vol. 47(1947), 533면.

264) M. E. J. Nielsen, "A Conflict Between Representation and Neutrality", in: Philosophical Papers, Vol. 39(2010), 69-96면.

265) 이에 관해서는 R. H. Bork(Fn.250), 6-7면.

석 또는 헌법적 결정이 이른바 '공적 생활'(public life)속에서 확립된 '사회적 관례'(social practice)에 합치되는 경우에만 정당화되는 것으로 보는 입장에 보면, 헌법의 해석과 적용에서 기계적인 규칙적용자로서 법관의 중립성을 요구하는 것은 현실적으로 불가능하고 또한 규범적으로도 타당하지 않은 요구, 즉 도덕적·정치적 가치들에 대한 법관의 '관점의 중립'을 요구하는 점에서 그러하다.[266)]

헌법해석론상 법관의 '무색무취'를 요구하는 의미의 가치적 중립의 요청은 근본적으로 R. Dworkin이 제시하는 '헌법에 대한 도덕적인 독해'(moral reading of the constitution)[267)]에 대한 반명제, 즉 '비도덕적인(amoral) 헌법해석'의 지침과 다르지 않다. 이는 결국 도덕적인 가치판단과 무관할 수 없는 기본권을 비롯한 헌법적 원칙들의 논거들이 개별 헌법규정의 해석에서 중요한 역할을 수행하지 않는 경우, 말하자면 오늘날 가치 다원주의적 사회에서 현실적으로든 이론적으로든 상정하기 어려운, 'meta 해석론적 이견'(meta-interpretative disagreement)이 없는 경우에만 적용될 수 있는 '법형식주의'(legal formalism)[268)]를 헌법해석의 공준으로 강변하는 방법론적 예단일 뿐이다. 헌법해석에서 항상 유념해야 하는 헌법의 핵심

---

266) M. R. Dimino, "Image is Everything: Politics, Umpire, and The Judicial Myth", in: Harvard Journal of Law & Public Policy, Vol. 39(2016), 403면. M. V. Tushnet(Fn. 262), 805-808면.

267) R. Dworkin, Freedom's Law: The Moral Reading of the American Constitution, 1996, 특히 7-15면.

268) T. Bustamante, "Comment on Győrfi - Dworkin, Vermeule and Győrfi on Constitutional Interpretation: Remarks on a Meta-interpretative Disagreement", in: German Law Journal, Vol. 14(2013), 1145면. '법형식주의'에 대한 개관과 상론으로는 S. J. Shapiro, Legality, 2011, 240-258면. 특히 헌법해석론방법론상 정치경제학적 이데올로기와 밀접하게 연관되는 경제문제와 관련하여 공적 영역과 사적 영역의 분별을 전제로 '정부규제의 중립성'(neutrality of governmental regulation)에 관심을 집중하고, 사유재산과 계약자유의 보호, 이른바 '분식이론'(the affectation doctrine) 및 실체적인 적법절차 등과 같은 헌법도그마틱에 초점을 맞춘 '법형식주의'에 대해서는 S. R. Olken, "The Decline of Legal Classicalism and the Evolution of New Deal Constitutionalism", in: Notre Dam Law Review, Vol. 89(2014), 2053-2055면.

기능이 정의의 이념을 지향하는 가치상향의 '사회통합'(social integration)의 촉진이라고 한다면, 헌법의 통합력은 헌법텍스트 자체만으로는 확보될 수 없다. D. Grimm이 적확하게 기술하듯이, '현실 세계'(real world)에서 진행되는 '사회통합'은 헌법에 의해서 촉진될 수는 있지만, 통제되지는 않는 일종의 '사회적 과정'(social process)이다:

『법은 통합의 과정에 영향을 미칠 수는 있지만, 결정을 할 수는 없다.』[269)]

3) 통합규범으로서 헌법의 표준문법 – 의미와 공적 이성의 문법

헌법의 '통합기능'은 궁극적으로 헌법의 특수한 역사적 기원이나 헌법이 특정한 사회의 근본적인 가치들을 얼마나 적확하게 반영하고 있는가 하는 등의 다양한 요소들에 의해 결정되는 헌법의 '표상력'(表象力; symbolic power), 즉 헌법이 어떻게 지각되는가에 달려 있다. '통합'은 헌법텍스트 속에 선확정된 상태로 전제되는 것이 아니라, 헌법정치공동체 구성원들의 '공유하는 정신'(communal spirit)과 '집합적 정체성' (collective identity)을 발전시켜 나가는 현실적인 과정이다. 또한 Russel Hardin의 말대로, 헌법제정 자체가 '하나의 광범위한 영향을 미치는 조정행위'(a massive act of coordination), 즉 헌법체제를 뒷받침하는 사회적, 정치적, 철학적 토대가 안정적인 동안 '헌법의 자가생산적인 동기와 기대들'(self-generating incentives and expectations)에 의존하여 유지되는 '협약'(convention)창조의 행위이거니와, 바로 이러한 '협약'의 핵심인 동시에 지속력의 근원인 '통합'의 명제는 공동체 내에 존재하는 다양한 의견들과 가치들의 다원성을 강압적으로 제거하려고 하지 않는 공동체 속에서 타협과 절충을 모색하는 '통일과 집합적 행위'(unity and collective action), 즉 '소통'과 '조정'의 조건으로 제시되는 것이다.[270)]

---

269) D. Grimm, "Integration by Constitution", in: International Journal of Constitutional Law, Vol. 3(2005), 194면.

270) R. Hardin, "Why a Constitution?", in: Dennis J. Galligan/Mila Versteeg(ed.),

헌법이론상 이견이 없는 바, 즉 헌법해석작업의 요체는 법적 구속력을 갖는 헌법텍스트의 '형식'이 아니라 이견이 없을 수 없는 헌법의 가치적 동인(動因), 즉 그 실질적인 '내용'을 주목하는 '사회통합'이다. 이 통합의 과정 자체를 현실사회에 존재하는 상충되는 이익들과 이견들의 조정 또는 절충의 준거로서 헌법의 '의미', 즉 헌법규범을 탐색하고 가치상향적으로 발전시켜나가는 '개방된 담론'으로 이해하는 관점에서 보면, '법형식주의'는 헌법해석의 출발점에서만 타당할 뿐이고, 그 이후의 과정에 대해서는 아무 것도 말해줄 수 없다. Grimm이 단언하는 바와 같이, 헌법의 '통합기능'을 강조하고 논의하는 것은 '법적 대상'(legal object), 즉 그 규율의 대상과 법적 지위의 관점에서 분별되는 '특수한 법규범들의 세트'(a special set of legal norms)인 헌법의 '법 외적 효과들'(extralegal effects)을 주목하는 것이다.[271]

이 '법 외적 효과'는 정치와 경제, 도덕, 역사, 종교, 문화적 환경을 비롯하여 입법윤리, 결과론적인 공공복리극대화 등의 다양한 요소들을 포함하는 일종의 '정책적 효과'인 점에서 '법형식주의'가 요구하는 바, 즉 법적 개념에 대한 비도덕적인 어의학적 분석의 방법으로는 적확하게 포착될 수 없다. 과학의 영역에 속하는 단순한 기술적인(記述的; descriptive) '어문법'(grammar of words)이 아니라, 이른바 '화행론'(話行論; speech-act theory)의 맥락에서 사회적 관습과 규범성을 반영하는 규범적인 '의미의 문법'(grammar of meaning),[272] 전술한 바와 같이 그 자체가 진화의 산물인 '도덕적 감각의 문법'(grammar of moral sense), 그리고 정치적 이견을 해석의 이견으로 취급하는데 익숙해지는 과정을 통해 '구성적 해석'(constructive interpretation)이 그 일부가 되어야 하는 '공적 이성의 문법'

Social and Political Foundations of Constitutions, 2013, Ch. 2, 61면. D. Grimm(Fn.269), 193, 194면.

271) D. Grimm(Fn.269), 193면.

272) 이에 대해서는 M. N. Lance/J. O'Leary-Hawthorne, The Grammar of meaning: Normativity and semantic discourse, 1997, 특히 2-4면.

(grammar of public reason),[273] 궁극적으로는 '소통의 문법'(grammar of communication)이 헌법의 '표준문법'으로 채택되어야 하는 것도 이 때문이다.

또한 '중립성의 원칙'은 기계적인, 그렇기 때문에 중립적인 것으로 전제되는 '사법적 추론'(judicial reasoning)의 고유한 기능과 역할에 대한 인정을 요구하지만, 그 자체만으로 '객관적 타당성'과 '확정성'을 담보할 수 없는 경우 법관의 선택, 즉 '사법재량'의 판단에 대하여 그 정당화의 근거로 일종의 '사회학적 해명'(sociological explanation)을 요구하는 점에서도 이론적 자가당착이라는 비판을 피할 수 없다. 이 '사회학적 해명'이 '기술적인(descriptive) 효력'뿐만 아니라 '규범적 효력'도 갖는다고 한다면, 이러한 요구는 결국 궁극적으로 자신이 전제하는 사회에 대한 '자유주의'의 가정들, 특히 개인주의적 인간관과 사회관을 근본적으로 부정하는 법사회학에 의존하기 때문이다.[274] 복합적인 구조 속에서 '사회적 실제'로 존재하는 개인의 주관적인 '도덕적 감정'과 경험, 개인 및 집단 간의 관계 등과 무관하게 선재하는 '이해의 공동체'(community of understanding) 또는 '당연한 것으로 여겨지는 세상에 대한 이해'(taken-for-granted understandings of the world)를 전제로 하고 또한 개인의 가변적인 도덕적·정치적 구상들이 '사회 전체의 관점'(societal perspective)에서 도출되고 그에 종속되는 것으로 보는 보수적인 사회이론으로 귀착되는 것이다.

4) 소결

요컨대, 법도그마틱의 핵심명제인 법 또는 법적용의 '정치적 중립화'와 '탈이데올로기화'(Entideologisierung)의 명제는 특히 헌법이론 및 헌법해석의 경우에 완전한 수준은 물론이거니와 불완전한 수준에서도 규범적

273) A. Schwartz, "Patriotism or Integrity? Constitutional Community in Divided Societies", in: Oxford Journal of Legal Studies, Vol. 31(2011), 519면.

274) M. V. Tushnet(Fn.262), 805, 825-827면.

으로 타당하지 않고, 현실적으로 불가능하기도 하다. 이러한 점에서 헌법해석과 법률해석을 질적·구조적으로 분별하지 않고, 양자의 차이를 단지 상대적인 양적 차이에 불과한 것으로 보는 견해는 이른바 '범주의 오류'(fallacy of category)로서 타당하지 않다. 헌법철학 및 헌법이론과 구별되는 독자적인 범주로 획정되기 어려운 헌법해석론에서 해석의 주체와 대상, 구조와 사건이 단선적, 일방적이기보다는 복합적이고 교차적인 관계로 연계되는 구조적 특성과 함께 헌법의 본질적인 '일반성' 및 '이데올로기 감염성' 등은 헌법해석과 법률해석의 본질적인 차이로 부각된다.

바로 이러한 점에서 법률해석과 연관되는 전통적인 법도그마틱의 해석요소들도 결정의 논증을 위한 하나의 '관점' 또는 '단서'에 불과한 것으로 보는 기조 속에서 '헌법도그마틱'의 차원을 넘어서는 새로운 헌법학방법론들의 모색되어 왔다. 예컨대 Th. Vieweg의 '문제변증론'[275)]이나 W. Gast의 '법학적 수사학',[276)] 그리고 이 글에서 주목하는 '전형상 준거해석방법'도 포함되는 것으로 상정되는 광의의 '관점론적 해석방법' 등을 포괄하는 이른바 '정신과학적인 방법들'(geisteswissenschaftliche Methode)의 공통된 기본명제, 즉 '헌법의 구체화' 또는 '헌법의 실현' 등은 이러한 관계구조가 반영된 것이라고 할 수 있다. 영미법상의 'legal reasoning'이나 Perelman의 '논증학'(Traité de l'argumentation) 또는 '신수사학'(La Nouvelle Rhétorique)을 비롯하여, Hare, Toulmin, Lorenzen/Schwemmer의 '논증이론'(argument theory) 및 Habermas의 '대화이론'(Diskurstheorie) 등도 '실천이성' 또는 '합리적인 도덕적 논증'이라는 '법외적', 즉 전통적인 법도그마틱을 넘어서는 법 및 정치철학적 구상들과 연계되는 점에서

---

275) Th. Vieweg, Topik und Jurisprudenz, 5. Aufl., 1974, 31-45면. 계 희열은 이 책 중의 3장, 'Analyse der Topik'을 '문제변증론'으로 번역하여 편역서에 부록으로 추가하였다. 헌법의 해석(편역), 1993, 367-383면. 이와 관련하여 주목되는 후속 연구성과로는 G. Struck, Topische Jurisprudenz, 1971. 특히 이 글에서 주요 화두로 논의되는 J. Esser의 '선이해'와 관련해서는 104-118면.

276) W. Gast, Juristische Rhetorik, 5. Aufl., 2015. 특히 법률의 해석과 관련해서는 257-337면.

같은 기조의 변환의 시도들이라고 할 수 있다.277)

(3) '헌법도그마틱'의 효용과 한계 - '계몽된 법도그마틱'

앞에서 논의한 바와 같이, 일반 법률과 단순한 양적 차이로 볼 수 없는 헌법의 특유한 '일반성' 및 '이데올로기 감염성'의 속성을 부인할 수 없고 또한 이에 따른 당연한 결론으로 헌법해석에서 '정치적 중립성'과 '탈이데올로기화'는 기대할 수 없다. 그렇다면 일종의 '도그마'로서 제시되는 한에서 '헌법도그마틱'은 일견 이른바 '형용모순'(oxymoron)의 논제로 여겨진다. '법인식원'으로서 도그마틱의 속성, 즉 개념의 분석을 수단으로 하는 순수한 논리학적 작업으로서 본질과, '법적인 것'과 '비법적인 것'을 철저하게 구별하고 후자를 철저하게 법인식작업에서 배제하는 전제 하에 하나의 단어의 단위에서든, 문장의 단위에서든, 개별실정법을 넘어서는 전체 법질서의 차원에서든 '폐쇄체계' 속에서만 수행되는 정형화된 법발견작업으로서 구조적 특성과 그에 따른 기능적 한계는 도그마틱 이론의 범주에서 논의되는 것인 한 '헌법도그마틱'에서도 부인될 수 없기 때문이다.

어떤 층위와 영역, 또는 어떤 단위에서든 체계성은 형식성과 폐쇄성을 속성으로 한다는 점을 차치하더라도, 전술한 바 있는 '계몽된 도그마틱'의 의미에서 '개방된 도그마틱'을 상정하는 경우에도 '폐쇄체계' 자체를 사실상 포기하는 정도로 '개방된 도그마틱'은 더 이상 도그마틱이 아니다. 말하자면 해석주체의 주관적인 가치적 선판단과 현실 또는 현실인식에 대하여 '개방된 도그마틱'은 일종의 표준화된 법인식방법으로서 합리화 및 결정부담경감의 기능과 함께 중립성의 요청에 더 이상 부응할 수 없게 된다는 점에서 일정한 임계점을 넘는 수준의 '개방된 헌법도그마틱'은 이미 법도그마틱의 범주에 속하는 것으로 보기 어렵다.

---

277) R. Dreier, "Zur Theoriebildung in der Jurisprudenz", in: Recht und Gesellschaft, Fs H. Schelsky, 1978, 117면.

법해석론과 법이론과의 관계에서 법률해석의 목적과 대상에 관한 이견, 즉 '입법자의 주관적인 의사'에 초점을 맞추는 주관적인 법해석론과 '법률의 객관적인 의사'를 주목하는 객관적인 법해석론이 엇갈리고 있거니와,[278] '폐쇄체계'를 고수하는 경우에는 전자의 해석론이, '폐쇄체계'를 개방하는 경우에는 후자의 해석론이 유지될 수 없다. 이는 헌법의 경우 더욱 극명하게 주어지는 바, 즉 법률의 제정과 법률의 해석 또는 적용 간의 시차를 고려하는 통시적 차원의 경우에는 더더욱 복합적인 한계로 주어진다. 법률과는 다른 차원에서 주목되어야 하는 '안정성과 역동성 간의 조화'의 요청과 연관되는 헌법의 특별한 '경성'(硬性)'과 함께, 이론적으로 구성된 '집합적인 의사'(Kollektivewille)로서 법적으로 보면 일종의 '허구'(Fiktion)로 여겨지는 '헌법제정자의 의지'(Wille des Verfassungsgebers)의 본질[279]과 헌법 및 헌법언어 자체의 '이데올로기 감염성'을 고려하면 이 한계는 차원이 다른 문제로 부각된다. 즉 시대상황의 변화에 따라 가변적인 어떤 정치철학과 가치관을 갖고 있는가에 따라 해석의 방법과 관점이 선택되고, 그에 따라 헌법해석의 결론이 다를 수밖에 없기 때문이다.

근본적으로 '이데올로기 감염성'을 벗어날 수 없는 '도덕적 감각'과 그에 따른 도덕적인 가치판단의 '선이해'와 그에 따른 해석이론과 방법의 선택, 말하자면 어떤 입장과 관점에서 어떤 요소들을 우선하여 결정하였는지를 논증하게 되는 헌법해석의 '순환구조의 형식'은 본질적으로 가치중립적이지 않고, 해석주체와 해석대상, 그리고 현실과 규범 간의 교섭에 대하여 상시적으로 온전히 개방되어 있는 점에서 도그마틱의 '폐쇄체계'와는 그 구조가 근본적으로 다르다. 헌법이론이 헌법에 대한 이해, 즉 헌법해석을 선결하지는 않으면서 선도하는 맥락에서 그에 앞서는 '선이해'에 대한 성찰의 계기와 단서들을 제공하기는 하지만, 오늘날의 '가치다원주의'와 '방법다원주의'의 상황에서 이른바 '절충주의'(eclecticisim)가 불

278) 이에 관한 상론으로는 특히 계 희열(Fn.275), 9-19면.

279) Ch. Hillgruber, "Verfassungsinterpretation", in: O. Depenheuer/Ch. Graberwarter (Hg.), Verfassungstheorie, 2010, § 15, 511면.

가피한 헌법해석에 대하여, 특히 특정한 사안에 대한 헌법적 결정에 대하여 규범적으로 유효한 준거와 규칙을 제시할 수 없고, 헌법해석작업의 목적, 즉 '헌법의 이해' 자체를 제공할 수 없는 것은 바로 이 때문이다.

언어(심리)학자인 Gill Fauconnier가 현대 언어학 및 철학의 근본적인 결함으로 담론과 소통의 복합적인 구조와 그 속에서 발화의 기능을 간과하는 것과 연접(連接)된 구성요소들을 작위적으로 단절한 상태로 주목하는 점을 지적한 것은 법해석론에 대해서도 타당하다:

『오늘날 언어학과 철학에서 공히 발견되는 결함은, (예컨대 문장론, 어의학 및 실용론 등) 고립된 구성요소들을 과도하게 강조하는 관점에서, 담론을 구성하는 기능과 추론과 소통 속에서 사용되는 맥락들을 전혀 고려하지 않으면서 '표현들의 문법 및 의미의 구조'(grammatical or meaning structure of expressions)에만 초점을 맞추는 연구에 집착하는 것이다』[280]

---

280) G. Fauconnier, Mapping in Thought and Language, 1997, 5면. 인식론의 차원에서 이에 관한 상세한 해설로는 Line Brandt, The Communicative Mind: A Linguistic Exploration of Conceptual Integration and Meaning Construction, 2013, 특히 199-206면. John William Corrington이 법세계와 현실세계 간의 괴리 또는 합치의 가능성과 한계의 문제를, 특히 '법체계의 허구성'과 '실재경험'의 차이에 초점을 맞추어 존재론 및 인식론의 관점에서 (시인이나 소설가의) 'logos'와 (법률가의) 'lex' 간의 변증법적 관계로 논의한 것도 유사한 비판기조의 접근이라고 할 수 있다:
『법률용어와 법적 분석이 담론에 정확성을 부가한다고 할지라도, 그것들은 법률가들이 살아가고 행동하며 자신의 존재가치를 확보하는 '대체현실들'(alternate realities)을 창조하는 경향을 갖는다. '국부적인 정확성'(regional precision)이 '전체현실의 상실'(loss of overall reality)을 대가로 한다면, '법체계의 허구들'(fictions of the legal system)과 우리 모두가 살고 있는 '더 큰 세상의 맥락에서'(in terms of the larger universe) 경험하는 '현실'(reality)을 분별하는 경계선의 획정이 필요하다.(말하자면 '법세계'와 '현실세계'의 이격이 어떤 상황에서 얼마나 가능하고, 타당한지를 결정하는 것이 필요하다: 필자 부기)』 "Logos, Lex, and Law", in: Legal Studies Forum, Vol. 26(2002), 709면.
이 논문의 기조는 시나 소설 등 문학작품에서 찾아지는 ''logos'와 법텍스트 속의 'lex'를 비교한 점에서 R. Dworkin이 법해석의 핵심요소 또는 그 지향점으로 '통합성'(integrity)을 제시하고, 이를 위한 법해석방법론의 명제로 법적 '상상'과 이른바 일종의 '대화적 해석'(discursive interpretation)으로서 '창조적 해석'(creative interpretation)의 가능성과 필수성 등을 강조하며 '연작소설'에 비유하여 법해석

헌법텍스트작업에서 이러한 비판의 적확성은 도드라진다. 존재론의 차원에서든, 인식론의 차원에서든 법과 정치(현실) 또는 정책, 법과 도덕, 법세계와 정치경제 및 사회문화의 생활세계 간의 중첩성 또는 삼투성(滲透性)을 외면하는 '문언중심주의'(textualism) 또는 '법형식주의'(legal formalism)적 접근방법의 결함이 가장 부각되는 분야가 헌법(해석)이다. 특히 헌법의 역사성과 함께 앞에서 인용하여 논의한 P. Häberle의 '문화학으로서 헌법론'(Verfassungslehre als Kulturwissenschaft), '헌법해석의 개방된 사회'(die offene Gesellschaft der Verfassungsinterpreten) 등의 명제를 주목하는 경우 이 결함은 거의 치명적이다. 인식과 소통 및 담론의 중요한 구성요소로서 '도덕감'이나 '정의감' 등의 감정과 이른바 '시대정신', 그리고 이들과 직간접적으로 밀접하게 연관되는 관념체계와 개념관계, 오롯이 이 속에서 형성 및 사용되는 표현의 맥락 등을 주목하지 않는 '헌법도그마틱'의 방법을 고수하는 헌법해석론에서는 더더욱 그러하다.

이러한 비판의 관점에서 주목되는 바, 즉 헌법이론 또는 헌법해석론의 차원에서 독자적인 방법으로 유효한 것인지에 대한 논의와는 다른 맥락에서, 말하자면 적어도 예컨대, Savigny가 제시한 해석방법론을 내용으로 하는 표준화된 법도그마틱, 즉 법해석론의 공준들이 법발견에 이르는 인식과정의 근본적인 차이에도 불구하고 일종의 '텍스트작업'이고 '논증형식'인 점에서는 다르지 않은 헌법해석에도 적용될 수 있고 또한 그래야 한다면, 관건은 소통과 담론의 구조틀로서 '헌법도그마틱'의 효용, 특히

론을 설명하는 관점과 유사하다. R. Dworkin, Law's Empire(1986), 장 영민(역), 법의 제국, 2004, 79-103, 325-339면.

같은 맥락에서 이러한 비판론의 지평을 좀 더 확장하고 진전시켜 "합리적 다원주의와 합리적 견해불일치"의 상황 속에서 "자연법론의 한계를 인정하면서도 자연법론의 본래 기획과 목표를 포기하지 않고 다원주의 시대의 자연법론의 진로를 모색"한 최근 연구성과가 주목된다. Dworkin이 제시하는 '통합성'을 가치다원주의 시대의 자연법 재구성의 차원에서, 특히 J. Ralws가 제시하는 '비실증적인 공적 이성'과 연결하여 법과 도덕 및 사회적 사실요소를 포괄하는 법이론 및 법해석론으로 제시하는 '내재적 구성주의'의 관점과 "도덕적 필터 버전과 도덕적 독해 버전의 결합"의 방법은 현실정합적인 담론의 구조틀로서 자연법론의 내일을 기약하는 의미 있는 논의로 생각된다. 김 도균(Fn.106), 27-60면.

헌법해석에 대한 통제의 가능성과 그 정도이다. 재삼 확인하건대, "법학의 학문적 방법론은 법관에게 도움이 되지도 못하고, 법관을 통제하지도 못한다"는 Esser의 단언은 헌법해석론의 경우에 더더욱 적확하다. 이 기술 중에 전단의 부분에 대해서는 법학방법론을 법적으로 유효한 논거의 생산을 위한 일종의 '병기창고'로 보는 입장에서 방법론이 법관에게 도움이 된다는 것은 자명한 것 아니냐는 반론이 제시되고 있지만,[281] 이는 전단과 후단의 부분을 분리하여 파악한 오해로 여겨진다. Esser가 강조하여 해명하는 바와 같이, 방법론의 '논증형식' 자체를 부정하지는 않는 입장을 취하면서도 '방법론이 법관에게 도움이 되지 않는다'고 한 것은 법학방법론이 구체적인 방법의 선택과 방법론의 공준들 또는 고려대상인 법해석의 요소들 간의 우선순위에 대하여 구속력이 있는 판단의 기준을 제공하지 못한다는 점, 즉 일종의 'meta방법론'이 존재하지 않는다는 점을 지적한 것이고, 바로 이 점이 결국 규범적 효력이 미흡하기 때문에 법도그마틱이 법관을 통제하지 못한다고 보는 결론의 근거로 이해되기 때문이다.

이러한 맥락에서 보면, 법이론의 논제로서 '헌법도그마틱'의 독자적인 기능과 한계는 결국 헌법의 경우에 특히 부각되는 이론의 다원성 및 개방성과 해석방법론의 불안정성, 그리고 특히 법실증주의를 토대로 하는 개념법학의 틀 속에서 헌법해석을 하는 경우 그에 수반되는 필연적인 흠결성 및 정치적 편향의 위험성에 대한 해명을 통해 탐색된다. 즉 'meta방법론'의 흠결과 그에 따른 해석방법의 선택, 그리고 해석결과의 임의성과 그 근원을 해명하고, 전통적인 법학방법론, 즉 법도그마틱의 차원에서 그 흠결이 적어도 완전히 보정될 수 없다는 점과 함께 새로운 접근방법의 필요성을 확인하는 것이 관건이다.

전자의 경우는 앞에서 충분히 논의된 것으로 생각되는 바, 상론은 다음에 제시되는 보론으로 대체하되, 후자에 초점을 맞추어 문제의 핵심만을 적시한다. 이른바 '헌법법실증주의' 또는 '헌법재판실증주의', 즉 헌법

281) R. Dreier(Fn.277), 115면.

을 모든 실정법들의 위헌성을 판단할 기준을 이미 갖고 있는 자기완결적인 규범으로 보는 전제 하에 헌법을 해석 및 적용하는 경우에는 두 가지 위험성이 수반된다. 이른바 '자폐화'와[282] 지나친 '정치화'의 위험이 그것이다. 전술한 바와 같이, 근본적으로 '법외적인 것'을 법해석에서 배제하는 '배타적 법실증주의'(exclusive legal positivism)는 정치경제적·도덕적·사회적 원칙이나 근본적인 '도덕관념', '정의관념' 및 역사인식의 변화 등을 수용하여 법의 내용을 확장하고 수정해 나가는 변화와 적응의 가능성을 원천적으로 배제한다.

이에 따른 헌법해석의 '자폐성'은 헌법재판에 내재된 근본적인 모순, 즉 '권한과 기능의 내적 모순'을 심화시킨다고 지적되고 있거니와, 말하자면 법률을 무효화시킬 수 있는 권한은 갖지만 의회입법자에 비해 상대적으로 민주적 정당성이 취약하고 따라서 민주적인 법형성의 조건과 기제를 갖고 있지 못한 헌법재판소가 "법체계 바깥에 있는 원리나 확립된 공론들을 수용하여 제정한 법률을 법체계 내부의 논리로 무효화 시키는 것"은 헌법재판을 통한 사법심사, 특히 규범통제제도의 정당성의 토대를 와해시키는 위험요인이 될 수 있다는 것이다.[283] 여기에서 상론은 약하

282) 헌법해석의 '자폐화'는 헌법학과 헌법현실의 괴리의 원인인 동시에 결과라고도 할 수 있는 바, 이는 행정법학에도 그대로 해당된다. 이 원우는 행정법학방법론을 행정법 도그마틱의 형성에 국한시킴으로써 행정법학이 행정의 현실과 유리되는 위기, 즉 이른바 '집행실패'의 문제가 초래되었다고 보는 입장에서, '법실증주의적 개념법학방법론'을 토대로 하는 'Otto Mayer 행정법'의 효용과 한계를 간명하게 정리하고 있다:
『오토 마이어 행정법학방법론의 형식주의적 특징은 19세기를 지배한 법실증주의와 개념법학의 영향 아래 형성된 것이었다 … 오토 마이어가 민법학에서 발전된 법학방법론을 공법학방법론으로 계수한 것은 행정제도의 주요 구성요소들을 개념화하고 논리적인 규범체계로 정립하는데 결정적인 기여를 하였다. 그러나 이는 행정제도와 행정현실을 고권적인 법률행위로써 행정행위, 즉 처분중심으로 분해하고 개념논리로 해석함으로써, 동태적인 급부행정의 현실을 행정법학의 대상으로 포섭하는데 한계에 부딪히게 되었다.』 "21세기 행정환경의 변화와 행정법학방법론의 과제", 행정법연구, 제48호(2017), 98-99면.

283) G. Teubner, 이 상돈(역), "법제화 - 개념, 특징, 한계, 대안", 법제화이론, 2004, 44면; 이 상돈, "헌법재판의 법이론적 전망", 김 도균(엮음), 한국 법질서와 법해석론, 2013, 672면.

되, 다만, 이러한 비판은 '배타적인 법실증주의', 말하자면 '법과 도덕' 또는 '법적 효력(legal validity)과 도덕원리들(moral principles)' 간의 준별(峻別)을 전제로 하여 '도덕원리들'을 위헌법률심판의 논거로 포함될 수 없는 '헌법 외적인 것'으로 보는 '헌법도그마틱'을 고수하는 경우에만 타당하다. 전술한 바와 같이, 이러한 도그마틱은 근본적인 언어철학적 오해들을 기반으로 하거니와, 적어도 부분적으로는 '법도그마틱 계몽'의 요청에 부응하는 이른바 '포용적 법실증주의'(inclusive legal positivism)의 입장에서 보면, 헌법재판은 폐쇄적인 "법체계 내부의 논리"로 "법체계 바깥에 있는 원리나 확립된 공론들을 수용하여 제정한 법률을 무효화하는 것"으로 볼 수 없는 점에서 그러하다.[284)]

앞에서 논의하였지만, 다시 강조하여 확인하건대, '일종의 개방된 사회'(eine offene Gesellschaft)에서 수행되는 헌법해석이 지배적인 이데올로기나 도덕적 원리들을 일방적으로 수용하거나 재확인하는 것은 아니지만, '분리명제'(separation thesis)에 따른 단절의 상태에서 이들을 단순히 배척하는 고립된 작업도 아니다. 같은 맥락에서 '정치'와 '구별'은 되지만 '단절'되지는 않는 헌법해석은 후술되는 이른바 '해석학적 순환'(hermeneutic circulation) 속의 '전유'(轉有; appropriation)든, 변증법적인 '규범적 이데올로기 비판'(normative ideology critique)의 이론적 작업이든 어떻게 설명을 하든 간에 일종의 '여과과정'(filtering process)을 거쳐 이데올로기와 도덕적 원리들을 '헌법 내적인 것'으로 각색(脚色) 및 편입하는 규범화작업이다. 일반적인 재판과 구별되는 이른바 '정치적 사법작용'으로서 헌법재판의 요체도 종종 '정당화부담' 또는 '소명부담'(Darstellungslast) 배분의 기준에 따라 판정되는 논증게임, 말하자면 도덕적 원리들이 여과되어 정리된 헌법규범 프로그램들을 권위적으로 확인하고 실행에 옮기는 '제도화된 담론'(institutionalized discourse)이다. 요컨대, 소송형식을 통해 다소간의

---

284) '포용적 실증주의'의 관점에서, 특히 Joseph Raz(『The Authority of Law』, 1979)의 '배타적 실증주의'에 대한 유력한 비판론으로는 Matthew H. Kramer, "Moral Principles and Legal Validity", in: Ratio Juris, Vol. 22(2009), 44-61면.

정치적 결정을 하는 헌법재판은 여과된 도덕적 원리들이 포함된 '개방된 법체계의 논리'로 '법률에 수용 또는 용해(溶解)되어 법체계 안에 있는 원리와 공론', 좀 더 정확하게 말하자면 이 원리와 공론을 법체계 속에 수용한 '정치적 결정'(political decision), 즉 '법률'을 '정치적으로'(politically) 되짚어보는 것이 아니라, 헌법적으로(constitutionally), '사법적으로'(judicially) '재검토'(review)하는 규범적 검증작업이다.

또 한편 '법의 중립화' 또는 '법의 비정치화'를 핵심명제로 전제하는 점에서 일견 모순적인 것으로 보이지만, 다소간에 이완되기는 하였으되 법실증주의와 이를 토대로 하는 법도그마틱이 보수적인 '자유주의'의 이데올로기와 일종의 '동맹관계'에 있다는 점에 대해서는 전술한 바 있거니와, 법실증주의적 사고가 헌법재판실무와 연결되는 경우 이 '동맹관계'는 헌법재판의 '정치적 편향성'으로 귀착될 위험도 내포한다.[285] 이러한 위

285) 다만, 여기에서 헌법해석론의 맥락에서 거론하는 '정치적 편향성'의 문제는 보수주의와 진보주의 간의 정치적, 이데올로기적 대립구도의 관점에서는 중립적인 논제라는 점을 밝혀 둔다. '법도그마틱'과 보수적인 자유주의 간의 '동맹관계'의 정치적인 핵심동인은 법해석론상 사법재량의 최소화로 귀결되는 '문언중심주의' 또는 해석주의'의 근거인 '사법권에 대한 불신'(distrust of judicial power)이라고 할 수 있는데, 역사적으로 보면 이는 보수주의 진영이 아니라 오히려 자유주의를 토대로 하는 진보적인 정치운동에서 발원된 것이고, 이러한 맥락에서 보면 사법 자체가 전형적으로 보수적인 또는 진보적인 제도라고 획일적으로 단정할 수는 없기 때문이다. 말하자면 법률을 '가능한 문언 그대로'(as literally as possible) 해석하여 기계적으로 적용하라는 '문언중심주의'의 지침, 즉 그 대강이 '법도그마틱'과 연관되는 '해석주의' 자체가 필연적으로 보수주의의 정치적 구상과만 연관되는 것으로 예단될 수는 없다. 예컨대, 보수적인 정파와 진보적인 정파 중에 어떤 세력이 입법권을 장악하는가에 따라 바람직한 사법재량의 크기나, 특히 헌법해석론의 차원에서 부각되는 법률에 대한 사법심사의 범위와 그 강도에 대한 입장이 법이론적 입장과 배치되는 방향으로 엇갈려서 나타날 수 있기 때문이다.
입법자의 정치적 성향과 비교되는 상대적인 구별이기는 하지만, 진보 성향의 자유주의적 법원인가 아니면 보수적인 법원인가에 따라 사법심사를 하는 법원 또는 헌법재판소의 입장, 말하자면 사법소극주의 또는 사법적극주의의 태도도 마찬가지로 가변적이고, 유동적이다. 이러한 점에서 '문언중심주의'의 특유한 법해석방법론적 효용을 부정하지 않으면서도 이데올로기적 관점에서 '문언중심주의'를 근본적으로 기만적(deceptive)이고 비도덕적(immoral)이며 또한 일관성을 유지하면서 적용될 수 없는 이른바 '좌충우돌의 이론'(flip-flop theory)으로 평가하는 입장은 적어도 전적으로 부정되기에는 나름 설득력이 있다. 그 근본적인 동인을 민주주의나 권력분립의 원칙에 대한 관심보다는 '신자유주의'(neo-liberalism)와 엇물려서 1980년대

험성은 특히 비례성원칙을 입법자의 가치형량에 너무 많이 맡겨놓는 과잉금지심사에서 부각된다. 이와 관련하여 '헌법(재판)실증주의'의 '정치적 풍향성'을 경계하면서, "그 성격에 있어, 경험적 판단의 성격을 띨 수 있고, 또한 그래야 마땅한 '적합성'과 '필요성'(최소침해성)에 대한 판단마저 입법자의 '재량적인 가치결단'에 속한다며 한 발짝 물러서는 근거로서 법실증주의를 끌어오는 것"의 위험성을 지적하는 견해는,[286] 획일적인 잣대로 평가할 수 있는지 또한 일반적으로 그러한지는 의문이지만, 적어도 적잖은 경우에 타당한 것으로 생각된다.

정리하건대, 헌법텍스트와 헌법규범을 동일시하는 법실증주의적 사고와 '자기완결적 체계'로 주어지는 헌법텍스트 속에 헌법적 결정에 대한 '옳은 답'이 선재되어 있는 것으로 보는 일종의 '법률학의 신화'(myth of jurisprudence)[287]의 법해석론적 전제 그리고 이러한 전제 하에 헌법적 결정을 "헌법텍스트에 담긴 의미를 형식적-언어논리적으로 풀어내 적용하는 것"[288]으로 보는 '헌법 도그마틱'은 더 이상 설득력을 갖지 못한다.[289] 그렇다면 헌법규범과 헌법해석 또는 헌법재판에서 헌법텍스트는 도대체 어떤 규범적 의미를 가질 수 있는 것인가? 어떤 해석규칙의 제약도 없는 백지상태에서 오로지 해석자의 '선이해'에 따라 그 의미가 창조되고 형성

미국에서 득세하였던 이른바 '신보수주의'(neo-conservatism)의 정치적 이데올로기, 말하자면 '큰 정부'(big government)에 대한 뿌리 깊은 불신과 이를 토대로 하여 '극소국가'(minimal state)를 지향하는 '자유지상주의적 이념'(libertarian ideal)에서 찾는 견해도 되새겨봄직 하다. 이에 관해서는 A. Marmor, "The Immorality of Textualism", in: Loyola of Los Angeles Law Review, Vol, 38(2005), 2064-2065면.

286) 이 상돈(Fn.283), 673면.

287) G. A. Phelps/J. B. Gates(Fn.246), 568면. '법률학의 신화'에 따르면 '인지될 수 있고, 보편적이고 일관되며, 중립적인'(knowable, universal, consistent, and neutral) 일종의 '원칙들의 원칙들'(principles-principles), 즉 'meta원칙'이 존재하는 것으로 전제되고, 법관은 이에 구속되어야만 하는 것으로 상정된다.

288) 이 상돈(Fn.283), 671면.

289) "법학계를 제외하면 '일련의 기호'(eine Kette von Zeichen)가 자체에 대한 해석을 제한할 수 있는 것으로 진지하게 받아들이는 사람은 더 이상 없다"고 하는 B. Lahusen의 단언은 헌법텍스트작업의 경우에 특히 되새겨봄직 하다. "Norm und Entscheidung", Ch. Hillgruber(Fn.279), 509면, 주석 11번에서 재인용.

되는 것일 뿐인가? 심지어 사실상 규범적 효력을 갖지 못하는 정치적, 문화적 프로그램이나 '개방된 정치적 담론'의 단순한 소재에 불과한 것인가?

적어도 헌법을 최고규범으로 하는 법질서와 이를 전제로 하는 법이론과 민주적 법치국가의 통치모델을 통째로 파기하지 않는 한, 헌법텍스트가 각별한 의미, 즉 규범적 효력을 갖는 특수한 텍스트라는 것 자체에 대해서는 이견이 있을 수 없을 것이다. 또한 J. Goldsworth는 의미를 '해명하는 해석'(clarifying interpretation)과 함께 '절실한 필요'(compelling need)라는 엄격한 조건 하에서 법해석작업상 '창조적인 구성'(creative construction), 즉 '의미를 창조하는 해석'(creative interpretation)의 필수불가결성을 인정하면서도 "모든 법은 필수적으로 '어떤 의미'(some meaning)를 가지며, 어떤 의미도 갖지 못하는 것은 법일 수 없고, 의미는 법의 핵심(essence)이다"290)라고 단언한다. 그가 강조하는 바와 같이, 법의 의미는 일종의 '선재하는 사법적 해석'(pre-existing judicial interpretation)이어야만 하기 때문이다. 그렇지 않다면 법은 법관이 해석할 때까지는 행동을 안내할 수 없고, 법관 자신도 안내할 수 없다:

『법이 법텍스트에 대한 법관의 해석 후에만 또는 그 결과로서만 특정한 의미를 가질 수 있다면 법관만이 '유일한 진정한 입법자'(the only real law-maker)가 된다.』291)

290) J. Goldsworthy, "Originalism in Constitutional Interpretation", in: Federal Law Review, Vol. 25(1997), 10면. 여기에서 '의미' 대신 작가로서 입법자 또는 입법자의 '의도'를 대입하여 보면, 이러한 단언은 '해석학'(Hermeneutik)의 핵심 쟁점, 특히 해석(자)과 작가의 관계를 다소간에 일방적인 방향에서 수동적으로 보는 H.-G. Gadamer의 관점과 일종의 '대화'로 상정되는 '이해'(vestehen)로서 해석작업의 전제, 즉 '작가가 해석자로부터 배울 수도 있다'는 점을 지적하면서 능동적인 구성적 해석의 측면을 강조하는 J. Habermas의 관점 간의 논쟁의 연장선상에서 그 맥락과 함의를 주목하여야 한다. 이에 관해서는 특히 R. Dworkin, 장 영민(역)(Fn.280), 82-83면, 주석 2번.

291) J. Goldsworthy, "Clarifying, Creating, and Changing Meaning in Constitutional Interpretation: A Comment on András Jakab, Constitutional Reasoning in Constitutional Courts - A European Perspective", in: German Law Review, Vol. 14(2013), 1280면.

법제정자로서 정치적인 입법자와 법에 구속되는 비정치적인 법해석자 또는 법적용자로서 법원 간의 분명한 역할분담을 고수하는 전통적인 권력분립체계의 관점에서 제기되는 이러한 복합적인 법이론적 의문은 본질적으로 '정치법'인 헌법의 경우에도 그대로 해당된다. 상대적으로 더 큰 '해석의 자유' 또는 '사법재량'을 갖는 '정치적 사법작용'으로서 헌법재판, 궁극적으로 '실용적인 접근'(pragmatic approach)의 타당성을 강조하면서 R. A. Posner가 제시하는 표현을 빌리면 적잖은 경우 '겸손한 법관'(modest judge)의 소극적인 접근보다는 '공격적인 법관'(aggressive judge)[292]의 적극적인 접근이 요구되는 이른바 '정치적 법원'(political court)의 헌법해석의 경우에 더더욱 첨예한 문제로 주어진다.

그렇다면 결국 헌법이론 및 헌법해석론의 핵심과제는 헌법텍스트에 담겨져 있는 일종의 '의미덩어리'인 규범을 단순히 발견하는 것에 그치지 않고, 만들고 개조하며 다듬어 나가는 것이다. 일반적인 법인식에서도 다르지 않지만, 이러한 '형성적인 규범구성작업'의 특성이 도드라지는, 말하자면 법해석방법의 간명한 공준이나 표준화된 절차, 그리고 정언명제형식의 윤리원칙은 다분히 정치적이며 다소간에 주관적인 '도덕적 판단'과 연관되는 '헌법문제'의 결정자에게 별 도움이 되지 못한다. 헌법의 인식, 즉 해석과 적용에서 그 판단의 실체적인 준거는 더더욱 자기성찰에서부터 시작되는 인식 또는 판단과 결정 및 행위 간의 역동적인 상호작용의 맥락 속에서만 탐색될 수 있다.

이러한 맥락에서 보면, 헌법규범, 즉 헌법의 의미를 탐색하는 헌법해석작업에서 관건은 '의미' 자체가 아니라, 언어학의 차원에서 가장 근본적인 논제라고 할 수 있는 '의미의 의미'(the meaning of meaning)[293]와 '의미가 내포되어 있다는 것 자체의 의미'라고 할 수 있다. 특히 '이념과

292) R. A. Posner, "The Supreme Court 2004 Term Foreword: A Political Court", in: Harvard Law Review, Vol. 119(2005), 54-57, 90-102면.

293) 이에 대한 언어학 및 철학적 차원에서의 포괄적이고 심층적인 연구로는 C. K. Ogden/I. A. Richards, The Meaning of Meaning: A Study of the Influence of the Language upon the Thought and of the Science of Symbolism, 1923.

원리 및 제도들의 통일된 복합체'인 헌법 속에 '구조와 관계'로 구성된 '보이지 않는 헌법'과 연계되어서 독해의 대상인 '보이는 헌법', 즉 헌법텍스트에 함축된 의미와 가치가 텍스트와 해석자, 규범과 현실 간의 상호작용 속에서, 구체적으로 어떤 역할분담과 협업의 체제 속에서 어떤 이해와 사유 또는 소통의 방법을 통해 발현되고 형성되어 나가야 하는지, 말하자면 그 궁극의 지향점의 공유와 함께 필수적인 숙고의 대상과 단서를 빠트리지 않고 선별하여 대화와 토론에 상정하는 지침과 절차적 원칙들을 확보하고 실행하는 것이 헌법해석론의 요체인 것은 바로 이 때문이다.

같은 맥락에서 헌법해석방법론상 일면 '문언중심주의'와 '해석주의'를 비판하면서, 타면 '허무주의'(nihilism)를 경계하는 Owen M. Fiss의 개방적이되 절제된 주장은 시사하는 바가 적잖다. '가치 기반성'과 '도덕적 감정' 및 '도덕적 판단'과의 연계성 때문에 근본적으로 객관성을 확보하기 어려운 헌법해석의 한계를 인정하면서도, 헌법텍스트에 '공적 도덕성'(public morality), 즉 '사회의 근본적인 공적 가치'(fundamental public value of society)가 함축되어 있는 것으로 보고, 이 가치를 좀 더 풍성하게 만드는 '공적 담론'(public discourse)으로서 헌법해석의 고유한 효용을 주목하는 관점에 대한 합리적인 반론의 논거는 찾기 어렵다. 극단적인 (법)형식주의의 입장을 고수하지 않는 한 그러하다. 구체적인 법문제들과 개인적 윤리와 도덕, 사회정책과 관련된 광범위한 정치적 문제들, 그리고 추상적인 차원의 순수한 철학 및 형이상학적 난문(難問)들 간의 상호연결성을 강조하는 R. Dworkin의 '통합으로서 법'(law as integrity)의 명제와 결이 같은 것으로 생각되거니와, "헌법은 모든 것을 의미한다"(Constitution means everything)라거나 또는 "헌법은 어떤 의미도 갖지 못한다"(Constitution has no meaning)고 보는 '절대적 상대주의'나 냉소적인 '허무주의'의 태도를 배척하는 Fiss의 견해는 바람직한 헌법해석론의 방향을 제시한 것으로 여겨진다.[294)]

294) O. M. Fiss, "Objectivity and Interpretation", in: Stanford Law Review, Vol. 34(1982), 763면. 이러한 견해는 '통합성'(integrity)의 법관념을 토대로 하여 법명

이와 관련된 보론으로서 다음 4의 내용은 이전에 발표된 논문의 일부이다. 이데올로기와 힘 및 언어 등의 요소들과 관련하여 헌법해석의 본질과 특성 및 그 기능적 한계를 상론한 내용으로서 전술한 내용과 중복되는 부분이 있지만, 논의의 연결성을 유지하기 위하여 일부 보정만 하여 전재한다.[295)]

제들의 진위성이 공동체의 법실무에 대하여 최선의 '구성적 해석'을 제공하는 정의, 공정성 및 적정절차의 원칙 속에 수렴되거나 이들로부터 도출되는지 여부로 판정될 수 있다고 보는 R. Dworkin의 법해석론과 결이 같다. 특히 '법은 법이다'라고 주장하는 비교적 오래된 '기계론적 해석론'과 비교적 새로운 현실주의적인 '냉소주의'를 공히 '법을 발견하는 것'과 '법을 만드는 것'을 분별하는 이분법의 오류에 빠져 있는 것으로 보아 배척하면서 제시하는 명제들, 예컨대 단순한 법해석방법론을 넘어서 '인간존엄성'의 이념을 토대로 하는 '사람공동체'(community of people), 즉 '정치적 결사의 조건들에 대한 특정한 태도'(a certain attitude about the terms of political association)를 포함하는 '통합성'의 의미와 기능, 법해석에서 '정치적 도덕성'(political morality)의 중요성, 상상력이 발휘되는 '창조적 해석'(creative interpretation)의 필수성과 가능성 등은 헌법해석의 경우에 더욱 적확하다. R. Dworkin, Law's Empire, 1986, 212, 225-226면.
이른바 '해석의 정치학'(politics of interpretation)이 아니라 '해석 속의 정치학'(politics in interpretation)의 맥락에서 법해석과 정치이론 및 정치적 도덕의 원리'들 간의 관계에 대한 요론은 R. Dworkin, "Law as Interpretation", in: W. J. T. Mitchell (ed.), The Politics of Interpretation, 1983, 249-270면. Dworkin은 그의 유고논문에서 법실증주의와, 가치 및 도덕담론과 연관되는 법에서 '과학주의'(scientism)의 오류를 재확인하면서 수십 년 간 자신이 추구하였던 법철학, 법이론 및 법해석방법론이 오롯이 이 오류를 극복하기 위한 연구였다고 정리하였다. "Law from the Inside Out", in: The New York Review of Books, 7, November 2013, 54-55면. 여기에서 별도로 상론하지는 않지만, '권리'에 초점을 맞추고 (헌)법을 '하나의 전체'(a whole)로 보는 이상주의자 Dworkin과 이른바 '비판법학'(Critical Legal Studies) 또는 '법현실주의'(Legal Realism)의 입장에서 법 및 '사법'(adjudication)의 정치적, 이데올로기적 본질을 주목하여 법의 본질과 '법적 추론'(legal reasoning)을 해명하는 비판적인 현실주의자 D. Kennedy의 (법)'해석관'(views of interpretation)의 차이는 헌법추론과 해석에서 더욱 대비된다. 이를 간명하게 정리하여 개관한 논문으로는 Raef Zreik, "Ronald Dworkin and Duncan Kennedy: Two Views of Interpretation", in: Canadian Journal of Law & Jurisprudence, Vol. 32(2019), 195-234면.

295) 이 덕연, "텍스트학의 관점에서 본 헌법해석의 이해", 헌법판례연구, 제4집(2002), 94-99면. 다만, 주석의 연번과 일부 내용은 이 글에 맞추어서 보정하였다.

4. 헌법텍스트작업 - 헌법해석의 이해

(1) 헌법해석과 힘·이데올로기

(헌법해석방법론에서) 우선 전제되는 출발점은 모든 헌법텍스트와 헌법해석은 이데올로기적 조건에서 벗어날 수는 없다는 점이다. 그 내용이나 방향을 불문하고 공동체 속에서의 '좋은 삶'을 메타코드로 하는 헌법은 가치판단과 연계된 이데올로기적 술화일 수밖에 없다. 또한 언어기호로 매개된 헌법텍스트에서 그 의미, 즉 헌법규범을 세워나가는 헌법해석작업도 사회구조를 반영하는 이데올로기적 형성조건에서 벗어날 수 없다. 이데올로기의 어떤 변동도 언어체계의 변화를 가져온다는 인식을 바탕으로 모든 기호의 이데올로기적 속성을 강조하는 M. Yaguello[296]의 말을 빌릴 필요도 없이, 특히 헌법텍스트를 구성하는 기호는 집단 또는 계층의 가치관념과 관심의 산물인 '사회어'(Sozialekt), 말하자면 '이데올로기 언어'이고, 이 '사회어'를 해석하는 텍스트작업의 주체와 환경 및 방법론 역시 사회적 콘텍스트를 벗어날 수 없기 때문이다. 사실과 규범, 현실과 당위의 단절을 전제로 법학에서 이데올로기나 힘의 요소를 철저하게 배척하고, 자율적인 언어체계로서의 법규범의 구조와 형식을 전제로 법학을 폐쇄적인 언어기호학으로까지 축소시킨 순수법학이론도 현실적으로는 과학성을 앞세운 실증성의 이데올로기의 포장 속에서 자유주의와 개인주의 또는 자본주의 등의 정치·경제적 이데올로기를 충실하게 대변한 논리였다.

그러나 헌법과 헌법해석의 이데올로기적 속성이 객관적이고 과학적인 헌법해석을 지향하는 헌법이론의 당위성과 가능성을 부정하는 논거가 될 수는 없다. 헌법을 단순히 법으로 포장된 힘의 현상으로만 이해하고 또한 헌법의 해석이 적나라한 힘의 투쟁이나 이데올로기의 대립에만 맡겨져

---

296) M. Yaguello/M. Baktine, Le Marxisme et la philosopjie du langage. Essai d'application de la méthode sociologique en linguistique, 1977, 서문. P. Zima, Textsoziologie(1980), 허 창운/김 태환(역), 텍스트사회학이란 무엇인가, 2000, 101면에서 재인용. 번역문상 잘못된 인용을 교정하였다.

있는 것으로 보는 것은 이데올로기 차원의 주장으로는 제기·논의 될 수 있다. 그러나 실정헌법국가 속에서 대화의 가능성을 전제하고 또한 그것을 열어나가야 하는 이론으로서는 설득력을 갖기 어렵다. 적어도 헌법국가, 즉 실정 헌법텍스트를 출발점과 귀착점으로 하는 헌법실증주의 법체계 속에서 문제제기의 초점은 단순한 헌법과 힘의 이원적 대립구조가 아니라, 힘 또는 이데올로기와 언어와의 내재적인 교차관계 속에 자리잡고 있는 헌법의 복합적인 구조에 맞추어지기 때문이다.

헌법해석은 언어기호로 구성된 헌법텍스트에 대한, 언어를 수단으로 하는 텍스트작업이고, 이 작업은 일정한 '규칙'에 따라 진행되는 특수한 '언어게임'(Sprachspiel)이다.[297] 이는 그 자체가 본질적으로 국가권력을 포함하는 모든 힘의 행사의 예측 및 통제가능성을 담보하고, 이데올로기의 갈등현상을 순화 또는 극복하는 의미를 가진다. 비록 궁극적으로 주관성을 갖는 개인이 헌법을 해석한다고 하여도 그것은 개인 또는 헌법재판소의 자유, 말하자면 자신의 '건전한 상식'이나 선입견에만 충실한 자의(恣意)적인 '결단'에 맡겨져 있는 것이 아니라 헌법텍스트에 귀착되어야만 한다. 텍스트에 귀착되어야 한다는 것은 궁극적으로 그 결정이 언어를 통해서 정당화되어야만 하고, 동시에 언어를 통한 비판의 가능성이 열려 있어야만 한다는 의미이다.

이러한 텍스트작업으로서 헌법해석은 적어도 반가치를 배제시키는 '부정의 논리' 또는 '윤곽의 논리'에 의해 가치의 분류와 정의를 가능하게 하는 '정당성'의 메타코드 아래에서 의미의 공유와 재생산, 즉 '소통'

---

297) '언어게임'은 언어를 말하는 것 자체가 행위이고, 하나의 삶의 형식이라는 점을 강조하기 위해서 도출된 개념이다. L. Wittgenstein, Philosophische Untersuchungen, in: Schriften, Bd. 1, 1969, 279면 이하, Nr. 23; 뉴튼 가버/이승종, 이승종/조성우(역), 데리다와 비트겐슈타인, 160면 참조. 특히 헌법해석과 관련해서는 B. Jeand 'Heur, "Gemeinsame Probleme der Sprach- und Rechtswissenschaft aus der Sicht der Strukturierende Rechtslehre", in: F, Müller(Hg.), Untersuchungen zur Rechtslinguistik, 1989, 17면 이하.

(communication)[298]을 가능하게 하는 '게임의 규칙'과 이론적으로 정돈된 방법론의 구조틀 안에서 진행된다. 이 규칙과 틀은 헌법해석의 개방성과 논리적 체계성을 유지시키는 기능을 수행하며, 대화의 가능성과 통로를 열어 놓는 이 기능은 민주적 법치국가의 원리와 그것을 구체화시킨 제도 및 절차를 통해 담보된다. 제도화된 절차를 거친 최종적인 해석의 결론 역시 하나의 텍스트로 주어진다. 즉 그 자체가 이론적인 대화의 소재로 제시된다. 유권적인 헌법해석일지라도 그것이 '언어게임'의 종결이 아니라 새로운 '언어게임'의 시발점이 되는 것은 하나의 텍스트구조로 이해되는 법치국가의 핵심이다.[299]

요컨대, 헌법해석은 공통의 메타코드 하에서 헌법텍스트에 귀착되어야만 하는 텍스트작업이고, 이 작업은 주체의 다원성과 방법론의 규율성 및 다양성을 전제하는 이론의 대상이고 산물인 점에서 독단성과 절대성 및 폐쇄성 등의 특성을 가지는 이데올로기나 힘의 현상 또는 그에 따른 '결단'과는 근본적으로 다른 개방적이고 상대적인 대화의 구조를 가진다.[300] "이론은 자신을 낳은 이데올로기에 대한 변증법적 부정이다."라는 P. Zima[301]의 말은 헌법해석론에도 그대로 적확하다.

---

298) communication의 개념을 '의사소통'이라는 말로 번역하는 경우에 의사를 기의(記意) 또는 의미의 뜻으로 쓴 것이라면 기호학의 원리상 틀린 말이라고 지적된다. 즉 기호학적인 관점에서 의미작용의 구조에 비추어 볼 때 기표(記標) 또는 메시지의 전달을 통해 수신자에 의해 의미가 재생산 또는 공유되는 것이지 의미 자체가 전달되는 것이 아니라는 설명이다. 김 경용, 기호학이란 무엇인가, 1994, 20-24면. 이러한 '소통'의 개념에 대한 정확한 이해는 헌법해석을 '언어게임'의 구조를 가지는 텍스트작업으로 접근하는 관점에서 매우 중요한 의미를 가진다.

299) F. Müller/R. Christensen/M. Sokolowski, Rechtstext und Textarbeit, 1997, 116면 이하.

300) E. Fechner, "Ideologie und Rechtspositivismus", in; W. Maihofer(Hg.), Ideologie und Recht, 1969, 97면 이하.

301) P. Zima, 허 창운/김 태환(역)(Fn. 87), 554면.

(2) 헌법해석과 언어

또 한편 헌법과 헌법해석의 이데올로기성을 부인할 수 없는 것과 마찬가지로 헌법규범의 내재적인 언어관련성 또한 부인될 수 없다. 헌법텍스트는 관습과 절차 및 법이론 등에 의해서 형성된 엄격한 형식과 구조를 가지는 언어기호의 체계이며, 이 기호체계는 헌법원리와 제도 속에 수렴된 법이념, 특히 법적 안정성의 바탕으로서 독자적인 술화구조를 가진다. 헌법텍스트는 이 술화구조 속에 진입을 허용하는 유일한 창구이다. 헌법텍스트와 유리된, 헌법텍스트에 귀착되지 않는 헌법해석은 있을 수 없다. 헌법해석은 언어 속에서, 언어를 대상으로 하여 진행되는 언어작업이다.

그러나 법규범과 언어기호의 연쇄인 법텍스트가 동일하고, 법텍스트 속에 이미 확정되어 고착된 '의미'가 담겨져 있는 것으로 전제하고 법해석을 '보물찾기' 하듯이 언어기호학적 해석을 통해서 법규범을 찾아내는 작업에 불과한 것으로 보는 법실증주의는 특히 헌법과 헌법해석의 경우에 설득력을 가질 수 없다. 법해석을 이른바 '실증적'인 (자연)과학적 분석방법에 의해 선재하는 의미를 객관적으로 인식하는 작업으로 이해하는 법실증주의적 언어이론은 근본적으로 언어기호의 본질을 곡해한 것일 뿐만 아니라, 특히 가치성과 이데올로기성이 강한 헌법과 헌법해석의 특성에 부합되지 아니한다. 법기술적인 전문용어가 아니라 자유, 평등, 정의 등 이념적인 낱말이나 행복추구권, 인간의 존엄성, 양심의 자유 등과 같이 가치철학 또는 정치적인 수사에서 도출되는 서사적이고 환상적인 낱말들로 구성되는 헌법텍스트는 기술적인 언어분석의 방법으로 해석될 수 있는 텍스트가 아니다.

언어기호와 텍스트를 떠난 헌법해석은 있을 수 없지만, '사회어'로 구성된 헌법텍스트는 순수언어학 또는 구조주의 언어학의 지평을 넘어서 독자적인 술화구조를 가지는 '사회적 사실'이다. '낱말'이 아니라 '기호의 체계' 안에 언어가 존재하는 것으로 보고, 언어체계의 가치중립성과 임의성을 전제하는 Saussure의 구조언어학적 인식은 그 대상과 접근방법론이 구별되는 텍스트작업과 관련해서는 오늘날 더 이상 적어도 일반적인 설득력은 갖지 못한다.302) 또한 특히 '사회어'는 기술한 바와 같이 집단 또는 계층의 관심과 힘이 개입되는 적극적이고 형성적인 언어활동의 산물이기 때문에 사회의 정치·경제적 환경조건 및 그 역사와 변화와는 무관한 어떤 불변의 보편적인 구조와 일의적인 내용으로 환원되지 아니한다. 그것은 지배적인 말 또는 그 의미를 장악 또는 관철하기 위한 경쟁의 마당이다. 단순히 이미 결정된 유일한 내용의 메시지를 전달하는 수단이 아니다. 이 규범적 메시지는 '최종적인' 해독이나 독해, 즉 법실증주의자들이 주장하는 '옳은 해석'(richtige Interpretation)의 대상이 될 수 없다. 그 내용은 헌법텍스트와 헌법해석자 사이에 언어로 중개되는 상호관계 속에서 해석의 실천행위를 통해서 콘텍스트가 구성되고 그 행위 자체도 새롭게 구조화되는, 즉 헌법의 술화구조 속에서 사건과 구조가 교차·중첩되면서 만들어지고, 관철되어 나갈 뿐이다. 결국 헌법규범은 근본적으로 재구성이 가능하고 또한 요구되는 '언어게임', 즉 헌법텍스트작업의

---

302) F. de Saussure, 최 승언(역), 일반언어학강의, 1990, 19, 83, 134면. 이러한 점에서 보면, 이른바 '비판법학'의 대표자 중의 한 사람이라고 할 수 있는 Duncan Kennedy가 Saussure가 제시한 핵심개념, 즉 'langue'(언어)와 'parole'(발화; 發話)를 원용하여 발화자 개인 단위에서 수행되는 '발화'와 달리 개인의 언어사용을 원활하게 할 수 있게 만드는 집합적인 약속의 총체, 즉 언어활동의 규범 또는 구조로 공유된 문법체계인 'langue'에 초점을 맞추어 법이론 및 법해석론의 핵심논제로 법적 논증의 기본적인 문법체계의 내용과 그 구조를 주목한 것은 되짚어봄직 하다. 헌법이론 및 해석론의 관점에서 전통적인 자유주의적 법체계와 법률학적 법해석방법에 대한 통렬한 비판과 함께 새로운 관점, 특히 '법적 형식성'의 모델을 전통적인 법실증주의의 틀을 벗어나서 포괄적인 사법의 기능과 역할과 연결하는 확장된 논증체계로 이해하는 전제 하에 법 및 사법의 이데올로기적 기능을 해명한 점에서 그러하다. D. Kennedy, "Legal Formality", in: The Journal of Legal Studies, Vol. 2(1973), 351-398면; "A Semiotics of Legal Argument", in: Syracuse Law Review, Vol. 42(1991), 105-116면. 이에 관한 간명한 요론은 김 정오, "미국 비판법학의 흐름과 동향", 법과 사회, 제10권(1994), 247-249면.
다만, 기호로서 언어의 구조와 문법체계 자체의 가치 또는 이데올로기 중립성을 전제로 하는 점에서 Saussure의 구조언어학의 관점, 특히 '기호학'(Semiotics)의 담론틀을 넘어서지 못한 'langue'의 개념을 법적 논증, 특히 오히려 정치경제 및 사회문화적 담론의 맥락에서 '확장된 발화'의 문법체계가 주목되어야 하는 '헌법적 논증'(constitutional argument)의 문법체계에 대입하여 설명하는 것이 타당한지 의문이 없지 아니하다.

산물일 뿐이다.

따라서 그 의미를 매개하는 기호의 연쇄인 헌법텍스트는 해석의 한계로 주어지지 아니한다. 그 자체가 해석의 대상인 헌법텍스트를 헌법해석의 한계로 이해하는 것은 논리적 모순이다. J. Isensee는 이러한 형식논리가 '해석이 해석을 제한'하는 순환논법에 지나지 않으며, 그것은 해석론적인 포기와 규범론적인 완고함의 중간에서 바람직하지 못한 타협을 한 것에 지나지 않는 것이라고 비판한다.[303] 말하자면 법해석에서 구성과 논증의 부분을 배제하고, 법텍스트 안에서 실증적인 방법으로 객관적 진리를 발견해내는 것으로 보는 논리는 한편으로는 법해석자의 주관성에 정당화될 수 없는 면장(免狀)을 내주고, 또 한편으로 규범성에 대해서는 보험혜택이 전혀 주어지지 않는 보험증서를 교부해 준 꼴이라는 것이다.

요컨대, 헌법규범은 헌법해석의 끝에 그 결과로 주어질 뿐이다. 헌법해석은 단순히 의미를 찾아내는 기호분석론적 차원의 인식작업이 아니라, 전체 사회의 콘텍스트 속에서 진행되는 '언어게임'을 통해서 의미를 구성하고 논증하는, 즉 그 자체가 행위인 '말함'을 통해서 의미를 만들어 나가는 실천작업이다. 문제는 어떤 작업프로그램을 통해서 '규칙'과 '규칙위반'[304]의 적절한 조화가 제도화되고, 의미가 공유되면서 자의성(恣意性)과 무정형성이 극복되고 실제 적용될 수 있는 내용으로 구성·논증될 수 있겠는가 하는 것이다.

303) J. Isensee, "Staat im Wort", Sonderausdruck aus Verfassungsrecht im Wandel, Zum 180 Jährigen Bestehens der Carl Heymanns Verlag KG, J. Ipsen u.a.(Hg.) 1995, 18면.

304) 여기에서 '규칙'과 '규칙위반'은 언어기호의 다원성과 애매성에 따른 의미작용의 특성, 특히 재구성의 가능성과 필연성과 관련되어 사용되는 미학 내지는 기호학적 개념이다. 이에 관해서는 T. Hawkes, Structuralism and Semiotics(1977), 정 병훈(역), 구조주의와 기호학, 1984, 199면 이하.

V. 헌법(해석)과 은유[305)]

1. 개요 – 사고와 유추 및 개념과 은유(상상)

생각 또는 사유의 요소인 동시에 방법으로서 '은유'(metaphor)는 '유추'(analogy)와 함께 묶여서 또는 종종 구별되어서 인식론과 논증 또는 표현방법론, 특히 진리론의 맥락에서 논의되는 중요한 논제이다. 사고의 산물인 동시에 그 과정 또는 계기인 '개념'(concept)과 '사고의 뿌리'라고 할 수 있는 '범주'(category) 또는 '범주화'(categorization)라는 사고의 두 가지 핵심요소와의 관계에서 '유추'와 '은유'의 기능적 효용은 열렬한 지지를 받기도 하였고, 반면에 반대자들은 그 역기능과 위험성을 지적하며 무차별적으로 폄하하기도 하였다.

성격과 철학관이 판이하였지만, Kant와 Nietsche는 사고작용 속에서 유추의 기능과 효용에 대한 확신은 공유하였거니와, Kant는 '유추'를 모든 창의성의 원천으로 보았고, 진리를 '유동적인 일단의 은유'라고 정의한 Nietsche에게 '은유'는 그 자체가 철학작업이었다. 특히 그가 주목하는 질문형식 자체가 은유의 표현인 "개념과 감각의 화학", "즉 어떤 사물이 어떻게 그것과는 정반대되는 것에서 생길 수 있는가?"[306)]라는 문제를 최대한 편견 없이 끝까지 탐색해 나가는 'Nietsche류 철학'에서 은유는 핵심도구였다. 그의 유명 화제(話題)인 '초인'(超人; Übermensch)이 '신'(神)

---

305) 이 장은 필자의 『법도그마틱과 은유』(2021) 중에서 '전형상 준거 헌법해석방법'과 관련하여 헌법 및 해석론의 차원에서 '은유'의 필수성과 그 기능적 효용 등을 개관한 248-250, 298-312면의 내용을 '개요' 부분과 언어학적 논의(7), 그리고 '해석학'과 관련된 보론(8)을 새로 추가하고, 일부 내용을 보완 및 수정하여 재편한 것이다. 일부 소제목은 바꾸었고, 목차와 주석은 본서의 편제 맞추어 조정하였다. '전형상 준거 헌법해석'은 종래 별로 주목되지 않고 거의 논의되지 않았지만, 실제 적용된 예는 수 없이 많다. 우리 헌법재판소와 독일 연방헌법재판소의 판례들의 소개와 비판적인 검토는 같은 책, 252-279면.

306) F. W. Nietsche, Menschliches, Allzumenschliches(1878), 강 두식(역), 인간적인 너무나 인간적인, 1987, 20면.

과 대립되는 가공의 존재 또는 '신'을 대체하는 존재의 '유추'인 동시에 '은유'이기도 하거니와, 역시 그 자체가 '유추'이고 '은유'인 일종의 '윤회'(輪迴)의 관념 속에서 '낙타'와 '사자', 그리고 '어린아이'의 은유가 진리 설파의 주된 수단으로 활용되는 『차라투스트라는 이렇게 말했다』를 비롯하여 Nietsche의 모든 저작에는 층위와 범주 또는 맥락이 다를 뿐 도처에 '은유'가 편재(遍在)한다.

'유추'와 '은유'를 비난하였던 반대자들은 경험주의 또는 실증주의의 관점에서 '주관성'과 '불확정(실)성', 특히 '모호성'(ambiguity)을 지적하고, '은유'를 사용하여 표현하는 사람과 그 표현의 수용자들의 산만성(散漫性), 풀어 말하자면 대상의 구체적인 구조와 특성에 대한 의식의 집중, 즉 '주의'(注意; attention)가 흐트러지게 되는 위험성을 경계하여 비판하였다. '은유'를 폄하한 가장 대표적인 반대론자는 Thomas Hobbes다. 그의 가장 유명한 저서 『Leviathan』에서 Hobbes는 명확한 언어에 대한 열망과 은유에 대한 멸시를 분명하게 드러낸다:

『The light of human minds is perspicuous words, but by exact definitions first snuffed, and purged from ambiguity; reason is the pace; increase of science, the way; and the benefit of mankind, the end. And on the contrary, metaphors, and senseless and ambiguous words, are like ignes fatui; and reasoning upon them is wandering amongst innumerable absurdities; and their end, contention, and sedition, or contempt.』

('인간 이성의 빛'은 명료한 말이다, 하지만 우선 정확한 정의(定義)들에 의해서 그 불빛은 꺼져야 하며, 모호성이 '정화'(淨化)되어야 한다; 이성은 걸어가는 것이고; 과학의 증강은 길이며; 그 종점은 인류의 복리다. 반면에 은유와 무분별하고 모호한 말들은 '도깨비불'과 같으며, 그것을 토대로 한 추론은 무수한 부조리들 속에서 방황하는 것이다; 그 끝은 쟁의, 선동 또는 경멸이다.)

『Covenants, without the sword, are but words, and of no strength to secure a man at all.』

(칼이 없는 계약은 단지 말에 불과하며, 도대체 사람을 안전하게 지켜줄 함이 없다.)307)

---

307) Th. Hobbes, Leviathan(1651), Hobbes and Locke on Sovereignty, 2005, Chapter 5, 64면; Chapter 17, 177면에서 인용. 은유에 대하여 거의 혐오의 수준으로 반대하였던 Hobbes의 입장은 Descartes의 인식론과 그 속의 '언어관'(view of language), 즉 Richard Rorty가 말한 철학의 '언어학적 선회'(linguistic turn) 이전 까지 이어져왔던 정신과 사유 및 언어의 관계에 대한 오인에 기인한 것이었다. 언어의 '일종의 공적 현상'(a public phenomenon)으로서의 기능을 보지 못하고, 언어작용의 극히 일부에 불과한 '사적 언어'(private language)의 측면만을 주목한 언어관은 '고통'(pain) 또는 '고통스러운 상태'(the state of having a pain)에 대한 앎과 그것의 표현 및 소통의 본질을 언어학 및 인식론적으로 해명한 L. Wittgenstein에 의해 반박되었다. 유명한 "상자 속의 딱정벌레"(The beetle in the box)의 은유에 대해서는 앞에서 논의하였거니와(Fn.46), '딱정벌레'와 같은 실체적인 대상을 지칭하는 경우도 포함하여 모든 언어사용에 해당되기는 하지만, 특히 '감각어'나 '관념어' 등의 경우에는 더욱 분명하게 드러나는 바, 즉 대상과 언어, 인지 및 사유의 관계에 대한 근본적인 오해였다:
『이렇게 말하면 좋겠다. - "그가 고통스러워한다"고 하는 말놀이에는 행태의 그림뿐만 아니라 고통의 그림도 포함된다고, 또는 행태의 범례뿐만 아니라 고통의 범례도 포함된다고 - "고통의 그림이 '고통'이라는 낱말을 갖고 하는 말놀이 속에 들어온다"고 말하는 것은 오해이다. 고통의 표상은 그림이 아니다. 말놀이에서 이 표상은 우리가 그림이라고 말하는 어떤 것으로 대체될 수도 없다. - 물론 어떤 의미에서는 고통의 표상이 말놀이에 들어온다; 다만 그림으로서는 아니다.』(section 300)
『표상은 그림이 아니다. 그러나 그림은 표상에 대응할 수 있다.』(section 301)
특히, 심지어 감각적인 느낌이나 빨강, 노랑 등 색깔의 이름까지 포함하여 거의 모든 단어를 '하나의 사유의 이름'(a name of a thought)으로 이해하는 관점, 그리고 Descartes와 마찬가지로 '사유'(thought)를 '우리가 어떤 것을 의식할 때 정신 속에서 우리가 알고 있는 어떤 것'(anything that we are aware of in our mind when we are conscious)으로 보는 인식론과, 이에 따라 외부의 객관적인 세계, 즉 대상의 실체와의 관련성을 외면하고 내적인 주관적인 경험에만 초점을 맞추어 언어의 사적 기능만을 주목하는 언어관 속에서 '명칭'(naming; designation)이 아닌 은유는 전통적인 언어학 틀 속의 '의미론'(theory of meaning)에서 원천적으로 유의미한 논제가 될 수 없었다. 이 틀 자체를 해체해버린 Wittgenstein은 '고통'이라는 가장 전형적인 '감각어'를 사용하는 '말놀이'의 구조에 대한 명쾌한 분석을 통해 일종의 '언어적 해탈'이라고 할 수 있는 바, 즉 전통적인 언어관과 우리에게 '끈질기게 달라붙으려는 문법'의 '탈피'를 주문한다:
『'언어는 사고를 전달한다'는 관념, - 사고가 집, 고통, 선과 악 기타 어떤 것이든 간에 - 말하자면 언어는 항상 하나의 방식으로만 작동되며 언제나 같은 목적을 위해 봉사한다는 관념을 탈피해야만 (이 오류의 문법을 내칠 수 있다: 필자 부기)』(section 304)

하지만, '은유'에 대한 자신의 극도의 부정적인 관점을 서술하는 Hobbes의 확신에 찬 표현의 핵심이 바로 '은유'인 것은 아이러니가 아닐 수 없다. 아마도 계약을 '강제할 수 있는 무력'의 뜻으로 사용한 '칼'(sword)이 정작 '은유' 아닌가? '불이 꺼지다'(snuffed); '정화되다'(purged), '은유'(metaphor), '이성의 걸어감(pace)', '과학증진의 길(way)', '도깨비불'(ignes fatui), '방황'(wandering) … 모두가 다 '은유'다. Hobbes 자신이야말로 "침묵을 칭송하려고 고함을 지르는 사람"308) 아닌가?

추측하기 어렵지만 경험주의가 태동하기 시작하였던 저술 당시의 상황을 고려하면 충분히 개연성이 있다고 생각되거니와, 만약 이를 의식하지 못하고 '은유'를 사용하여 말한 것이라면 '무식의 부조리'고, 알면서도 그런 것이라면 '자가당착(自家撞着)의 모순'이다. 아무튼 특히 '은유'의 표현 또는 명제를 반박하려고 하는 경우 '은유'가 더더욱 거의 필수불가결하거니와, 어떤 경우이든 부지불식간에 인식 또는 이해, 표현의 방법과 논증수단, 특히 강조어법의 기술로서 '은유'의 유효성과 효용을 Hobbes가 인지하고 있었음은 분명하다.

'은유'는 바로 이 '탈피'의 시도이고, 동시에 그 산물이다. 이에 대한 포괄적이되 간명한 요론으로는 Kwame Anthony Appiah, Thinking It Through, 2003, 80-87면.

308) D. Hofstadter/E. Sander, 김 태훈(역)(Fn.29) 35면. 이 부분에서 Hobbes에 대한 비판과 반론의 취지에는 동의하지만, 구체적인 논거 중에, 특히 'the light of human minds'의 은유에 대한 오해와 그에 따른 비판론의 흠결은 지적하지 않을 수 없다. 문맥상 Hobbes의 이 표현은 그 자신이 '인간이성 또는 진리=빛'이라는 '은유'를 적극적으로 사용한 것이 아니라, 일종의 irony의 용법으로 '인간 이성의 빛'이라는 용례를 차용한 것으로 이해되기 때문이다. 위에서 직접 인용한 부분(주석, 308번)은 바로 이 점을 적확하게 고려하지 못한 것으로 생각되어 동 번역서에 나오는 부분을 필자의 번역으로 대체한 것이다.
어원으로 보면 'metaphor'는 그 자체가 일종의 '은유'의 표현으로서, 'meta'(across)와 'phor'(fer=carry)가 합성된 용어로서 인식의 대상 또는 주체를 넘어서 그 의미를 전달해준다는 의미로 이해된다. J. B. White, Justice as Translation, 1999, 235면. 이는 구조화의 양태는 다소 다르지만, '은유'(隱喩)라는 한자어의 의미, 즉 숨겨져 있어서 분명하게 드러나지 않는 사물의 의미를 깨닫게 해주는 것으로 풀이되는 점에서 함축된 의미를 보다 분명하게 표현하고 인식하는데 도움을 주는 수단이라는 점에서는 유사하다.

여기에서 더 이상의 상론은 피하고, 다만, 한 가지 의식, 사고, 논증과 표현 또는 소통의 두 가지 핵심요소로서 '유추'('은유'를 포함하여; '은유'는 일종의 '특수한 유추'라고 할 수 있다)와 '개념'의 연관구조에 대한 확고한 명제만 인용하여 제시한다:

『-. 개념(concept)이 없이는 사고가 있을 수 없고, 유추(은유: 필자 부기)가 없으면 개념이 있을 수 없다;
-. 유추(은유: 필자 부기)를 통한 기억의 촉발이 없는 정신적 삶은 상상하기 힘들다.
-. 유추(은유: 필자 부기)는 '사고의 연료이자 불길'(fuel and fire of thinking)이다.
-. 우리는 오직 현재와 과거를 잇는 유추(은유: 필자 부기) 덕분에 생각할 수 있다.』[309)]

---

309) D. Hofstadter/E. Sander, 김 태훈(역)(Fn.29), 11, 31, 33면. '진정한 사유형식'(genuine Denkform), 특히 '정신적인 자기상태의 표현형태'(Ausdrucksgestalt geistiger Selbstverhältnisse)로서 은유 대한 철학적 개관, 그리고 '유추'와 연관하여 '동일성'과 '차이'를 다루는 이른바 '은유의 변증법'(Dialektik der Metapher)과 이를 통한 '존재론과 논리 간 상위(相違)의 통일'(Einheit des Unterschiedenen von Ontologie und Logik)에 대한 주목할직한 상론으로는 Jörg Zimmer, Metapher, 2003, 특히 19-37면.
다만, '해석학'(hermeneutics)의 관점에서 P. Ricoeur가 제시한 '상상력의 새로운 (의미창조의)힘'을 주목하는 해석이론의 지평에서 보면, '은유'를 '일종의 특수한 유추'로 보는 것이나, '유추'와 '은유'를 호환가능한 개념으로 보는 것은 그가 말하는 "반쯤 열린 문"을 활짝 열거나 또는 그 안으로 들어가서 "상상력과 은유 사이의 새로운 연결점"이 해명되어야 이견 없이 수용될 수 있을 것이다:
『상상력의 힘 안에서 우리는 더 이상 우리의 감각경험으로부터 '상'(像; image)을 이끌어내는 능력이 아니라 새로운 세계들로 하여금 우리 자신에 대한 우리의 이해를 형성하도록 하는 능력을 인정할 준비가 되어 있지 않은가? 이 상상력의 힘은 상에 의해 운반되지 않고 우리의 언어 안에서 떠오르는 의미에 의해 운반될 것이다. 따라서 상상력은 언어의 차원으로 다루어질 것이다.』 P. Ricoeur, Hermenneutics and the Human Sciences: Essays on language, action and interpretation (1981), 윤 철호(역), 해석학과 인문사회과학, 2003, 319면. 이와 관련하여 아래 <소결- 해석학과 은유>(8)에서 좀 더 상론한다.

다만, 여기에서 주목하는 지점은 바로 헌법(학) 그리고 헌법해석론의 맥락이다. 전술한 바와 같이, 일반법의 해석에 비해 상대적으로 더 많이 자주 '도덕적 감정'(moral emotion)이 개입될 수밖에 없는 '도덕적 추론'(moral reasoning) 및 '헌법상상', 그리고 이들과 무관할 수 없고 그렇기 때문에 다소간에 '비합리성' 또는 '비논리성'이 부각되는 일종의 '현상학적 접근'(phenomenological approach)이라고 할 수 있는 '헌법적 추론'(constitutional reasoning)에서 은유는 배제될 수 없다.

'어문법'과 함께 또는 이보다 앞서 헌법독해의 표준문법으로 일종의 '유추문법'으로서 '의미의 문법'과 '공적 이성의 문법'이 포함되어야 한다는 것은 전술한 바 있거니와, 단어의 '어원학'(語源學)의 범주에서, 특히 개념의 논리적 폐쇄성과 완결성의 전제를 고수하고, '상상'과의 호환가능성을 배제하는 좁은 의미의 '유추'에 집착하는 경우에는 일종의 '형용의 모순'으로 볼 수밖에 없을 것이다. 하지만 복합어를 비롯하여 이른바 '정신적 어휘'(mental lexicon)의 생성 및 사용에서 일종의 '개념창고'로 핵심적인 역할을 하는 '의미의 기억'(semantic memory)을 주목해야 하는 심리학의 차원에서 '상상'도 언어(학)의 차원에서 다루어질 수 있다고 한다면, '상상의 문법'은 '형용의 모순'이 아니다. 구성요소를 따라 분석될 수 없는 '모순'(矛盾)이라는 단어 자체가 '어원학'이 아니라 '심리학'의 차원에서 통용되는 복합어이거니와, 굳이 '형용의 모순'이라고 한다면, 일종의 '창조적인 파괴'를 위한 유용한 '모순의 상상'이라고 할 수 있다.

위에서 인용한 D. Hofstadter와 E. Sander가 적확하게 해명한 바와 같이, 우리는 명칭이 없는 개념에 지속적으로 의존하며 또한 항상 '언어호칭'(呼稱; label)의 부여, 즉 단어화될 필요가 없는 '정신적 실체'인 '범주'와 '단어' 또는 '어휘항목'이 동일시되어야 하는 것은 아니다. 인간의 독보적인 '언어능력'을 기반으로 한 것이되 언어를 뛰어넘는 '초언어능력'의 발현으로 우리는 '단어'보다 너무나도 더 많은 다양한 '범주'를 알고 있으며 또한 우리가 생각하고 상상하는 '사물의 범주'는 상시적으로 변

하기 때문에 모든 '범주'에 호칭을 붙이려면 천문학적인 단어목록이 필요하다.[310)]

'집단적인 의미기억'(collective semantic memory)과 '도덕감'(moral sense)이 담겨진 고도의 추상적이고 가치관계적인 '관념어'와 이데올로기에 기반한 '사회어'(Sozialekt)로 구성된 헌법의 언어학과, 개인 단위에서든 공동체 차원에서든 상시적으로 변하는 가치와 현실 간의 상호작용 속에서 새로운 '가치척도'와 '정신적 관념', 즉 대부분의 경우 표준적인 '단어'나 '구절'로 포착되기 어렵고 또한 단어화된 호칭이 어느 정도 공유되더라도 사후적으로 뒤늦게 붙여지게 되는 새로운 '범주'를 형성하는 헌법해석에서는 더더욱 그러하다. 바로 이러한 점에서 '헌법적 추론'(constitutional reasoning)은 수학적 추론과 같이 '형식논리적인'(formal logical) 또는 '연역의 3단논법적'(syllogistic) 추론과는 다른 맥락에서 주장을 정당화하는 '비형식적인 추론'(informal reasoning)으로서 특성이 도드라지고, '형식적인 추론'(formal reasoning)에 비해서 '상상'(imagination)의 역할이 더욱 부각된다. David N. Perkins가 적확하게 해명하는 바와 같이, "충분히 합리적이지만, 상상력이 부족한 Ralpf"(Ralph who is reasonable enough, but lacks imagination)[311)]는 활력적인 변증법적 사고와 정제된 판단이 요구되는 좋은 헌법해석자로서 적격자가 될 수 없다.

일반적인 '법적 논증'에서도 그러하기는 하지만, 기존의 사유습관에 의해 만들어진 구조틀을 깨트리거나 넘어서는 '비형식적 논증'의 순기능, 말하자면 파격과 초탈의 가능성이 특히 주목되는 헌법적 논증에서 일종

---

310) D. Hofstadter/E. Sander, 김 태훈(역)(Fn.29), 121-123면. 이른바 '보이지 않는 유추'(invisible analogy)를 주목하는 관점과 함께 인간의 독보적인 언어능력을 기반으로 한 '유연성'(flexibility)과 '창의성'(creativity)에 초점을 맞추어 '추상화'(abstraction)능력을 '범주 간 이월'(inter-category sliding) 및 '개념적 이월'(conceptual sliding)의 현상으로 해명한 것도 헌법해석론에 많은 시사점을 주는 논의로 주목된다. 같은 책, 190-256, 257-350면.

311) D. N. Perkins, "Reasoning as Imagination", in: Interchange, Vol. 16(1985), 14, 25-26면. 추론이 모험적인 상상에 좋은 영향을 미치는 순기능의 측면에 대해서는 D. N. Perkins, The Mind's Best Work, 1981.

의 '특수한 유추'로서 '상상'과 '유추' 간의 상보적인 기능과 호환가능성이 배제될 수 없고, 오히려 각별하게 주목되어야 하는 것도 이 때문이거니와, '문법론'의 맥락에서 말하면, '이데올로기 비판론' 및 '사회심리학' 등과 밀접하게 연관된 '헌법언어학'에서 '상상의 문법'(grammar of imagination)으로서 '은유의 문법', 즉 '형상(image; figure)의 문법' 및 '공적 감성(public emotion)의 문법'은 필수적이다. 음운론 및 문장구조론적 고안과 함께 사용관습이 '공유약속'으로 정형화된 언어의 구성 및 운용상의 '표준규칙'인 (어)문법은 그 형식성과 폐쇄성 때문에 본질적으로 '비어문법'(非語文法)으로의 '전환'(transforming) 또는 '이월'(sliding)이 불가능한 점에서 그러하다.

상정되는 '개념'의 포괄성의 크기와 '인식'(cognition) 또는 '구상'(conception)의 광협, '추상화'의 층위 등에 따라 그 기능적 효용의 크기는 다르지만, 일반적인 언어사용과 언어를 매개로 하는 사유에서 필수적인 '범주 간의 이월'(inter-category sliding)과 '개념적 이월'(conceptual sliding)의 요청에 부응하지 못하는 (어)문법의 한계는 '문법 간 이월'(inter-grammar sliding)이 아니라 '언어 형이상학'(形而上學; linguistic metaphysics)이라고 할 수 있는 일종의 '문법이상학'(文法而上學), 즉 '초문법'(meta-grammar)의 초월(transcendence)로 극복 또는 보완되는 수밖에 없다.

적어도 오늘날 해석론상 거의 보편적인 명제라고 할 수 있는 이른바 '해석학적 순환'(hermeneutischer Zirkel)의 관점에서 긍정할 수 없는 '논리=실증성'이라는 방법론적 전제 자체의 오류성은 차치하더라도, '논리규칙'만으로는 법실증주의가 주창하는 '논리적 실증성'의 이상, 말하자면 형식적인 논리 및 실증성과 무관하지는 않지만 그것이 오롯이 여럿 중의 한 측면 또는 부분일 뿐인 설득력과 그 요체인 실체적 정당성과 타당성을 담보할 수는 없다. 다소간에 초실증적이고 초언어적이며 유동적인 '헌법현상'을 다루고, 민주적 법치국가의 핵심인 '집단적인 정치적 숙고'(collective political deliberation)의 과정을 통해 '합리성'(rationality)과 '정당성'(legitimacy) 간의 조화를 모색하는 헌법텍스트작업을 '어문법'과 '어의학적 추론'(semantic inference)만으로 처리할 수 있고 또한 그래야 한다고 보는 것은 갖고 있는 연장에 맞추어 소재를 선규정하는 이른바 '도구주의적 오류'일 뿐이다. 또한 언어학, 특히 개념론의 기본명제인 '범주이월'의 필수성과 효용을 부정하거나 또는 평면적인 '범주 간 이월'로 치환될 수 없는 '차원 간 이월'(inter-dimension sliding), 즉 가능하고 필요한 '범주초월'의 공간을 작위적으로 압착하여 단차원화하는 '범주의 오류', '차원의 오류'이기도 하다.

요컨대, 단어와 구절, 문장 또는 전체 텍스트 등 그 어떤 차원에서든, 일종의 '특수한 genre의 게임'이라고 할 수 있는 헌법(해석)에서 '추론과정'(inference process)과 이 과정을 제어하는 '게임규칙', 그리고 활용되는 지식의 유형들에 따른 제약의 구조와 이 과정을 통해 구성 또는 생산되는 개념관계 또는 (문자적) 의미들 간의 '논리적 정합성'(logical consistency)과 함께 다양한 범주 및 차원의 '초논리'의 요소들의 활용은 필수적이다. 말하자면 현실 및 정책적 절충과 타협의 맥락과 방법론, 절차 등 여러 측면에서 법의 그것과는 사뭇 다른, 결정의 '수용가능성'(acceptability)의 요체로서 '균형성' 또는 '상당성'을 의미하는 '정치적 정합성'(political consistency)의 요소를 비롯하여 새로운 개념과 의미창조를 촉발하는 비논리적인(illogical) '(은유적) 의미충돌'과 유연하고(flexible) 비합리적인(irrational), 종종 파격적인 '상상'과 '감성' 등이 그것이다. 아직 법영역에서는 특정한 genre로 호칭할 만큼 게임의 구조틀과 규칙이 정비되어 있지는 못하였지만, 적어도 '(어)문법'과는 차원이 다른 '초문법', 즉 단어와 문장 및 텍스트를 넘어서 다른 '규칙'으로 진행되는 '초언어' 및 '비논리'의 게임을 통해 '의미'(meaning)를 (재)구성하고, '의미'를 토대로 하되 '의미' 너머의 '지혜'(wisdom)도 구하는 '공감'과 '소통', 그리고 이 과정을 촉진하는 '상상문법'과 '은유문법'을 주목해야 하는 것도 바로 이 때문이다.

또한 가치규범, 정치규범으로서 헌법의 고도의 추상성과 개방성 및 미완결성은 차치하더라도, 대부분의 '헌법문제'들은 정립된 단어 또는 어휘항목 등의 '언어 라벨'을 붙여 파악하기에는 구조화의 정도가 상대적으로 낮고, 종종 정체성이 모호하고 불가측의 매우 유동적인 상태로 주어진다. 공시성과 통시성, 당위와 존재의 교차점에서 주어지는 '헌법문제'는 그 자체가 해석과 평가의 대상이고, 의미와 가치에 대한 성찰과 '집단적인 숙고'를 통해서 하나의 '사건'을 극복하면서 진보의 동인을 찾아나가는 심층적이고 역동적인 '말-사건'이다. 이러한 하나의 '말-사건'을 다루며 동시에 다른 '말-사건'을 만들어 나가는 헌법의 해석 및 적용의 전 과정은 전형적으로 법과 정치 및 도덕이 융합되는 포괄적인 사유 및 숙고의 과정이며, 헌법의 '편재적 침투성'(遍在的 浸透性; pervasiveness)을 의미하는 이 포괄성은 규범세계를 형성하는 가치영역 속으로 법이념을 통합해 나가는 일종의 '순환적 해석방법'(circular interpretive method)으로만 대응될 수 있다.

헌법에서 특히 두드러지는 바, 앞에서 인용한 J. Isensee의 말대로 '해석이 해석을 제한한다'고 보는 '선형순환'(linear circulation)의 법이론 및 법해석론적 관점은 '선'(線)을 말 그대로 한 방향의 '선'으로 상정하거나 또는 '순환'을 닫힌 평면 차원의 형상으로 본다면 확연한 '형용모순'(oxymoron) 못지않게 그 '무리'(無理)가 확연하다. 전술한 '초문법'과 이를 통한 '초월'은 '헌법문제', 말하자면 '헌법의 말-사건'에 대한 접근방법으로 타당하지 않은, 적어도 충분하지 못한 '선형접근'(approach in a linear way)을 넘어서, Heidegger가 말한 바와 같이, 이 '순환' 속으로 진입하기 위한 수단과 방법으로 논의한 것이다. 원천적으로 불가능한 것이거니와, '순환'에서 벗어나기 위함이 결코 아니다. 적시(適時), 적소(適所)에 '순환'에 합류하여, 사변적(思辨的)인 혼란의 소용돌이에 빠지지 않고 또한 유의미한 정보나 관념이 전혀 갱신되지 않고 또한 새로 투입되지도 않는 헛된 맴돌이에 휩쓸리지도 않으면서 가치상향의 방향성과 그 동력을 지속할 수 있는 'meta해석방법'을 모색하는 것이다.

'극복' 또는 '초월'을 의미하는 'meta'의 헌법해석방법론상 핵심과제는 '해석학'(hermeneutics)에서 강조하는 '선이해', 즉 접근의 '위치성'(positionality)과 '주목성'(aboutness) 및 '지향성'(intentionality)을 결정하는 'meta 헌법감각'(constitutional sense)의 형성이다. 건강한 '헌법감각'을 토대로 하는 문제인식의 단계에서부터 시종일관 '불편부당의 태도'(impartial attitude)와 정신적 탄력성, 관념의 유연성 등을 갖춘 '창조적 지성'이 요구되는 것도 바로 헌법의 근본적인 '가치통합'의 이상과 이를 추구하는 헌법해석의 필연적인 '포괄성', '순환성' 때문이다.

이러한 '순환적 해석'의 방법론적 요청에 부응하는 일환으로 여겨지거니와, 궁극적으로 논리나 이성이 아니라 자기성찰과 공감능력의 문제인 '도덕감', '가치감' 또는 '정의감' 등의 '건강한 감성'이 결정적인 역할을 하는 '사태파악'의 맥락에서도, 텍스트를 매개로 하여 '파악된 사태'와 해석자의 '자기이해'가 교섭(交涉)하는 헌법텍스트작업 및 이를 통해 확보한 척도를 사태에 적용하는 '헌법적용', 즉 '사태포섭' 및 '사태판단'의 단계에서도 '상상'과 '은유'는 필수적이다. 결국 헌법제정 이후에 지속되는 모든 층위와 범주의 '헌법과정'에서 그러하다.

다음의 논의는 일종의 '은유'인 '전형상 준거헌법해석방법'을 단서로 하여 헌법해석방법론상 '유추'와 '개념', 그리고 '범주화', 더 나아가서는 '상상'(imagination) 및 '구상'(conception; vision) 간의 복합적인 연관관계를 주목하는 관점에서 헌법(학; 해석)에서 '은유'의 필수성과 유용성을 좀 더 구체적으로 해명한 것이다. 더 나아가서는, 종래 오히려 배척 또는 경시되어 왔지만, 향후 좀 더 주목하고 되새겨야 한다는 점을 강조하고, 그 이유를 개진한다.

2. 은유 - 전형상 준거 헌법해석방법

(1) '전형상 준거 헌법해석'의 헌법해석론적 맥락

일반 법률의 경우에도 해당되기는 하지만, 특히 헌법의 경우에 더욱 분명하게 드러나는 합의된 표준해석방법의 결여는 헌법적 결정의 연역모델, 즉 '헌법도그마틱'의 독자적인 효용과 기능을 부정하고, 도그마틱의 틀을 벗어난 새로운 헌법해석방법론의 모색이 불가피한 것으로 보는 주장들의 핵심논거이다. 헌법(해석)의 '이데올로기 감염성'이나 언어학의 관점에서 본 헌법텍스트작업의 한계, 즉 단 하나의 '옳은 해석'을 전제 또는 담보할 수 없는 '논리적 실증성'의 한계에 대한 논의도 그 핵심은 '헌법도그마틱'에 의한 정합성의 통제가 헌법해석 및 헌법적 결정의 실체적 타당성을 담보할 수 없다는 점을 재확인한 것인 동시에 헌법해석방법론상 새로운 접근의 단서를 제시한 것이다.

이러한 맥락에서 다양한 관점에서 적잖은 연구들이 진행되었지만, 일치된 지향점은 이른바 '포섭도그마'의 극복이었고, 법해석론상 공통된 인식의 핵심은 일종의 '표준문법'으로서 고전적인 법도그마틱이 제시하는 해석의 방법과 규칙들이 법해석자의 임의적인 선택의 대상 그 이상도, 이하도 아니라는 것이었다. 법의 해석과 적용에서 고려되어야 하는 요소들로 제시된 것들도 선행된 법적 판단과 그 결론에 대한 사후적 논증을 위한 일단의 '관점들'(topoi)일 뿐인 것으로 여겨지게 되었다..

이러한 관점에서 보면, 오늘날 헌법에 특유한 해석방법으로 제시되고 있는 '관점론적 해석'은 물론이고, 여기에서 초점을 맞춘 은유를 기반으로 하는 '전형상 준거 해석방법'을 포함하여 '현실기준적 해석', '결과고려의 헌법해석', '실제적 조화의 해석', '이익형량의 해석' 등의 헌법해석방법들은 광의의 '관점론적 해석방법'의 범주에 속한다고 할 수 있다. 이러한 일단의 헌법해석방법들은 J. Esser가 제시하는 '선이해', 즉 해석자의 전인격이 반영되는 가치판단과 현실인식의 관점들을 헌법해석의 전제 또는 핵심

준거로 보는 관점을 공유하고 있고, 'meta 방법론'의 부재를 'meta관점론'으로 대체하는 일종의 헌법해석론상 '패러다임 전환'의 기조 속에서 발현된 것으로 볼 수 있기 때문이다.

(2) 관점론적 헌법해석방법과 은유

헌법해석론상 불가피한 'meta해석론의 부재', 즉 '해석방법론적 이견'의 여건 속에서 'meta방법론'의 부재를 'meta관점론'으로 극복하려는 시도는 그 출발점에서부터 피할 수 없는 난관, 즉 '가치의 이데올로기화'(Ideologisierung der Werte)312)와 'meta윤리학' 또는 'meta가치론' 부재의 문제에 봉착하게 된다. 이 문제는 '관점론'과 철학적 토대 및 인식론적 문제를 공유하는 것으로 이해되는 '법학적 해석학'의 핵심문제, 즉 '해석학적 순환'(hermeneutischer Zirkel)의 모순과 연관된다. 특히 전술한 바와 같이 Gadamer가 주목한 바, '이해과정에 대한 선이해'의 구성적인 함의를 비롯하여 텍스트의 해석과 적용 및 의미의 해석과 '구성'(Konstitution; Konstrukion)의 난해한 관계에 대한 깊은 성찰은 바로 이 '해석학적 순환'의 불가피성과 그에 따른 객관적인 인식의 한계를 확인하고, 이러한 전제 하에 출구를 탐색하기 위한 필수적인 과제이다. 헌법해석을 '의미의 문법'(grammar of meaning), '도덕의 문법'(grammar of morality) 또는 '공적 이성의 문법'(grammar of public reason)을 갖고 헌법텍스트를 해석하는 일종의 '정신과학적 작업'으로 보면, 이 모순의 문제와 그에 따른 과제는 헌법해석방법론의 경우에도 그대로 해당된다.

이러한 점에서 J. Esser가 제시한 '선이해에 대한 비판적인 성찰'의 요청은 헌법해석론에서 더욱 중요한 명제로 부각된다. 그 핵심취지는 선판단형성의 메커니즘을 심리학, 사회학 등 실증적인 학문으로 탐구하고 또한 그에 따라 얻은 지식을 법해석방법론의 선택에 대한 선이해의 불합리

312) 이에 대한 상론으로는 N. Luhmann, “Wahrheit und Ideologie”, in: Soziologische Aufklärung: Aufsätze zur Theorie sozialer Systeme, 3. Aufl., 1972, 54-65면.

한 영향과 부정적인 의미, 즉 여과되지 않은 이데올로기의 영향을 차단시킬 수 있는 규칙으로 전환시키라는 것이다. P. Zima의 "이론은 자신을 낳은 이데올로기에 대한 변증법적 부정이다."라는 표현을 다시 원용하여 말하면, 이 규칙으로 전환하는 작업은 '이데올로기에 대한 변증법적 지양'과 다르지 않다. 이데올로기적 기만과 환상에서 벗어남이 그 핵심인 이 작업의 성과는 궁극적으로 실증적이고 분석적인 학문(이론)과 가치비판적인 도덕(윤리)철학을 통한 '자기성찰' 및 '이데올로기의 여과'와 이를 토대로 한 헌법해석자의 구체적인 '이데올로기 비판'의 적실성에 달려 있다.

이러한 '이데올로기 비판'의 과제는 도그마틱의 차원을 넘어서는 가치판단의 문제에 대한 탐구를 요구하는 것이고, 이 과제는 결국 헌법해석론상, 특히 과잉금지 또는 과소금지원칙심사에서 가치인식 또는 가치평가의 관점과 척도의 문제로 귀착된다. '가치의 이데올로기화'와 이른바 '헌법(재판)실증주의'의 기조 속에서, 예컨대 평등원칙이나 사회국가원리의 해석을 통해 헌법재판소가 일종의 '이성법원'(Vernunftshof) 또는 '정의법원'(Gerechtigkeitshof)[313]으로서 역할을 수행하는 현실을 주목하건대, 오늘날 다원주의 사회에서 보편적인 표준화된 가치평가척도가 주어질 수 없지만, 그럼에도 불구하고 또는 바로 그렇기 때문에 헌법해석, 특히 기본권해석의 핵심요소인 '가치형량'에 대한 합리적인 규율과 통제의 요청은 회피할 수 없는 당위명제이다. 관건은 'meta윤리학' 및 'meta가치론' 부재의 상황에서 '가치형량' 또는 '가치조정'에 대하여 이론적으로 확립된, 합리적으로 적용 및 통제될 수 있는 방법론적 기본지침을 확보하는 것이다.

다만 이 기본지침의 구체화에 대하여 헌법해석론 또는 헌법이론이 제공하는 방책은 L. H. Tribe가 제시한 통합적 접근의 방법뿐이다. 후생경

313) R. Dreier, "Zur Problematik und Situation der Verfassungsinterpretation" (1976), in; Recht-Moral-Ideologie, 1981, 116-123면, 124면.

제학이나 도덕철학과 마찬가지로 법학도 포함하는 이른바 '정책과학'(policy science)의 관점에서 목적에 대한 합의를 전제로 효율적인 수단에만 초점을 맞추는 '분석'(analysis)의 접근과 타협을 거부하는 이데올로기 중의 선택이 아니라 이익과 가치의 상충에 대한 깊은 성찰과 함께 '계속 발전해나가는 통합적이고 문제지향적인 법적 사유의 양식들'(developing coherent and problem-oriented styles of legal thought)이 그것이다. 말하자면 탈실증주의의 규범이론을 토대로 한 고전적인 법도그마틱의 극복, '법학적 해석학'과 윤리학 및 실증적인 개별학문들과의 학제적 접근, 그리고 '결정이론'들과의 협업 외에 다른 대안은 없다.[314] 다음에 논의될 내용은 바로 이러한 방법론상의 기본지침과 관련하여 일견 일종의 '관점론적 헌법해석방법'으로 볼 수 있지만 범주가 다른 독자적인 헌법해석방법으로 주목되어야 하는 바, 즉 은유를 기반으로 하는 '전형상 준거해석방법'의 내용과 특성을 정리하고, 그 기능적 효용 및 한계를 검토한 것이다.

3. 인식과 이해 및 표현과 소통의 방법으로서 은유

헌법해석의 요소 또는 준거로서 '전형상'(Leitbild)은 말 그대로 '안내자로서 기능을 수행하는 형상'(guide-image; guide-figure)이다. '형상'을 준거나 매개로 하는 '전형상 준거해석'은 일종의 '은유'(metaphor)의 인식방법이다.

오늘날에는 이견 없이 인정되고 있지만, '은유'를 '언어학적 현상'(linguistic phenomenon) 또는 '시(詩)적 현상'(poetic phenomenon)으로 보

---

314) L. H. Tribe, "Policy Science: Analysis or Ideology?", in: Philosophy & Public Affairs, Vol. 2(1972), 66, 109-110면. 같은 맥락에서 기본권이론들을 수단으로 하여 기본권해석의 합리화를 모색하는 시도의 성과에 대하여 회의적인 평가를 하는 견해는 '비용-편익분석'과 같은 정책분석적 접근이나 '도구적 합리성'(instrumental rationality)의 차원을 넘어서는 일반적인 헌법이론에도 그대로 해당된다. 예컨대, F. Ossenbühl, "Grundsätze der Grundrechtsinterpretation", in: D. Merken/H.-J. Papier(Hg.), Handbuch der Grundrechte in Deutschland und Europa, Bd. 1 (Einleitung und Grundlagen), § 15, 617-619면.

는 것 자체가 언어학에서 주요 쟁점의 하나였거니와, '은유', 특히 문자언어의 차원들 너머로 '언어의 의미목록'(verbal repertoire)를 확장시키는 '은유'의 기능에 대한 적확한 분석과 해명은 언어학을 넘어서 인식론 차원에서도 여전히 중요한 화두의 하나이다. 여기에서 상론할 수는 없지만, '사물접근'(thing-approach)과 '세계접근'(world-approach), 그리고 후술하는 바와 같이 '해석학'(hermeneutics)에서 주목하는 '자기의식'(self-consciousness) 또는 '자기이해'(self-understanding)와 연관된 '자기접근'(self-approach)의 논제들과 직결되는 문제들, 즉 '문자적 의미'와 '문자적 의미'의 '비틈'(twist)을 통해 생기되는 '은유적 의미'의 차이, 문자가 아니라 '상'(像)을 끌어내어 '상'으로 사유하는 '상상'(想像)과 '은유'의 인식방법으로서 기능적 연관성, 궁극적으로 은유사용의 '기제'(mechanism) 및 은유적 표현의 특수성을 어떻게 인지하고, 그 의미를 파악할 것인가 하는 것들이 그것이다.[315]

우선 인식론(철학)의 차원에서 몇 가지 의문을 생각해본다. 하나의 '물체를 보는 것'(seeing thing)과 '사건을 보는 것'(seeing event)을 근본적으로 다른 인식 또는 경험의 범주로 볼 것인가? 이 화두와 관련하여 한자어 '견'(見) 또는 '시'(視)와 '관'(觀) 또는 조(眺)의 대비적 구별과 같은 맥락에서 '어떤 대상을 보는 것'(seeing object), 즉 '시각적인 경험'(visual experience)과 '대상의 본질과 구조 또는 그 맥락을 주목하는 것'(watching object)은 어떻게 구별되는가? 후자의 대상을 주목하는 '관찰의 경험'이 그 '대상'(object) 자체 보다는 '사물'(things)에 대한 '인상'(impression)이

315) 이와 관련해서는 Monroe C. Beardsley, "The Metaphorical Twist", in: Philosophy and Phenomenological Research, Vol. 22(1962), 293-307면. 특히 '시론'(詩論)의 맥락에서 은유의 본질을 해명한 논문이지만, 의미의 '비틈'(twist)에 대한 논의는 언어학과 인식론 차원의 일종의 '은유학개론'으로도 적확한 것으로 생각된다. 아마도 이유가 없지 않을 것이되, 법학이 포함되지 않은 것이 아쉽지만, 철학 차원의 이론적 접근을 포함하여 언어학, 인지과학, 담론분석, 소통연구, 교수법(didactics), 경제학, 미학, 정치학 등 관련된 거의 모든 분야에서 은유사용의 현황과 그 함의 및 기능에 대한 실용적인 개관으로는 Elisabetta Gola/Francesca Ervas(ed.), Metaphor in Focus: Philosophical Perspectives on Metaphor Use, 2013.

나 '생각'(thought)을 갖게 되는 것은 아닌가? 그렇다고 한다면, '인상이나 생각을 갖는다'는 것의 본질과 내용은 무엇인지, 인식의 '대상'(object)과 '내용'(content) 간의 '인과선'(causal line)이나 인식의 '내용과 주체 간의 관계'(content-subject relation)는 어떻게 파악할 것인가? 더 나아가서 인식 또는 경험의 '내용'을 갖고 인식대상의 '특수한 대표성'(particular representativeness)이 온전히 설명될 수 있는가?

이런 인식론의 난제들에 대한 상론은 유보하되, 아무튼 헌법의 해석과 적용의 맥락에서 '물체'가 아닌 '관념'이나 '가치'와 '사건'(event) 또는 '사태'(Sachverhalt)에 대한 이해와 파악, 사유와 평가의 수단으로서 주목하는 은유의 본질은 "한 종류의 사물을 다른 종류의 사물의 관점에서 이해하고 경험하는 것"이고, 더 나아가서는 파악하고 경험한 내용을 평가하고 그것을 설명하고 설득하는 '특수한 표현의 방식'이기도 하다.[316)]

법실증주의의 철학적 토대라고 할 수 있는 '논리적 실증주의'(logical positivism)는 인식 또는 논증의 수단으로서 은유를 별로 활용하지도 않았고, 은유 자체에 대하여 거의 관심을 갖지도 아니하였다. 다시 인용하건대, C. Geertz에 따르면 법실증주의가 전범으로 따른 (자연)과학에는 시에는 있는 '상징'(symbol), 말하자면 그 자체가 의미하는 어떤 것을 표현하는 것인 동시에 어떤 대상, 행위, 사건, 성질, 관계 등을 포착하는 개념의 매개물이기도 한 '상징'이 없고, 따라서 이른바 '상징적 논리'는 법리적으로 상정될 수 없는 것이었기 때문이다.[317)] 하지만 이러한 언어철학 및 인식론적 배경에서 이른바 '합리성의 모델'에 따라 인간의 이성적 사유의 '객관성', 특히 '어의학적 객관성'(semantic objectivity)과 '문언충실성' 및 '선형성'(線形性)을 강조하면서 은유를 '사유 또는 인식의 왜곡'(distortion

316) 예컨대 나무와 같은 '물체'를 보는 '시각적 경험'을 출발점으로 하지만, '사건'을 보는 넓은 의미의 '인지'(awareness) 또는 '이해'(understanding)의 본질과 관련된 인식론의 문제를 개관하고 천착한 논의로는 대표적으로 T. Honderich, "Seeing Things", in: Synthese, Vol. 98(1994), 51-71면. G. Lakoff/M. Johnson, Metaphors We Live By(2003), 노 양진/나 익주(역), 삶으로서의 은유, 2006, 24면.

317) E. F. Kittay, METAPHOR, 1987, 6면. C. Geertz, 문 옥표(역)(Fn.28), 115면.

of thought or cognition) 또는 '위험할 정도로 부정확한 수사'(dangerously imprecise rhetoric)로 폄하하였던 전통적인 이해는 실제 언어사용과 합치되지 않고, 효과적인 법적 추론의 엄정성에도 배치된다.

또한 이러한 곡해는 오늘날 언어학에서 일반적으로 확인된 언어의 본질적인 '은유성'(metaphoricity), 즉 은유가 언어사용과 분리된 범주가 아니라 오롯이 언어사용의 한 부분이라는 점에 대한 오해에서 비롯된 것으로서, 이 점에서 다르지 않은 법언어의 영역에서 은유의 특유한 기능과 역할을 주목하고 분석하는 중요한 과제를 원천적으로 회피하거나 배제하는 우를 범하게 된다.[318] 이러한 문제는 가치관계성과 추상성이 각별한 헌법언어의 사용과 개인적 차원에서든 집단적 차원에서든 공히 '도덕적 감정'과 무관할 수없는, 그렇기 때문에 '문자적 의미'에 초점을 맞추어 논리와 개념 또는 개념관계를 분석하는 어의학적 작업만으로는 포착될 수 없는 '간주관적 가치공감'의 생산과 재생산의 과정, 즉 헌법언어를 갖고 하는 헌법적 사유와 추론에서 더더욱 분명하게 부각된다.

영어에서 'thing'과 마찬가지로 일반적으로 한 단어로 통용되고 또한 G. Radbruch가 제시한 유명한 자연법적 명제, 즉 '사물의 본성'(Natur der Sache)으로 포괄되기는 하지만, 전술한 바와 같은 인식론상의 깊은 논의는 유보하고, 일단 은유의 매개물로서 '사물'(事物)을 '사'(事)와 '물'(物)을 나누어 보는 것이 가능하고 필요하다. 예컨대, '나무를 보는 것'(seeing tree)과 '나무라는 단어를 보는 것'(seeing the word of tree), 즉 '읽는 것'(reading)도 다르거니와, 문자의 기호로 표현된 개념을 갖고 인식대상을 인지 또는 이해하는 경우에도, '물체'를 대상으로 하는 경우에 그 '특성', 즉 '물성'(物性)을 파악하는 것과 어떤 '일'(事) 또는 '사건'을 대상으로 하여 그 형태(pattern)와 '함의'(meaning), 즉 '사태'의 본질을 포착하는 것도 다른 하부범주로 구별될 수 있다. 그 본질적인 차이 또는 유사성에 대한

318) S. L. Winter, A CLEARING in the Forest, 2001, 43면. 언어의 본질적인 '은유성'에 대해서는 N. Lacey, "The Metaphor of Proportionality", in: Journal of Law and Society, Vol. 43(2016), 29면.

상론은 유보하되, 다만 후자의 경우는 어떤 대상을 '눈으로 보는 것'(seeing; 見)이 아니라, 주목(aboutness)하여 '관조'(觀照)하고 '통찰'(通察)하는 '관찰'(觀察)이다. 말하자면 마음 또는 머리로 읽고 갖게 된 '관념'(sense; notion)을 '생각'(生覺)하는 것이다. 즉 '상념'(想念)이다.

바로 이러한 '관찰'와 '생각'을 요구하는 것으로 이해되는 바, O. W. Holmes 대법관은 '실재하는 것'(the real)와 '진실된 것'(the true)을 고수하기 위한 방침으로 "말이 아니라 사물을 생각하라"(think things, not words)는 지침과 함께, "적어도 말로 표현하고자 하는 사실들로 끊임없이 말을 번역하라"(constantly translate words into the facts for which they stand)[319]는 지침을 제시한다. 같은 맥락에서 이해하건대, 은유는 이 구별되는 두 가지 인식 또는 이해의 범주를 융합 또는 연결시키는 매개인 점에서 그 자체가 '말'이 아니라 '사물'을 생각하는 것인 동시에, '사'와 '물'의 실재와 참된 것을 생생하게 인식하고, 느끼고, 깨닫는다는 의미의 이러한 '생각'을 가능하게 하고 또한 담아내는 일종의 '번역의 수단'이라고도 할 수 있다.

유사한 맥락에서 은유의 수단으로서 '전형상'은 두 가지의 매개, 즉 물리적인 형태를 갖는 형상, 즉 일종의 '구상'(picture)과 관념적인 '형상'(figure) 또는 '추상의 image'를 기준으로 하여 두 가지 유형으로 대별될 수 있다. 전자의 경우와 달리, '협의의 전형상'에 해당되는 것으로 볼 수 있는 후자의 경우는 기호로 구성되는 것이 아닌 점에서 좁은 의미에서 대상을 '재현'(representation)하는 것에 그치지 않는다. 따라서 관념적인 image로서 구성되는 '상념'의 매개로서 '전형상'은 '개념'(Konzept)과는 근본적으로 다르다. 일종의 '전범'(Model)도, '전형'(Prototyp)도 아니다.[320]

---

319) O. W. Holmes, "Law in Science and Science in Law", in: Harvard Law Review, Vol. 12 (1899), 460면.

320) 이에 관한 상론은 S. Baer, "Schlüsselbegriff, Typen und Leitbilder als Erkenntnismittel und ihr Verhältnis zur Rechtsdogmatik", in: E. Schmidt-Aßmann/W. Hoffmann-Riem(Hg.), Methoden der Verwaltungs-rechtswissenschaft, 2004, 238면.

다만, 여기에서 헌법해석의 요소로서 논의되는 '전형상'은 두 가지 형식의 은유를 다 포함하는 '광의의 전형상'으로 사용된다.

아무튼 은유의 적용대상은 일종의 특수한 언어문제라고 할 수 있는 은유의 한계에 의해 결정된다. 생각건대, 일종의 '관념'으로 본다면 '신'(神; God)이 전형적인 예로 생각되거니와, 본질적으로 구조화될 수 없는, 아마도 바로 이 점에서 '궁극'이라는 수식어가 붙는다고 할 수 있는 근본적인 가치관념들은 '형상'을 매개로 하여 감지 또는 이해될 수 없고, 표현될 수도 없다. 특히 그것을 매개로 하여 타인과의 공감을 확인하고 소통할 수도 없다는 점에서 은유와 친할 수 없다. 예컨대, '인간의 존엄성'이나 '정의', '진리', '양심' 등과 같이 다른 종류의 '사물'을 매개로 하여 인식될 수 없는 근본적인 궁극의 가치개념들은 은유적으로 구조화될 수 없기 때문에 '전형상'을 비롯한 은유의 방법으로 하여 기술될 수 없고, 해명될 수도, 이해될 수도 없다.[321)]

321) 언어학의 관점에서 이는 은유의 일차적인 기능, 말하자면 단어의 의미론적 다의성과 의미론적 규칙들에 '서로 연관된 평범한 것들의 체계'와 '문화적 규칙'을 덧붙이는 효용에 따른 한계로 생각된다. 다만, 은유의 효과가 이에 국한되지 않고 '특별히 구성된 함축의미'를 새로 창조하는 기능도 갖는다고 보는 관점에서는 이 한계를 확정적인 것으로 단정할 수 있는지는 의문이다. 이에 관해서는 P. Ricoeur, 윤 철호(역)(Fn.310), 304-306면.
아무튼 종교적인 신념이나 양심 등과 같이 근본적인 신념을 내용으로 하는 개념들의 경우 은유의 방법이 적용되기 어려운 것도 같은 맥락에서이다. 예컨대 Kant의 역사철학에서 '신성'(神聖: holiness), '존엄'(dignity), '경외'(reverence), '열망'(admiration), 숭고성(sublimity), '경탄'(wonder), '찬양'(exaltation) 등의 종교적인 용어가 은유의 방식이 아니라 특정한 믿음의 형식과 연관될 수 없는 신앙이라는 보편적인 종교적 의식 또는 성향의 특유한 내용을 직접적으로 표현한 것으로 이해된다. 말하자면 특정한 내용으로 개념이 정의되거나 은유의 방식으로 구조화되는 경우 그 대상의 근본적인 속성이 상실되기 때문이다. 이에 관해서는 Y. Yovel, Kant and the Philosophy of History, 1980, 210면. Ch. V. Critique and History of Religion.
J. Isensee(Fn.229, 7면)가 근본적으로 '정의되기 어려운 헌법개념'인 '인간의 존엄성'이 헌법해석론에서 봉착하게 되는 난점들을 지적한 것은 은유의 방법으로도 표현 또는 이해될 수 없는 한계에 대한 해명으로도 이해될 수 있다:
『-. 기본법 제1조 제1항 제1문의 간경체(簡勁體)의 규정은 자체만으로는 법적으로 적용될 수 없다. 이 규정이 실제 효력을 가지려면 법기술적인 언어로의 번역이 필요하다 … -. "인간의 존엄성"은 순정한 법개념이 아니다. 이는 종교, 윤리 및 철학의

4. 법인식과 은유

(1) 법세계 및 법적 사유의 지평 확장

은유에 대한 기본이해를 토대로 하여 법적 사유의 세계에서 '생각'과 '상념'의 수단으로서 은유의 특유한 기능과 역할을 좀 더 세밀하게 살펴본다. 인식의 층위와 범주에 따라 상대적인 차이는 있지만, 은유는 본질적으로 대상 전체를 포착하는 일종의 총체적인 '통각적 인식'의 매개이고, 그 산물이다. '색성향미촉'(色聲香美觸)의 5감각을 활용하여 은유적으로 구조화된 언어를 통한 체험적 인식과 그 결과로서 확보된 '형상'이 일종의 '형태'(Gestalt)로 조성되고, 보이지 않는 분위기나 그 속에서 가졌던 감정 등의 느낌들과 합쳐친 이 '형상'이 법해석의 요소로 적용되는 일련의 과정은 개념 또는 개념관계의 분석을 수단으로 하는 어의학적 접근과는 그 구조와 본질이 근본적으로 다른, 일종의 통합적이고 즉각적인 '체험적 은유'(experiential metaphor)의 방식으로 진행된다.

현장에서 생음으로 듣는 경우에는 말할 것도 없거니와, 아름다운 음악과 노래를 소리로 들으며 감상하는 것과 관념적으로 음률과 리듬의 기억을 되새기는 것, '음성화된 정보처리작업'(verbal reports as data; verbalized data processing)으로서 활자화된 '시어'(詩語)를 직접 읽거나 낭독하는 것과 그

언어에서 유래된 개념이다. 그 다의성, 다면성, 불명확성은 의미의 동일성의 법학적 요청에 부합되기 어렵다. -. "해석되지 않은 명제"로 기본법에 수용된 점에서 인간의 존엄성은 사후적인 해석을 통한 파악이 어려울 수밖에 없다; 적어도 해석을 통해 완전히 포착될 수 없다. 이로부터 비롯되는 문제는 법해석론이 접하게 되는 불확정법개념들을 다루는 것과는 질적으로 다른 문제이다 … -. 인간존엄성의 보장은 기본법상 개별기본권의 해석론체계에 편입되지 아니한다. 즉 일반적인 기본권해석의 표준과는 거리를 두고, 독자적인 척도들을 설정하고 요구한다.』

눈가리개를 하고 칼과 저울을 들고 있는 이른바 '정의의 여신상'(icon of justice)은 정의이념의 은유적 표현이 아니라, 신화와 전설을 배경으로 하여 법관의 '태도'(posture) 또는 사법절차의 '불편부당성'(impartiality)이나 지식과 공정한 판단의 관계 또는 납득될 수 있는 판단을 가능하게 하는 데 있어서 절차적 제약의 역할 등을 상징적으로 보여주는 일종의 '예증적 형상'(paradigmatic icon; gesture)이다. 이에 관해서는 D. E. Curtis/J. Resnik, "Images of Justice", in: The Yale Law Journal, Vol. 96(1987), 1727-1729면.

냥 '시어' 또는 '시어'의 상념(想念)을 떠올리는 것들, 그림을 직접 보는 것과 생각 속에 떠올리는 것, 예쁜 꽃을 눈으로 보거나 만져보고 향기를 맡는 것과 머릿속에서 상상하는 것들이 근본적으로 다른 범주의 이해 또는 행위방법인 것과 마찬가지로, 문자 또는 언어기호의 분석을 통해 의미를 탐색하는 '추론'과 '형상'을 매개로 하는 '상상'의 유추는 다분히 다른 종류의 인식방법이다. 넓은 의미에서 '유추'로 범주화할 수 있는지 여부는 차치하고, '논리적 추론'과 '비논리 또는 초논리의 상상'은 성과든 효용이든 단순히 상대적인 정도의 차이만으로 구별될 수 없다. 원천적으로 '의미'와 분리될 수 없는 '기호'(sign) 또는 '매체'(medium)가 본질적으로 같은 범주에 속하는 것으로 볼 수 없다.

따로 전거를 제시할 필요도 없을 정도로 유명한 『Understanding media; the extensions of man』(1964)에서 Marshall McLuhan이 Chapter 1의 소제목으로 한 "매체는 메시지이다"(The medium is the message)라는 명제는 은유에도 해당된다. 그의 말대로 모든 사물을 관리하기 위해 분류와 구분을 활용하는 문화에 익숙한 입장에서는 '다소 충격'이었겠지만, 오늘날에는 더 이상 충격이 아니라 일상의 삶 속에서 당연한 사실로 익숙해졌다고 할 수 있다. 전술한 바와 같이, 아마도 그 충격의 여진에서 여전히 벗어나지 못한 유일한 동네가 법세계가 아닌가싶거니와, 다만 여기에서 관심의 방향과 주목점은 반대이다. 말하자면 생각의 대상이나 또는 생각, 상상 또는 판단 등의 '인식'의 층위와 유형 및 그 방법, 그리고 'message'의 생산과 전달의 맥락에 따라 매체와 문법이 차별화되어야 하며, 실제로 부지불식간에 그러하다는 점이다.

앞에서 인용하여 논의한 D. L. Krebs가 주장하는 바와 같이, 인간이 '하나의 도덕감(a sense of morality)을 갖고 있다'는 보편적인 전제는 "질적으로 상이한 다수의 도덕감들 또는 '일단의 도덕감들'(a suite of moral senses)을 갖고 있다"는 것으로 이해되어야 하며 또한 '도덕적 판단'(moral judgment)은 종종 다분히 '비합리적인'(irrational) 방법, 말하자면 예컨대

'꺼림칙함'(gut feeling in mind)과 같이 증거에 대한 탐색과 검토 및 추론의 단계를 거쳐 결론에 이르는 의식적인 인지와는 무관한 '직각(直覺)의 느낌'에 따라 내려진다.[322] '도덕적 추론'(moral reasoning)과 함께 '도덕적 판단'의 합리적인 근원들과는 다른 맥락에서 '도덕적 결정'(moral decision making)의 준거가 되는 '도덕적 직관들'(moral intuitions), 그리고 '감정적 경험'(emotional experience)이나 '열정'(passion)에 깊게 뿌리를 내리고 있는 '도덕감'(moral sense)이나 '도덕적 신념들'(moral beliefs)이 독자적인 헌법논제로 주목되어야 하는 것도 이 때문이거니와, 이들이 헌법의 핵심명제인 '공정'(fairness)이나 '정의'(justice)를 비롯하여 '권리'(right)나 '양심'(conscience) 등에 대한 감각들 및 이와 연관되는 '도덕적 이성'(moral reason) 및 '도덕적 정당화'(moral justification)와 그 준거 및 접근방법이 판이하다면, 그 인식 또는 사유의 매개나 방법 및 표현수단인 기호도 다소간에 차별화가 불가피하다.

'기호'가 다르면 '문법'도 다를 수밖에 없다. '문법'이 다르면 기호사용의 가능성, 즉 그 범주와 차원이 확장 또는 이월된다. 이러한 점에서 적어도 부정 내지는 경시의 관점을 탈피하여 전향적으로 은유의 효용과 잠재적인 가능성의 공간 및 그 한계선을 탐색해보는 것만으로도 법 및 법적 사유의 세계와 법학방법론의 지평을 확장하는 위미를 갖는다고 할 수 있다. 특히, 근본적으로는 윤리와 도덕의 문제이지만, '(법적) 감각마비'의 현상이 일반적인 법문제로도 주목되어야 한다고 본다면, 이는 '논리'만으로는 진단되고 치유될 수 없는, '논리적 추론'의 너머 또는 그 배후에 있는 문제, 즉 '감성'과 '직관'이 주요소인 '도덕감' 및 '도덕적 판단'의 문제와 연관된다. 이는 그 어떤 고착된 '어문법'이나 결정절차와 방법의 단순

---

322) D. L. Krebs(Fn.20), 203-216면. 특히 '도덕적 판단'의 요소로 '도덕적 직관'을 강조하면서, '도덕적 직관'이 선천적으로 진화된 성향들에서 발원되는 것으로 주장한 Jonathan Haidt의 사회심리학적 연구에 대한 간명한 해설과 요약은 213-214면. J. Haidt, "The emotional dog and its rational tail: a social intuitionist approach to moral judgment", in: Psychological Review, Vol. 108 (2001), 814-834면.

한 제도화의 문제로 환원될 수 없는 복합적인 문제, 말하자면 현상학적 접근방법이 긴요한 범주의 문제라는 점에서 방법론의 확장은 각별한 의미를 갖는다. 앞에서 언급한 '범주의 이월' 또는 '개념적 이월'을 기대할 수 없는 '논리적 추론'은 한계가 있을 수밖에 없는 도덕과 윤리의 문제는 결국 앞에서 언급한 '도덕적 감정' 및 이와 직결된 '법감정' 등 '초논리' 또는 '비논리'로 접근될 수밖에 없기 때문이다.

(2) 상상과 은유 - '은유의 법학' 및 '은유의 법해석'의 가능성과 필수성

'어의'(語意)에 초점을 맞추어 추론의 방식으로 수행되는 개념분석의 작업과 '형상'의 매개, 즉 넓은 의미의 '봄'(seeing) 또는 '시각화'(visualizing)를 비롯한 감각적인 은유적 구조화 방식의 인식과 이해는 작동의 틀과 메커니즘 자체가 다르다. 같은 범주 속에서 상대적인 차이가 아니라, 범주가 다르다. 특히 상상력과 창조성의 크기의 관점에서 그러하다.

물론 '전형상 준거 법해석'에서 '전형상'의 형성이 그러하듯이, 법해석론상 은유의 형성과정과 적용의 중간단계에서는 물론이고, 논증형식 외의 대안이 있을 수 없는 법적 결정에 대한 사후적인 논증의 단계에서도 언어기호를 매개로 하는 논리적인 사유와 텍스트작업이 원천적으로 배제될 수는 없다. 하지만 '형상'을 수단과 매개로 하는 은유의 인식과 이해 및 표현의 방법에서 언어기호에 대한 어의학적 분석과 언어를 매개로 하는 논리학은 보조수단에 불과하다. 비록 이것이 불가피하게 언어 또는 개념의 관계를 통해 현출된다고 하더라도, 그 배후에 잠재되어 있는 인식과 사유의 핵심은 일종의 '시적 상상력'과 같은 영감의 도구로서 은유의 활용 및 그 산물이고, 표현형식은 언어이되 그 작동의 요소는 오롯이 비언어적으로 구조화된 상상의 '형상'이다.

앞에서 언급하였지만, '상상하다'라는 의미의 영어 단어가 '형상'을 뜻하는 'image'가 동사화된 'imagine'이듯이 은유는 오롯이 '상상'이다. '상상' 또는 '상념'에서 '형상'은 단순히 비교를 통해서 '차이 속에서 유사성'

(resemblance in difference)을 포착하여 인식대상을 달리 명명하거나 다른 단어로 전환시키는 '매개'(medium)의 수단 이상의 의미를 갖는다. 흔히 우리가 일상적으로 많이 사용하는 '직유'(直喩; simile) 또는 '명유'(明喩)는 '상상'으로서 은유와 동일한 것이 아니라, 그 한 부분에 해당하는 하부범주일 뿐이다. 말하자면 범주가 다른 논리와 비논리 또는 언어와 비언어, 개념과 비개념, 즉 image의 연계를 통해 포착된 비교대상 간의 '차이 속의 유사성'을 갖고 유사한 부분을 분명하게 드러내어 이해를 신선하게 만들고, 부각된 유사한 부분 또는 측면의 함의나 특성 등에 대하여 주목과 공감을 촉구하는 상상기반의 비언어적 인식 및 소통의 수단인 점에서 '형상'의 매개에는 미학의 차원에서든, 이해의 방법 또는 표현 및 소통의 맥락에서든 비언어적 사유와 열망의 message가 함축되어 있기 때문이다.

사유와 표현 및 소통의 수단으로서 언어의 한계가 없다고 한다면 또는 언어의 한계를 인식하지 못했다면 비언어 또는 초언어의 텍스트를 매개로 사용하는 점에서 그 자체가 '은유의 예술'이라고 할 수 있는 음악이나 미술, 춤 등은 예술의 장르로 정형화되지 못했을 것이다. 은유가 없는 시를 거의 상상하기 어려운 점에서 일종의 '은유의 문학'이라고 할 수 있는 시도 산문이나 소설과 다른 독자적인 문학의 장르로 자리 잡을 수 없었을 것이다. 같은 맥락에서 언어의 한계라는 조건에서 전혀 다르지 않은 법의 세계와 법인식의 장에서도 '은유의 법학', '은유의 법해석'은 필수적이다:

『'인식'의 개념에 대한 통일된 정의는 여전히 찾아보기 어렵지만, '인식'은 대체로 인지, 주의, 생각, 언어, 사유, 상념, 행위, 반응, 동인 등 뇌를 필수적인 토대로 하는 것으로 여겨지는 다양 다양한 종류의 기능들을 기술하는 용어로 사용된다. 예컨대, P. Thagard[323]는 존재론과 인식론을 아울러서 제시한 철학의 근본적인 질문들, 즉 '현실은 무엇인가?'(What is

---

323) P. Thagard, The Brain and the Meaning of Life, 2010, 3면.

reality?)와 '현실을 어떻게 알 수 있는가?'(How do we know reality?), '삶이 살 만한 가치가 있는 이유는 무엇인가?'(Why is life worth living?), 궁극적으로는 '인간의 행위의 바름과 그름의 판단준거는 무엇인가?'(What makes actions right or wrong?) 등등의 근본적인 문제들에 대하여 답을 탐색하는 모든 '정신적 작업'(mental work)을 포괄하는 개념으로 사용한다. 다만, 여기에서 '정신적 작업'이란 '몸과 마음' 또는 '이성과 감성'의 관계에 대하여 단절적인 이원론이 이해하는 맥락에서와는 달리 포괄적인 뜻을 갖는다. 말하자면 일반적으로 사용되는 단순한 '육체적 작업'과 구별되는 것이되, 그 내용은 '논리적인 추론'의 형식을 요소로 하는 '이성적인 사유작업'을 뜻하는 '인지작업'과 함께 감성의 직관적인 반응을 요소로 하는 '감각'을 포함하는 또는 '감각'이 더 우선되고 중요한 요소로 작용되는 일종의 '융복합의 정신적 작업'으로서 '지각행위'에 해당하는 개념으로 사용된다.

'법의 발견', '법의 구체화' 또는 '법의 형성' 중에 그 어떤 것으로 보든, 아니면 복합적인 것으로 이해하든 간에 '법적 확신'에 이르는 법관의 법인식작업도 이러한 포괄적인 의미의 '정신적 작업', 즉 '인식' 개념의 외연을 벗어나지는 않는다. 말하자면 법을 소재 및 준거로 하여 상대적으로 확립된 형식의 프로그램, 즉 정립된 법해석방법론과 절차법규칙에 따라 특별한 효력을 갖는 법적 판단에 이르는 '정신적 작업'이라는 점에서 특별한 양식의 '인식'이다. 그 특수성은 각별하게 주목되어야 하지만, 그렇다고 해서 그것이 철학이나 심리학 등 인접 학문분야에서의 '인식' 및 '인식과정'에 대한 괄목할 만한 연구성과들을 외면하는 것을 정당화하는 이유가 될 수는 없다.』[324)]

---

324) 이 덕연, "탈 '포섭도그마'의 법인식과정과 법관의 법감정", 언어권력으로서 사법권과 헌법, 2014, 49면.

(3) 법인식론상 은유의 기능적 효용

법인식도 그 본질과 구조상 '인식'이라는 본연의 '정신적 작업'에 해당된다고 보면, Oscar Bülow의 적확한 표현은 은유를 대입하여도 그대로 타당하다.

『법은 상상(Phantasie)에 별다른 도움을 주는 친구가 아니나, 상상의 도움이 없이는 법은 존재할 수 없는 것으로 보인다.』(So wenig das Recht der Phantasie Freund ist, scheint es doch ohne ihre Hilfe nicht bestehen zu können.)[325)]

언어와 인식 또는 사유의 구조와 기능적 관계를 조금 더 짚어본다. L. Wittgenstein의 제시하는 바와 같이, 인간의 인식과 사유를 '사유의 현상'이 아니라 '사유의 개념'을 분석하는 것, 즉 본질적으로 '언어사용의 해석'으로 보는 관점에서 '언어 없는 사유'(wordless thought)가 가능한지, 정확하게 언어로 번역될 수 있는지에 대하여 의문을 갖는 것은 당연한 것으로 여겨진다.[326)] 또한 철학에서는 물론이거니와, 법학 또는 법해석론에서도 다분히 그러하듯이 개념이 추상화 및 이론화되면 될수록 개념을 형성하는 사유, 즉 '상념'의 과정에서 또한 사유의 과정과 결과를 표현하는 데 있어서 언어가 더욱 결정적인 요소가 된다. 그러나 그렇다고 해서 실증된 논제로서 '언어 없는 사유'의 가능성과 유용성이 부정될 수는 없다.

언어와 배척관계에 있지 않은 언어의 비언어적 측면을 도외시하고 언어를 지나치게 강조하거나, 언어의 형식적 측면과 '어의학적 객관성'만을 주목하는 경우에는 언어를 매개로 하는 법 및 법문의 '번역'이라고 할 수

325) Regina Ogorek, "Virtual Reality and Rechtsanwendung", in; Aufklärung über Justiz, 2008, 361면에서 재인용함.

326) L. Wiitgenstein, Philosophische Untersuchungen, 1953, § 383, 384. 이 의문과 관련하여 많은 시사점을 제공해주는 논문으로 R. Trigg, "Thoughts and Language", in: Proceedings of the Aristotelian Society, Vol. 79(1978-1979), 66-72면.

있는 법해석에서도 효과적인 '구상적 시각화'(pictorial visualizing)의 방식을 비롯하여 언어 외의 감각을 동원하는 은유적 사유와 소통의 독자적인 기능과 효용이 간과될 수 있다. 앞에서 언급하였거니와, 은유를 합리적인 담론에 방해가 되는 것으로 보았던 Th. Hobbes를 비롯한 일단의 철학자이 그랬듯이, 단지 '수사학적인 목적들'(rhetorical purposes)을 위한 수단으로서만 은유의 유용성을 인정하는 입장은 더 이상 설득력이 없게 되었다. 은유를 하나의 표현의 양식에 불과한 것으로서 '어의적인 내용'(semantic content)은 전혀 갖지 못하고, 따라서 법적 사유와 논증에서 단지 해로운 것으로만 보는 법학자들의 견해도 이미 현대 언어학과 인식론을 비롯하여 인지과학(cognitive science)과 심리언어학(psycholinguistics) 등에 의해서 (언어)철학적, 인식론적 전제가 파기된 지 오래되었다.[327)]

---

327) 실증주의를 극복하고, 단순한 장식적인 보충의 표현방식이 아니라 세계 또는 사물에 대한 인식과 연관되는 근본적인 언어의 문제로서 또한 과학의 모델로서 은유의 중요한 의미와 기능적 효용을 다시금 주목하기에 이른 전체 노정에 대한 철학사적 개관으로는 E. F. Kittay(Fn.317), 1-10면. 특수한 전문어라는 점에서 맥락은 다르지만 법언어의 경우에도 벗어날 수 없는 '언어의 한계'에 초점을 맞추어 '문언적 발화'(literal speech)와 은유를 '두 종류의 의미'(two sorts of meaning) 간의 또는 '두 종류의 해석'(two sorts of interpretation) 간의 차이가 아니라 '소리와 기호의 친숙한 사용과 친숙하지 않은 사용'(familiar and unfamiliar uses of noises and marks) 간의 차이로 구별하면서 독자적인 인식과 소통의 방식으로서 은유의 기능과 효용, 특히 일종의 '진화'의 맥락에서 발상의 전환과 '새로운 이론'(new theory)을 촉발시키는 기능을 해명한 대표적인 연구는 D. Davidson, "What Metaphors Mean", in: Critical Inquiry, Vol. 5(1978), 31-47면.

언어의 '우연성'(contingency)과 관련하여 Davidson의 언어철학과 은유관은 낭만주의적인 문화사의 맥락에서 중요한 의미를 갖는다. 특히 언어를 '매개'(medium), 즉 '실재'(reality)를 재현하는 '하나의 진지한 목적'(the one serious purpose)을 위한 수단으로만 보는 전제 하에 은유를 '알기 쉽게 바꾸어 말해질 수 있는 것'(para-phrasable)과 '무용한 것'(useless) 둘 중의 하나로만 보는 Platonist나 실증주의자들의 '환원주의적인 관점'(reductionist view)과 달리, Davidson은 낭만주의의 관점에서 은유를 신비하고 놀라운 예술가적 '상상'(imagination)의 능력, 말하자면 발화자의 바깥에 있는 '숨겨진 실재'(hidden reality)를 재현하는 것이 아니라 일종의 '예시'를 통해 발화자의 안에 있는 '숨겨진 실재'로 본다. 이러한 맥락에서 은유는 단순한 '실재'의 재현 또는 표현을 넘어서 그 자체가 '실재'인 새로운 '실재'를 형성하는 과정인 동시에 그 산물이라고 할 수 있는 바, 즉 영감의 자극을 통해 발화자가 독창적으로 포착하고 부여한 의미의 공유와 새롭게 창출된 가치와 기대의 공감을 촉발시키는 수단으로 이해된다. R. Rorty, Contingency, irony, and solidarity, 1989, 19면.

S. L. Winter가 적절하게 기술하듯이, 그가 제시하는 (법적) '제약의 숲'(forest of constraint)과 같은 평범한 은유의 표현조차도 놀라울 정도로 개념적 내용이 풍부하고, 의미가 자의적이지 않으며, 그 구조도 복합적이고, 그 작동 또한 체계적이다. 법이 '외적인 제약'(external constraint)으로 작동된다는 것을 법개념의 핵심으로 보는 전통적인 법이해에서도 이미 법이 '사람의 마음의 내적 영역'(internal realm of the human mind)이라고 할 수 있는 '은유와 상상의 범주'(domain of metaphor and imagination) 속에

은유의 '실용주의'(pragmatics)와 '인식적 중요성'(cognitive significance)에 관해서는 J. Stern, "Metaphor, Semantics, and Context", in: R. W. Gibbs, Jr.(ed.), Metaphor and Thought, 2008, 267, 276면. 또한 '인지과학'과 '심리언어학'의 연구들을 통해 해명된 바, 즉 '문언적 발화'(literal speech)와는 다른 과정으로 수행되는 은유를 '사유 또는 언술의 한계적인 측면'(marginal aspect of thought or talk)으로만 보는 전통적인 이해는 '복합적이고 미묘한 정신적 재현작업들'(complex, nuanced mental representations)에 의존되는 은유의 특성과 기능, 특히 인간의 상상 및 인식의 가장 창조적인 측면들과의 잠재적인 연관성을 제대로 포착하지 못하는 것으로 해명되었다. 이에 관해서는 E. Camp, "Metaphor in the Mind: The Cognition of Metaphor", in: Philosophy Compass, Vol. 1(2006), 154-170면.

'신경과학'(neuroscience)과 현대 심리학의 연구성과를 원용하여 '인지의 영역'(cognitive domain)에 속하는 법의 지식과 개념들의 학습에서 '규칙들'(rules)을 쉽게 이해하고, 오래 기억하게 하고, 더 나아가서 새로운 상황에 응용하여 적용할 수 있게 하는 효과적인 법학교육의 수단으로 그래프나 도표, 도형 등과 같은 시각화된 교재의 유용성을 실증적으로 해명한 연구도 같은 맥락에서 주목된다. H. Burgess, "Depending the Discourse Using the Legal Mind's Eye: Lesson from Neuroscience and Psychology that Optimize Law School Learning", in: Quinnipac Law Review, Vol. 29(2011), 1-76면. 다만, 이 논문의 제목에서도 이미 'legal mind's eye'라는 은유의 표현이 활용되었거니와, 다소 간에 은유의 인식방법과 연관되는 이러한 시각화된 교재를 활용하기 위해서는 이미 법교육을 담당하는 법학자들의 법 또는 '규칙들'에 대한 인지 또는 이해의 단계에서부터 먼저 '시각화된 관념'이 형성되어 있어야 할 것이다. 실제 이러한 방법의 구체적인 활용의 여부나 그 정도와는 무관하게 이미 이러한 '시각화된 관념'은 부지불식간에 형성되어 있다고 여겨진다.

이른바 '법미학'(legal aesthetics)의 관점에서 법과 권위의 추상적인 관념들을 효과적으로 담아내고 표현하는 수단으로서 법정(courtroom)의 구조나 장식, 법복(法服) 등을 비롯하여 'icon'이나 'image'와 같은 '시각화'(visualizing)에 초점을 맞춘 학제 간 연구성과도 법 및 사법실무와 은유가 적잖이 다방면에서 연관되어 있다는 점을 해명한 점에서 주목된다. L. Dahlberg(ed.), Visualizing Law and Authority: Essays on Legal Aesthetics, 2012.

있는 것으로 보는 내재적인 관념이 전제되어 있다. 전통적인 실증주의와 법해석론을 취하는 입장에서도 '해석의 객체로서 법 또는 법언어에서 은유적 접근을 배제하고서는 법에 대해 말할 수조차 없다'는 단언이 다소 과하기는 하지만 전혀 무리가 아닌 것은 바로 이 때문이다.[328)] 인접학문들과 연계되어서 더욱 자주 접하게 되는 바, 법이론 차원의 담론에서도 은유가 유용하게 활용되는 예들이 적지 않다.[329)] 후술하는 바와 같이, 은

---

328) S. L. Winter(Fn.318), 4면. 법적 추론에 대한 전통적인 환원주의적 접근틀 속에서 은유에 대해서 별로 주목하지 않는 법률가들과 주류 법이론가들을 비판하면서 Winter는 "법은 무슨 색(color)인가?"라는 은유적 질문에 대하여 "법은 흑백을 가리려고 노력하지만, 이를 위해 법은 인간이 상상할 수 있는 모든 색을 쓸 수밖에 없다"(Law strives to be black and white. Yet, for all its efforts, it cannot help but express itself in all the colors of human imagination)는 답을 제시한다. 이 은유적 답 속에는 법문에 내포된 '개념적 은유'(conceptual metaphor)의 효용, 말하자면 '역사적, 어의학적 통찰의 매장물'(treasure trove of historical and semantic insight)의 개시(開示)를 통해 '사회적 실재'(social reality)의 중요한 측면들을 더 잘 포착하는데 도움이 되는 은유의 인식론적 효용에 대한 관심을 촉구하는 메시지가 담겨져 있다. "What is the "Color" of Law?", in: R. W. Gibbs, Jr. (ed.), Metaphor and Thought, 2008, 376면.

329) 이러한 관점의 법이론 및 해석론적 요체와 그 타당성은 법학방법론상 '법이론의 정립'(legal theory-building)을 '집문제'(problem of housing)로 보는 은유의 방법을 통해 보다 명확하게 이해될 수 있다. J. Halteman, "Moral Reflection and Market", in: Journal of Interdisciplinary Studies, Vol. 16(2004), 34면. '경제이론의 정립'(economic theory-building)을 정초작업에서 시작하여 구조물을 세우는 '집건축작업'으로 보는지(building model), 아니면 항구적으로 집을 깨끗하게 유지하고, 수선하고, 낡은 부분을 개선해나가는 '집관리작업'으로 보는가(housekeeping model)에 따라, 전자의 경우에는 종착점이 있는 물리학적 작업으로 이해되고, 후자의 관점에서는 종착점이 없는 과정으로서 환경과 사회적 맥락 및 그 집에서 살아가는 사람들의 목적 등이 고려된다.

'법이론정립'을 철학, 정치학, 사회학, 역사학을 비롯한 인문학 등 이른바 '연성학문'(soft discipline)과 연관되는 사회과학적인 작업으로 이해하는 관점에서 보면, 가치와 도덕 또는 덕성(virtue)의 문제를 외면하는 신고전학파 경제학을 전자에 해당하는 것으로 보고, 그 방법론적 한계와 흠결, 특히 '지적 고립'(intellectual isolation)을 지적하는 유력한 비판론은 법이론 및 법해석론에서 주류법학과 인문사회과학 또는 법도그마틱과 법철학, 법윤리학, 법사회학 등의 관계에도 그대로 원용될 수 있다. 특히 헌법이론 및 해석론의 경우에는 더욱 적확하다. 역사학과 정치학 및 심리학과 결별한 주류경제학의 '지성적 고립'을 비판하면서 주류경제학의 '존재론적 배교자들'(ontological renegades)에 합류하여 족쇄를 차는 경제학자보다는 정치경제학자로서 주류 사회과학에 합류하는 선택을 요구하는 주장도 헌법학방법론 또는 헌법해석론에서 더욱 부각되는 '법도그마틱의 계몽'의 명제와 관련하여

유 속에 있다고 할 수 있을 정도로 은유와의 밀접한 관계가 두드러진 헌법의 경우에는 더더욱 그러하다.

같은 맥락에서 언어의 2차원성, 즉 언어의 형식논리적 일의성이 관건인 '이성적-확정적 차원'으로서 '수평적 차원'과 언어의 형이상학적 의미가 관건이 되는 '의도적-은유적' 차원으로서 '수직적-초월적 차원'을 구별하는 A. Kaufmann의 은유의 탁견(卓見), 즉 일반적인 언어에서와 마찬가지로 전문적이고 기술적인 법언어의 경우에도 은유와 상징, 표상 및 비유가 필수불가결하다는 점을 제시하면서 은유의 특유한 효용을 강조한 것은 헌법 및 헌법해석론의 경우에도 그대로 해당된다:

『은유를 통해 말하여지는 내용은 결코 자의적이지 않다. 은유 역시 추상적인 개념의 경우와 마찬가지로 단일한 의미를 갖지는 아니하지만, 대개의 경우 은유는 추상적인 개념보다 더 명료하게 사물을 표현한다. 더욱이 하나의 추상적인 개념은 은유, 즉 하나의 예를 통해서 비로소 이해될 수 있는 경우가 적지 아니하다. 개념은 현실을 포착하려는 것이고, 따라서 개념은 현실을 제한·축약하고 또한 항상 다소간의 은폐는 불가피하다 … 은유는 이해하려는 것도, 은폐하려는 것도 아니고, 의미를 예시한다. 따라서 그것은 생생한 현실의 전체에 대해서 개방되어 있다.』[330)]

A. Kaufmann이 구별하는 언어의 2차원성, 즉 이성의 '수평적 차원'과 의도의 '수직적-초월적 차원'이 혼합되거나 분리되는 과정을 거치면서 법실무와 담론에서 은유가 법개념 속에 내장되어 있다가 배제 또는 희석되면서 개념과 함께 법 자체가 사라진 대표적인 예로 '고향법'(Heimatrecht)

되새겨봄직하다. T. B. Thornton, "The Intellectual Isolation of Mainstream Economics", in: Journal of Australian Political Economy, No. 80(2017), 11-25면.

330) A. Kaufmann, "Die Geschichlichkeit des Rechts im Licht der Hermeneutik" (1969), in; Beiträge zur Juristischen Hermeneutik sowie weitere rechtsphilosophische Abhandlungen, 1984, 34-35면.

을 들 수 있다. 온 삶의 현실과 가치관념 및 감정과 전방위적으로 직결되어 있었고, 따라서 '고향'이 정치경제 및 사회문화 등 모든 영역에서 실질적으로 중요한 요소였던 19세기까지만 해도 '고향'은 법의 영역에서도 별도의 실정법으로 규정하고 있었고, 일상적인 법적 개념으로 사용되었다. 실정법 용어로서 '고향'에 대한 법적 논의는 '고향'을 부분적으로 도덕화, 감정화하여 강조하고, 인류학적 화제로 접근하는 논의들과 분리될 수 없었다. 이러한 논의 속의 논증 및 개념들과 함께 은유들을 차용하는 것이 불가피했고 또 유용하였기 때문이다.[331] 주지하는 바와 같이, 문학이나 철학 등의 영역에서 그 자체가 여전히 중요한 화두이며 또는 다양한 맥락에서 유용한 은유의 단어로 활용되기는 하지만, 법적 개념과 논제로서 '고향'은 오늘날 거의 사라졌다고 해도 과언이 아니다. 그 결과는 법, 적어도 실정법의 세계에서 '고향'이라는 말에 포함된 온갖 관념 및 복합적인 감정과 함께 이를 담아내고 표현하는 은유의 상실이지만, 이 현상 자체는 오롯이 법 및 법인식과 은유의 밀접한 연관성을 분명하게 보여준다.

또한 관행적으로 사용되는 개념이나 정착된 범주화의 효용을 위축시키는 사회적 급변의 여건 하에서, 특히 확정된 개념이나 이론이 정착되지 않는 상태에서 은유의 역할, 즉 법적 사고에서 개념의 조작(操作) 또는 개념체계의 수립에 기여하고, 지식의 일차적 형성을 가능하게 하는 역할을 강조하는 견해도 하나의 사물과 다른 것과의 연관을 통해 세계를 파악하는 '상상적 능력'으로서 은유의 고유한 효용을 주목한 것으로 이해된다.[332] 이러한 맥락에서 의사소통과 상호이해의 기술로서 은유의 기능적 효용에 대한 G. Lakoff의 해명은 되새겨봄직하다:

331) 고향에 대한 포괄적인 문헌탐색으로는 Anja Oesterhelt, Geschichte der Heimat, 2021. 특히 법개념으로서 '고향'과 '고향법'에 대해서는 311-426면.

332) 박 은정, "법관과 법철학", 법학, 서울대학교 법학연구원, 제53권 제1호(2012), 316-317면.

『동일한 문화와 지식, 가치, 가정을 공유하지 않으면 상호이해는 특히 어려울 수 있다. 그러한 이해는 의미의 절충을 통해서 가능하다. 누군가와 의미를 절충하기 위해서는 우리와 그들의 배경의 상호적 차이가 무엇인가, 그리고 그 차이가 언제 중요하게 되는가를 깨닫고 존중해야 한다 … 은유적 상상력은 공감대를 창조하고, 공유되지 않은 경험의 본성을 전달하는 핵심기술이다. 이 기술은 주로 우리의 세계관을 변화시키고 우리의 경험을 범주화하는 방식을 조정하는 능력으로 구성되어 있다. 상호이해의 문제는 낯선 것이 아니다. 즉 그 문제는 이해가 중요한 것으로 드러나는 확장된 모든 대화에서 생겨난다.』[333)]

은유의 상호이해와 공감 촉진기능을 주목하는 이러한 인식은 일종의 텍스트작업을 통한 대화와 상호이해의 과정으로 이해되는 법해석작업과 연관해서도 관심을 끈다. 현대 언어학에서 확인된 바, 즉 텍스트작업을 '텍스트에 대하여 그에 대응하는 의미를 가져다 놓는 것'이 아니라, '좀 더 구체화된 내용의 텍스트로 전환하는 것'으로 파악하는 관점에서 보면 법관이 하는 법률해석작업도 텍스트의 자리에 실제 의미를 가져다 놓는 것이 아니라 법률텍스트를 여타의 많은 텍스트들과 연결시키는 것으로 이해된다. G. Lakoff가 적확하게 단언하는 바와 같이, 의사소통과 이해 또는 설득에서 의미가 문제되는 상황에서 의미가 '도관(導管)의 은유'(metaphor of conduit)에 따라 전달되는 것으로 보는 경우, 말하자면 "한 사람이 공통의 언어표현을 해서 타인에게 고정되고 명료한 명제를 전달하는 경우"

333) G. Lakoff/M. Johnson, 노 양진/나 익주(역)(Fn.316), 364-365면. 이러한 점에서 '문언를 수단으로 하는 사실적 술화'(literal, factual speech)와 '형상을 매개로 하는 상징적 술화'(figurative, symbolic speech)를 분별하는 전제 하에, 은유방법의 사용이 불가피하기는 하지만 '은유는 은유일 뿐'이고 그것이 '실제로 진실된 것'(factually true)은 아니라고 하면서 오해를 야기할 수 있는 은유의 위험성을 지적하는 C. Turbayne의 경계는 적어도 일반적으로 타당하지는 않다. The Myth of Metaphor, 1962. 은유가 불가피하거나 또는 유용한 장점을 갖는 경우에도 은유의 방법을 다른 방법에 비해 어떤 점에서든 열등한 방식으로 보는 입장을 전제로 하고 있기 때문이다. 이에 관해서는 J. H. Gill, Wittgenstein and Metaphor, 1996, xi, 13-15면.

에 양측이 관련된 모든 공통적 지식과 가정, 가치를 공유하는 경우는 거의 없다.[334] 바로 이러한 맥락에서 이른바 '간텍스트성'(Intertextualität)이 강조되는 바, 즉 어의학의 범주에서 언어적 표현의 의미는 다른 텍스트들의 초치(招致: Berufung)를 통해서만 해명될 수 있다는 것이다.[335]

요컨대, 은유의 인식론적 기능과 효용을 주목하여 일단 잠정적으로 정리해보면, 은유는 그 자체가 해석의 대상이고, 따라서 다시금 의미파악의 방법과 규칙이 탐색되어야 하고, 그 규칙의 정확한 적용의 증명과 이를 통한 정당화가 요구되는 '텍스트 초치'[336]의 방법 대신에 직각(直覺)이 가능한 '형상'의 형식으로 범주를 변환하여 텍스트의 의미를 이해하고, 전달하는 방법이다.

5. 헌법 속의 은유 – 은유 속의 헌법

(1) 헌법 속의 은유

은유의 방식으로서 '전형상 준거 헌법해석'을 독자적인 헌법해석방법으로서 보다 합리적으로 활용할 수 있게 만드는 과제는 궁극적으로 '자의성'과 '불가측성'의 위험을 줄여나갈 수 있는 규칙을 정립하는 것이다. 이러한 과제의 수행은 헌법과 은유의 관계에 대한 보다 분명한 인식을 출발점으로 한다. 앞에서 논의를 확장하여 다른 맥락에서 논의를 더하는 것도 그 때문이다.

이른바 '법의 형상적대성'(Bilderfeindlichkeit)을 언급하면서 "현대의 법이 형상들과 교섭할 수밖에 없지만, 더 이상 공격적으로 활용하지는 않고

334) G. Lakoff/M. Johnson, 노 양진/나 익주(역)(Fn.316), 365면.

335) R. Christensen, "Sprache und Normativität oder wie man eine Fiktion wirklich macht"; in: J. Krüpper/H. Merten/M. Morlok(Hg.) An den Grenzen der Rechtsdogmatik, 2010, 129-130면.

336) U. Volkmann, "Leitbildorientierte Verfassungsanwendung", in: AöR, Bd. 134(2009), 129면.

있다"[337]는 진단은 성급하다. 민법, 형법 등 일반법의 경우라면 몰라도 적어도 헌법의 경우에는 단연코 오진이다. 개념과 인식론의 차원에서 은유의 필수불가결성과 함께 그 특유한 효용을 강조하는 Lakoff의 단언과 반문은 헌법텍스트 또는 헌법개념의 경우에 의문의 여지없이 그대로 타당하다:

『대부분의 정상적인 개념체계는 은유적으로 구조화된다. 대부분의 개념은 다른 개념의 관점에서 부분적으로 이해된다. 은유 없이 직접적으로 이해되는 개념이 하나라도 있는가? 만약 그렇지 않다면 도대체 우리는 어떻게 어떤 것을 이해하는가?"』[338]

실제로 '회의자'(會意字)로 구성된 '憲法'이라는 한자용어 자체는 물론이고, '상형'(象形)의 은유적 방식으로 조성된 이른바 '네모난 글자', 즉 한자어로 표기된 점에서 거의 모든 헌법적 언어와 개념들은 은유화된 형상과 무관하지 않다. '구성하다', '기초하다' 또는 '조직하다' 등의 원의에서 유래된 'constitution'이나 'Verfassung(srecht)' 용어 자체도 그러하거니와, 헌법 및 헌법이론 차원의 기본적인 개념들도 대부분 번역을 통해 차용된 것이지만 부지불식간에 적잖이 은유의 방식으로 표현되고 있다.

우리 헌법은 전문의 첫머리에 단수의 '우리 대한국민'(We, the people of Korea)이 헌법제정권력의 주체, 즉 주권의 주체임을 천명하고 있다. "대한민국의 주권은 '국민에게 있고'(reside in the people), 모든 권력은 '국민으로부터 나온다'(emanate from the people)"고 규정한 우리 헌법 제2조 제1항은 이른바 '지향적 은유'(orientational metaphor)와 '존재론적 은유'(ontological metaphor)가 혼합된 방식의 표현이다. 말하자면 '국민에게', '국민으로부터'라는 실재하는 것으로 가정된 공간에 물리적 실체로 상정된 '주권'이 있다는 은유적 관념을 전제로 한 것이다.

---

337) S. Baer(Fn.320), 238면.

338) G. Lakoff/M. Johnson, 노 양진/나 익주(역)(Fn.316), 124면.

원천적으로 '제한'이 허용되지 않는다는 의미, 즉 절대적 기본권성이 분명하게 표현된 것으로 이해되는 바, "인간의 존엄성은 불가촉(不可觸; unantastbar; untouchable)이다"라고 규정한 독일 기본법 제1조에서 '불가촉'도 말 그대로 촉각이라는 물리적 현상을 원용한 은유적 표현이다. 기본권 또는 인권의 초법성이나 선국가성을 함축하는 '천부인권'(God-given right), '태생적 권리'(native right; angeborene Rechte), '자연권'(natural right; inherent) 등의 명제와 함께 '기본권'(Grundrecht; fundamental right; basic right)이라는 용어 자체도 그러하거니와, 법제처의 공식적인 영역문에서는 'enjoy freedom'과 'have right'로 구별하고 있지만, 아무튼 '자유를 가진다', '권리를 가진다'라는 우리 헌법상 적잖은 표현도 '존재론적 은유'에 해당한다. '모든 국민은 법 '앞에'(before) 평등하다'고 규정한 헌법 제12조 제1항 제1문도 마찬가지이다. '자유'와 '평등'의 한자어도 본질적으로 은유적으로 구성된 용어들이다.

화폐(제도)도 은유를 기반으로 하는 법개념이다. 예컨대 '화폐발행권'(power to coin Money)과 '화폐가치 규율권'(power to regulate the Value thereof)을 직접 규정한 미국 연방헌법(Art. I Section 8 [5])이나, 화폐(Wärung)발행권을 갖는 '연방은행'(Bundesbank)에 관한 규정을 두고 있는 독일 기본법(Art. 88)과 달리, 우리 헌법에 화폐(발권)에 관한 규정은 없고, '한국은행법' 제47조에서 규정하고 있다. 생각건대, 화폐 및 화폐발행, 그리고 이와 직결되는 물가안정이 갖는 (정치)경제적 중요성을 고려하면 헌법에 관련 규정을 두는 것이 바람직한 것은 물론이거니와, 다만 여기에서 관심사는 돈(money), 정확하게 말하면 '법정통화', 즉 이른바 '법화'(法貨)의 본질과 특성이다. 다음에 이어서 '시장'(market)의 은유기반성을 논의하겠지만, 금융(시장)과 마찬가지로 오늘날 '신용'(credit)을 돈으로 변형시킨 자본주의체제 속에서 돈은, 말하자면 '법화'는 말 그대로 법적으로 구성된 일종의 '허구'(fiction)이다. 이는 재산권보장의 핵심인 소유권 등의 '물권'(right in rem)도 다르지 않다. 소유권은 재산의 '본래의 물성'(nature of the thingness of property)이 아니라 법에 따른 소유권 방해배제에 대한 모든 사람의 동의를 토대로 하여 성립되고 유지되는 것이기 때문이다.

이에 관한 상론은 약하되, H. A. Simon의 적확한 은유의 표현대로, 돈은 '고체'(solid substance)도, '액체'(liquid), '기체'(gas)도 아니고 단순한 '마음의 상태'(state of mind)이며, 따라서 종이나 동전에 내장된 가치를 일종의 '물권의 형상'(image of right in rem)으로 반영하여 법적으로 고안한 '신용수단'(credit instrument)으로서 화폐의 가치는 '모든 사용자들의 마음상태의 집합'이다. 이 '공유관념'을 매개와 구동축으로 하는 법적 infra와 (금융)시장에서 화폐는 그 자체가 은유적으로 구조화된 '허구의 실재'(fictitious reality)이다.[339] 바로 이 '허구의 실재성'의 경제적 실체성, 즉 돈의 실질가치를 법적으로, 경제적으로 보증하고 유지하는 화폐제도와 통화정책이 중요한 만큼 화폐발행권을 독점하는 중앙은행의 독립성이 강조되고, 그렇기 때문에 헌법에 명시적으로 규정되는 것이 마땅한 것으로 여겨지는 것도 이 '실재'의 핵심과 토대가 오롯이 화폐보유자 또는 사용자들의 '법화제도'에 대한 '신뢰'(trust)뿐이기 때문이다.

'사용가치'(use value)나 '교환가치'(exchange value)등과 대비되는 '명목가치'(nominal value)가 경제학적 논제로 주목되는 것이나, 긍부정의 정치적, 정책적 동기나 유용성과는 무관하게 재정(법)학에서 — 적어도 '조세법률주의'의 원칙에 부합되지 않는다는 의미에서 — 일종의 '탈법의 조세'로 논의되는 이른바 'inflation tax'도 또 다른 맥락에서 도드라지는 화폐의 '기만적 허구성'에 기인된다. 맥락이 좀 다르기는 하지만, 이어서 논의하는 '재산권' 개념의 '허구성'과 '은유기반성'이 가장 전형적으로, 게다가 복합적으로 부각되고, 그렇기 때문에 재산권 이론의 체계와 재산권

339) H. A. Simon(Fn.108), 755면. 화폐(제도)의 법적 본질과 물권적 성격에 대한 간명한 요론은 Jongchul Kim, "Money is Right in Rem; Note on the Nature of Money", in: Journal of Economic Issues, Vol. 48(2014), 1005-1019면. 국가와 시장 및 공법과 사법 간의 혼합의 공간으로 구성된 금융시장과 그 특유한 법이론에 관해서는 Katharina Pistor, "A Legal Theory of Finance", in: Journal of Comparative Economics, Vol. 41(2013), 315-330면.

도그마틱에 맞추어 (헌)법적으로 정리하는 것이 가장 까다로운 재산권보장의 대상이 바로 화폐이다.

이른바 '협의의 공용침해'를 구정하고 있는 우리 헌법 제23조 제3항에서 재산권의 '수용'(收用)도 일반적으로 '강제적인 소유권의 박탈 또는 이전'으로 해석되지만, 그 통용의 '원의', 즉 '특정한 물리적 대상을 강제로 취득하여 사용한다'는 의미를 고려하면 은유의 방식으로 구조화된 법개념으로 이해된다. 주지하는 바와 같이, 우리 헌법이 대강을 그대로 계수하였다고 할 수 있는 독일 기본법 제14조의 제3항에서 '공용침해'의 유형으로 '재산권의 박탈'을 의미하는 'Enteignung'만을 규정하고 있는데 반해서, 우리 헌법의 경우 '수용' 외에 '사용'과 '제한'을 규정하고 있는 것과 연관되는 바, 재산권 도그마틱의 차원에서, 특히 '분리이론' 또는 '경계이론'의 선택과 관련하여 '수용' 개념의 해석이 중요한 의미를 갖는 것과는 다른 맥락에서, 예컨대 미국에서 수정헌법 제5조의 '수용조항'(Takings Clause)의 해석론상 이른바 '규제적 수용'(regulatory taking)의 인부와 관련하여 'get into one's hands'나 'capture' 또는 'obtain or attack for use' 등 'taking'의 사전적인 통용의 의미에 초점을 맞춘 '원의주의'(originalism) 또는 이에 대한 반론의 화두로 주목되는 "No Touching No Taking"[340]의 명제는 그 도그마틱의 결론과는 무관하게 '수용' 개념의 은유적 유래를 분명하게 보여준다.

'재산권체제'(property regime)의 핵심문제인 '소유권의 근원'(origin of ownership)과 관련하여 J. Locke의 '노동이론'(labor theory)에 대하여 "토마토 주스 한 통을 대양(大洋)에 쏟아 부었다고 해서 바다를 소유하는가?"라고 되묻는 R. Nozick의 반박도 같은 흥미로운 논의로 주목된다.[341] 또한

340) 이에 관해서는 특히 W. M. Treanor, "The Original Understanding of the Takings Clause and the Political Process", in: Columbia Law Review, Vol. 95(1995), 782-887면. N. S. Garnett, "No Taking Without a Touching? Questions from an Armchair Originalist", in: San Diego Law Review, Vol. 45(2008), 761-776면.

341) R. Nozick, Anarchy, State and Utopia, 1974, 175면.

미국에서 '재산권'(property)의 개념정의와 관련하여 '법현실주의'(legal realism) 또는 19세기 말과 20세기 초에 득세하였던 '분석법학'(analytical jurisprudence)이 재산권을 '한 다발의 나뭇가지'(a bundle of sticks)의 그림에 비유하여 '한 다발의 권리들'(a bundle of rights)로 보는 관점이나, 거의 일종의 패러다임으로 정착된 이러한 관점에 대하여 '숲과 나무를 보지 못한다'는 논거로 비판하면서 일종의 '법적 구조물'로서 재산권 또는 '재산권 체제'의 전체를 주목하는 '보다 건축학적인 접근'(a more architectural approach)을 대안으로 제시하는 반론도 재산권이론과 재산권관 및 재산권개념의 은유기반성과 은유연관성을 잘 보여준다.[342] 정치경제학적 이데올로기나, 탄소배출권과 관련하여 '한 뙈기의 맑은 공기'(a piece of thin air)를 재산권보장의 대상으로 보는 관점에 대하여 재산(권)의 '실체성' 또는 '허구성'을 부각시키는 점에서 그 맥락은 다르지만, 재산권을 '절도'(theft)라고 한 Proudhon의 은유와, 이러한 관념만큼 '터무니없거나 체계적인 기만'은 찾아보기 어렵다고 비판하면서 재산권을 '사기'(fraud)에 비유한 예도 되새겨봄직 하다.[343]

민주주의의 이념과 현실 간의 괴리와 그 다소간의 불가피성을 주목하면서 부단한 유지와 관리의 명제로 제시하는 '민주주의 (집안)청소'(home of democracy cleaning)=화장실변기 청소'(lavatory cleaning)의 은유도 민

342) 다발의 은유에 대한 상론으로는 H. E. Smith, "Property Is Not Just a Bundle of Rights", in: Econ Journal Watch Vol. 8(2011), 279-291면; A. di Rabilant, "Property: A Bundle of Sticks or a Tree?", in: Vanderbilt Law Review, Vol. 66(2013), 869-932면; J. E. Penner, "The "Bundle of Rights" Picture of Property", in: UCLA Law Review, Vol. 43(1995-1996), 711-820면; J. Wall, "Taking the Bundle of Rights Seriously", in: Wellington Law Review, Vol. 50(2019), 733-753면.

343) P.-J. Proudhon, What is Property? 10(Univ. Va. Library 1996)(1840). J. T. Jackson, "What is Property? Property is Theft: The Lack of Social Justice in U.S. Eminent Domain Law", in: St. John's Law Review, Vol. 84(2010), 63면에서 재인용. K. Gray, "Property in Thin Air", in: Cambridge Law Review, Vol. 50(1991), 252면. 이 논의에 대해서는 이 덕연, "온실가스배출권의 재산권화 및 상품화에 대한 비판적 고찰", 강원법학, 제54권(2018), 327면.

주주의의 개념에 대한 적확한 이해에 유용한 시사점을 준다. 앞에서 언급하였지만, Mary Douglas가 '공해저감'(pollution reduction)의 긴절한 명제와 함께 이른바 '청소의식(儀式)'(ritual of cleaning)을 강조하는 적확한 표현도 — 맥락에 따라 은유이기도 하고, 은유가 아닐 수도 있지만 — 이해를 신선하게 해주는 은유의 고유한 효용을 잘 보여 준다:

『민주주의는 화장실 변기 청소와 같이 힘든 과업이다; 아무리 모든 것을 깨끗하게 청소하고 정리정돈을 잘 해놓아도 바로 누군가 들어와서 변기 바깥으로 오줌을 누어버린다.』[344)]

『오물(dirt)은 제자리를 잡지 못한 것(matter out of space)이다.』[345)]

기본권보장과 함께 법치국가의 핵심요소인 권력분립원리도 통치기관들 간의 '견제와 균형'(check and balance)을 담보하는 '힘의 대칭'(symmetry of power)이라는 '역학'(力學)의 관념을 토대로 한 것이다.[346)] 최근에 제정

344) M. Tompson/G. Grendstad/P. Selle(ed.)(Fn.184), 18면. 민주주의를 '미'(美; beauty)의 이상과 이를 위한 부단한 관리작업으로 은유한 예와 '청소의 은유'(cleansing metaphor)에 관한 추가적인 설명은 F. Hendriks(Fn.183), 31-32면.

345) M. Douglas, Purity and Danger, 1966, F. Hendriks(Fn.183), 32면에서 재인용.

346) 최근에 비전통적인 전술과 무기를 사용하는 테러나 조직범죄 등에 대한 강력하고 효과적인 대응, 특히 분리된 권력이 아니라 유기적으로 연결 및 통합된 공권력의 필요성이 증대됨에 따라 부각된 '비대칭 정치권력'의 비대화의 헌법문제와 관련하여 이른바 '정치문제론'(political question doctrine), '사법화가능성론'(justiciability doctrine), '사법자제론'(judicial self-restraint doctrine) 등에 대한 재검토의 필요성이 유력하게 제기되고 있다.
이러한 맥락에서 '법의 지배'와 '기본권 및 헌법의 보호'를 위한 법원의 보다 역동적이고 과감한 역할을 요구하는 주장도 '현실의 세계'와 '권력의 세계'를 포괄하는 의미, 즉 은유적으로 구조화된 비대칭의 '불균형한 세계'(asymmetric world)나 변화된 '정치환경'(political climate)의 헌법현실을 주목하는 것이다. 이에 관해서는 C. L. Roberts, "Asymmetric World Jurisprudence", in: Seattle University Law Review, Vol. 32(2009), 569-573면.
여기에서 상론할 수 없는 별론의 논제이지만, 이러한 관점에 대립되는 보수적인 입장으로 최근에 유행을 타고 있는, 특히 미국 연방대법원의 Ayotte v. Planned Parenthood of Northern New England 결정(546 U.S. 320, 2006)에서 '위헌결

된 '행정기본법' 제10조에서 '비례의 원칙'이라는 제목 하에 '행정의 법원칙'의 하나로 명시적으로 규정되어 더 이상 공법이론 또는 법도그마틱 차원의 명제가 아닌 것으로 되었지만, 아무튼 공법도그마틱의 산물이기는 하지만 일종의 '최상의 법규칙'(ultimate rule of law)으로서 거의 보편적인 위헌심사의 척도로 적용되는 '과잉금지원칙'(Übermaßverbotsprizip)에서 '과잉'(Übermaß)도, '과소금지원칙'(Untermaßverbotsprinzip)에서 '과소'(Untermaß)도, 그리고 '과잉'과 '과소'를 판단하는 '척도'(Maß; meter), '균형'(Gleichgewicht; balance) 또는 '비례성'(Verhältnismäßigkeit; proportionality)도 전형적인 물리(학)적 개념이다.[347] 더 나아가서 거의 정형화된 자유권심사의 틀로 정

정의 최소화', '합헌적 법률해석의 자제' 및 '입법의도의 존중'의 세 가지 원칙으로 정리되어 제시된 이른바 '사법극소주의'(judicial minimalism)도 위헌심사의 강도, 즉 '통제밀도' 완화의 맥락에서 '권리구제의 범위'(breadth in remedies)보다 '비례성'(proportionality)을 우선 고려하라는 주문이 그 핵심이다. 이에 대한 상론은 D. W. Kmiec, "Overview of the Term: The Rule of Law & Roberts's Revolution of Restraint", in: Pepperdine Law Review, 34(2007), 495-521면. S. A. Moss, "Reluctant Judicial Factfinding: When Minimalism and Judicial Modesty Go Too Far", in: Seattle University Law Review, 32(2009), 549-568면.

347) 목적과 수단이라는 두 가지의 다른 현상 간의 도덕적인 또는 실제적인 '등가성'(equivalence)이나 '대비성'(comparability)에 대한 주장 또는 그에 대한 판단과 연관되는 점에서 '비례성'은 본질적으로는 '유추적인 개념'(analogical concept)이고, 따라서 엄격한 의미에서 은유는 아니라고 할 수 있다. 하지만 '조화'(harmony)나 '유사 기하학적인'(quasi-geometric) 자연적 질서의 이념을 형상화하여 상이한 두 현상 간의 관계를 일깨워주는 점에서 은유방식의 paradigm으로 이해될 수 있다. 이에 관해서는 N. Lacey(Fn.318), 30-31면.
같은 맥락에서 '비례성'을 본질적으로 '비례원칙'에 따른 법적 판단의 핵심을 '가치형량', 즉 '공약될 수 없는(incommensurable) 가치들 간의 선택'으로 보는 입장에서 그 근본적인 '비합리성'(irrationality) 또는 '초합리성'(meta-rationality)을 비판하면서 '줄의 길이'와 '돌의 무게'를 비교하는 것으로 비유하는 것도 은유적 구조의 '비례성심사'의 적실성을 은유의 방식으로 분석 및 비판한 것으로 주목된다. N. Peterson, "How to Compare the Length of Lines to the Weight of Stones: Balancing and Resolution of Value Conflicts in Constitutional Law", in German Law Journal, Vol. 14(2013), 1388-1408면. '줄의 길이'와 '바위의 무게'를 재는 것으로 비유한 예는 Bendix Autolite Corp. v. Midwesco Enter. Inc., 486 U.S. 888, 897(1988). '비례성'(proportionality)이 규범적 한계가 없는 것처럼 거의 보편적인 기본권심사의 척도로 활용되고 있는 점과 함께 그 법리적 한계를 지적하고 절제된 적용을 주문하는 S. Gardbaum을 인용하면서 헌법재판실무상 '비례원칙'을 모든 유형의 규범적 주장들에 대하여 분명하고 확정적인 답을 제시할 수 있는 'algorithm과 유사한 공식'으로 보는 경향을 비판하는 관점에서 '비례성추론

립된 '보호영역'(Schutzbereich; realm of protection)도,[348] '보호영역'을 구획하는 '경계선'(Grenze, Schranke; limit, boundary)도 그러하다. 더 나아가서 경계선을 넘어 은유화된 물리적 공간으로 진입한다는 의미를 갖는 것으로 상정되는 '제한'(Eingriff; infringe), 그리고 위헌심사의 강도와 관련된 중요한 개념인 '통제밀도'(Kontrolldichte; intensity of control)에서 '밀도'도 마찬가지이다. 헌법 차원의 형사증거법 원칙이라고 할 수 있는 '독수독과'(毒樹毒果: fruit of the poisonous tree)의 법리도 은유의 전형이다.

우리 헌법 제119조 제2항에서 국가의 경제에 관한 규제와 조정을 정당화하는 사유의 하나로 규정하고 있는 '시장의 지배와 경제력 남용의 방지'에서 '시장'(market)도 은유의 표현이라고 할 수 있다. 신고전학파나

'(proportionality reasoning)을 하나의 '빈 용기'(empty vessel)로 비유한 예는 I. Ponomarenko, "On the Limits of Proportionality", in: Review of Constitutional Studies, Vol. 24(2019), 242면. '비례성'과 '균형성심사'(balancing)를 구별하는 견해는 S. Gardbaum, "Positive and Horizontal Rights: Proportionality's Next Frontiers or a Bridge Too Far?", in: V. C. Jackson/M. Tushnet(ed.), Proportionality: New Frontiers, New Challenges, 2017, 228면.

348) 다만, 기본권 도그마틱에서 거의 일반화된 논제로 취급되고 있지만, 기본권의 '보호영역'을 상정하는 '공간은유'(Raumetaphorik)에 대해서는 설득력 있는 반론이 없지 아니하다. 기본권이 어떤 '공간들'(Räume)이나 '영역들'(Bereiche)을 열어 주는 것이 아니라 '주관적 공권'으로서 기본권의 구성요건에 포섭되는 개별적인 법익들을 보장하는 것이라는 점에서 공간적인 은유가 오해를 야기할 수 있다는 것이다. 또한 독일 기본법 제2조 제2항에서 도출되는 '일반적 행동의 자유권'이 보호의 강도가 다르지 않은 이른바 '보충적 기본권'으로서 헌법에 열거되지 않은 자유권적 법익을 포섭하게 된 것과 함께, 과잉금지원칙이 일반적인 위헌심사척도로 적용됨에 따라 기본권 도그마틱에서 관건은 기본권 제한의 '강도'(Intensität)이지 기본권들 상호간 경계의 획정이 아니라는 것도 '안'(innen)과 '바깥'(außen)을 구획하는 공간적인 함축의 용어인 '보호영역'이 적절하지 않게 된 이유로 제시된다. 이에 대해서는 J. Ipsen, Staatsrecht II, Grundrecht, 2003, Rn. 117-122; "Grundzüge einer Grundrechtsdogmatik: Zugleich Erwiderung auf Robert Alexy, Jörn Ipsens Konstruktion der Grundrechte", in: Der Staat, Bd. 52(2013), 279-281면. '기본권 도그마틱의 합리화'라는 기본권해석론의 일반명제와 관련해서도 '다수라고 해도 필연성이 없으면 인정될 수 없다'(Eine Vielheit is nicht ohne Notwendigkeit anzunehmen)라는 방침, 즉 이른바 'Ockham의 면도날'(Ockham's Razor)의 은유가 주요 논증의 수단과 단서로 활용되는 것도 같은 맥락에서 주목된다. 예컨대 Karl-E. Hain, Ockham's Razor - ein Instrument zur Rationalisierung der Grundrechtsdogmatik, JZ, 2002, 1036-1045면.

신자유주의의 입장에서와 같이 '시장'을 A. Smith의 유명한 은유, '보이지 않는 손'(invisible hand)에 의해 작동되는 '자율 시스템'(self-regulating system)이나 '동시발생적 질서'(simultaneous order)로 보든, 제도주의 경제학자들이 주장하는 바와 같이 '시장'을 권리의무의 구조를 설정하는 법령과 제도 및 사회적 관행 등에 의해 만들어지는 인위적인 체제로 보든 그 '원의'(original meaning)가 일상적인 '자유거래'(free trade)의 마당, 즉 '시장'(marketplace)에서 유래되는 것은 다르지 않다. 다만, 신고전학파의 자유주의적 경제학적 구상에 따라 의도적으로 '시장'을 '실재'(reality)로 보는 입장에서 그것을 상상의 확장 또는 변형을 통해 법적 개념으로 재구성하는 것과, 처음부터 '시장'을 은유적으로 구조화된 개념으로 상정하는 방법은 논리구성의 전략에 따른 전술적인 선택의 대안들이다.

말하자면 헌법 또는 정치경제학의 차원에서 우리가 주목하는 시장이 R. H. Coase가 지적한 바와 같이 "숲속에서 호두와 딸기를 교환하는"[349] 소박한 물물교환시장이 아니고, K. Polanyi가 시장을 자연스럽거나 불가피하게 생겨난 것이 아니라 의도적인 정책결정의 결과로 구성되는 것으로 보는 입장에서 '악마의 맷돌'(the satanic mill)에 비유한 국가단위의 자본주의적 '자유시장'(free market)이나, Del Santo Padre Francesco 교황이 말하는 '새로운 우상으로 신격화된 시장" 또는 '비인간적인 경제독재'의 주재자 또는 신학자 H. Cox가 '신'(God)에 비유한 시장, 즉 수단이 아니라 목적이 되어 버렸고, 영혼의 구원이 필요하지만 스스로 구원하지는 못하는 'Wall Street에 의해 상징되는 시장'이라면, 정치경제학 및 법적 개념으로서 '시장'은 오롯이 은유의 방법으로만 표현되고 이해될 수 있다. 이러한 맥락에서 예컨대, '제1차 차별자'(the first discriminator)나, '사회적 선택'의 과정과 이것이 제도화된 '사회적 기제'(social mechanism) 또는 '가격기구'(price-mechanism)에 의해 작동되는 시스템 자체로 보는 것을

349) R. H. Coase, "The Institutional Structure of Production", in: American Economics Review, Vol. 82(1992), 718면.

'초실재적 은유'의 관점이라고 한다면, 전자는 '실재 기반의 은유'라는 점에서 다른 차이가 있을 뿐이다.[350)]

이른바 1919년 Abrams v. United States(250 U.S. 616, 624) 판결에서 O. W. Holmes 대법관이 소수반대의견에서 제시한 이후, 수정헌법 제1조의 해석에서 의사표현의 자유에 대한 규제, 특히 '내용기반의 규제'(content-based regulation)에 대하여 '엄격심사'(strict scrutiny)척도를 적용하는 헌법적 근거로 널리 원용되어 온 '사상의 시장'(marketplace of ideas)이라는 은유도 헌법의 해석과 논증의 수단으로서 전형상의 기능적 효용을 잘 보여주는 예라고 할 수 있다. 자유주의 경제학의 관점에서 헌법해석과 민주주의의 관계를 해명하면서 '일관된 자유주의자'(consistent libertarian)에게는 '사상의 시장'이 '은유'가 아니라 '실재'(reality)라고 하는 R. A. Posner의 지적은 그 타당성과는 무관하게 헌법언어의 선택이나 헌법적 사유의 수단으로서 은유의 함의와 기능을 되새겨보게 하는 유용한 단서를 제공해주는 것으로 주목된다.[351)]

---

350) K. Polanyi(Fn.104), 35-44, 71-80, 144면. Del Santo Padre Francesco(Fn.177), 52-57면. H. Cox, 유 강은(역)(Fn.177), 특히 11-33, 296-320면. 현실주의적 사회과학철학의 관점에서 시장을 '사회적 기제'로 정의하고 (신)고전학파의 시장관을 비판하면서 거래의 체계와 과정으로서 시장의 구조와 기능을 해명한 상론으로는 Peter T. Manicas, A Realist Philosophy of Social Science, 2006, 126-150면.

351) 1927년 Whitney v. California판결(274 U. S. 357, 377)에서 L. D. Brandeis 대법관이 보충의견을 통해 제시한 '명백한 현재의 위험'(clear and present danger)의 법리, 즉 '충분한 토론의 기회'(opportunity for full discussion)를 줄 수 없을 정도로 해악의 위험이 절박한(imminent) 경우가 아닌 한 의사표현의 자유는 제한될 수 없다는 입장도 '자유방임의 이상'(laissez-faire ideal)에 따라 원칙적으로 규제되지 않는 '사상의 시장'을 상정한 것이다. 이에 관해서는 특히 R. A. Smolla, "The Meaning of 'Marketplace of Ideas' in First Amendment Law", in: Communication Law and Policy, Vol. 24(2019), 437-445면; R. A. Posner, "The Constitution as an Economic Document", in: George Washington Law Review, Vol. 56(1987), 21면. 숙고민주주의이론에 대한 현실주의자들의 비판에 대하여 "이상적인 발화상황(ideal speech situation)이 완전하게 실현될 수는 없다고 할지라도 적어도 그것을 지향하는 경우에 정치과정에서 좀 더 좋은 결과가 나올 수 있다"고 반박하면서 J. Elster가 그 핵심논거로 제시한 '숙고를 통한 사회적 선택의 마당 또는 그 과정'으로서 '시장과 대토론회장'은 '실재'가 아니라 '은유' 또는 '실재'를 은유적으로 구조화한 표현으로 이해된다. "The market and the forum: Three varieties

실정법을 “헌법을 정점으로 하는 하나의 피라미드(pyramid)와 같은 체계의 연결망을 형성하는 것”으로 보는 입장, 말하자면 법질서의 ‘전형상’을 피라미드의 형태로 상정하여 명시적으로 은유의 관점을 헌법해석의 논거로 제시한 결정례도 없지 않거니와, 은유의 사유와 방식이 실제 헌법재판실무에서도 위헌판단의 준거 또는 논증의 수단으로 활용될 수 있음은 물론이다:

『헌법을 정점으로 하는 연결망에서 벗어나는 법률이나 시행령은 존재할 수 없고 또한 존재하여서도 아니 된다 … 이 연결망을 벗어나는 의회입법은 위법임과 동시에 위헌이 된다 … 헌법을 정점으로 하는 법(法)피라미드의 평면적(平面的) 사면(斜面)을 깨고 돌출하여 나온 일부 암석괴(岩石壞)와 같은 것이 위헌입법인 것이다.』[352]

이러한 관점에서 보면, 표현방식으로서 또한 인식과 이해, 소통과 설득의 수단으로서 은유는 헌법해석론상 거의 일반적이라고 하여도 무리가 아니다. 전술한 바와 같이, ‘자의성’에 대한 우려에도 불구하고 ‘전형상’이 이른바 ‘개방된 헌법학’의 관점에서, 특히 ‘법윤리적인 법학’과 ‘고전적인 법실증주의’ 간의 일종의 ‘중용의 대안’을 모색하는 맥락에서 독자적인 헌법해석의 준거로 주목되어야 하는 것은 우선 헌법언어 또는 헌법적 개념의 은유기반성에서 그 근거가 찾아진다. 또한 추상화된 현실이 반영되는 ‘전형상’은 ‘관점’에 비해서 상대적으로 구체화된 ‘사물’(事物)을 매개로 하는 상호이해의 반복을 통해 체계로 정착될 수 있는 동시에, 포괄적인 지향점을 제공하고 다양한 ‘관점들’을 수용할 수 있는 ‘체적’(體積)을 갖는 역동적인 지각의 방식으로서 특유한 장점을 갖는다. 마치 ‘가시적인 실체들’(sichtbare Entitäten)인 것으로 상정하여 ‘인간상’(Menschenbild), ‘(복수

---

of political theory” in: J. Elster/A. Hylland (ed.), Foundations of Social Choice Theory, 1986, 115면.

352) 헌재결 2004.2.26., 2001헌마718, 판례집 제16권 제1집, 313(324면). 권 성 재판관의 반대의견.

의) 다원적 사회'(pluralistische Gesellschaft), '전투적 민주주의'(streitbare Demokratie)등과 같이 '법형상들'(Rechtsfiguren)을 갖고 근본적인 헌법개념들을 논의하는 것도 다분히 추상적인 가치론 또는 의무론과 연관되는 헌법적 담론에서 상호 이해의 출발점 또는 유용한 단서로서 은유적으로 구조화된 '전형상'을 매개로 하여 개념 또는 개념에 함축된 규범적 이념과 구상을 보다 구체화하여 선명하게 제시하고 공유하고자 하는 것이다.[353)]

⑵ 은유 속의 헌법

'보이는 헌법'(visible constitution)과 '보이지 않는 헌법'(invisible constitution)의 복합체로서 헌법의 존재론적 구조를 해명하고 또한 헌법해석작업을 '밤하늘의 별빛의 점들을 과거와 미래의 이야기들과 연결하는 서사적 작업'으로 보는 L. H. Tribe의 시적 상상은 매우 매력적이다. 논리적 실증성만을 주목하는 '형식주의'나 '문언중심주의'의 헌법해석방법의 한계를 분명하게 부각시킨 그의 은유의 통찰은 헌법 및 헌법해석론상 '전형상'을 적확하게 활용한 대표적인 범례로 그대로 되새겨봄직 하다:

『'보이는 헌법'은 본질적으로 보이지 않는 이념들, 전제들, 되새겨진 기억들, 그리고 우리들로 하여금 전체로서 헌법을 일별할 수 있게 하는 상상의 경험들의 광대하고 깊은 대양 속에서 부유(浮遊)하고 있다.』[354)]

---

353) 예컨대, E. Denninger는 헌법의 근본적인 문제들을 다룬 국가법 입문서에 "전형상: 공허한 형식? 거짓? 정당화?"(Leitbilder: Leerformeln? Lügen? Legitimationen?)라는 자극적인 부제를 붙였다. Staatsrecht: Einführung in die Grundprobleme des Verfassungsrechts der Bundesrepublik Deutschland, Bd. I, 1973. 다만, 헌법학 및 해석방법론상 '전형상'의 기능과 효용에 대한 긍정 또는 부정의 관점과는 무관하게 적어도 이러한 다양한 관점이 있을 수 있고 또한 상이한 관점들 간의 담론이 진행되는 것 자체가 은유로서 '전형상'의 고유한 효용이라고 할 수 있다.

354) L. H. Tribe, The Invisible Constitution, 2008, 9면: 『THE VISIBLE CONSTITUTION necessarily floats in a vast and deep - and, crucially, invisible - ocean of ideas, propositions, recovered memories, and imagined experiences that the Constitution as a whole puts us in a position to glimpse.』

『"헌법의 성좌 속에 고정된 별들"(the fixed stars in our constitutional constellation)이라는 R. Jackson 대법관의 은유[355]는, 그가 염두에 두지 않은 이유 때문이기는 하지만, 빼어나게 적절하다. 헌법텍스트의 '사려 깊은'(discrete provisions) 규정들과 같이, 밤하늘에 점을 찍은 빛의 점들(the points of light that punctuate the night sky)은 아마도 물리학자나 천문학자들보다 시인과 철학자들에게 더 많은 것을 말해주는 도형들을 형성한다. 이 '점들을 연결하는 과제'(the task of connecting the dots)는 필연적으로 인간의 통찰과 상상을 요구한다. 과학적인 연구보다 훨씬 더 많은 것이 필요하다.』[356]

특히 은유를 활용한 헌법의 이해와 설명의 특출한 예로 여겨지는 바, 즉 헌법과 헌법이론 및 헌법해석 등을 '기하학적'(geometric), '측지학적'(geodesic), '전지구적'(global), '기하학적'(geological), '중력적'(gravitational) 및 '천체회전적'(gyroscopic)인 구성체로 이해하여 입체화된 물리학적 도형을 제시하면서 '보이지 않는 것을 보여주는'(visualizing the invisible) 방법으로 설명하는 부분(155-209면)을 비롯하여 적잖은 부분이 그러하다. 앞에서 인용한, '헌법적 서사'(constitutional narrative)로서 헌법 및 헌법해석의 본질과 특성을 해명한 논문(Fn. 317)도 A4 용지 16면의 거의 대부분의 내용이 시종일관 은유의 방식으로 기술되었다. 다분히 표현전술로서 선택한 것으로 여겨지지만, 그 의도와는 무관하게 헌법 또는 헌법적 사유에서 필수적이고 유용한 이해 및 표현의 방법으로서 은유의 역할과 기능을 잘 보여주는 예증으로 생각된다.

헌법텍스트로부터 간접적으로 도출되는 '암시된 의미'(implied meaning)를 포함하여 '보이지 않는 헌법'(invisible constitution)에 함축되어 있는 '구조'(structure), 특히 예컨대 '법의 지배'나 '적법절차'(due process of law)원리 또는 권력분립원리 등의 헌법적 기본원리로 구성된 헌법의 '전체 구조'(holistic structure)를 헌법해석의 준거로 보는 것도 은유를 기반으로 한 '구조'를 주목하여 이에규범적 내용을 부여하는 관점이다. 이에 관해서는 대표적으로 Aharon Barak, "On Constitutional Implication and Constitutional Structure", in: D. Dyzenhaus/M. Thorburn(ed.) (Fn.61), 53-73면.

학문이론 및 학문사회의 맥락 속에서 협의의 Dogmatik을 지양해야 하는 독일 공법학의 과제와 함께 그 방법으로 특히 사회학 등과의 학제간 협업을 제시하며 '공법학의 사회학 및 이론의 초석들(Bausteine)'을 놓는다는 부제를 달아서 '소우주로서 국가법론'이라는 제목의 책을 낸 Helmut Schulze-Fielitz의 구상과 방법론도, 그 결은 좀 다르지만, '제도화된 학문성의 대우주'(Makrokosmos)에 '공법학의 소우주'를 대비한 점에서 은유의 발상인 점은 같다. Staatsrechtslehre als Mikrokosmos, 2013, 특히 3-44면.

355) West Virginia Board of Education v. Barnette, 319 U.S. 624, 642(1943).

356) L. H. Tribe(Fn. 354), 72면.

“헌법은 ‘자살협약’(suicide pact)이 아니다”라는 R. A. Posner[357]의 유명한 은유의 핵심, 즉 ‘필요는 법을 모른다’(Necessity knows no rule)는 관념을 토대로 하는 이른바 ‘비상헌법’(emergency constitution) 또는 ‘긴급헌법’(constitution of necessity)을 명분으로 하여 제시되는 ‘헌법은 무시될 수 있고, 무시되어야만 한다’(The Constitution can and must be set aside)는 주장들도 오롯이 은유이다. 이에 대하여 국가적 위기의 긴급사태의 상황에서도 마찬가지로 또는 오히려 비상의 경우일수록 더더욱 헌법의 중요성, 즉 긴급한 조치들을 취하는데 걸림돌이 되는 헌법의 ‘비상한 불편’(extraordinary inconvenience)이 예의주시(銳意注視)되어야만 한다는 유력한 주장을 ‘은유에 대한 은유’로 반박하는 Tribe의 깊은 성찰도 헌법적 사유와 담론에서 은유가 갖는 의미와 효용을 재삼 확인하게 만드는 예로 눈여겨볼만 하다:

『헌법은 칠흑같이 어두운 밤에 화재경보가 울리는 때라고 해서 단순하게 임시의 개량이나 대체에 의해 교체될 수 없다. 헌법의 텍스트와 ‘보이지 않는 구조’(invisible structure)는 ‘국가의 박동하는 심장의 일부’(part of the nation’s beating heart)이다. 즉 엄청나게 다양한 ‘미국의 서사들’(American narratives)이 필연적으로 수렴되는 ‘태양신경총’(太陽神經叢; the solar plexus)인 동시에 우리들을 과거와 미래세대와 계속 결속시켜 주는 대화이다 … 헌법의 가능성에 대한 믿음을 잃게 된다면, ‘시의성에 부응하는 일종의 도깨비불의 안내’(will-o'-the-wisp guide to modernity)에 따라 헌법을 제쳐 논다면 또는 단기적인 긴급한 필요에 따라 헌법을 잠정적으로 중단시킨다면 “우리”(we)는 다시는 동일성을 유지하면서 존재할 수 없게 될 것이다.』[358]

---

357) R. A. Posner, Not a Suicide Pact: The Constitution in a Time of National Emergency, 2006.

358) L. H. Tribe(Fn.25), 33-34면. 엄격한 절차와 제약의 조건을 제시하되, 2001년의 9·11 테러와 같이 정부의 비상한 대응이 필수적으로 요구되는 비상사태의 경우 ‘통상의 헌법’(ordinary constitutional law)을 제쳐 놓자는 B. Ackerman의 제안에

'헌법과 은유의 관계', 특히 '은유 속의 헌법'의 관점에서 주목되는 바, "좋은 비유(은유: 필자 부기)는 이해를 신선하게 해준다"는 L. Wittgenstein의 말은 헌법해석론에서도 타당하다. Wittgenstein이 자신의 철학하는 방식으로 제시한 방법, 즉 '진리에 대한 물음으로부터 뜻에 대한 물음으로의 이행'은 헌법해석의 경우에도 필연적이다.[359] 헌법실증주의를 집착하지 않는 한, 전술한 바와 같이 '절대적 타당성'을 의미하는 '객관적 합리성'을 추구할 수 없는 헌법해석의 방법도 본질적으로 헌법의 '진리'가 아니라 헌법(텍스트)에 함축되어 있는 '뜻'에 대한 물음에 초점을 맞추어야 한다.

J. Habermas를 인용하여 말하자면, 이 '뜻'에 대한 탐문들은 헌법의 내용들과 헌법의 기본원칙과 제도들에 대한 관점들, 즉 의견들이 '상호이해 지향적인 행위들'(verständigungsorientierte Handeln), 그리고 이 행위들과 관련된 특유한 구조의 '소통망'인 '공공의 담론'(Diskurs der Öffentlichkeit) 속에 인입되어 여과 및 통합의 과정을 통해 결집된 공론으로 수렴되어야 한다.[360] 헌법의 언어 속에 내장된 규범의 세계에 대한 공유된 이해의 방법이라고 할 수 있는 헌법적 담론의 성과는 항상 특정한 가정의 전제들과 가치판단들, 성향들, 그리고 논증 또는 설득의 능력들 간의 공정한 경쟁과 이를 통해 만들어 내는 이야기의 윤곽과 줄거리에 달려 있다.[361]

대하여, Tribe는 '무법성'(enormity)에 대한 우려와 함께 실용적인 관점에서 세밀한 반론을 제시한다. Gudridge와 함께 쓴 공동논문에서 '비상헌법'의 논의가 '흥미로운 사고실험을 넘어서는 어떤 것'(anything beyond an interesting thought experiment)이어야 한다고 주장하면서 이를 유사한 논조의 은유로 표현한 바 있다: "위기 시에 헌법을 제쳐 놓고 모두 다른 코드에 따라 살아가자고 유혹하는 '사이렌들'(sirens)을 따라가지 않을 이유들에 대한 '유용한 상기(想起)'(useful reminder)". B. Ackerman(Fn.171), 1029-1091면; L. H. Tribe/P. O. Gudridge(Fn.171), 1804면.

359) L. Wittgenstein, 이 영철(역), 문화와 가치, 2006, 28면.

360) J. Habermas, Faktizität und Geltung: Beiträge zur Diskurstheorie des Rechts und des demokratischen Rechtsstaats, 1992, 436면.

361) J. S. Dryzek, "Legitimacy and Economy in Deliberative Democracy", in: Political Theory, Vol. 29(2001), 658면. J. M. Balkin과 S. Levinson이 '열망과 진보'(aspiration and progress)의 '서사'(narrative)들과 '정복, 자기기만, 착취 및 부패'(conquest, self-deception, exploitation and decay)등의 서사들이 '기술적

특히 오늘날의 파편화된 (극)다원사회에서 힘과 지식, 그리고 이데올로기를 기반으로 하는 정치경제학적, 사회문화적 담론들 간의 논쟁으로 점철되는 공적 토론의 과정, 말하자면 P. Bourdieu가 제시하는 '문화적 생산의 마당'(field of cultural production)[362]인 '담론장'(discursive field)에서 간주관적인 가치적 공감과 상호이해의 토대를 형성하고 유지해나가야 하는 과제는 헌법해석의 가능성과 한계를 동시에 규정한다. '지금 여기에서'(now and here) 복수의 '너와 나'가 아니라 단수의 집합체로서 '우리'(we)의 이야기를 함께 만들어 나가야 한다는 명제의 공유와, 성찰적 선택과 타협의 가능성을 확보하는 것은 이른바 '담론적 정당성'(discursive legitimacy)을 토대로 하는 오늘날 숙고민주주의와 이를 뒷받침하는 헌법해석론의 성패를 가르는 제1의 필수조건이다. 헌법해석론상 '원의주의'(originalism)에 대한 치열한 논쟁의 맥락에서 주목되어 온 이른바 '살아 있는 헌법'(living constitution)의 은유, 특히 Ch. Darwin이 제시한 진화생물학의 핵심명제인 '자연선택'(natural selection)과 이에 따른 '적자생존'(survival of the fittest)의 법칙을 '인공선택'(artificial selection)을 통한 '헌법의 진화'(constitutional evolution)의 명제로 확장하여 적용하는 것의 적확성과 타당성이 중요한 헌법이론의 논제로 주목되는 것도 바로 이 때문이다.[363]

인'(descriptive) 동시에 '지시적'(prescriptive)이기도 한 이른바 '공준적 서사들'(canonical narratives)로서 헌법해석에서 핵심적인 역할을 한다는 점을 제시하면서 미국헌법을 미국인과 미국에 관한 '한 무더기의 이야기들'(stock stories)에 비유한 것도 헌법 및 헌법해석과 은유의 관계를 잘 보여주는 예로 주목된다. "The Canons of Constitutional Law", in: Harvard Law Review, Vol. 111(1998), 987면.

362) P. Bourdieu, The Field of Cultural Production, 1993.

363) 이에 관한 대표적인 상론으로는 S. Dodson, "A Darwinist View of the Living Constitution", in: Vanderbilt Law Review, Vol. 61(2008), 1317-1347면. Dodson은 '살아 있는 헌법주의'(living constitutionalism)에 대한 찬반론자들이 공히 엄청나게 많이 활용하고 있고 또한 생물학이 법에도 유용할 수 있는지 여부에 대한 격렬한 토론에도 불구하고 생물학적 관점에서의 은유의 역할과 효용에 대한 평가는 찾아보기 어렵다고 지적하면서 법과 과학 그리고 언어학 간의 '경계를 넘어서는'(cross-disciplinary) 학제 간 연구를 통해 생물학적 은유가 헌법의 이해를 좀 더 명확하게 하고 풍성하게 할 수 있다는 점을 설득력 있게 해명하고 있다. 생물학

초기 근대의 헌법논쟁에서 많이 회자되었던 이른바 '몸 정치학'(body politics)의 은유도 새로운 관점에서 '헌법적 상상'을 촉발시킬 수 있는 동인으로 되새겨봄직 하다. 거의 보편화된 민주공화국체제의 틀 속에서 수행되는 오늘날 헌법담론에서는 근본적으로 다른 맥락에서 논의되어야 하는 것은 물론이거니와, 전제군주제를 정당화하는 이데올로기적 수단으로 활용되었던 '통치체'(ruling body)의 은유는 '공동체'(community)를 일종의 '유기체'(organism)로 상정하여 '주부(主副) 또는 주종(主從)의 관계'에서 '머리에 의해서 지배되는 몸'으로 이해하는 전통적인 유기체관, 말하자면 전제군주제 하에서 군주(king)를 '머리'(head)에, 신민(people)을 '몸'(body)에 비유하여 주권자로서 군주의 절대적 정통성과 권위를 정당화하였던 신화적 은유의 패러다임이었다. 이러한 이데올로기의 패러다임을 벗어나서, '머리와 몸이 상호 작용하는 육체'에 초점을 맞추는 총체적인 이해 또는 적어도 '머리에 의해서 완전히 일방적으로 지배되는 몸'이 아니라 이른바 '머리-몸 간의 경쟁'(caput-corpus struggle)의 구도 속에서 '유기체'로서 '사람'과 '공동체'의 본질과 구조 및 그 기능체계를 파악하는 사고는 오늘날 (극)다원주의 사회에서 그 자체 '살아 있는 유기체'(living organism)로서 헌법의 역할과 기능, 그리고 흔히 시사적으로 이른바 '생물'(生物)에 비유되는 '정치'와 '정치공동체'에 대한 이해를 신선하게 하는데 원용될 수 있다.[364]

을 원용하여 또는 생물학적 은유의 관점에서 헌법 및 법이론의 주요논제들을 천착한 최근의 대표적인 연구 사례들을 일람할 수 있게 선별하여 제시해준 주석 1번과 3번에서 예시된 문헌들은 제목만 훑어 봐도 잔뜩 호기심을 불러일으킨다. 특히 학제간 연구의 전형을 보여주고 있는 것으로 생각되는 바, O. D. Jones와 생물학자인 S. F. Brosnan이 최근에 심리학, 진화생물학, 행태 생물학, 행태 경제학 등 다양한 분야에서 주목되고 있는 '소유효과'(endowment effect: 어떤 대상을 소유하고 난 뒤에 그 자치를 이전보다 더 높게 평가하는 경향)에 대한 새로운 이론을 모색하면서 법, 특히 헌법의 주요 논제인 재산권문제에 대한 새로운 접근의 관점을 제시한 논문은 일독함직 하다. "Law, Biology, and Property: A New Theory of The Endowment Effect", in: William and Mary Law Review, Vol. 49(2008), 1935-1990면. 이 논문의 토대가 된 선행연구도 흥미롭다. S. F. Brosnan/O. D. Jones/ S. P. Lambeth/M. C. Mareno/ A. S. Richardson/S. J. Schapiro, "Endowment Effects in Chimpanzees", in: Current Biology, Vol. 17(2007), 1704-1707면.

364) M. Loughlin(Fn.70), 4면, 주석 9, 10번. 맥락은 다르지만, 국가의 기능과 과제에

예컨대, J. Habermas가 '주권의 탈실체화'(Entsubstantialisierung von Souveränität)의 맥락에서 주권의 실체 또는 소재지로 '주체 없는 소통망'(subjektloses Kommunikationsnetz)을 제시하는 것과 유사한 관점에서,[365] '상호연결성'(interconnectedness)과 '상호의존성'(interdependence)을 주목하여 개인과 공동체 및 전체 세계를 은유적으로 구조화된 일종의 '탈중심화'(decentering)된 'web형상'의 network로 보는 '체계적 생명관'(systems view of life) 또는 '체계적 세계관'(systems view of world)과 이를 토대로 하는 '체계사고'(systems thinking)[366]는 Th. Kuhn이 제시하는 이른바 '패러다임 전환'(paradigm shift)과 보폭을 맞추는 '헌법상상'의 자원으로 매우 유용하다. (극)다원주의사회의 현실과 관련해서는 물론이고, 헌법 및 헌법이론도 외면할 수 없는 바, 즉 오늘날 '기후변화'(climate change)의 위기 속에서 '생태철학'(ecosophy) 및 '생태윤리학'(ecoethics)의 절박한 화

초점을 맞춘 국가론의 관점에서 '국가와 사회의 협업'이나 국가의 '조정자'(coordinator)로서 역할을 주목하면서 국가의 '변형'(Metamorphosen), 즉 '지배독점자'로부터 '지배관리자'로 변화를 논의하는 것도 효과적인 은유적 발상이고 표현이다. 예컨대, Philipp Genschel/Bernhard Zangel, "Metamorphosen des Staates – vom Herrschaftsmonopolisten zum Herrschaftsmanager", in: Leviathan, Vol. 36 (2008), 430-545면.

'자유민주주의'(liberal democracy), 특히 '의회민주주의'(parliamentary democracy)에 대한 극단적인 회의적 관점에서 '자유민주주의'의 제도화는 궁극적으로 '기계의 지배'(rule of the machine)으로 귀착될 것이고, '기계'는 행복이 아니라 utopia의 '열쇠'(key)일 뿐이라고 한 C. Schmitt의 표현도 '기계'로 표상되는 '기술주의'(technocracy)에 대한 비판과 함께, '공허한 형식성'(empty formality) 속에서 '이성과 사람'의 실종, '사람의 의지'에 의해 작동되는 정치의 '비정치화'(de-politicisation), 즉 '중립화'(neutralisation), 이에 따른 '의미의 상실'(loss of meaning) 및 '권위의 결핍'(lack of authority) 등의 딜레마 현상을 적확하게 강조한 은유이다. C. Schmitt, E. Kennedy (tran.), The Crisis of Parliamentary Democracy, 1988[1926], 6면; Glossarium: Aufzeichnungen der Jahre 1947-1951, 95면. M. Loughlin, "Why Read Carl Schmitt?", in: Ch. Bezemek/M. Potacs/A. Somek(ed.), Vienna Lectures on Legal Philosophy, Volume 1: Legal Positivism, Institutionalism and Globalisation, 2018, Ch. 3, 49-50면에서 재인용.

365) J. Habermas, "Volkssouveränität als Vefahren"(1988), in: Faktizität und Geltung: Beiträge zur Diskurstheorie des Rechts und des demokratischen Rechtsstaats, 1992, 616-622면.

366) F. Capra, The Web of Life, 1996, 특히 3-16, 297-314면; F. Capra/P. Luigi Luisi(Fn.32), 특히 63-83, 129-181면.

두로 부각된 '지속가능한 발전'(sustainable development)의 명제에 부응하는 맥락에서도 문제인식의 지평과 '헌법상상'의 공간을 확장하는데 매우 요긴한 자극과 디딤돌이 될 수 있을 것이다.

앞에서 논의한 '보이지 않는 헌법' 중에 '불문헌법' 또는 '관습헌법'이 아니라 '성문헌법', 즉 헌법텍스트에 대한 해석을 통해 텍스트에 담겨진 '함축된 의미'(implied meaning)를 탐색하는 헌법해석론의 맥락에서 특히 주목되는 이른바 '헌법적 구조'(constitutional structure)에 대한 은유적 접근도 '은유 속의 헌법'의 논제로 되새겨봄직하다.[367] '구조'의 은유성은 앞에서 논의한 바 있거니와, '건축의 은유'(architectural metaphor)로 '헌법적 구조'를 포괄적으로 해명한 논문의 제목, '은유적 조합어'로서 "건축텍스트구조"(Architexture)[368]도 유용한 시사점이 적잖다. '헌법적 구조'를 "헌법적 구조틀의 정초(定礎)건축"(architecture underlying the constitutional scheme)이라고 기술한 Arkil Reed Amar는 헌법해석과 헌법관념의 표현에서 은유의 효용을 십분 활용한 대표적인 예로 생각된다. '헌법적 구조'를 "헌법텍스트의 섬들 사이의 바다를 이어 '연륙'(連陸)시키는 다리들"(bridges over waters that separate islands of constitutional text, creating a unified and useable surface)이라고 한 M. D. Walters의 은유도 눈길을 끈다.[369]

---

367) 이에 관한 좋은 개관의 논문으로는 A. Barak(Fn.354). 헌법텍스트에 '함축된 의미'(implied meaning), 즉 의미가 헌법텍스트에서 확보되는 것이되 간접적으로 탐색되는 '암시적인 언어'(implicit language)를 "보이지 않는 잉크로 행간에 써져 있는 것"(written between the lines in invisible ink)이라고 한 은유의 표현도 흥미롭다. 같은 책, 61면. 주석 51번.

368) A. R. Amar, "Architexture", in: Indiana Law Review, Vol. 77(2002), 671-702면. 유명한 저서 『Unwritten Constitution』(2012)에서 Chapter 1의 소제목으로 '행간을 읽음'(Reading between the lines)으로 하고, '행동주의(注意)'(Heeding the deed)라는 소제목을 단 Chapter 2에서 논의하는 "성문헌법 너머로 나가지만 성문헌법에 충실한 기술"(a technique for staying true to the written Constitution while going beyond it), 즉 전통적인 법률학에서 정형화된 법해석방법과는 다른 헌법해석방법으로 "'헌법'을 '문서'(document)가 아니라 '행위'(deed)로 보는 기술"로 표현한 것도 일종의 은유이다. 3-47, 49-94면.

369) M. D. Walters, "Written Constitutions and Unwritten Constitutionalism", in:

(3) 소결

『미국의 헌법체제에서 어떤 주(state)도 연방으로부터 탈퇴할 수 없다는 명제는 다른 어떤 명제보다도 더 분명하게 잉크가 아니라 피로 써져 있다.(The proposition that no state may secede from the Union, more obviously than any other, is written not in ink but in blood) … 이 명제의 소재지가 '우리 헌법의 심장'(the heart of our Constitution)이라는 것에 의문을 갖는 사람은 별로 없을 것이다.』[370)]

헌법(해석)에서 은유의 특유한 효용을 그 어떤 헌법학자보다도 더 자주 효과적으로 활용한다고 할 수 있는 L. H. Tribe의 표현이다. 적어도 이러한 표현의 기법과 함께, 그에 내장된 또는 그러한 표현의 배후와 저변에 있는 헌법적 상상과 사유의 특유한 의미와 기능에 대한 예증으로 충분하다고 생각된다.

마무리하면서 다시 강조하건대, 도덕적 판단과 밀접하게 연관되고, 이데올로기의 감염을 피할 수 없는 '사회어'(Sozialekt)로 구성된 헌법개념과 다분히 은유적으로 구조화된 헌법언어의 적확한 이해와 소통을 위해서는 적어도 언어를 매개로 하는 접근과 소통의 방법을 다소간에 보완해주는

G. Huscroft(ed.), Expounding the Constitution: Essays in Constitutional Theory, 2008, 267면. 헌법의 완결성과 개방성, 불변성과 가변성 및 헌법의 제정과 개정, 민주적 정당성, 헌법(재판)과 정치를 비롯한 입법 간의 관계 등 기본적인 헌법이론적 논제들과, 헌법해석론, 특히 '원의주의'(originalism)나 전술한 '헌법구성' 등을 둘러싼 해석방법론적 논의와 연관되는 '고층빌딩'(skyscraper)이나 '구조틀'(framework)의 모델로 헌법을 구별하여 보는 은유도 유용하다. J. M. Balkin, Living Constitution, 2011, 21-23면; "The Framework Model and Constitutional Interpretation", in: D. Dyzenhaus/M. Thorburn, Philosophical Foundations of Constitutional Law, 2016, 243-248면. 헌법규정의 유형으로 '규칙'(rule)과 '표준'(standard) 및 '원칙'(principle)을 구별하면서, 상대적인 차이는 없지 않지만, 헌법언어가 권력을 단순히 '봉쇄'(block)하는 것만은 아니고, 권력의 '틀을 잡아주고'(shape), '길을 내주고'(channel), '생산한다'(produce)는 은유의 표현도 시사점이 적잖다. 같은 논문, 253면.

370) L. H. Tribe(Fn.354), 29면.

은유의 활용이 필수적이다. '개방된 담론'의 지침과 단서들을 제공해주는 헌법해석의 방법으로서 은유의 역할과 효용, 그리고 은유적으로 구조화된 헌법해석의 준거로서 '전형상'의 특유한 기능을 주목하는 것은 바로 이러한 맥락에서다.

6. 헌법해석방법으로서 은유의 효용 및 위험성

(1) 경직성과 유연성의 조화 - '강유상마'(剛柔相磨)의 명제

헌법해석론상 은유를 활용하는 '전형상 준거 헌법해석방법'의 독자성과 그 기능적 특성에 대한 논의는 궁극적으로 구체적인 헌법적 결정에서 독자적인 해석요소로서 '전형상'을 보다 명확하게 이해하고, 이 헌법해석방법에 내장되어 있는 기능적 효용을 적극적으로 활용하되 그에 수반되는 '자의성'의 잠재적인 위험을 줄이는 과제로 귀착된다.

개념분석의 방법에 따른 '논리적 실증성'이나, 일종의 'meta개념'이라고 할 수 있는 '관점' 대신에 이른바 '은유적 구조화'를 통한 통각(統覺)적 체험을 요소로 하는 '전형상'의 기능적 효용은 우선 헌법해석론의 차원에서 일종의 '중용(中庸)의 대안'으로 모색될 수 있는 가능성에서 찾아진다. 은유는 부지불식간에 법인식작업에 편재되어 있기도 하지만, 특히 정치규범 및 가치규범인 헌법의 해석에서 더욱 강조되는 안정성과 가변성 또는 경직성과 유연성 간의 적절한 조화의 요청에 부응할 수 있는 각별한 인식 및 이해의 기술, 소통과 설득의 형식으로서 기능적 장점을 갖고 있다.

K. Hesse가 적확하게 표현하듯이, "헌법의 '경직성'(Starrheit)과 '가변성'(Beweglichkeit)은 선택의 대안의 문제가 아니라 '바른 병렬'(richtige Zuordnung), 즉 조화의 문제이다."[371] 인식론의 맥락에서 보면 주역(周易)에 나오는 '강유상마'(剛柔相摩)의 명제와 다르지 않은 것으로 생각되는 이 문제는 법이론의 차원에서 보면 '법윤리적 법률학'(rechtsethischer Juris-

371) K. Hesse(Fn.224), Rn. 36.

prudenz)과 '고전적인 법실증주의' 간의 일종의 '중용'(Mitte)의 선택이 가능한지, 그 가능성을 구현할 수 있는 대안의 방법론이 어떤 것인지의 문제로 귀착된다.[372)]

주지하는 바와 같이, 이른바 '논리적 실증주의'를 토대로 하는 법도그마틱은 폐쇄된 개념체계 속에서 논리적인 사유작업을 통하여 모든 법문제에 대하여 답을 찾아낼 수 있는 가능성을 전제로 하는 일종의 어의학적인 개념분석의 해석방법이다. 법개념들과, 개념들로 구성된 무모순의 통일성을 갖춘 법의 '폐쇄체계'는 해석에 앞서 확정된 의미덩어리, 즉 규범이 내장된 '완결된 소여'로서 전제되는 바, 그 배후에는 법학의 영역에서도 가치중립적인 인식, 특히 자연과학의 실증적이고 몰가치적인 분석의 방법이 가능하다고 보는 학문관이 자리 잡고 있다.[373)]

---

372) A. Somek, Rechtliches Wissen, 2006, 101면. 헌법규범의 실효성에 초점을 맞춘 은유이지만, 특히 헌법재판에서 주목되어야 하는 헌법적 명령의 핵심문제는 '법전에 규정된 권리들'(rights on paper)의 '정의'(definition)가 아니라 권리들을 '실제보호'(practical protections)로 전환시키는 '기계장치'(machinery), 즉 사법기구를 마련하는 것이라는 견해도 '법윤리학적 헌법학'의 맥락에서 되새겨봄직 하다. A. G. Amsterdam, "Criminal Prosecutions Affecting Federally Guaranteed Civil Rights: Federal Removal and Habeas Corpus Jurisdiction to abort State Court Trial", in: University of Pennsylvania Law Review, Vol. 113(1965), 793면; B. C. Schmidt, Jr., "Juries, Jurisdiction, and Race Discrimination: The Lost Promise of Strauder v. West Virginia", in: Texas Law Review, Vol. 61(1983), 1413면.

373) 대표적으로 K. Larenz, Methodenlehre, 4. Aufl., 1979, 특히 205면. 이러한 학문관의 철학적 토대라고 할 수 있는 '계몽적 합리주의'의 특징으로 최고의 정신적 능력의 의미를 갖게 된 '이성'(ratio)에 대한 과대평가를 적시하면서 합리주의의 지배하에서 법학을 포함하여 모든 학문들이 자연과학의 전형에 따라 스스로를 정확한 학문으로 입증하는 것을 추구하였던 경향을 비판하는 A. Kaufmann의 주장은 가감 없이 되새겨봄직하다:
『지성(Intellekt)의 과제는 우선되는 것으로 인식되는 지배적 질서에 감성적인 다양성을 불러 오는 것이다. 여기에서 이성은 산술적인 지력(Verstand)으로 이해된다(이 지력은 종종 '오성'(Vernuft)으로 잘못 말해진다). 이것이 추구하는 것은 이성에 의해 세계를 분해하여 남김없이 세계를 파악할 정도로 모든 것을 '명료하게'(clare et distincte) 인식하는 것이다. 학문의 이상은 정확한 수학적 자연과학이고, 여기에서는 가능한 한 계산이 우선되고, 말은 의미를 갖지 못한다. 이러한 합리주의의 경향은 특정한 이데올로기적 인간, 세계 및 학문상에 따른 것이다. 이에 따르면 결국 인간은 합리적인 존재이고, 따라서 인간의 인식은 순수한 합리적 활동이 또한 법실증주의와 이를 토대로 하는 법도그마틱의 근본적인 한계, 특히 현대 언어학에 의해서 분명하게 부정된 '개념 또는 '개념체계의 완결성'과 '자기준거적 정당화'의 전제오류에 대해서는 앞에서 충분히 논의하였거니와, 이른바 '기계적인 법률학'(mechanical jurisprudence)으로 칭해지는 법도그마틱은, Hesse를 다시 인용하여 말하자면, 법해석론상 선택이 아니라 조화의 과제로 주어지는 '경직성'과 '가변성'의 문제를 작위적인 '완결된 체계'의 전제 하에 '경직성'을 선택하여 문제를 도착(倒錯)시킨 것에 불과하다. 말하자면 '체계의 효력(타당성)'(Geltung des Systems)은 외면하고, '체계 내에서의 효력(타당성)'(Geltung im System)[374]만을 주목하는 편집(偏執)의 결론일 뿐이다.

물론, 다소간에 차이가 있지만, 법의 해석이 요구되는 대다수의 법문제들, 특히 이른바 '쉬운 사안'(easy case)들은 법도그마틱에 내장된 이른바 '포섭자동기계'(Subsumtionsautomat)의 가동을 통해 큰 결정부담이 없이 유효한 '법인식원'이 탐색되어서 효율적으로 타당하게 해결되고 있다. 이는 법실무상 대체불가능한 법도그마틱의 법실무효용이다. 하지만 이러한 현상이 법도그마틱의 법해석론상 근본전제들과 법해석방법으로서 법도그마틱의 적확성과 타당성을 증명하는 것은 아니다. 단지 전제의 오류와 도착된 문제인식이 잠복되어 드러나지 않는 것에 불과하다. 이른바 '어려운 사안'(hard case)과 관련하여 법해석의 문제가 제기되는 경우 법도그마틱의 핵심명제인 '논리적 실증성'은 말 그대로 실증적으로 반증되는 바, 즉 법적 안정성 및 가측성과 함께 타당성을 담보하는 '합리적이고

고, 인간의 모든 인식의 최종 목표는 세계를 분명하고 항구적으로 진리인 언술의 폐쇄된 체계 속에서 전체로서 파악하고 그것을 적확하게 기술해 내는 것일 뿐이다.』 "Zur Frage der Wissenschaftlichkeit der Rechtswissenschaft", in: Beiträge zur Juristischen Hermeneutik sowie weitere rechtsphilosophische Abhandlungen, 1984, 121면.

374) 이는 M. Jestaedt가 H. Kelsen의 '순수 법이론'(Reine Rechtslehre)의 핵심명제인 '근본규범'(Grundnorm)을 비판적으로 고찰한 논문의 제목으로 제시한 것을 원용한 것이다. "Geltung des Systems und Geltung im System", in: JZ, 2013, 1009-1021면.

효율적인 법적 결정'으로 주장되는 개념법학의 방법은 '기능부전(不全)'의 상태에 빠질 수밖에 없다.

이른바 '계몽된 법도그마틱'도 적절한 해결책이 될 수는 없다. 개념 또는 개념체계의' 폐쇄성'과 '완결성'을 부분적으로라도 포기하여 불가피한 '개방'의 요청에 부응하려는 것이나, 예컨대 현실이나 결과를 고려하는 방법을 통해 법도그마틱적 '공준'(canon)의 경직성을 완화하여 가변성과 유연성을 보완하려는 시도는 '논리적 실증주의'와 개념분석을 핵심수단으로 하는 '논리적 추론방법'의 기본전제를 부정하는 자가당착일 수밖에 없다. G. Deleuze와 F. Guattari가 개념의 세 가지 특성을 들어 심층적으로 해명한 '개념의 본질'이나 '개념의 개념'의 맥락에서 보면, 개념 및 개념관계로 구성된 체계의 '폐쇄성'과 '자기완결성' 또는 '내적 일관성', 그리고 '경직성'은 '개념'과 '공준'의 내재적인 핵심속성이기 때문이다.[375] 또한 부분적으로 제한된 것이라고 하여도 체계의 '개방'과, 개념 또는 법해석공준의 '유연화'는 이러한 속성들을 전제로 하여 작동되는 기능적 효용, 즉 법적 결정의 '안정성'과 '가측성', 특히 '결정부담경감기능'이 폐기되는 결과로 귀착될 수밖에 없다. 요컨대, 적어도 법해석론의 차원에서

---

375) G. Deleuze/F. Guattari, Qu'est-ce que la philosophie?(1991), 이 정임/윤 정임(역), 철학이란 무엇인가, 1995, 33-35면:
『①개념은 그 역사에 있어서 뿐만 아니라 그의 생성 혹은 현재의 연계들에 있어서도 다른 개념들을 참조한다. 각 개념들은 여러 구성요소들로 되어 있고, 그 구성요소들 역시 낱낱의 개념들로 파악될 수 있다 … ②개념의 특성은 구성요소들을 개념 내에서는 서로 분리될 수 없도록 한다는 것이다. 즉 변별적이며 이질적이긴 하지만 결코 분리될 수 없는 것, 즉 이것이 곧 구성요소들의 규약이며 개념의 일관성(consistance), 즉 내적-일관성(endo-constistance)을 규정한다 … ③각각의 개념들은 자신 고유의 구성요소들을 축적, 응집, 일치시키는 지점으로 간주될 수 있을 것이다. 개념의 접점은 구성요소들을 끊임없이 가로지르며, 그 안에서 오르내린다. 이런 의미에서 각 구성요소는 강조적 특질(trait intensif), 일종의 강조적 세로좌표이다 … 개념에 있어서의 관계들은 내포도 외연도 아닌, 순서에 의한 세로좌표의 관계들이며, 개념의 구성요소들은 상수도 변수도 아닌, 단지 그들의 인접성에 따라 새로 배열된 순수 단순한 변주들(variations)이다 … 개념은, 비록 실체를 빌어 구형되거나 실현되기는 하지만, 비실체적이다. 그러나 개념은 결코 그것이 실현되는 정황과 혼동되지 않는다. 개념은 시-공간의 좌표 대신에 강조적 세로좌표들만을 지닌다. 그것은 에너지가 아니라 강도만을 갖는 비에너지적인 것이다(에너지는 강도가 아니라, 강도가 외면적 정황 속에서 펼쳐졌다 사라지는 방식이다).』

보면 법도그마틱은 기본전제와 접근방법을 계속 유지할 수도 없고, 변형을 통한 적응과 진화도 대안으로 선택할 수 없는 딜레마 상황에 처해 있다. 헌법해석론의 영역에서 이 딜레마 상황이 더욱 부각됨은 물론이다.

그렇다면 앞에서 언급한 '법윤리적 법률학'이 포함되는 것으로 볼 수 있는 '관점론적 해석방법'이 헌법의 '경직성'과 '가변성'을 조화시킬 수 있는 대안으로서 그 가능성과 한계가 검토되어야 한다. 이에 대해서는 앞에서 상론되었거니와, 여기에서는 중언부언을 피하여 헌법해석의 준거로서 '전형상'과 대비되는 '관점'의 본질을 검토하여 '관점론적 해석방법'의 한계를 해명한다.

우선 주목되어야 점은 법해석방법 또는 '법인식원'으로서 법도그마틱의 폐쇄성 및 자기완결성은 '관점론적 해석방법'의 속성이기도 하다는 점이다. 근본적인 '도덕관념'이나 '정의관념' 또는 이들과 연관되는 '가치적 선판단'을 준거로 하는 경우는 물론이고, 존재와 당위의 교차점에 있는 헌법과 헌법현실에 대한 인식을 근거로 하는 경우에도 헌법해석의 요소로서 '관점'도 폐쇄성의 특성을 갖는다. 일견 법개념의 '확정성'이나, '법적인 것과 법 외적 것의 분별', '법과 도덕의 분리', '법해석(자)의 가치중립성' 등과 같은 근본명제를 전제하지 않는 점에서, 법도그마틱의 내재적인 한계, 즉 개방 및 유연화의 가능성과 관련된 한계가 '관점론적 해석방법'에는 해당되지 않는 것으로 여겨질 수 있다. 하지만 헌법해석의 요소로서 '관점'과 Esser가 제시하는 '선이해'가 본질적으로 다르지 않다고 본다면 적어도 '법인식원'으로서 법도그마틱과 '관점'은 폐쇄성의 특성을 공유한다. 다만 '개념의 폐쇄성'이 아니라 '관념의 폐쇄성'이 근원이라는 차이가 있을 뿐이다.

또한 일반적인 인식론의 차원에서 개방을 전제로 '다양한 관점'을 논의하는 것이 아니라, 헌법해석의 요소로서 '특정한 관점'을 주장하는 범주에서 '관점'은 다른 관점과 대립적인 경쟁구도 속에서 근본적으로 주관적인 것일 수밖에 없다. 법도그마틱의 경우 그 타당성은 전적으로 자기준거적인 형식논리를 근거로 한다면, 반면에 '관점'은 궁극적으로 주관적인 정치철학이나 가치적 선판단이 타당성의 근거로 제시될 수밖에 없기 때문이다.

또 한 가지 더 유의해야 하는 점은, 법도그마틱과 '관점론적 해석방법'이 법해석의 과정 속에서 진행되는 사유의 방식에서 차이가 있다는 점이 부인될 수는 없지만, 이는 논리적 형식성과 체계성의 상대적인 차이에 불과하다는 점이다. '관점'을 준거로 하는 이해의 방법도 근본적으로 '개념'을 매개 또는 수단으로 하는 점에서 다르지 않을 뿐더러, 특히 해석의 결론과 그에 따른 결정의 타당성은 궁극적으로 '개념'과 '체계'를 수단으로 하여 논증될 수밖에 없기 때문이다.

반면에, 앞에서 언급한 Lakoff를 다시 인용하면, "공감대를 창조하고, 공유되지 않은 경험의 본성을 전달하는 핵심기술"[376]인 은유, 즉 이른바 '보이는 상상'(visual imaging)의 방법으로 구조화된 '전형상'은 폐쇄된 '개념'과 '관점'에 비해 상대적으로 '경직성'과 '가변성' 또는 '유연성' 간의 조화를 모색할 수 있는 잠재적인 가능성이 더 큰 인식의 수단이라고 할 수 있다. 시각적으로 인식할 수 있는 '구상의 형상'으로서는 물론이고, 관념적인 '추상의 image'로 확보되는 경우에도 은유의 매개로서 '전형상'은 '직관적 통찰'(intuitive insight)의 인식과정 속에서 입체화와 다면화, 다층화 등 다양한 조형의 수단을 통해 필요한 경우에 언제든 '여닫음'을 조절할 수 있는 개방된 인식의 수단이고, 동시에 '형상'의 변형의 통해서 또는 그 대강을 유지하면서 내용에 대한 부분적인 보정과 변경을 통해 새로운 발상과 관념을 수용할 수 있는 탄력적이고 유연한 상상의 수단이기 때문이다.

또한 '관점'과 '개념'은 구별되기는 하지만, 대부분의 개념은 다른 개념의 '관점'에서 단지 부분적으로만 이해된다. 고도의 추상적인 헌법개념의 경우에는 더더욱 그러하다, 따라서 헌법해석론의 관점에서 주목하는 인

376) Lakoff/Johnson, 노 양진/나 익주(역)(Fn.316), 124면.

식수단으로서 '관점'과 '개념'은 언어기호를 매개로 하는 점에서 다르지 않다. 또한 인식주체의 입장과 시각의 조합 또는 인식의 주체와 대상 및 그 환경으로 구성되는 일종의 허구의 '공간개념' 또는 '장소개념'으로서 '관점'은 '개념'과 같은 평면에서, 말하자면 개념정의의 선행단계에서 또한 형성된 개념을 분석하는 후속단계에서 전후방의 관계로만 연관된다. 이는 전통적인 행정법 도그마틱의 해체 또는 완전한 대체까지는 아니더라도 '행정행위' 등의 행정작용의 법적 형식과 그 적법여부의 판단에 초점을 맞추는 전통적인 행정법학방법론, 특히 개념법학의 틀에서 벗어나 문제해결 중심의 새로운 방법론으로 선회하여 행정법 및 행정법학의 개혁을 모색하는 이른바 '신사조 행정법론'[377)]을 비롯한 공법학방법론의 분야에서 새롭게 논의되고 있는 새로운 일종의 특수개념들, 예컨대, '지속가능성', '실행가능성', '혁신', '경제성' 또는 '효율성', '정보', '소통' 등과 같은 '학제 간 융합개념'들[378)]과 같이 '개념'과 '개념의 관점'이 합성된 개념들이라고 할 수 있는 '해식(解式)개념'(Schlüssel-begriff)이나 '가교(架橋)개념'(Brückenbegriff), '접속개념'(Verbundbegriff), '수문(水門)개념'(Schleusenbegriff)들의 경우에도 다르지 않다.[379)] 일반적으로 전통적인 행정법 도그마틱과는 다른 차원 및 맥락에서 논의되고 또한 법도그마틱과 어떤 관계에 있는지 여전히 분명하게 정리되지는 못하였지만, 적어도 종래의 '문언중심적 해석방법'과 '법형식주의'를 고수하는 법도그마틱의 틀 속에서 단순한 행

---

377) 이에 관해서는 G. F. Schuppert, "Verwaltungsrechtswissenschaft als Steuerungswissenschaft", in: W. Hoffmann-Riem/E. Schmitt-Aßmann/G. F. Schuppert(Hg.), Reform des Allgemeinen Verwaltungsrechts, Grundfragen, 1993, 65, 67면 이하.

378) 기존의 법학방법론에 포섭되기 어려운 이 개념들은 행위형식에 초점을 맞추는 적법-위법 이분법의 틀을 벗어나서 문제해결 중심의 새로운 방법론으로 선회한 현대 행정법 및 행정법학에서 새롭게 주목되는 개념들이다. 이에 관해서는 A. Voßkuhle, "Neue Verwaltungsrechtswissenschaft", in: W. Hoffmann-Riem/E. Schmitt-Aßmann/A. Voßkuhle(Hg.), Grundlagen des Verwaltungsrechts, Bd. 1, § 1, Rn. 11.

379) 이 개념들에 대하여 상론한 대표적인 문헌들의 소개는 U. Volkmann(Fn.336), 159면, 주석 4번.

정법해석론의 대상인 '폐쇄된 법개념'으로 접근되는 한에서는 그러하다.[380]

이러한 맥락에서 보면, '관점론적 해석방법'도 본질적으로는 '개념' 또는 '개념의 관점'을 토대로 하는 법인식 및 논증의 방법이라고 할 수 있다. Deleuze를 다시 인용하면, 폐쇄된 체계 속에서 "에너지가 아니라 강도만을 갖는 비에너지적인 것", 말하자면 개방을 통해 역동성과 유연성을 수용할 수 없는, 일종의 '강조적 세로좌표'의 범주에서 제한적으로만 가변적인 '하부개념들의 합성체'라고 할 수 있는 '개념'을 수단으로 하여 인식하고 논증하는 점에서 '관점론적 해석'에서 '관점'도 역동화의 에너지가 함축된 '체적'(體積)을 갖지는 못한다. 요컨대, '관점론적 해석방법도' 법도그마틱과 마찬가지로 단선적인 또는 평면적인 2차원의 인식방법으로서 '경직성'과 '가변성'의 조화의 요청에 부응하기 어려운 폐쇄적인 인식방법의 범주에 속한다고 할 수 있다.

---

380) 다만, 이 개념들은 '행정행위'의 '합법성통제'에 초점을 맞추는 전통적인 행정법 도그마틱의 접근방법과는 다른 맥락, 즉 조직과 절차를 통한 행정의 제어, 공법과 사법을 포괄하고 또한 실증적인 인접사회과학에 대하여 적극적으로 개방된 입장을 취하는 'good governance' 차원의 논의나, 이른바 '보장국가'의 명제와 관련하여 행정과정의 투명성, 효율성, 공론수렴을 통한 결정, 정책수용성의 극대화 등을 추구하는 '신사조 행정법론'에서 주목하는 행정에 대한 조정과 제어, 즉 '조종'(Steuerung)의 관점에서 사용되는 용어들이다. 이러한 맥락에서 이 개념들은 전통적인 행정법학방법론과 상호보완관계 속에서 그 기능적 한계를 극복하는 차원에서 새로운 행정법 및 행정법학의 페러다임을 구성하는데 유용한 단서로 주목된다. 이에 관한 상론으로는 김 성수, "독일 신사조 행정법학의 실천분야와 보장국가론", 토지공법연구 제78권(2017), 145-168면; "독일의 신사조행정법학 사반세기 - 평가와 전망", 강원법학, 제51권(2017), 321-353면; 이 원우(Fn.282), 83-112면; J. F. Linder, "Verfassungsrechtliche Rahmenbedingungen einer ökonomischen Theorie des Öffentlichen Rechts", in: JZ, 2008, 957면.
아무튼 이 용어들의 본질은 전통적인 공법의 '법학적 방법'으로 분석되는 '개념'이라기보다는 오히려 일종의 새로운 방법론의 지평에서 '행정법(학)의 전형상'을 토대로 하는 '조종학' 또는 '제어학'으로서 행정법학의 기능과 역할 또는 이에 대한 '관점'을 포착하는 새로운 이론적 구상 및 학제 간의 협력을 통한 기능적 접근방법과 연관되는 일종의 '은유적 개념'이다. 이에 관해서는 S. Baer(Fn. 320), 225-228면. 법도그마틱과 '조종학들'의 관계에 대해서는 B. Grzeszick, "Steuert die Dogmatik?", in: G. Kirchhof/S. Magen/K. Schneider(Hg.)(Fn.222), 97-109면.

(2) 객관성 및 타당성 – '암묵적 지식'(tacit knowledge)

'논리적 실증주의'를 토대로 하는 전통적인 법도그마틱의 한계는 그 대체불가능한 특유한 효용만큼이나 분명하다. 그 핵심수단인 '체계사용'(Systemnutzung)과 논리적인 언어기호 또는 개념의 분석을 통해 객관적인 타당성, 즉 '정당성'(legitimacy)은 물론이고, 법해석론상 자신만이 확보할 수 있는 것으로 주장하는 인식 또는 이해의 '실증성'도 담보할 수 없다는 점은 재론의 여지가 없다. 법문의 '확정성' 및 '법=법률'의 전제하에 추구되는 '합법성'(legality)의 너머에 대한 관심과, '합법성'에 의해 포섭되는 것으로 상정되는 '정당성'의 문제는 법해석론상 원천적으로 배제되고, 언어기호에 대한 어의학적 작업을 통해 확보되는 '실증성'도 자연과학적 실증성, 즉 경험과 관측 또는 실험을 통해 객관적으로 증명되고 검증되는 보편적 타당성과는 거리가 먼 일종의 '사이비 실증성'에 불과하다.[381] 논리적 일관성과 정합성이라는 형식적 조건은 '객관성'의 여러 조건들 중에 하나에 불과하다.

객관성의 유형을 그 준거에 따라, 즉 '관념으로부터 독립성', '특정한 정확성', '보편적인 적용가능성' 등의 조건을 충족하는 '존재론적 객관성'(ontological objectivity), '간주관적인 인식의 공유가능성'과 '불편부당성'을 조건으로 하는 '인식론적 객관성'(epistemic objectivity), 그리고 '절대적인 진리'의 확인을 조건으로 하는 '어의학적 객관성'(semantic objectivity) 등 세 가지로 분류하여 본다면, '논리적 실증성'은, 물리학에서 조차 이미 부정되고 있지만, 적어도 자연과학이 지향하는 수준에서의 '존재론적 객관성'은 물론이고 또한 근본전제가 다른 점에서 '인식론적 객관성'도 담보할 수 없다. 결국 '어의학적 객관성'과만 연결될 수 있을 뿐이다. 본질적으로 존재성과 당위성이 교착되어 있는 법에서 탐색되는 이른바 '법의

381) 법학방법론상 법문의 한계와 관련하여, 특히 규범성과 언어의 의미파악의 객관성의 관계에 대한 상론은 M. Klatt, Theorie der Wortlautgrenze, 2003, 115-217면; R. Christensen, Was heißt Gesetzesbindung?, 1989, 66-181면.

진리'(truth of law)가 '정치적 구상의 산물'(product of a political vision)에 불과한 것으로 볼 수 있는지, 적어도 일반적으로 그러한지에 대해서는 판단은 보류하더라도 그것이 '어의학적 객관성'만으로 귀착될 수 없다는 점은 분명하다.

'도덕(감)연관성'과 '이데올로기 감염성'이 강한 헌법 및 헌법해석에서 이러한 순수한 '논리적 실증성'이 더더욱 제한적인 의미를 가질 수밖에 없는 것은 물론이다. 전술한 바와 같이, '헌법도그마틱'을 일종의 '형용모순'이라고 할 수 있는 것은 헌법텍스트, 즉 도그마틱의 독서법을 통한 이해의 대상으로 주어지는 이른바 '보이는 헌법'의 존재양태, 말하자면 헌법문언의 불확정성과 도그마틱의 방법으로 포착될 수 없는 불문의 헌법, 즉 Tribe가 제시한 '보이지 않는 헌법'(invisible constitution)이 교착되어 있는 헌법의 특수한 구조 때문이기도 하다.

이러한 맥락에서, '어의학적 객관성'만을 집착하는 법도그마틱의 방법론적 오류, 말하자면 인식의 방법 또는 수단에 의해서 그 대상의 본질과 구조가 선결되는 이른바 '도구결정주의'에 대한 A. Maslow의 은유적 비판, 즉 "망치(hammer)만을 갖고 있는 경우 모든 것을 마치 못(nail)인 것처럼 취급하게 된다"[382]는 예지(叡智)는 헌법해석론에서 더더욱 주목된다. 일반적인 법해석론에서도 그러하지만, 특히 헌법해석론상 법도그마틱의 특유한 역할과 기능적 효용을 인정하더라도, 그것을 유일한 또는 주된 헌법해석방법으로 인정할 수 없는 것은 바로 헌법의 존재양태와 헌법해석작업에 대한 무리한 단정과 편협한 이해, 즉 '보이지 않는 헌법'을 보지 못하고 헌법텍스트와 헌법규범을 동일시하는 것은 근본적인 '존재론적 오류'(ontological fallacy)이다. 단순히 "헌법의 의미를 발견하는 소극적인 과정"(passive process of discovering constitutional meaning)이 아니라 "헌법의 의미를 구성하는 적극적인 과정"(active process of constructing constitutional meaning)[383]인 헌법해석작업의 본질과 헌법해석의 '전후에 복잡

382) A. Maslow, The Psychology of Science: A Reconnaissance, 1966, 15면.

383) L. H. Tribe, "Comment", in: A. Scalia(ed.), A Matter of Interpretation: Federal

하게 얽혀 있는 부분'(complicated back and forth)[384]을 간과하고 과도한 과학성과 실증성에 집착하는 것 또한 '인식론적 오류'(epistemological fallacy)이다.

Tribe는 "헌법은 동사이지, 명사가 아니다"(The Constitution is a verb, not a noun)라는 함축적인 은유를 다시 사려 깊은 은유를 통해 해명해준다. 그에 따르면 헌법의 의미에 대한 토론, 즉 헌법해석은 "어떤 궁극적인 헌법적 진리의 비밀을 열어주는, 오래 전에 잃어버린 열쇠를 찾는 것"이 아니라 '헌법의 이야기'(constitutional narrative)를 만들어 나가는 작업, 즉 "일종의 미결의 사업 속에서 삽화들(episodes in an unsettled enterprise)들을 계속 더해 나가는" 동태적인 과정이다.[385] 또한 헌법언어에 대하여 집요하게 탐구해온 F. Schauer가 명쾌하게 단정한 바와 같이, 헌법해석의 매개이고 소재인 헌법언어와 헌법텍스트는 "헌법해석을 '제한'(limit)하기

Courts and the Law, 1998, 71면.

384) L. H. Tribe(Fn.383), 72면. '헌법해석과 얽혀 있는 전후'는 헌법이론과 도덕철학이나 정치(철)학을 비롯한 인접학문들과의 연관성의 측면을 넘어서, 헌법재판소나 법원과 함께 중요한 헌법해석의 주체인 대통령이나, 의회 등을 비롯하여 이른바 '대중적 헌법주의'(popular constitutionalism)에서 강조하는 바, 즉 모든 시민들이 참여하는 '국가의 집합적인 서사'(nation's collective narrative)의 맥락과 연관되는 전후방의 의미도 포함된다. 이에 관해서는 L. H. Tribe(Fn. 354), 28-29면. 종래 헌법이론이 초점을 맞추어 왔던 민주적 다수의 권위에 대한 헌법의 제약들을 정당화하는 문제와는 방향이 다른 질문, 즉 "정치적으로 결정권을 부여받은 다수가 왜 그들이 정치적으로 성취할 수 있는 것들에 대한 법적 제약들에 복종하는 선택을 하는가?"라는 적극적인 문제에도 관심을 가질 것을 촉구하면서, 헌법이 '정치게임'(political game)의 규칙으로 기능하기 위해서는 자신이 '정치게임이 되는 것'(*becoming* the political game)은 피해야만 하되 정치의 바깥에 머무는 것만으로는 성공할 수 없으며, 오히려 헌법이 '양피지문서'(parchment) 이상의 어떤 것이 되기 위해서는 사회적, 정치적 지지가 필수적이라고 하는 것도 헌법 및 헌법해석과 정치의 밀접한 연관성을 강조하는 것인 점에서 같은 맥락에서 주목된다. D. J. Levinson, "Parchment and Politics: The Positive Puzzle of Constitutional Commitment", in: Harvard Law Review, Vol. 124(2011), 657-746면.

385) L. H. Tribe(Fn.354), 24면. '헌법이 현재형의 동사'(Constitution *is* a ongoing verb)라는 점을 강조하면서 Tribe가 덧붙인 기술은 되새겨봄직 하다:
『헌법은 우리가 법원에서, 국회의사당에서, 백악관에서, 거리에서, 학문연구 속에서, 그리고 기타 현장들에서 수행하는 '창조와 재창조의 계속적인 행위'(an ongoing act of creation and re-creation)다.』

는 하지만, '명령'(command)하지는 않는다." 헌법의 언어는 헌법해석의 '출발점'(starting point)이기는 하지만 헌법적 결정에 이르는 노정을 구체적으로 안내해주는 것은 별로 없다.[386] 요컨대, '궁극의 헌법적 진리는 없다'는 것이야말로 헌법해석론에서 유일하게 성립되는 진리명제이다.

'헌법=동사'의 명제와 연관하여 헌법해석의 객관성의 관점에서 보면, 개인의 주관적인 '가치적 선판단'이 결정적인 요소로 적용되는 '관점론적 해석방법'도 법도그마틱의 '폐쇄된 체계' 대신에 특정한 '폐쇄된 관점'을 제시하는 것인 점에서 관점들 간의 '개방된 경쟁'의 결과 외에 자체적으로 객관적인 타당성을 판정할 수 있는 근거를 주장할 수는 없다. '논리적 실증성'은 — 적어도 작위적으로 설정된 '폐쇄체계' 내에서는 — 정합성과 일관성을 가지며, 이를 통해 법적 안정성 및 가측성과 함께 부분적으로나마 객관적 타당성을 담보한다. 반면에 오히려 해석자 개인의 경험과 가치관, 다분히 직관적인 통찰과 이들에 의해 선규정되는 특정한 '도덕감'이나 '정의관념'에 의존되는 특정한 '관점'은 '자의식'(self-consciousness) 또는 '자기이해'에 정신적 요소를 초치하는 일종의 '낭만주의적 관점'일 수밖에 없다.

도덕적인 근본결정 및 이와 연관되는 정치적, 법적 문제들에 대하여 '단 하나의 정확한 답'(only one right answer), 즉 객관적으로 타당한 답이 선재하는지, 있다면 그것을 찾아내고 표현 및 소통할 수 있는 유효한 방법은 무엇인가 하는 것은 인식론의 차원에서 '언어와 진리의 관계'에 대하여 대립되는 두 가지 기본접근, 즉 '객관주의'와 '주관주의'의 근본적인 쟁점과 연관되는 논제이다.[387] 하지만 헌법해석은 전적으로 기계적인 작

---

386) F. Schauer, "An Essay on Constitutional Language", in: UCLA Law Review, Vol. 29 (1982), 824, 830면.

387) 언어와 진리, 의미와 이해 등 기본논제와 관련하여 대립되는 객관주의와 주관주의의 입장은 다음과 기본명제들로 정리될 수 있다:
『객관주의 - ① 진리는 낱말을 세계에 합치시키는 문제이다. ② 의미는 인간의 이해와 상관없이 객관적이며 탈신체화되어 있다. ③ 문장은 본유적 구조를 갖는 추상적 대상이다. ④ 문장의 의미는 부분들의 의미와 문장의 구조에 의해 주어진다. ⑤ 의사

업은 아니지만, 그렇다고 해서 무제약의 자유재량적 작업도 아니다. '일단의 근본적인 규칙들과 표준들(a set of foundational rules and standards)만이 아니고 '일종의 정치적 논증의 양식'(a style of political argument) 또는 '정치적 논증을 위한 문법'(a grammar for political argument)이기도 한 헌법의 언어와, 도덕의 언어 및 정치적 담론 형식의 언어, 그리고 이 언어들을 매개로 한 세 가지 '논증의 언어게임들'(language games of argument)은 동일한 것은 아니다. 하지만 구별될 뿐 단절되어 있지 아니하고, '상호 침투하는'(interpenetrating) 관계에 있다.[388] 도덕 및 정치의 언어와 연관되고, 그렇기 때문에 규칙 자체가 유동적이고 정연하지 않은 '언어게임'의 맥락에서 수행되는 헌법해석은 객관적 요소와 주관적 요소들이 융합되어 수행되는 "독자와 (불행하게도 document가 아닌!) 텍스트 간의 역동적인 상호작용"(dynamic interaction between reader and text)[389]을 통해서 헌법규범

소통은 화자가 확정된 의미를 지닌 메시지를 전달하는 문제이다. 주관주의 - ① 의미는 사적이다. ② 경험은 순수하게 전체론적(holistic)이다. ③ 의미는 자연적 구조를 갖지 않는다: 개인에게 있어서 의미는 개인적 느낌과 경험, 직관, 가치의 문제이다. ④ 맥락은 구조화될 수 없다. ⑤ 의미는 자연스럽게 또는 적절하게 표상될 수 없다: 의미는 결코 타인에게 완전하게 전달될 수 없다.』 G. Lakoff/M. Johnson, 노양진/나 익주(역)(Fn. 316), 320, 356-357면.

388) J. M. Balkin/S. Levinson, "Constitutional Grammar", in: Texas Law Review, Vol. 72 (1994), 1782-1784면. J. Greene, "The Supreme Court 2017 Term Foreword: Rights as Trumps?", in: Harvard Law Review, Vol. 132(2018), 33면.

389) O. M. Fiss(Fn.294), 739면. Fiss가 제시하는 '해석자를 제약하는'(constrain the interpreter) 규칙의 기능과 관련하여, S. Fish는 '하나의 다양하게 해석될 수 있는 텍스트'(a variously interpretable text)와 '자유롭게 해석할 수 있는 독자'(an interpretively free reader)를 상정하는 경우 불가피한 법해석론의 근본적인 딜레마를 벗어나기 위해서는 규칙들이 역사학자들이 '해석을 필요로 하는 어떤 것'으로서 'text'와 구별하는 '문서'(document), 말하자면 '기록 자체에 특정한 의미가 내장된 어떤 것'이어야만 하는데, 유감스럽게도 규칙들은 'document'가 아니라 'text'라는 점을 지적한다. 즉 일반적인 형식의 규칙에만 초점을 맞추어 '규율하는 규칙'(disciplining rule)을 제시하지만, 정작 이 규칙 자체가 해석의 산물이라는 점을 간과하고 있다고 비판한다. 이에 관해서는 S. Fish, "Fish v. Fiss", in: Stanford Law Review, Vol. 36(1984), 1325-1332면.
이어서 상론하는 인식론상 '객관주의'와 '주관주의' 간의 철학적 논쟁과 연관되는 이러한 논의는 일반적인 법해석론에서도 그러하지만, 특히 'document'의 형식성이 가장 농후하지만 또는 그럼에도 불구하고 상대적으로 역사의 맥락 속에서 해석되어야 하는, 즉 'document'가 아닌 'text'의 특성이 가장 강한 헌법텍스트를 소재

을 확보하는 인식 또는 이해작업이다. 자신의 경험과 언어를 주관적으로 이해하는 해석자의 정치경제적 구상이나 가치관 및 세계관과 무관한 헌법해석은 있을 수 없다.

이러한 점에서 도덕과 정치 또는 정책과의 교섭 속에서 경쟁하는 가치 또는 원칙들을 형량하여 그 자체가 유동적인 '헌법의 문법'(constitutional grammar)에 의거하여 '정당성'(legitimacy)의 준거를 찾는 헌법해석론의 영역에서 절대적인 객관성, 즉 '존재론적 객관성'은 상정될 수 없다. 특히 기본권해석에서 부각되는 바, 상충되는 가치개념 및 개념체계들이 해석의 대상으로 주어지는 경우에 필연적으로 객관성은 상대화될 수밖에 없다. 해석주체의 정의와 도덕에 대한 직관들, 즉 '정의관념'이나 '도덕감', '법감정' 등과 완전히 이격된 일종의 순수한 '이성적 객관성'은 확보될 수 없다. 적어도 언어형식으로 명징하게 사유되고 논증될 수 없다. 명징한 사유와 논증을 기대할 수 없는 점에서 '헌법적 서사'(constitutional narrative)의 관념이 일종의 '대화종결장치'(conversation-stopper)나 또는 헌법문제들이나 헌법의 의미에 대한 이견에 대하여 명확한 답을 제공하는 algorithm을 거의 제공하지 못하기는 하지만, 이는 헌법 및 헌법해석의 흠결이 아니다.[390] 오히려 가장 중요한 '국가적 대화들'(national conversations)을 조직하고 또한 권리와 역사에 대한 토론에 '근본적인 언어와 틀'(the primary language and framework)을 제공하는 헌법과, '문화와 정치 및 법 간의 역동적인 상호작용'(dynamic interplay among cultures, politics, and laws)을 통해 헌법의 언어에 담겨져 있는 의미를 새롭게 창조하고 진보의 동인을 살려나가는 헌법해석에 내장된 '대화기제'의 일면이다.[391]

철학의 논제로서 '객관성'을 '옳은 것으로 보이는 것'과 '옳은 것'의 관계를 준거로 하여 네 가지 범주, 즉 판단의 주체에게 옳은 것으로 여겨지

로 하는 헌법해석론에서 그 맥락을 되짚어봄직한 것으로 생각된다.

390) L. H. Tribe(Fn.354), 22, 24면.

391) L. H. Tribe(Fn.354), 22면.

는 것을 옳은 것으로 간주하는 '주관주의'(subjectivism), 공동체 차원에서 옳은 것으로 여겨지는 것을 준거로 하는 '최소한의 객관주의'(minimal objectivism), 일정한 적정한 또는 이상적인 조건 하에서 옳은 것으로 보이는 것을 옳은 것으로 간주하는 '절제된 객관주의'(modest objectivism) 및 옳은 것으로 보이는 것과 옳은 것을 준별하는 '강한 객관주의'(strong objectivism)로 구별하는 관점에서 보면,392) 법해석론에서, 특히 헌법해석에서 추구하는 객관성 또는 확정성은 적어도 '주관주의'와 '강한 객관주의'에 따른 객관성과는 거리가 멀고, '최소한의 객관주의' 또는 '절제된 객관주의'에 따른 객관성 또는 이 둘 사이의 어떤 중간지점, 말하자면 '대화종결'이 아니라 '대화계속'의 가능성과 필요성을 긍정하는 범주에서의 객관성일 수밖에 없을 것이다.

K. Greenawalt가 단언하는 바와 같이, 법적 개념을 구성하는 언어의 의미는 항상 언어의 사용 또는 언어를 통한 소통의 과정 속에서 '사회적 이해'와 '배후의 전제들' 및 '사용의 상황'에 의해 결정된다.393) 적어도 헌법해석론이 지향하는 '이성적인 객관성'은 '강한 객관주의'에 따른 것일 수도 없고, 또 한편 어떤 외적 제약도 없는 상태에서 전적으로 해석주체의 주관적인 판단에 맡겨질 수도 없다. 그렇다면 헌법해석론에서 '객관성' 및 '타당성'의 명제는 인식 또는 지식의 문제든, 가치판단의 문제든 '문법'에 대한 다소간의 비판적인 공유를 전제로 하되, 오롯이 해석자의 주관적인 편견의 지양(止揚)과 극복에 대한 요청과 연관되는 한에서만 의미를 갖는다.

결국 관건은 '절대적인 타당성'을 의미하는 '이성적 객관성'이 불가능하다는 것을 인정하는 전제 하에 이른바 '구체적인 반성'(concrete reflection),394)

392) B. Leiter, B. Leiter, "Objectivity and the Problems of Jurisprudence", in: Texas Law Review, Vol. 72(1993), 192면.

393) K. Greenawalt, Law and Objectivity, 1992, 43면.

394) D. E. Marietta Jr., Beyond Certainty A Phenomenological Approach to Moral Reflection, 2004, 75면.

즉 현실 세계 속에서 자신의 삶의 경험과 연관하여 지식과 도덕적 명제의 의미를 끝없이 되새기는 '현상학적인 자기반성'의 개방된 태도이다. 과학적인 '앎'의 추구에서 겸손 및 절제의 태도를 요구하는 것으로 이해되는 바, M. Polanyi가 제시하는 '암묵적 지식'의 명제는 일종의 '헌법의 진리'를 탐색하는 헌법해석작업에서도 우리가 취할 수 있는 접근방법과 그 한계, 그리고 우리가 추구하고 기대할 수 있는 객관성의 양태에 대한 적확한 해명으로 생각된다:

『지식을 소유하는 것은 발견될 무엇인가가 있다는 확신을 가지고 헌신하는 행위이다. 또한 그것은 지식을 소유한 사람의 인격적 측면이 포함된다는 의미도 있으며 어떤 의미에서 보면 대체로 고독한 측면도 포함된다. 하지만 지식의 추구가 개인적인 측면을 지닌다고 해서 자의적이라는 뜻은 아니다. 오히려 숨겨진 진리를 드러내려는 발견자에게는 그것을 밝히기 위한 노력이 요구된다는 점에서 막중한 책임감이 수반된다 … 과학에 종사하면서 자신이 지니고 있는 주관적 요인을 객관적으로 전달할 수 없기 때문에 그것을 언어로 형식화할 수 없다. 명시적 언어로 표현하려고 시도하는 것은 탐구주제를 파괴하면서 언어적 명징성만을 고집하는 것이다. 그것은 곧 과학철학에서 실증주의 운동의 실패를 입증하는 것이다.』[395]

그렇다면 결국 남는 과제는 '헌법텍스트와 해석자 간의 역동적인 상호작용' 속에서 객관성과 주관성에 대한 변증법적인 지양을 통해 가능한 한

---

395) M. Polanyi, 김 정래(역)(Fn.137), 55면. 법적 결정, 특히 '법적 추론'(legal reasoning)과 관련하여 인식론의 측면에서 '암묵적 지식'에 대한 논의는 S. L. Winter(Fn. 318), 3-6면. L. H. Tribe는 헌법을 우리의 눈에 빛이 도달하기 훨씬 이전에 '보이지 않는 블랙홀들'(invisible black holes) 속으로 스러져간 '초신성'(supernovae)에 비유하여, 오래 전에 지워졌거나 변형된 헌법텍스트 속의 헌법규정들에서 바람직한 미래의 모습을 그려내야만 하는 헌법해석의 과제와 함께 통치규칙의 형성을 규율하는 이른바 '보이지 않는 구조들'(invisible structures)을 제시하면서 이를 보수주의자나 진보주의자든 공히 받아들일 수밖에 없는 '헌법적 계획'(constitutional plan)의 "암묵적인 전제조건들"(tacit postulates)로 설명하고 있다. L. H. Tribe(Fn.354), 73면.

상대적으로 더 적확한 해석방법을 모색하는 것이다. 전통적인 법도그마틱에서 '논리적 실증성'의 명제로 표현되는 바, 즉 법세계에서의 일종의 '객관주의의 신화'와 헌법해석작업의 복합적인 상호작용성을 간과하고 다분히 인식 또는 이해의 내적 측면만을 주목하는 '관점론적 해석방법'의 '주관주의의 낭만적인 입장'에서 벗어나는 것이 그 출발점임은 물론이다. 전술한 내용은 바로 이 점에 대한 해명에 초점을 맞춘 것이고, 다음의 논의는 '전형상'이 다분히 주관적인 은유에 수반되는 자의적인 편견을 극복하고, 동시에 합리적인 객관성 또는 객관적인 타당성을 확보할 수 있는 헌법해석의 준거로 적용될 수 있는 기능적 효용과 그 한계의 문제를 검토하는 것이다.

앞에서 일종의 은유적 인식 및 소통의 수단으로서 '전형상'의 본질과 기능을 논의하였거니와, 여기에서는 '전형상'을 이른바 '체험적 은유'의 핵심요소라고 할 수 있는 '형태'(Gestalt)로 보는 입장에서, 가치적 공감대를 창출하고, 공유되지 않는 경험을 전달하고, 소통의 상호작용을 통해 의미를 절충하고, 이러한 과정을 통해 새로운 실재를 형성해나가는 역동적 기제로서 그 특유한 기능적 효용을 해명한다. '형태'의 기능을 주목하는 이른바 '체험주의적 대안'은 은유를 경험을 이해하고 언어의 의미를 탐색하고 소통하기 위한 가장 기본적인 기제(機制)로 보는 입장에서 제시된다. 이 대안은 언어에 대한 이해와 의미의 소통에 대한 객관주의적 해명과 함께, 근본적으로 개인의 주관적인 '자의성'(恣意性)의 한계를 벗어날 수 없는 또는 좀 더 정확하게 말하면 이 한계를 벗어날 수 없다고 전제하는 주관주의의 입장을 동시에 부정하면서 다음과 같은 근본적인 반대명제들을 제시한다:

객관주의에 대해서는 -『① 대상은 오직 우리와 세계 간의 상호작용과 세계에 대한 우리의 투사에 상대적인 개체로만 보아야 한다. ② 속성은 본유적인 것이 아니라 상호작용적인 것으로 보아야 한다. ③ 범주는 집합이론을 통해서 확고하게 고정 및 정의되는 것이 아니라 원형에 의해서 정의되는 체험적인 '형태'로 보아야 한다.』396)

주관주의에 대해서는 - 『① 개인의 주관적인 경험도 자연적 구조를 가질 수 있다. ② 의미와 진리는 언어와 개념체계에 따라 외적으로 제약될 수 있다. ③ 의미의 완전한 전달 또는 소통은 불가능하지만, 공유되지 않은 경험을 부분적으로 전달하는 것은 은유의 방식을 통해 가능하다』.397)

이러한 반명제들은 언어를 매개로 하는 법해석론, 특히 헌법해석방법론에도 그대로 적용될 수 있다. 인식론의 차원에서 엄격한 의미의 객관주의와 주관주의가 모두 선택될 수 없는 상황은 헌법해석론의 경우에도 다르지 않기 때문이다. 헌법해석의 준거로서 '전형상'을 은유적으로 구조화된 '체험적 형태'라고 본다면, 이 기제를 활용하는 헌법해석방법은 적어도 일면 객관주의를 토대로 하는 법도그마틱, 타면 주관주의와 연관된 '관점론적 헌법해석'의 방법에 비해 상대적으로 좀 더 객관적 타당성을 확보할 수 있는 잠재적 효용을 내포하고 있다. '전형상'이 반복적인 경험과 의미의 전달 또는 가치적 공감의 기억들이 집적되고 응축되는 과정을 통해 형성되는 일종의 '조형(造形)의 범주'에 속하고 또한 시공간의 환경과 상호작용을 통한 계속적인 변형의 과정을 거쳐 다소간에 실체적 차원의 내용으로 구성되어 제공되는 '형태'라고 보면, 은유의 매개 또는 대상으로서 '전형상'은 헌법해석론상 객관주의와 주관주의의 동기가 되는 관심을 충족시키는 단순한 절충적 종합 이상의 관점을 제시한다. 특히 공동체생활의 가치적 공감대로서 일종의 '문화규범'이고, '생활규범'으로서 특성을 갖는 헌법의 해석에서 본질적인 요소로 전제되는 '자기이해'와 '상호이해', '정치현상에 대한 이해' 등과 관련하여 보다 객관적인 접근을 가능하게 만드는 풍부한 관점들을 제공해준다.398)

396) G. Lakoff/M. Johnson, 노 양진/나 익주(역)(Fn.316), 338면.
397) G. Lakoff/M. Johnson, 노 양진/나 익주(역)(Fn.316), 357면.
398) G. Lakoff/M. Johnson, 노 양진/나 익주(역)(Fn.316), 364면.

은유의 방식으로서 ‘전형상’이 제공하는 이러한 관점들은, 전술한 바와 같이, 헌법의 해석에 특히 부각되는 ‘경직성과 가변성 간의 조화’의 요청과 관련해서 적절한 준거로 활용될 수 있을 뿐만 아니라, ‘전형상’은 추상적인 헌법상 원리와 그것이 구체화된 제도들 또는 헌법텍스트와 그 적용 간의 ‘중간층’(Zwischenschicht)399)의 추상성을 갖는, 말하자면 다소간에 유연화될 수 있는 구체적인 준거를 내포하기 때문에 궁극적으로 헌법해석상 객관성의 제고로 연결되는 개방화와 이를 통한 역동화에도 유용하다. 헌법해석은 상시적인 변화 속에서 일면 구체적인 현실 또는 헌법문제를 포착하고, 타면 공동체 구성원들의 집합적인 기억과 역사의식 및 이들을 토대로 하여 형성된 ‘질서관념’ 또는 ‘정의관념’ 등을 수렴하여 헌법을 구체화하는 작업인 점에서 헌법해석론상 개방의 명제는 주어진 현실에 대한 공시적 차원의 개방과 함께 통시적인 차원에서의 개방도 요구한다.

(3) 불확정성 및 자의성(恣意性)

‘전형상 준거 헌법해석’에 초점을 맞추어 본 헌법해석방법론에서 은유의 기능적 효용, 특히 헌법의 해석과 그에 따른 헌법적 판단의 다소간의 객관성을 담보하는 기능은 잠재적인 것일 뿐이다. 예컨대, 독일 연방헌법재판소는 ‘전형상’을 해석요소로 고려하면서 그 근거로 흔히 “근본적인 형량들”(grundsätzliche Erwägungen), “선헌법적인 전체형상”(vorverfassungsrechtliches Gesamtbild) 또는 세밀하게 해명되지 않은 헌법규정들에 대한 ‘전체적인 조망’(Gesamtschau) 등을 제시하여 ‘전형상’을 ‘자명한 것’ 또는 ‘논리적으로 해명될 수 없는 직관의 결과’로 전제하고 있다.400) 특히 ‘선거콤퓨터’에 대한 결정에서 ‘공화국’의 개념에 대한 다양한 정의들에 대한 세

399) P. Lerche, “Stil und Methode der verfassungsrechtlichen Entscheidungspraxis”, in: FS 50 Jahre Bundesverfassungsgericht, Bd. I, 2001, 343면 이하.

400) 예컨대 BVerfGE 2, 1(13); 2. 380(403); 39, 1(45); 119, 96(137). ‘선헌법적 전체형상’에 대해서는 F. Müller/R. Christensen, Juristische Methodik, Bd. I, Grundlagen Öffentliches Recht, 8. Aufl., 2002, Rn. 389-390.

밀한 논의를 생략한 채, 종래 휴면상태에 있었던 '공화국'의 헌법원리를 근거로 하여 선거의 새로운 '전형상'을 모색한 시도도 같은 맥락에서 비판되고 있다.401)

이러한 경향과 함께, 사회현실과의 상시적인 교섭을 통해 형성되어 나가는 은유의 개방성도 헌법의 '규범성' 또는 헌법해석의 '가측성'을 해치는 요인이 될 수 있다. 은유의 구성과 적용의 과정에 현실에 대한 인식과 이와 관련된 윤리적, 도덕적 요소들이 반영되지만, 반대로 은유는 자신이 인식의 지침과 준거를 제공해야 하는 사태와 생활영역의 '소여성'에 의존될 수밖에 없기 때문에 은유를 기반으로 하는 헌법해석은 '임의성' 및 그에 따른 헌법의 '규범성'의 약화의 위험을 수반하게 된다. 헌법해석의 준거로서 은유는 언제든지 헌법의 문언이나 헌법제정자의 의도를 외면할 수 있고, 다만 이들이 은유를 통해 갖게 되는 관점이나 상념에 따른 헌법적 판단에 부합되는 논증의 요소로 중요한 의미를 갖는 한에서만 수용하는 경우에 그 결과는 항상 구체적인 상황에 따라 다를 수 있고, 따라서 '가측성'을 기대하기 어렵다.

또 한편 은유에 따른 이해나 평가를 지나치게 이상적인 것으로 설정하는 경우에 또는 지나치게 현실만을 주목하는 경우에 그에 따른 해석의 결과는 헌법해석의 기본지침, 즉 능동적인 '헌법실현'의 관점에서 강조되는 사회통합과 헌법의 규범적 효력의 요청에 부합되기 어려운 법 외적인 역효과를 야기한다. 전자의 경우와 관련된 예로는 정치현실과 거리가 먼 의회 또는 의정활동의 모습을 전제로 한 C. Schmitt식의 '의회주의비판'을 들 수 있다.402) 이러한 지나치게 이상적인 '전형상'은 의회를 중심으로 하는 정치과정과 민주적 제도들에 대한 신뢰를 해치고, 국가와 정치에

---

401) U. Volkmann, "Rechtsgewinnung aus Bildern – Beobachtungen über den Einfluß dirigierender Hintergrundvorstellungen auf die Auslegung des heutigen Verfassungsrechts", in: J. Krüper/H. Merten/M. Morlok(Hg.), An den Grenzen der Rechtsdogmatik, 2010, 88-89면.

402) C. Schmitt, Die geistesgeschichtliche Lage des heutigen Parlamentarismus, 8. Aufl. 1996, 46면 이하.

대한 혐오만을 불러일으켜서 궁극적으로는 민주주의 정당성 자체에 대한 근본적인 회의를 초래하게 된다. 후자의 경우는 우리 헌법재판소가 정당의 개념징표를 제시하면서 전제로 한 것으로 여겨지는 정당의 '전형상'에서 유사한 문제점이 분명하게 드러난다. '목적과 조직 및 활동의 민주성'과 '정치적 의사형성에 필요한 조직'만을 정당개념의 징표로 규정하고 있는 헌법규정(제8조 제2항)에 대한 논의는 완전히 생략한 채, 대체로 양당체제의 정당구도로 지속되어 온 정치현실에 집착하여 군소정당이나 지역정당이 포섭될 수 없는 정당의 '전형상'을 준거로 정당의 개념정의를 시도한 것은 일종의 편집(偏執的)의 '합현실적 헌법해석', 말하자면 헌법규범을 정치현실에 억지로 끼워 맞춘 '견강부회'(牽强附會)에 불과하기 때문이다.

전술한 바와 같이 은유의 특성에서 비롯되는 것이거니와, '전형상 준거 헌법해석방법'의 불확실성, 임의성, 불가측성 등은 은유의 구체적인 활용 및 적용에 항상 잠재되어 있는 일반적인 위험이다. 현실에 대하여 '개방된 형태'로 주어지고 또한 일종의 '주관적인 관점'의 범주에 속하는 헌법해석의 요소로서 은유의 구조적·기능적 특성에 기인되는 것이기 때문이다. 예컨대, '전형상' 구성의 준거로 제시되는 "근본적인 형량들"이나 "선헌법적인 전체형상" 등은 그 층위와 포섭의 지평이 다르기는 하지만, 본질적으로 다분히 직관에 따른 주관적인 '관점'과 같은 범주에 속하기 때문에 '자의성'(恣意性)의 위험성을 공유한다. 또한 관련된 헌법규정들에 대한 '전체적인 조망'(Gesamtschau)도 광의의 체계적 해석방법에 따른 결과로 확보되는 점에서 '법인식원'으로서 법도그마틱의 기능적 한계와 무관하지 않다. Deleuze가 적확하게 표현하듯이, '개념'을 그 구성요소들과의 관계에서 그것들을 전지적(全知的) 시점에서 위에서 내려다보는 '조감'(鳥瞰: survol)의 상태에 있는 것으로 본다면,[403] 상하, 전후 및 좌우에 있는 법개념들의 연관체계 속에서 개념을 정의하고, 정의된 개념들 간의 관계를 분석하는 법도그마틱 작업은 '전체적인 조망'의 상태에서 '전형상'을

---

403) G. Deleuze/F. Guattari, 이 정임/윤 정임(역)(Fn.375), 35면.

구성하는 작업과 무관하지 않다.

다만, 이러한 잠재적인 위험성이 현출될 수 있는 가능성이나 그 양태가 다르고, 따라서 해석작업의 합리화를 통해 잠재적인 위험성을 줄이는 접근방법도 달리 모색되어야 한다. 해석주체의 근본적인 '도덕관념'이나 '정의관념' 등과 같은 '주관적인 선이해'를 토대로 하는 점에서 같은 범주에 속하는 것으로 본다고 하더라도, 전술하였듯이, 헌법해석의 요소로서 '관점'과 '은유'는 그 존재의 형식과 인식의 준거로서 구조와 기능이 근본적으로 다르다. 이른바 '실체적인 형상'(materiales Bild: picture)이든, '관념적인 형상'(mentales Bild: image)이든 은유가 언어 외의 다른 '사물'을 매개로 하는 '실체적인 형태'의 '인식원'이라고 한다면, '관점'은 '입장'과 '시각' 및 '시점'이 합성된 일종의 '허구의 공간', 즉 '무형의 상태'이고, 그 핵심은 인식대상에 대한 '주목성'(aboutness) 및 '의도성'(intendedness)을 내용으로 하는 '접근의 태도'이다.

또한, 전술한 바와 같이, '관점론적 해석방법'은 '관점'을 형성하는 과정에서도 그러하지만, 특히 '관점'을 준거로 한 법해석 및 법적 판단의 결론을 정당화하는 단계에서 '개념'을 수단으로 하는 논증형식을 취할 수밖에 없는 점에서 평면적이고 단선적인 2차원의 이해방식이다. 체계적 해석방법의 관점에서 일견 유사한 것으로 보이는 '전체적인 조망'과 개념의 '조감기능'도 '전형상'의 준거로 제시되는 전자의 경우 헌법텍스트를 준거로 하더라도 현실과 도덕 및 윤리적 요소들을 인입하는 인식을 통해 확보되는 '형상'인데 반해, 후자의 경우는 폐쇄된 체계 속에서만 유효하고 또한 무형의 '관념'의 상태로 주어지는 제한된 '조감'일 수밖에 없는 점에서 결국은 법도그마틱의 한계가 그대로 해당된다.

아무튼 이러한 유사점과 차이에 대한 해명은 궁극적으로 '개방된 형태'로서 특유한 속성을 갖는 헌법해석의 방법인 동시에 그 요소로서 '은유'의 독자성을 재확인하는 의미를 갖는 동시에, 일면 그 기능적 효용, 특히 역동화의 가능성을 살려나가고, 타면 그에 내포된 잠재적인 '자의성'

과 '불가측성'의 위험을 줄이는 적절한 방법을 모색하는데 유용한 단서를 제공한다.

(4) 은유의 합리화

'은유'가 헌법과 헌법해석에서 더 이상 낯설지는 않다. 적어도 이물질로 취급되어서는 아니 된다는 점은 해명되었기를 기대한다. 다만, 헌법해석방법으로서 '은유적 구조화'의 특유한 기능적 효용은 전통적인 법도그마틱이나 '관점론적 헌법해석'과의 결별이 아니라 연계와 조합을 통해서 더욱 효과적으로 활용될 수 있다.

'자의성'(恣意性)의 위험을 줄여나가야 하는 합리화의 과제, 특히 형상화(形像化)의 장점과 함께 고착화(固着化)의 위험이 내포된 '법형상'을 해석의 준거 또는 요소로 구성하는 은유의 기능적 한계를 확인 및 해명하는 것이 필요하다.[404] 단순한 '절제의 촉구'를 넘어서 구체적인 헌법문제에 대한 접근과 헌법해석 및 헌법적 결정의 과정 속에서 은유의 형성과 적용 그리고 그 제한과 관련된 지침을 정리해야 하는 헌법해석론의 과제가 외면될 수 없다. '어의학'(semantics) 차원의 '범주 간 이월'(inter-category sliding) 또는 '초문법'(meta grammar)의 문제로 '은유문법'을 주목하는 것도 바로 이 때문이다.

법도그마틱의 해체나 대체가 아니라 헌법도그마틱과의 상호보완적인 조합의 가능성도 검토되어야 할 과제이다. 결정정비기능, 결정부담경감기능, 합리화기능, 체계화를 통한 정서기능 등 대체불가능한 고유한 효용을 갖고 또한 논리의 방법과 형식에 의해 일관성과 정합성 및 이를 통해서 일정 수준의 객관적인 합리성을 담보하는 법도그마틱은 헌법에서도 유용하기 때문이다. 바로 이 지점에서 — 종종 요긴한 '월경'(越境)과 '파격'(破格)을 위하여[405] — 이른바 '학제 간 융복합'의 문제인식과 접근이 필요하다.

---

404) 이와 관련된 시론적 논의로는 이 덕연(Fn.220), 344-353면.

405) '법도그마틱의 계몽'과 관련하여 이에 관해서는 이 덕연(Fn.220), 121-125면.

7. '초문법'(meta grammar)? - '개방(계몽) 후 문제'

'개념'은 폐쇄되어야 성립될 수 있고, 하나의 단어든, 문장이든 또는 text이든 적어도 일단 잠정적으로는 폐쇄되어야 그 '의미'(meaning)의 확정 및 공유와 예측이 가능하다. 궁극적으로는 소통도 그러하다. 바로 이 가능성을 필연의 전제로 하여 '어의학'(semantics)의 방법으로 법텍스트에 담겨져 있는 '의미', 즉 '법규범'을 탐색하는 법도그마틱의 '계몽'의 요체는 닫혀 있는 '법체계'를 풀어헤치는 '개방'(opening)이고, 그 자체가 일종의 '월경'이고 '파격'인 '개방'은 법해석론상 '월경'과 '파격'을 위한 전제조건이다.

법언어학에서 '월경'과 '파격'은 법논리와 형식이 부과하는 합리성의 제약들에 대한 도전이다. 단순한 주관적 신념의 차원에서 무시하거나 회피하는 것이 아니라 '비판'(Kritik)하는 것이다. 즉 논리와 형식의 전제들의 타당성을 재검증하고, 기본적인 관념과 개념들을 '선별'(auswählen)하고 목적에 맞추어 그 적실성을 '면밀하게 검토'(auseinandersetzen) 및 '평가'(urteilen)하여 문제를 해명하고 대안을 제시하는 것이다.[406] 불가피한 제약으로 고착된 방법과 확신의 틀을 벗어나려는 시도인 일종의 '계몽의 계몽'(Aufklärung der Aufklärung), 말하자면 개방과 그 실제 결과를 통해서 궁극적으로 '해체'의 가능성과 필요성을 보여주는 것도 포함된다.

관건은 '개방 후 문제'(post-opening problem)의 해결 또는 극복이다. '개방'의 층위나 폭에 따라 다르겠지만, 적어도 부분적으로는 법체계의 '해체'이며 법 및 법해석의 기본요청인 법적 안정성과 예측가능성을 해치게 되는 '월경'과 '파격'을 어떻게 규율할 것인지, 그에 앞서 도대체 다소간의 합리성을 담보하는 제약이 가능하기는 한 것인지, 법 및 법해석론이 감당할 수 있는 수준에서 관리될 수 있는지, 적정한 규율과 관리가 불가

---

406) '비판'(Kritik)의 어원적 의미와 개념에 대한 상론으로는 Rüdiger Bittner, "Kritik, und wie es besser wäre", in: R. Jaeggi/T. Wesche(Hg.), Was ist Kritik, 2009, 134-164면.

능하다면 '개방'과 개방을 통한 '월경'과 '파격'은 법학 또는 법해석론의 금기명제로 치부되어야 하는지 등등이 난제로 주어진다.

이들 난제는 근본적으로 언어철학의 근본문제의 하나인 '어의학의 전제'(presupposition of semantics)를 둘러싼 논쟁으로 귀착된다. 즉 발화자의 생각이나 믿음, 언어사용의 개별적인 상황이나 구체적인 맥락과는 무관하게 단어와 문장 간의 관계에서, 즉 그 형식적인 속성으로부터 '발화'(utterance)의 객관적인 의미가 확정될 수 있다고 전제하는 관점과 반면에 모든 '발화'와 그 구성요소인 단어와 문장의 의미는 '화자'(speaker)의 생각과 '화자'와 '청자'(hearer) 또는 '수신인'(receiver) 간의 관계 및 구체적인 '발화'와 '소통'의 '맥락'(context)에 따라 잠정적으로 결정될 수 있을 뿐이라는 관점 간의 대립이 그것이다.[407] 이 전제는 바로 '(어)문법'(grammar of words)의 전제 및 그 한계획정의 문제이기도 하고, 궁극적으로는 '진리론'의 철학문제와도 연관된다.

이 문제에 대한 탐구는 필자의 깜냥으로는 감당이 되지 못한다. 아무튼 그럼에도 불구하고 다시 강조하건대, '계몽된 법도그마틱'의 명제와 함께 그 요체인 '개방'의 필요성을 주목하는 관점에서 법해석론, 특히 '상상과 추론 간의 synergy'가 중요한 헌법해석론에서 '상상'과 '은유'는 불가피하고 긴요하다. 이러한 관점 자체도 다소간에 그러하거니와, 방법으로서 상상과 은유의 활용을 가능하게 만드는 동시에 적절하게 규율할 수 있는 이른바 '초문법'(meta grammar)으로 '상상문법'과 '은유문법'을 거론한 것도 과감한 '월경'과 '파격'이 아닐 수 없다. 모든 '월경'과 '파격'이 그러하지만, 안정성의 담이 높고 논리적 정합성의 정격(定格)이 확고한 법담론과 법해석론에서 그것은 더더욱 과감할 수밖에 없다.[408]

우선 '전제'에 대한 치밀한 검토와 논증은 당연한 요청이다. 그에 부응

---

407) 이 논제에 대한 개관으로는 S. Fish, "Going Down the Anti-Formalist Road", in: Doing What Comes Naturally, 1999, Chapter 1. Introduction, 특히 1-4면.

408) 법이론 및 해석론, 특히 '포섭도그마'를 토대로 하는 '법도그마틱'의 방법론과 관련하여 '파격'과 '월경'에 관해서는 이 덕연(Fn.220), 121-124면.

하지 못하는 점에서 '무모(無謀)한 일탈(逸脫)'에 불과하다고 폄하하더라도 마땅히 대응할 수 없다. '개방'에 따른 혼란과 다소간의 '현기증'(眩氣症), '월경'과 '파격'에 늘 수반되는 불가측의 위험과 불안은 과감함의 대가로 감수해야 한다. 하지만 이 대가가 법담론의 '화자'의 몫을 넘어서 법 및 법해석에 대하여 주어지는 경우는 차원이 다른 문제이다. 법형식론자인 Stanley Fish가 각별하게 주목하여 인용한 바, 그 자신이 반형식주의자인 Ruth M. Kempson의 "반형식주의자(Anti-formalist)의 길을 따라 내려가기 시작하면 멈출 수 있는 자리가 없다"[409]라는 화두는 — 궁극적인 결론으로 제시된 것은 아니지만 — 적어도 문제인식의 관점에서는 법이론과 법해석론에도 그대로 해당된다.

'자연언어의 어의학'(semantics of natural language)의 범주 내에 국한된 논의이지만, '전제의 개념'(concept of presupposition) 자체가 입지를 갖지 못하는 '어의학'의 차원에서는 '전제'(presupposition)에 의해 제기되는 모든 문제는 '사실상 사이비문제'(in fact pseudo-problems)일 뿐이라고 보는 Kempson의 실용주의적 입장[410]은 여전히 '전제의 개념'이 건재하며, '전제'에 의해 제기되는 문제들이 논쟁의 중심에 있는 법언어와 여전히 법도그마틱이 득세하고 있는 법이론 및 법해석론에서는 적어도 언어학분야에서 만큼의 권위는 누리기 어렵다. 아무튼 그 방향성은 차치하고, '반형식주의자'의 입장을 취하는 경우 피할 수 없는 상황과 관련한 Kempson의 어의학적 문제인식은 법(언어)에서 더욱 주목된다. 말하자면 법의 근본적인 '형식성'을 부정하거나 또는 적어도 희석시켜서 '폐쇄체계'를 개방하는 경우 필요한 때 중단하거나 적정한 지점에서 절충하는 타협의 가능성은 없게 된다는 중대한 문제로 새겨지기 때문이다. 하나의 법체

409) R. M. Kempson, Presupposition and the Delimitation of Semantics, 1975; S. Fish(Fn.407), 2면.

410) R. M. Kempson(Fn.409), 3면; 실용주의적 언어이론에 대해서는 특히 137-156면. 이에 관한 개관을 담은 서평논문으로는 대표적으로 Richard Garner, "Presupposition and the Delimitation of Semantics", in: Language, Vol. 53(1977), 193-197면.

계가 '성문의 선언'(written declaration)에 의해 스스로를 창설할 수는 없다고 보는 법이론적 관점과 궁극적으로 '영혼 없는 문언주의'(mindless textualism) 또는 '적어도 매우 순수한 문언주의'(at least quite unsophisticated textualism)[411]를 적확한 법해석방법으로 보는 점에서 다르지 않은 바, H. L. A. Hart가 이른바 '1차적 규칙들'(primary rules)과 '2차적 규칙들'(secondary rules)을 구별하며 포괄적인 규칙으로 제시하는 '승인규칙'(rule of recognition)도, H. Kelsen이 '순수법이론'의 핵심명제로 '법과 도덕의 준별'과 함께 제시하는 '근본규범'(Grundnorm)도 바로 이 '일방로'(one-way)를 법이론의 지도에서 원천적으로 없애버리거나 진입을 하지 못하게 하는 선제적인 봉쇄와 차단의 명제라고 할 수 있다.

그러나, 다음 chapter에서 '해석학'(hermeneutics)을 되짚어 보는 것도 그 때문이거니와, 이 길은 '확정된 어문법'을 적용하여 언어의 형식체계에 부여되는 의미를 찾는 어의학적 관점에서 상정하고 그 진입을 금기시하는 '선형의 일방로'(linear one-way)가 아니다. 전술한 바 있듯이 '순환로'(circular way)이며, 게다가 평면적인 '이차원의 원'이 아니라 '도약' 또는 '초월'의 계기가 주어지는 '다차원의 고리' 형상의 '순환로'이다. 대비하여 말하자면, 일반 언어학에서와 마찬가지로 법언어학에서도 이 '순환로' 자체를 부정하거나 초월의 잠재적인 가능성이 내장되어 있는 '순환'의 필수성과 효용을 외면하는 경우, 즉 "형식주의자의 길을 따라 내려가기 시작하면 디디고 올라 갈 수 있는 사다리는 없다."

형식주의 언어학적 전제의 관계가 문법 속에 편입되는 것을 반대하는 입장에서 Kempson이 단언하는 바와 같이, 흔히 '확정된 문법'과 하나의 언어모델에서 상정하는 형식체계의 내적 속성들로 설명될 수 있는 것으로 여겨지는 현상들 중 많은 부분은 실제로는 예컨대, H. P. Grice류의 실용적인 '소통이론'(theory of communication)을 포함하는 '화행론'(theory

---

411) Sanford Levinson, "Reflections on What Constitutes 'a Constitution'", in: D. Dyzenhaus/ M. Thorburn(Fn.61), 84-85면.

of performance)의 '하위의 일부'(subpart)로서만 설명될 뿐이다.[412] 이 '하위의 일부'를 전체로 간주하여 언어와 언어사용에 잠재되어 있는 '오름과 확장'의 가능성을 외면하는 형식주의적 언어학의 구조틀과 어의학을 고수하는 것은 우물 안 개구리의 언어학을 자처하는 것이 아닐 수 없다. 비언어적 또는 초언어적 사유와 비논리 및 초논리의 본능적인 공감과 소통, 즉 언어 및 어문법과 무관하지 않되 이들에 구속되지 않고, 적어도 그 형식의 구조틀을 넘나들고 오르내리며 새로운 의미와 세계를 창출하고 변화시켜 나가는 상상과 은유 그리고 상징의 광대한 영역에 대하여 눈을 감는 언어학은 '언어철학 없는 언어학'이다. 이러한 '언어철학 없는 언어학'의 전제를 그대로 수용하는 '어문법'과 '어의학'은 '언어학 없는 문법', '언어학 없는 어의학'에 불과하다.

아마도 이 길을 따라 내려가기 시작하면 실용적인 언어(교육)학의 핵심명제의 하나인 '문해력'(文解力; literacy)의 표지판을 찾아볼 수 없을 것이다. 요즈음 '생태철학'(ecosophy)에서 회자되는 바, 자연환경과 그 생태의 본질과 구조를 이해하고, '공생'(co-life)의 맥락에서 자연과의 공감과 소통을 할 수 있는 기본소양, 즉 '생태문해력'(ecological literacy)을 모르는 '사이비 생태학'(pseudo-ecology)과 그 노정이 다르지 않다. 헌법해석론에서 더욱 부각되는 바, 법 및 법(언어)학에서도 행간의 '함축된 의미'(implied meaning)와 함께 '보이지 않는 text'를 비롯하여 상징과 은유에 담긴 의미를 포함하는 '의미'와 그 '맥락'을 읽어내는 '문해능력'(literacy proficiency)과 '창조적인 상상능력'(creative imaginative proficiency)이 관건이다. 이른바 '실질적 문맹'이 관심사이지, 문자와 음성을 일치시킬 수 있는 이른바 '음성적 읽기'의 능력이나 파편화된 단어 수준, 말하자면 직간접적인 '맥락'을 파악하지 못하는 단세포적인 '의미적 읽기' 차원의 '문맹'(illiteracy)은 더 이상 문제가 아니다.

---

412) R. M. Kempson(Fn.409), 221면. Grice의 의미론과 소통이론에 관해서는 같은 책, 137-205면.

우물 안의 공간을 벗어나지 않고, 작위적으로 상정된 '일방로'를 지도에서 삭제하거나 확연하게 차단기를 설치하면 '깔끔하고 그럴듯한 답(neat and plausible solution)은 찾을 수 있고, 다소간에 불가피한 현기와 혼란도 피할 수 있을 것이다. 하지만 '정답'이 하나가 아니라 여럿일 수 있으며, 그 답이 잠정적으로 또는 부분적으로만 '정답'이거나 또는 원천적으로 오류의 전제와 접근방법에 따라 '잘못 제기된 문제'에 대한 '틀린 정답'(wrong right solution)일 수도 있다는 점에 대한 성찰과 대안모색의 길은 없다.413) 어떤 상태이든 '기존상태'(status quo)의 정체(停滯)를 넘어서는 '발전가능한 지속'(developable sustenance), 즉 '가치 상향적 진보'의 '순환'에 합류할 수 있는 지점에 이르지 못하거나, 우연히 그 지점에 도달하여도 딛고 오를 수 있는 사다리를 찾지 못하는 난관이 불가피하다. 자연과학을 포함한 모든 진리탐구에서 그러할 것으로 여겨지거니와, '좋은 삶'의 가치와 의미에 대한 탐색과정에서야말로 가치중립적인 '무용'(無用)의 '무해무득'(無害無得)은 상정될 수 없다. '무해무득'인지, '해'와 '득' 중에 어떤 것이 큰지는 선불리 예단될 수 없기도 하지만, 아무튼 전후좌우를 둘러보기 위한 '일단정지' 외에 '주정'(駐停)은 허용되지 않는 순환구조의 범형성적 담론에서 '현상태의 단순한 지속'의 명분으로 제시되는 '무

413) H. L. Mencken, "The Divine Afflatus", in: H. L. Mencken - Prejudices: First, Second, and Third Series, 2010, 242면:
『There is always a well-known solution to every human problem - neat, plausible and wrong.』
앞에서 인용한 D. N. Perkins(Fn.311)의 상상과 추론의 상보적인 관계에 대한 '형태인식론'(Gestalt-epistemology)적 해명은 여기에서 되짚어봄직 하다. '비형식적인 추론'(informal reasoning)에서 상상에 수반되는 인식구조틀의 고착화와 연관되는 이른바 '설득의 심상'(persuasive imaage)이나 '형태의 궁핍'(Gestalt hunger) 등의 잠재적인 위험과 함께, 그럼에도 불구하고 개방성과 균형성을 갖춘 '정제된 판단'(refined judgment)에 '상상'(imagination)이 필수적이며, 따라서 모든 '일상의 추론'(everyday reasoning)에서 요구되지만, 특히 '신비한 창조성'(mystic creativity)의 발현을 위해 더더욱 요구되는 바, 즉 상상의 근본적인 실행 자체를 분별하는 데까지 상상을 확장하는 '좋은 비형식적 추론'(good informal reasoning)에 불가피한 위험은 회피가 아니라 오롯이 극복이 가능한 관리의 대상이라고 하는 주장도 같은 맥락에서 타당한 것으로 생각된다. "Reasoning as Imagination", 14-26면.

해무득'은 유해(有害)한 방침이다.

물리학에서 '속력'(velocity)과 '운동량'(momentum) 간의 '비선형적 관계'(nonlinear relation)의 가정 하에 주목하는 바, 즉 속력이 거의 0에 가까운 정도 최저한인 경우조차도 '운동량'과 상호작용하는 에너지의 일종의 '다가적 기능'(multivalued function)[414]을 원용하여 말하자면, 상시적으로 변하는 동태적인 환경 속에서 이해득실의 판단이 불확정한 조건 하에 안정과 변화 중에 방향과 속력을 어떻게 설정 또는 예기하여 '계기'(momentum)를 모색할 것인지는 늘 양자택일이 아니라 상대적인 경향의 조정에 수반되는 '위험부담배분'의 문제로 주어진다. 이러한 관점에서 보면, 가정컨대, 적정한 제약을 통해 통제와 관리가 가능한 수준에서라면, 좀 더 정확하게 말하면 늘 관리 및 통제가능성과 그 조건을 유념하면서 다소간의 불안정과 위험부담을 대가로 '순환로'를 택하여 진보의 길을 잡는 것이 바른 선택일 것이다. 다만, 문제는 적정한 제약을 통해 이 역기능을 관리 가능한 수준으로 규율할 수 있는 '초문법'의 가능성과 한계, 그리고 '관리 가능한 수준'에 대한 일종의 (법)언어학 범주의 '비용-편익분석'(cost-benefit analysis)의 판단에서부터 이견이 해소되기 어렵다는 점이다. 논의의 범주와 맥락은 다르지만, 결국은 다시 엇갈리는 '어의학'의 기본전제로 귀착된다.

이어지는 '해석학'의 보론은 깔끔하지도 그럴듯하지도 못하며, 옳건 그르건 답이라고 할 수조차 없는 얼버무림이다. 하지만 설령 멈추거나 되돌아올 수 없는 '일방로'일지라도 일단 가봐야 하는 것 아닌가? 논리적으로, 이론적으로는 그렇다 하더라도 설마 끝없는 전락(顚落)의 길은 아니지 않겠는가? 자기성찰과 겸손의 태도만 잃지 않으면 언제든 멈출 수 있고, 되돌아 설 수 있지 않겠는가? 언어가 사용되고, 논리와 형식, 그리고 문법이 있다면 '초언어'와 '초논리', '비논리'와 '초형식', '초문법'도 있는 것 아닌가? 있어야 하지 않는가? '법'(灋; 法)과 '초'(超; meta: cross)도 그렇

414) Jakub Zakrzewski, "Viewpoint: Crystals of Time", in: Physics, 5, 116(2012).

고, '일방로', '순환(로)', '선형', '원형', '개방'과 '폐쇄' … 모두가 다 '상상'이고 '은유' 아닌가? 의도적으로 '규칙의 제약'을 무시한 이런저런 '상상의 탐막(撢摸; groping)'이고, '해석학'(Hermeneutik)의 핵심명제로 '전유'(轉有; appropriation)와 '해석학적 순환'(hermeneutischer Zirkel)을 명쾌하게 해명해주는 P. Ricoeur의 권위에 의존한 자문자답(自問自答)의 독백일 뿐이다.

8. 소결 - P. Ricoeur의 '해석학'과 은유

(헌)법해석론상 '은유'의 필수성 및 그 효용과 이를 활용하기 위한 수단으로서 이러한 '월경'과 '파격'의 요청은 해석이론에 의해서도 충분히 해명되었다. 텍스트의 의미와 지시의 상호작용을 주목하는 P. Ricoeur의 이른바 '상징해석학'(Hermeneutics of Symbols)과 '심층적 의미론'이 대표적이다.415) '은유'도 마찬가지이거니와, '법적 안정성'이라는 법이념과 상충될 수 있는 '월경'과 '파격'의 근본적인 불안정성 및 이에 수반되는 '자의성' 및 '고착화'의 위험성은 배제와 회피의 이유가 될 수 없다. 인지와 관리, 즉 '합리화'의 과제로 주어지는 것일 뿐이다. '선이해'(Vorverständnis)와 무관할 수 없는 모든 인식 또는 이해에 수반되는 불가피한 불완전성의 문제이다.

해석이론, 특히 일종의 '과학하기'(sciencing)의 보편적인 방법으로서 제시되는 이른바 '인간화 해석학'(humanbecoming hermeneutics)에서 '텍

---

415) 대표적인 저서로 P. Ricoeur, Le Conflit des Interprétations(1969), 양 명수(역), 해석의 갈등, 2001. Rocoeur의 '해석학'에 대한 개론은 대표적으로 Karl Simms, PAUL RICOEUR, 2003, 31-43면. 언어철학의 관점에서 J. L. Austin의 '화행론'(Speech Acts Theory)과 비교분석을 통해 Ricoeur의 '상징해석학'을 명쾌하게 정리한 요론으로는 Alexis Deodato S. Itao, "Paul Ricoeur's Hermeneutics of Symbols: A Critical Dialectic of Suspicion and Faith", in: Kritike: An Online Journal of Philosophy, Vol. 4(2)(2010), 1-17면; "Of Words, Meaning, and Hermeneutics: J. L. Austin and Paul Ricoeur on the Art of Making Sense of Things", in: META: Research in Hermeneutics, Phenomenology, and Practical Philosophy, Vol. XIII (2012), 427-442면.

스트작업'은 Parse가 간명하게 정리하여 제시하는 바와 같이 그 안에 '진입하여 참여하는 담론'(discoursing with penetrating engaging)과 '말 없이 관조하는 해석'(interpreting with quiescent beholding), 그리고 '영감을 갖고 대면하는 이해'(under standing with inspiring envisaging)의 작업이 융합된 복합적인 작업이다.416) 해석자와 텍스트 간의 대화를 통해서 새로운 관점과 의미가 동시에 구성 및 재창조되고, 이를 통해 해석자는 '생생한 경험'(living experience)을 새롭게 알게 되며, 이 갱신된 앎은 해석자의 '생생한 경험'을 다시금 변화시키고, 이 변화는 다시금 세계와 텍스트와의 대화에 새로운 계기를 제공하는 '순환'의 과정인 텍스트작업에서 텍스트와 해석자 및 해석의 맥락 또는 환경으로서 세계는 서로 연결 및 의존되는 불가분의 '역동적인 상호작용'의 관계를 구성한다.

일종의 '해석학적 현상'(hermeneutic phenomenon)인 '인간화'의 과정 자체가 그러하거니와, 그 일환으로 이해되는 '해석학'에서도 이러한 '역동적인 상호작용'의 '순환'은 인간 존재의 본질이며, H. - G. Gadamer에 따르면 그 자체가 일종의 '존재론적 사건'(hermeneutic event)417)인 '이해'(understanding)에 내장되어 있는 '복합현상'이다. 실증적인 가능성에 대한 '직관들'(intuitions)로부터 사물의 본질을 추단하는 인식방법에 대한 비판이나, '논리와 경험만으로 이론의 진리성이 재단되지 않는다'고 하는 물리학의 명제418)는 바로 '해석학'의 '순환론'의 명제이기도 하다. '경험-관념-개념-직관-본질'이든, 정반대로 '본질-직관-개념-관념-경험'이든 일방적인 선형의 인식 또는 이해와 그 요소들을 담아내는 논리의 구조틀

---

416) Rosemarie Rizzo Parse, "Humanbecoming Hermeneutic Sciencing: Reverence, Awe, Betrayal, and Shame in *The Lives of Others*", in: Nursing Science Quarterly, Vol. 29(2016), 129면. H. - G. Gadamer가 '해석학'을 참으로 일종의 '예술'이라고 하는 것도 바로 영감을 갖고 '사물의 의미를 새기는 예술'(the art of making sense of things)로서 해석학적 작업의 창조성을 주목한 것이다. "Classical and Philosophical Hermeneutics", in: Theory, Culture, & Society, Vol. 23(2006), 29면.

417) H. - G. Gadamer, Philosophical hermeneutics, 1976.

418) 대표적으로 Frank Arntzenius, Space, Time, and Stuff, 2012, 1, 2면.

은 '순환'의 바깥에 있는 것이 아니라, 오롯이 그 일부일 뿐이다. 이들이 오가고 오르내리며 겹쳐지고 뒤섞이는 불확정의 '단속'(斷續)과 '분절'(分節; articulation)이 지속되는 '요동'(搖動), 즉 '진행형 순환의 과정'(ongoing process of circulation)에서 이탈하는 것은 가능하지 않다.

'일반 상대성이론'과 '양자역학의 불확정성원리'를 포괄하는 현대 물리학에서 '시공간'(timespace)을 '물질의 한 형태'(a form of matter)로 보고, 그 자체의 생명이 있는 '끊임없는 요동'(ceaseless wave; perturbation; oscillation)이라고 하는 것은[419] '은유'가 아닌 '실재'(reality)의 과학적 설명이고, 반면에 '해석학'에서 말하는 '요동'은 일종의 '은유적 구조화'의 설명이지만, 이 '은유'도 오롯이 '이해현상'(phenomenon of understanding)의 '실재'를 해명하는 것인 점에서는 충분히 과학적이다.[420] 종교적 차원의 '해탈'(解脫)이나 '초탈'(超脫)이라면 별론의 대상이되, '이탈'을 상정하고 말하는 것은 비현실적인 존재론적 허구이고, 작위적인 부정이나 외면은 반과학적인 인식론의 오류에 지나지 않는다. '존재=진입'을 전제로 바르게 합류하여 그 '동요'(動搖) 속에서 최대한 중심을 잡아가며 주관적인 '자의성'과 '편파성'을 피해나가는 수단과 방법을 고민하는 것만이 관건이다. 이른바 '해석학적 순환'[421]과, '텍스트 속에서 텍스트를 매개로 하는

---

419) Frank Wilczek, Fundamentals Ten Keys to Reality(2021), 김 희봉(역), 이토록 풍부하고 단순한 세계, 2022, 72-73, 256면. 이에 관해서는 아래 주석 460, 461번 참조.

420) 다만, 2004년에 노벨물리학상을 받은 F. Wilczek(Fn.419)은 현대물리학의 10가지 근본원리를 전달하려고 쓴 위의 책 서문에서 "설명으로 시작했지만 성찰이 되어갔다."고 토로하며(12면), 과학탐구의 정신은 종교적이건 반종교적이건 특정한 교조를 넘어서는 것이라는 점을 다음과 같이 명징하게 말한다:
『세계가 어떻게 작동하는지 연구하는 것은 신이 어떻게 행하는지 연구하는 것이며, 따라서 신이란 무엇인가를 알아가는 것이다. 이러한 맥락에서 우리는 지식추구를 일종의 예배로, 우리의 발견을 계시로 해석할 수 있다.』(11면)
아마도 이러한 반과학적이지 않은 '초과학'(meta-science)적 해석의 차원에서는 '설명'과 '성찰'을 과학성으로 구별하는 것 자체가 반과학적인 접근으로 생각된다.

421) M. Heidegger, Sein und Zeit, 11. Aufl., 148, 310면 이하. 법해석론상 '해석학적 순환'에 관한 간명한 해설로는 A. Kaufmann, "Über den Zirkelschluß in der Rechtsbindung"(1973), in: Beiträge zur Juristischen Hermeneutik sowie weitere rechtsphilosophische Abhandlungen, 65-77면.

자기성찰'의 맥락에서 강조되는 '이격'(離隔; differentiation),[422] 즉 '문화적 거리'와 '역사적 소외'를 '의미의 객관화' 또는 '의미의 현실화'를 통해 극복해 나가는 '전유'가 그 핵심논제이다. Ricoeur가 텍스트작업의 핵심단계로 설명하는 '전유'는 낯선 것을 "자기의 것으로 만드는 작업" 또는 "자기 가까이에 가져다 두는 작업"인 점에서 — 논리적으로 필연의 관계는 아니더라도 — 다분히 이해를 신선하게 만드는 '은유' 및 '은유기반의 사유'와 연접해 있다.[423]

Ricoeur에 따르면 '전유'는 텍스트 자체로부터 세계투사의 지시를 받아 새로운 존재양식을 부여받음으로써 자기투사의 새로운 능력을 갖추고 확장해나가는 일종의 변증법적인 자기극복과 이를 통한 자기이해의 과정이다.[424] 이는 앞에서 논의한 바 있는 '해석학'에서 전제하는 '선이해'[425]와 다르지 않거니와, '법해석학'(legal hermeneutics)의 맥락에서 관건인 '선이해'는 '인간의 존엄성'의 이념을 기반으로 하는 '도덕과 이성의 공동체' 속에서 "사회적으로 구성되는 법적 이성"(socially constructed legal reason)에 관여하는 것이고, 그 요체는 오롯이 '존재론'(ontology) 차원의 '성찰적 구성'(reflexive construction)이다. 이러한 점에서 법의 지배(rule of law)의

422) P. Ricoeur, 윤 철호(역)(Fn.309), 323-327면.

423) P. Ricoeur, 윤 철호(역)(Fn.309), 321-341면.

424) P. Ricoeur, Interpretation Theory: Discourse and the Surplus of Meaning (1976), 김 윤성/조 현범(역), 해석이론, 1994. 82-84, 152-156면; P. Ricoeur, 양명수(역)(Fn.415), 특히 33-106면.

425) A. Kaufmann은 '법을 말한다', 즉 '법을 해석한다'고 할 때 법관은 "항상 자기 자신, 즉 자신의 '선이해'의 어떤 부분을 말하는 것이다. 그렇지 않다면 그는 법률과 사건을 전혀 대응시킬 수 없다."고 단언한다. 이미 극복된 법실증주의에서 전제하는 바와는 정반대로, 법규범, 즉 법의 의미가 해석에 앞서 '순수한 객관성'(reine Objektivitaet)과 '순수한 사물성'(reine Sachlichkeit)을 지니는 확정된 상태로 선재하는 것이 아니라, 해석, 즉 "법관 자신의 선판단, 확신, 관심 및 의견(개인적인 것이든 사회적인 것이든) 등과 함께 자신의 인격을 끌어들이는 '이해'(verstehen)의 과정" 속에서 비로소 산출되고 형성된다고 보는 것이다. "Durch Naturrecht und Rechtspositivismus zur juristischen Hermeneutik", in; Beiträge zur Juristischen Hermeneutik sowie weitere rechtsphilosophische Abhandlungen, 87면. 법해석방법론상 '선이해'에 대한 대표적인 연구로는 J. Esser(Fn.238).

핵심으로서 '법의 내적 도덕성'(law's inner morality)을 주목하는 Fredrick M. Gedicks의 이성(reason)에 대한 해명은 적확하다:

『(이성은) 우리가 탐색할 수 있는 세계에 관한 '사실'(fact)이 아니라, 우리의 존재의 본질에서 연유(緣由)하여 생겨나는 것으로서 우리들 자신이 속해 있는 세계에 대해서 우리가 사유하고, 스스로 '성찰'의 대상인 우리와 세계가 교섭하는 방식이다.』[426]

'사회적 존재론'(social ontology)의 관점에서 '이성'(reason)과 '의식의 경험'(experience of consciousness)을 주목하는 이러한 현상학적 설명은 인간 의식의 정신경험의 방식과 함께 존재론의 차원에서 '간주관적 관계'(intersubjective relations)들에 대한 완전한 논리적 근거를 시사하는 Hegel의 명제, 즉 "I that is We and We that is I."와 맥락이 같다.[427] 이 명제를 차용하여 말하자면 "I that is World and World that is I."의 확장명제로도 축약될 수 있다.

바로 이 점에서 일종의 '자기성찰'(self-reflection)의 과정인 동시에 그 산물인 '선이해'를 전후로 경유하여 '법적 이성'을 구성하는 법텍스트작업, 특히 가치규범성이 도드라지는 헌법텍스트작업에도 그대로 적용될 수 있는바, Ricoeur의 해석이론은 Nietsche가 문언에 충실하되 그것을 극복하는 사색을 위해 선택한 해석학적 방법과 연결된다. 언어를 '일종의 윤리적 현상'(a ethical phenomenon)으로 보는 관점에서 언어와 텍스트작업의 '서사(敍事)의 잠재력'(potency of narrative)을 주목하는 Ricoeur의

426) Fredrick M. Gedicks, "Rule of Law, Socially Constructed Reasons, and Marriage Equality", in: Journal of Law, Religion and State, Vol. 6(2018), 145면.

427) 이에 관한 요론으로는 Franco Chiereghin, ""I that is We and We that is I," The Phenomenological Significance and the Logical Foundation of Intersubjectivity in Hegel", in: Italo Testa/Luigi Ruggiu(ed.), "I that is We and We that is I," Perspectives on Contemporary Hegel, 2016, Chapter 16, 271-285면. '사회적 존재론'에 관해서는 L. Ruggiu, "Reason and Social Ontology", in: 같은 책, Chapter 5, 86-105면.

해석이론은 자기체험을 자료로 한 자기 심리분석과 이를 통한 자기이해를 토대로 하여 텍스트 속에 내장된 '역동적 진리'를 읽어 나가는 Nietsche의 언어철학 및 '무신론'(atheism) 기반의 윤리학과 그 구조틀이 다르지 않다.[428] 또한 '텍스트를 통한 텍스트극복'이라는 해석이론적 명제를 공유하는 두 거장은 인간의 특유한 창조성, 특히 새로운 의미의 창조와 재창조의 능력을 주목한다.[429] 그렇다면 이 또한 그 자체가 일종의 '해석학적 과정'(hermeneutic process)인 '텍스트와 해석자 간의 상호작용'과 이 속에서 진행되는 '사물이해' 또는 '세계이해'와 '자기이해' 간의 교통(交通)의 역동성이 특히 부각되는 (헌)법해석론에서 사유와 이해, 표현 또는 설득의 방법으로서 '은유'를 주목해야 하는 유력한 논거로 생각된다.

'화행론'(speech act theory)의 대표자인 J. L. Austin과 마찬가지로 모든 언어의 상징성 을 주목하는 Ricoeur에 따르면, 모든 언어는 쉽게 파악될 수 없는 의미들을 포함하는 '복수의 가능한 의미들'(plural possible meanings)을 가지며, 이 잠복되어 있는 명백하지 않은 의미들의 '발현'(發顯)의 가능성과 내용은 '발화'(utterance)와 그 시공간의 환경과 맥락에 따라 결정된다.[430] 또한 Ricoeur는 언어의 객관적인 한계에 따른 '이해'(understanding)의 불확정성과, '비판절차'(critical procedure)가 결여되어 있기 때문에 자체적으로 텍스트이해의 정확성을 통제하고 담보할 수 없는 '해석학'의 '곤경'(impasse)을 지적하면서 이를 극복하기 위한 방법으로 '객관적인 설명'(objective explanation)과 이른바 '의심의 해석학'(hermeneutics of suspicion)

---

428) Ricoeur와 Nietsche의 철학 및 언어관을 비교한 요론은 Alison Scott-Baumann, Ricoeur and the Hermeneutics of Suspicion, 2009, 51-53면.

429) 강 두식, "니체의 생애와 사상", 인간적인 너무나 인간적인, 강두식(역), 1987, 부록, 990면. 포괄적인 문화론의 차원에서 은유의 '보편성'(universality)과 '인지언어학'(cognitive linguistics)이 주의를 기울이지 못한 '변형'(variation)의 측면, 즉 은유적 사유의 다원성과 함께 이른바 '형상적 창조성'(figurative creativity)을 주목한 연구로는 Zoltán Kövecses, Metaphor in Culture, 2005, 특히 '형상적 창조성'에 관해서는 259-282면.

430) P. Ricoeur, Le Conflit des Interprétations(1969), 양 명수(역)(Fn.415), 특히 5-29, 33-286면.

의 연계를 제시한다.[431] 말하자면 '설명'과 '이해'의 변증'(dialectic) 및 이를 가능하게 하는 텍스트와 원저자, 원독자 및 텍스트작성 당시의 환경 간의 '이격'(differentiation), 그리고 이데올로기 비판을 가능하게 하는 독자 자신 간의의 '이격' 및 이를 통한 '전유'(appropriation)가 그 핵심이다.[432]

언어 자체와 '이해' 및 '담론'(discourse)의 한 부분이며, '해석'(interpretation)과 '해석학'(hermeneutics)을 초치하는 은유의 역할과 기능이 주목되는 것도 바로 바로 이러한 언어의 근원적인 상징성과 잠재적인 다의미성 때문이다. 모든 언어에 내장되어 있는 '의미창조'(meaning-creation)의 가능성 및 필수성과 '상징해석'(interpretation of symbols)으로서 텍스트작업의 '다학문적'(multi-disciplinary) 본질을 주목하며 Ricoeur가 명쾌하게 정리한 바와 같이, '은유'(metaphor)가 '단어'(word)의 수준에서는 '수사학'(rhetoric), '문장'(sentence)의 수준에서는 '어의학'(semantics), 그리고 '담론'(discourse)의 수준에서는 '해석학'(heremeneutics)의 영역이라고 한다면,[433] 이는 이 세 차원의 영역을 포괄하는 헌법텍스트작업, 즉 헌법해석에 그대로 해당된다. K. Simms의 표현을 빌려 말하면, 언어의 생명을 지속시킬 뿐만 아니라 '상상'(imagination)의 촉발을 통해 인간의 사유를 생동하게 만드는 '새로운 은유'(new metaphor)[434]의 창조를 강조하는 바, 즉 Ricoeur의 '살아 있는 은유의 철학'(a philosophy of living metaphor)은 각색 없이 '살아 있는 헌법언어의 철학'(a philosophy of living constitutional words)으로 원용될 수 있다.

---

431) 이에 관한 간명한 해설은 A. Scott-Baumann(Fn.428), 특히 '설명'과 '해석'의 함의와 그 기능적 관계에 대해서는 80-83면.

432) 이에 관한 요론으로는 Lawrence Kennedy, Understanding Hermeneutics, 2014, 151-160면.

433) P. Ricoeur, "La métaphore vive"(1975); R. Czerny etal.(trans.). "The Rule of Metaphor", 1977. Ricoeur의 은유론에 대한 간명한 해설로는 K. Simms(Fn.415), 61-77면.

434) K. Simms(Fn.415), 77면.

'이해'라는 '변증법적 현상'(dialectic phenomenon)의 존재론적 구조요소로서 '해석학적 순환'의 불가피성에 대한 해명과 함께, 이를 부정 또는 심지어 혐오하는 논리적 경험주의에 대한 Ricouer의 통렬한 비판은 법학 및 법해석론에서 이미 언어(학)의 차원에서 다루어지는 '상상력', 그리고 새로운 언어 및 의미의 창조에 긴요한 '상상'(imagination)과 '상'(像; image; Bild)을 이끌어 내는 '은유'를 이물질로 취급한 법실증주의의 오류에 대해서도 적확하다:

『논리적 경험주의 전통 안에서 훈련받은 사상가들은 해석학적 순환이라는 개념 자체를 전적으로 불명예스러운 것으로 여기고, 배척하였으며, 또한 그것을 모든 실증주의적 규준에 대한 언어도단적인 위반으로 간주했다.』[435)]

모든 사람에 대한 '평등한 관심과 존중'(equal concern and respect)을 출발점으로 하는 '정의'(justice), 자유포기를 대가로 평등을, 평등의 외면을 대가로 자유를 추구하지 않는 '정의', '크거나 작은 정부'(big or small government)가 아니라 오로지 이러한 '정의'를 지향하는 '정당한 정부'(just government)가 관건이라는 실증(용)적인 자연법철학을 토대로 하여, R. Dworkin은 '신이 없는 종교'(religion without God)를 말하고, "우리가 존엄성을 잃지 않고 '좋은 삶'(good life)을 이끌기 위한 성찰을 해나가면 뭔가 더 창조할 수 있다"고 단언한다. 이 확신에 찬 메시지도 '가치맹의 물신주의'와 '천박한 금전만능주의'에 대한 경계와 반성, 말하자면 "탐욕과 망상에 찬 죽음의 춤"(macabre dance of greed and delusion)과 '헛된 맴돌이'로부터 이탈과 한 치라도 더 가치상향적인 '해석학의 선순환'에 합류를 촉구하는 것이다.[436)]

---

435) P. Ricoeur, 윤 철호(역)(Fn.309), 313, 319면.

436) 이에 관해서는 특히 R. Dworkin, Justice for Hedgehogs, 2011. 특히 422-423면.

이러한 '정의감'(justice sense)에 따른 가치철학적 성찰과 낙관의 희망이 응축된 '규범적 가치의 통합이론'(unified theory of normative value)과 이를 담아낸 '통합으로서 법'(law as integrity)의 법이론적 명제와 함께, 도덕과 정치 및 법 등 '규범적 담론'(normative discourse)의 모든 부문들 간에 또한 이들 속에서 '완전한 가치통일'(complete unity of value)을 법 및 법해석의 이상으로 제시하는 R. Dworkin의 '순환숙명론'으로 마무리 한다:

『궁극적으로 모든 지적 영역에서 어떤 종류이든 진리를 발견하는 우리의 역량을 증명하는 비순환적인 방법은 없다.』(There is no finally noncircular way to certify our capacity to find truth of any kind in any intellectual domain.)[437]

---

437) R. Dworkin, Religion without God, 2013, 16면. Dworkin의 '가치통일'(unity of value)의 명제와 이를 전제로 하는 '정의관'(view of justice), 특히 자유에 대한 '도덕적 관념'(moralized conception)에 대하여, '일종의 특별한 정치적 이상'(a distinctive political ideal)으로서 '자유가치'(value of liberty)를 무시하며, 결과적으로 자유의 '특별한 정치적 함의'(distinctive political significance), 즉 '정의가치'(value of justice)로서 '자유가치'의 중요한 의미와, '정의'나 '평등'을 비롯한 여타의 가치들과 분별되는 자유의 핵심내용을 경시한다는 비판이 제기되고 있는데, 자유주의의 정치철학과의 관점에서는 나름 통렬한 지적이고, 정치현실과 연관된 이데올로기 비판론의 차원에서 '상대화의 위험'에 대한 '경계'(警戒)의 논지는 타당하다. 대표적으로 Matthew Kramer, "Working on the inside: Ronald Dworkin's Moral Philosophy", in: Analysis Reviews, Vol. 73(2013), 118-129면.
다만, 이러한 비판론에 대해서는 인식론의 관점에서, 특히 Dworkin의 가치론을 '구성주의'(constructivism)나 '현실주의'(realism) 둘 중의 하나로 보는 '이원적인 초윤리적 구조틀'(dualistic meat-ethical framework) 속에서 이해하는 방법론적 오류를 지적하며 Dworkin의 '도덕적 가치론'과 가치판단의 '인식론적 구조틀'(epistemological framework), 그리고 Dworkin이 '가치통일'의 명제를 토대로 하여 제시하는 도덕적, 정치적 프로그램을 되새겨볼 것을 주문하는 유력한 반론이 주목된다. 이에 관해서는 대표적으로 Luke MacInnis, "Dworkin's Unity of Value: An Interpretation and Defense", in: Res Publica, Vol. 26(2020), 403-422면.
적어도 규범론의 측면에서 이 반박에 찬성하는 입장에서 보건대, 바로 일종의 '실천적 숙고'(practical deliberation)와 '타협'(compromise)의 '구조틀'로서 제시되는 '가치통일'의 명제와 변증법적인 '순환'의 현상학적 인식방법론이 되새겨 보아야 할 핵심 논제로 생각된다.
그의 저작에서 '해석학'과 관련된 구체적인 논의는 찾아볼 수 없지만, 해석을 '진리탐구'(truth-seeking)의 '일종의 사회적 현상'(a social phenomenon)으로 이해하고, 해석의 관행 및 전통들을 해석작업의 전제조건으로 보는 입장에서 해석자의 '자

Ⅵ. 맺는 말 - 당부와 제언

아주 칠흑같이 깜깜할 것까지는 없습니다. '밤이 오는 소리'가 들리는 한적한 시골이라면 시냇가도 좋고, 들판도 좋고, 산 밑자락의 숲 가장자리도 좋습니다. 호롱불 켜놓은 정도라면 장 서방네 사랑방도 나쁘지 않습니다. 허나 고즈넉한 어둠조차 허락하지 않는 도시라면, 암막커튼을 치고 눈을 감으시는 게 좋겠습니다.

그리고 우선 '반가사유상'을 물끄러미 바라보십시오. 5분? 10분? 그냥 적당히 멍 때리고 눈길만 주면 됩니다. 그러고 나서 L. Cohen의 "Villanelle for Our Time"을 들어 보십시오. 볼륨은 들릴 만큼만 적당히 조절하는 것이 좋습니다. 1-2분? 쉬었다 잠깐 다시 '반가사유상'과 대면하고, 이어서 정태춘의 소리를 들어보시지요. 내게는 '장 서방네 노을'이나 '서해에서'가 제일 좋던데 … 아무 노래든지 좋습니다. 그의 아내인 박 은옥의 단아한 노래를 더해 들어도 나쁠 것은 없다 생각됩니다. 다만, '5·18'은 너무 아리고 아파서 마냥 가라앉을 수도 있으니 웬만하면 피하는 게 좋겠습니다.

보이시나요? 보이실 겁니다. Cohen이 읊어주는 '혹독한 양심의 가책으로'(from bitter searching of the heart) '공화'(commonwealth)의 이념과 개념을 되새기고, 좀 더 큰 몫을 감당하기 위해 떨쳐 일어나서 '협량한 법과 예술을 고쳐 만들려고'(reshaping narrow law and art) 나서는 바람과 다짐의 모습들이 눈에 밟힐 겁니다. 정 태춘이 노래하는 '밤이 오는 소리'

기성찰'(self-reflection)과 '해석적 주장'(interpretive claim)을 하는 과정에서 개진되는 '배경 확신들의 복합망'(a complex web of background convictions) 등을 제시하는 Dworkin의 인식론은 형이상학 또는 존재론에 의지하지 않고도 이론구성이 가능한 점에서 Ricoeur의 '행동철학'(philosophy of action), '현상학적 자아 해석학'(phenomenological hermeneutics of the self), '텍스트 해석학'(hermeneutics of text)과 다르지 않다. R. Dworkin(Fn.436), 130-134면. Ricoeur의 '행동철학'과 인식론에 대한 요론으로는 Vincio Busacchi, "Why the Reality is Not Totalisable: An Introduction to Paul Ricoeur's Philosophy of Action", in: International Journal of Humanities and Social Science, Vol. 7(2017), 20-25면.

가 들리는 '시인의 마을'도, '바람에 부푼 황포 돛대'도 보일 겁니다. 해지는 고향으로 돌아오는 사람들이, 저녁상 차려 놓고 동구 밖에 나와 귀향하는 그들을 기다리는 사람들도 보이시지요. 선명하지는 않을 수 있지만, 어렴풋이 실루엣이라도 분명히 떠오를 것입니다. 보이게 되어 있으니까요!

들으셨나요? 들려오는가요? 살포시 미소 짓는 '반가사유상' 속 부처님의 보일 듯 말 듯 얼굴 주름 접히는 소리를 들으셨나요? 왼발 위에 포개 놓은 오른발 엄지발가락 살짝 치켜드는 은밀한 소리가 들릴 텐데 … 들려오던가요? 못 들으셨다면, 눈을 감고 차분하게 떠올려 보시면 들려주실 겁니다. 그래도 안 들리면 조바심 내지 말고, 짬 봐서 다시 커튼 치고, 눈 감고 잠시 숨을 고르면 들을 수 있을 겁니다.

나만 생각하고 내 것만 챙기는 사람, 오만과 편견에 사로 잡혀 있는 사특한 지식인, 노자 선생의 '금옥만당 막능지수'(金玉滿堂 莫能之守)라는 말씀이 제도적으로, 물리적·기술적으로 더 이상 맞지 않게 된 틈을 타서 곳간에 억만금을 싸놓고 주변을 돌아보지 못하는 천민자본가, 성찰무능력자이면서 오히려 성찰을 안내하고 권유하는, 오히려 속인(俗人)만 못한 성직자, 그리고 겸손과 절제라고는 모르고 힘자랑만 일삼는 정치건달, 완력으로 이웃을 못살게 구는 진짜 건달 … 이런 사람들만 아니면, 이런 사람들의 사납고 협량한 심성과 태도를 갖고 있지만 않으면 누구나 다 듣고 볼 수 있습니다. 돈과 권력, 지식, 완력 등등 이런 것들은 따지지 않고, 그냥 보여주고, 들려주기 때문입니다. 커튼 치고 눈 감고 보고 들으면 누구나 다 듣고 보고, 본래의 상념과 느낌을 공유할 수 있게 그렇게 되어 있습니다.

다만, 한 가지 자격조건은 있습니다. 쉬운 것 같지만, 어려운 조건입니다. 종종 유지하기 쉽지만은 않은 조건입니다. '희망의 원칙'(principle of hope)에 충실해야 하는 것입니다. 단연코 현명한 방책이 될 수 없는 절망은 선택하지 않아야 합니다. 잠깐의 실망이 아니라 희망을 포기하고 끊는 절망의 심연(深淵)에서는 듣고 볼 수가 없습니다. 환상의 유혹에 빠지는 것도 피해야 합니다. utopia를 꿈꾸는 것은 좋고 필요하기도 하지만, 현실을 외면하는 것은, 지속적으로 대면하지 않는 것은 망상(妄想)일 뿐입니다. 이 속에서는 헛것과 진짜 헛소리만 보이고 들립니다.

사족(蛇足)을 덧붙이자면, 이 책을 읽으며 무슨 말을 하는 겐지 잘 모르겠다는 내용이 있으면, 그냥 그런가 보다 하고 제쳐놓으십시오. 아마도 이 책을 읽는 독자 수준에서 이해가 되지 않는다면, 실제로 적지 않은 부분이 그러하다고 고백하거니와, 필자인 저도 잘 모르는 얘기일 것입니다. 생각이 말끔하게 정리되어 '동요'(動搖)를 벗어난 논제는 사실 거의 없습니다. 밥값 하는 체 하려고 전문가인양 구라를 폈다고 편하게 생각하시면 됩니다. 본문에서 소개한 김 제동의 헌법재담으로 대체해도 무방합니다.

필수조건은 아니고, 충분조건 하나는 더 얘기를 해야겠습니다. 나와 이웃에 대한 '연민'(憐愍; compassion)의 마음입니다. 요즘은 '아름답다'라는 의미로만 사용되지만, 근대 이전까지는 '가련하다'라는 의미로 쓰였다고 하는 '어여쁘다'라는 말의 어감이 제격인 아픔을 함께 하고 안타까워하는 '측은지심'(惻隱之心), 즉 공자님이 일러주시는 '인'(仁)의 태도입니다. 거창하게 '군자지도'(君子之道)를 들먹일 것 없이, 아마도 다소곳이 살아가는 사람들이라면 본래부터 제가끔 가슴에 품고 있는 심성일 것이니 별로 신경 쓸 것은 없습니다. 되도록 너그러워야, 너그러워지려고 애는 써야 좀 더 튼실해지고, 걸리적거리는 것들이 생겨도 방해받지 않고 유지될 수는 있을 겁니다.

공식적인 직함인지 그 지위와 역할은 잘 모르겠는데, 철학자이고 종교지도자로서 1991년부터 2013년까지 영연방의 'Chief Rabbi'를 역임한 J. Sacks는 '공공선의 회복'을 시대적 과제로 제시합니다. 그의 최근 저서 『Morality』(2020)에서 도덕적 모범 사례의 하나로 2001년 9·11 테러 당시 Canada의 Newfoundland 섬에 있는 Gander에서 벌어진 일을 소개합니다. 각설하고, World Trade Center와 Pentagon이 피격된 직후 당시 97국적의 약 7천 명의 승객을 태우고 있던 38대의 비행기가 미국 당국의 국경봉쇄조치에 따라 Gander 국제공항에 비상 착륙을 한 후 벌어진 일입니다. 심한 경우는 수하물 수색 등을 하는 동안 28시간까지 비행기 안에 머무르기도 하였고, 그 후 어디에 내렸는지 조차 모르는 황망한 상황에서 가족 친지들과의 통신조차 쉽지 않은 여러 날 동안 만여 명의 주민들이 아무 대가도 바라지 않고 따뜻하게 환대하고 돌봐 준 미담을 퇴락한 서구 자유민주주의의 개조의 가능성과 그 지향점을 보여준 일대 사건으로 주목합니다. 노동쟁의 중이었으나 즉시 파업을 중단하고 승객들을 숙소로 태워다 준 버스기사들, 치킨과 피자나 샌드위치를 무료로 제공해 준 음식점 주인들, 통신을 가능하게 도와 준 Newtel이라는 통신회사, 흔쾌히 숙소를 마련해준 학교, 구세군 center, 교회들을 비롯하여 승객들을 집에 초대하여 환대하고, 거리에서 만날 때 따뜻한 말과 시선으로 배려해주었던 많은 주민들 … 서구 사회가 잃어버린 도덕성과 서로 존중하고 배려하는 도덕적인 태도를 보았노라고 탄복합니다.[438]

도덕적 국수주의나 과한 자화자찬(自畵自讚)이라고 비난할지 모르겠지만, 우리들에게는 그다지 특별한 일은 아니지 않나요? 적어도 드물어서 보기 힘든 기적 같은 미담은 아닐 겁니다. 많이 아파봐서, 쌓인 설움과 한이 많아서 그런지 모르겠지만, 살아남기 위해 체득한 '환난상휼'(患難相恤)의 덕목과 함께 '정'(情; jeong)이 많은 다정(多情)한 우리네들에게는 그렇게까지 감동할 정도로 희소한 광경이 아니지 않습니까? 요즈음 조끔 약해지고 흐려졌는지 모르겠지만, 우리는 아직 그 정도는 아니라고 생각합니다. '인정'(人情)으로 '인정'(仁情)을 가슴에 품고 있는 우리는 잠깐 잠깐 쉬어가며 숨을 고르고 되새기기만 하면 됩니다. 그 본질상 '인정'(仁情)은 '지행합일'(知行合一)의 지침이 필요하지 않습니다. 그냥 품고 있으면 됩니다. '반가사유상'과 L. Cohen의 'Villanelle' 그리고 정 태춘의 소리를 함께 보고 듣자! 그러면서 '환기(喚起)된 헌법'을 다함께 상상하고, 생각해보자! 권하는 것도 바로 이미 우리가 품고 있는 것을 되짚어보고 되새겨보자는 것입니다.

---

438) J. Sacks(Fn.123), 295-299면.

아무튼 돈 드는 것도 아니니 일단 한 번 보고, 들어보십시다! 그 자체가 '우리'가 '주체'임을 자처하고 다짐하는 것이거니와, '헌법제정'은 시발점일 뿐이고, 계속 이어지는 '헌법 만들기'(Constitution-making)는 '우리 만들기'(We-making)이고, '우리 개조'(We-reshaping)입니다. 오롯이 그 주체인 '우리' 모두 함께 해보기를 소망합니다. 굳이 강조의 맥락에서 열거해보면, 헌법재판관들이 널찍한, 게다가 '집회 및 시위에 관한 법률'(제11조)에 의해 '재판관의 직무상 독립이나 구체적 사건의 재판에 영향을 미칠 우려가 없는 경우'와 '대규모 집회 또는 시위로 확산될 우려가 없는 경우 외에는' 100m 이내에서 '집회시위의 자유'까지 제한하면서 고즈넉한 분위기를 법으로 보장해주는 재판관실에서 헌법을 생각할 때, 다 같이 모여서 '평의'(評議)할 때, 대통령 집무실에서, 지나치다 싶을 정도로 커다란 국회의사당에서 중요한 국사결정을 할 때, 그리고 모든 공직자들이 다 해당되지만, 특히 법관과 검사를 비롯한 사법관리들이 '국민'의 이름으로, 법을 준거로 하여 고통의 벌책과 부담을 소구하고 강제하는 결정을 할 때 … 적어도 최종 결정을 내리기 전에 일종의 '의식화된 routine'으로 하면 어떨까 상상해봅니다. 그다지 많은 시간이 필요하지도 않고, 그냥 걸출한 조각품이니 괜스레 '우상숭배'나 그런 거 따져 물으며 '웃기는 소리' 말라고 내치지 말고 한 번 해보면 정말로 좋겠습니다.

깜냥이 되지 않아 자신은 없지만 … 사도(師徒) Paul이 열두 제자들의 격렬한 반대와 비난을 무릅쓰면서 주창한 것도 '율법'(律法)이 아니라 '객관적 진리'로서 Christ, 즉 하나의 정신과 '일자'(一者)로서 신념, 그리고 'vision' 아니었습니까? 신앙에 그대로 적용하는 것은 조심스럽고 또한 일상생활 속에서 '신념'이 배제될 수는 없겠지만, 최근에 한창인 인지과학(cognitive science)에서도 '신념'(belief)의 본질을 다소간에 '환상'(illusion)으로 보는 견해가 설득력 있게 주장되고 있습니다. 독립된 다양한 탐색과 판단의 수단들에 따라 '신념'의 '견고성'(robustness)에 대한 결론이 달리 나오기 때문에 이론적으로 단정할 수는 없으며 또한 일상적인 담론에서 '신념'이 완전히 배제될 수는 없습니다. 하지만 최근 심리학연구들을 통해 해명된 '신념'과 '행태의 선택' 간의 근본적인 불일치는 적어도 '신념'의 '취약성'(fragility)을 뒷받침하는 유력한 증거로 충분합니다. 이러한 점에서 과학적으로 객관성을 갖지 못하는 '신념'을 '하나의 통일된 범주'(a unified category)로 견지(堅持)하는 것은 인식현상에 대한 이해에 혼란만 더하고, 사람들의 행태에 대한 설명과 예측을 더 어렵고 부정확하게 만들 뿐이라는 실증적인 연구성과들이 적지 않습니다.439)

'비판적 합리주의'(kritischer Rationalismus)의 대표적인 철학자 중의 한 사람인 Hans Albert가 적확하게 주장하는 바와 같이, 우리의 삶에서 절실하게 필요한 '주관적인 확신'(subjektive Gewißheit)을 고려하면 '비판면제'(Kritikimmunität)를 전적으로 배제하는 것은 가당치 않지만, 늘 독단의 '교조화'(Dogmatisierung)는 경계해야 합니다.440) 앞에서 '공즉색'(空卽色)의 명제로 풀어 생각해본(주석 46번) "왜 오히려 비진리는 아닌가?"(Warum nicht lieber Unwahrheit?)라는 유명한 반문의 금언으로 Nietsche가 촉구한 것도 수천 년간 지속되어 온 철학의 교조와 이를 금과옥조(金科玉條)의 진리로 추종하였던 미몽(迷夢)에 대한 성찰입니다. 적어도 가끔은 우리의 진리를 되짚어보고, 확신체계의 모든 구성요소들에 대한 '합리성심사'를 해야만 합니다. 물론 여기에서 '합리성심사'는 '헌법심사'(constitutional review)의 맥락에서 말하는 이른바 '완화심사'(rational basis test)가 아니라, 당연히 '엄격심사'(strict scrutiny test)를 의미합니다.

자연과학을 포함하여 모든 학문의 핵심요소로 '회의'(skepsis)를 제시하는 Nietsche의 예지가 가장 도드라지는 분야가 바로 헌법학과 헌법해석론이라고 할 수 있을 것입니다. 가치규범인 헌법, 특히 기본권해석과 연관된 합헌성 심사의 맥락에서 '엄격심사'와 함께 해석자 자신의 엄정한

---

439) 대표적으로 W. C. Wimsatt, "Robustness, Reliability, and Overdetermination", in: M. B. Brewer/B. E. Collins(ed.), Scientific Inquiry and the Social Sciences, 1981, 124-63면; J. Christopher Jenson, "The Belief Illusion", in: The British Journal for Philosophy of Science, Vol. 67(2016), 965-995면.

440) H. Albert, Konstruktion und Kritik, 1972. 특히 '법률학'(Jurisprudenz) 또는 '법도그마틱'과 관련하여 인식론의 관점에서 제기하는 합리주의적 비판론은 221-242면.

자기성찰의 '합리성심사'를 요구하는 것도 가치(판단)의 본질적인 절대화 경향 때문입니다만, 비판과 성찰을 거부하거나 회피하는 신념은 학문론 및 인식론적으로 무가치하며, 개인적으로는 물론이고 종종 집단적으로도 치명적인 해악을 초래합니다. 큰 맘 먹고 신앙까지도 포함하여 갖고 있는 모든 '관'(觀)과 '신념'에 대한 — '확신'의 경우에는 더더욱 빼지 말고 엄격한 수준으로 — 전수검토를 한두 번 해보는 것은 나쁘지 않다 생각합니다. 특히 근본적인 가치판단과 이와 연계된 중차대한 결정을 하는 경우에는 더더욱 그렇습니다. E. Hobsbawm이 말하는 '위험한 눈가리개', 즉 자신을 정당화하는 신화화의 경향은 비단 역사에만 있는 것은 아닙니다. 이 눈가리개를 없애려고 시도하는 것 또는 적어도 이따금 조금이라도 들어 올리는 것도 역사가만의 과업은 아닙니다. 근대 민족과 민족주의의 역사를 되돌아보며 그가 말하는 선동적 역사와 이데올로기적 역사의 위험성은 개인의 인생사에서도 늘 경계해야 합니다.[441)]

적어도 마구잡이 '사이비 종교'는 아닌 듯한데, 'Bahá'í Faith'[19세기에 이란을 중심으로 하여 중동지역에서 창시되었으며 '세계가족'(world family)으로 인류 전체의 화합을 제창하는 신흥종교] 교도이며 대표적인 L. Wittgenstein '전문독해자' 중의 한 사람인 K. T. Fann이 Marx와 Wittgenstein, 그리고 '노자'(老子; Laotzu)의 철학을 관통하여 논하면서 '공자'(Confucius), '부처'(Buddha), '그리스도'(Christ), '모하메드'(Mohammed) 모두가 다 '신의 사자'(God's messenger)라고 하는 예지(叡智)[442)]를 새겨보는 것도 이런 성찰을 위해서입니다. Wittgenstein류 Marxist에서 '도(道)교도'(Taoist)로의 전향을 고백하면서 결국 '노자'의 '무위지위'(無爲之爲)의 명제로 되돌아오는 그의 철학적 귀거래사(歸去來辭)도 찬찬히 되짚어 볼 만 합니다:

441) E. Hobsbawm, 강 성호(역)(Fn.16), Chapter 3(역사는 현대 사회에 대해 무엇을 이야기해 줄 수 있나), 70-71면.

442) K. T. Fann, "Beyond Marx and Wittgenstein(A confession of a Wittgensteinian Marxist turned Taoist)", in: G. Kitching/N. Pleasants(ed.), Marx and Wittgenstein, 2002, 283면.

『In pursuing knowledge, one learns more every day. But in following Tao, one does less every day. Doing less and less until you do nothing. And When you do nothing, nothing is left undone.』[443)]

허나 저도 고백하건대, 기독교, 불교 신자도 아니고, '신'(神)도, '무신'(無神)도 확신하지 못하는 입장인지라, Rudolf Otto가 말하는 '외경'(畏敬; Wunder; awe), 즉 '엄청나고 매혹적인 신비'(mysterium tremendum et fascinans)의 체험은 상상조차 못합니다. 그저 "지혜에는 아이가 되지 마라, 악에는 아기가 되고, 지혜에는 어른이 되라"(Do not be children in understanding; however, in malice be babes, but in understanding be mature, 1 Corinthian 14, 20)는 말씀 소박하게 간직할 뿐입니다. 헌법을 공부하는 입장에서 "모든 것을 점잖게 하고, 질서 있게 하라"(Let all things be done decently and in order; 1 Corinthian 14, 40)는 성경의 지침도 되새겨보곤 합니다. 다만, Paul Tillich가 제시한 종교의 핵심, 즉 '궁극의 관심'(ultimate concern)[444)]에 대해서는 간혹 그 언저리라도 생각해보는 때가 전혀 없지는 않은 거 아니냐고 자문해봅니다.

'어원'(語源)이 연결되는지, 어떤 맥락에서 연결되는지는 잘 모르겠지만, '기도(祈禱)하다'라는 의미의 영어 단어 'pray'와 '먹다' 또는 '먹이'를 뜻하는 'prey'가 발음이 같은 것도 뭔가 '함의'가 없지 않을 것으로 생각됩니다. 없다고 하더라도, 그럴 듯하게 풀어보는 것은 오롯이 제 자유입니다. 영어사전을 찾아보면, 사람이 먹는 것과 먹거리를 뜻하는 'eat', 'food'나 초식동물의 먹이 또는 '사료'(飼料)인 'fodder'와는 구별하여 'prey'는 '약탈'이나 '전리품' 또는 맹수 등의 육식동물이 사냥하여 '포식'(捕食)하는 먹거리를 뜻하는 것으로, 다분히 부정적인 뉘앙스를 갖는 의미로 풀어 놓고 있습니다. 표면적인 모습과 행태의 특성, 그리고 그것을 보

443) K. T. Fann(Fn.442), 293면.
444) 오 강남/성 해영. 종교, 이제는 까달음이다, 2011, 27-35면에서 재인용함.

는 인간의 정서 등을 고려한 '범주화'와 그것을 언어와 개념에 반영한 취지와 함의는 인정되고, 어렵지 않게 파악됩니다.

하지만, 관점을 바꿔서 철학과 현상학의 차원에서 조금만 깊게 되새겨보면 언어의 '오도'(誤導)나, 대상과 언어의 '전도'(顚倒) 또는 개념의 '도착'(倒錯) 뭐 그런 것들이 아닌가 생각됩니다.[445] 선뜻 그 적실성을 인정하기 어렵습니다. 인간을 포함하여 모든 생명체가 다 '먹지 않으면 죽는다'는 진리명제와 '먹고 사는 삶'이라는 '현상'의 본질에서 뭐가 다른 것이 있는가 하는 의문 때문입니다. 다만, 정신과 영적 먹이를 필요로 하는 유일한 생명체로서 인간의 특수성을 조금만 더 새겨보면, 육체의 생존을 위해 먹는 것과 정신적 또는 영적 존재로서 먹이를 구하는 것이 다르지 않다는 그럴듯한 '유추'가 충분히 가능하지 않나요?

앞에서 인용한 S. Pinker의 "신앙심 깊은 체 하는 동물"(the sanctimonious animal)이라는 명제도 성급하게 단순한 '냉소'(冷笑)나 '도착'(倒錯)으로 폄하하기에는 적잖은 생각거리를 던져 줍니다. 만약 '광신'과 '냉소' 중에 택일이 불가피하다면, '냉소'가 그나마 더 낫다는 생각도 해봅니다. 특히 Hitler를 자신의 '주의'(主義) 또는 '대의명분'(cause)에 대하여 확신해마지 않았고, 자신의 판단을 광신적으로 '과잉도덕화'(overmoralize)한 '일종의 도덕적 채식주의자'(a moral vegetarian)라고 보는 관점, 말하자면 자기기만, 오만과 편견, 그리고 논리적으로나 심정적으로나 그렇지 않으면 오히려 이상한 것이거니와, 이에 따른 지극히 자연스러운 현상, 즉 이견을 갖고 있는 사람에 대한 '허가된 침해'(license aggression)의 위험성이 잠복된 '인간의 도덕화'의 역설은 통렬합니다.[446]

445) 동일한 문법관계에 구속되는 문장 속에서 상이한 복수의 의미를 하나의 단어로 표현하는 이른바 '액어법'(zeugma), '겸용법'(syllepsis)이라는 수사학의(rhetoric) 기법이 '유추'의 사고작용과 개념론에서 매우 중요한 의미를 갖는 논제로 주목되는데, 반대의 측면에서 '뜻은 다른데, 철자(綴字)는 다르되 발음이 같은 것'도 심상치 않은 언어학의 유래와 의미가 있지 않을까 추측해본다. 궁리의 숙제로 남겨 둔다. 다양한 예들과 함께 '액어법'에 관한 다양한 예시와 상론은 D. Hofstadter/E. Sander, 김 태훈(역)(Fn.29), 14-26면.

446) S. Pinker(Fn.43), 280면.

도덕의 '과유불급'(過猶不及)에 대한 Pinker의 경계는 신앙이나 정치적, 도덕적 신념의 내용과 무관하게 보편타당한 지침으로 생각됩니다. 우주만물(宇宙萬物)을 관통하는 '이치'(理致), 즉 '통도'(通道)에 대한 담론이려니 짐작만 할 뿐, 제대로 이해는 못하겠지만, '물리학'(physics)에서도 '실재론'(realism)을 둘러싸고 형이상학적 논의들이 한창입니다만,[447] '신념'(belief)으로서 '도덕적 판단'(moral judgement)의 '실재성'(reality)과 사실상의 '진리성', 그리고 특정한 입장이나 태도와 무관한 도덕관념, 즉 '도덕적 판단'의 '객관성'을 주창하는 '도덕실재론'(moral realism)도 수많은 철학자들의 형이상학적, 인식론적 도전으로 입지가 크게 흔들리고 있습니다. 그 귀추는 좀 더 지켜봐야겠지만, 아무튼 적어도 '의미의 공유'를 전제로 한 '도덕적 용어들의 공용'(co-referring with the moral terms)의 가능성 또는 그 크기에 대한 의문을 불식시키기 어려운 점 때문에 '도덕적 이견과 논쟁'(moral disagreement and dispute)에 대하여 정오(正誤)를 가르는 '실재론적 표준'(realist standard)은 '공인'(公認)되기 어려울 것입니다.[448]

물리학 및 형이상학의 차원에서 '가능한 것과 불가능한 것에 대한 존재론적 직관들'을 준거로 하여 사물의 본질과 속성 및 법칙을 추론하는 것의 인식론적 오류나, 논리와 경험만으로 이론의 진리성이 재단될 수 없다고 하는 점에 대한 지적은[449] '물리세계의 구조'를 탐색하는 물리학에서보다 '가치세계의 구조'를 형성해나가는 규범학에서 더욱 현실적이고 적확합니다. '법현실주의'(legal realism)도 그 일단이라고 할 수 있는 '실재론'을 둘러싼 이러한 담론의 맥락, 특히 경계(警戒)의 지점과 단서는 헌법이론 및 헌법해석론에도 그대로 해당됩니다. '법과 도덕의 단절'의 명제를 전제로 하는 실증주의 입장에서조차도 부정할 수 없는 바, 즉 '어의학'의 차원에서는 물론이고, 논리만으로 접근될 수 없는 가치문제, 과학이

447) F. Arntzenius(Fn.418), 특히 107-124면.

448) 이에 관한 요론으로는 Justin Horn, "Does Moral Disagreement Pose a Semantic Challenge to Moral Realism?", in: Philosophia, Vol. 48(2020), 1059-1073면.

449) F. Arntzenius(Fn.418), 1-2면.

답을 줄 수 없는 가치판단과 연관되는 점에서 '도덕적 용어들'과 '헌법용어들'(constitutional terms), 그리고 이들을 갖고 하는 '말놀이'의 '초문법'(meta grammar)의 본질, 특히 '가쟁성'(agonisticity; contestability)은 다르지 않기 때문입니다.

Pinker가 인용한 역사학자 Ian Buruma가 I. Kershaw의 Hitler평전에 대한 서평에서 "촌뜨기 같은 오스트리아 괴짜가 도대체 어떻게 그 수많은 사람들을 야만으로 치닫게 하는 것이 가능하였는가?"라고 되물으며 제시한 냉철한 단정의 함의를 새겨봅니다:

『진정한 신자들(true believers)은 냉소적인 수행자들(cynical operators)보다 더 위험할 수 있다. 후자는 타협을 할 수 있으나(might cut a deal); 전자는 단연코 막장까지 간다(have to go to the end) - 그리하여 자신들과 더불어 세계를 함께 타락시킨다(drag the world down with them).』[450)]

기후변화나 생물종다양성의 파괴를 비롯한 생태사회적(ecosocial) 위기를 야기한 법과 이를 규율하고 완화시키고 지속불가능한 인간행동과 체제를 전환하려고 나서는 법, 그리고 이 규제체제가 다시금 인간중심주의에 의해 '포획'(recaptured) 또는 '전복'(overridden)되는 악순환을 21세기 지구촌 차원의 trilemma로 보면서 James Tully가 제시하는 극복방안, 즉 '지속가능한 민주적 헌법주의'(sustainable democratic constitutionalism)도 그 핵심은 상호존중과 화해를 기반으로 하는 공생의 '통합'(integration)과 '비폭력 쟁의'(non-violent contestation)를 통한 진리탐구 또는 체제변환의 가능성을 확신하는 M. Ghandi의 'Satyagraha'입니다.[451)]

각설하고, 신앙과 '율법에 대한 충실'은 마땅히 절대 존중해야 할 주관적인 신념과 고유한 정체성의 문제이니 강권하지는 않겠습니다. 최 종태

450) I. Buruman, "Depravity Was Contagious"; Review of I. Kershaw's Hitler 1936-1945; Nemesis, in: New York Times Book Review, Dec. 10, 2000, 13면.

451) J. Tully, "Sustainable Democratic Constitutionalism and Climate Change", in: McGill Law Journal, Vol. 65(2020), 545-572면.

선생의 <두 사람>이라는 작품으로 대체하여도 좋습니다. 앞에 첨부하였던 <생각하는 사람>과 함께 보시죠.

'사람꽃'? 아니면 '꽃사람'? 작품 제목이 그렇듯이 그냥 '두 사람'이면 그만이지, 굳이 따져 물을 것은 없다고 생각됩니다만 … 두 사람 다 여성 또는 남성일까요? 아니면 남성과 여성일까요? 제게는 부부인 어른 남녀 한 쌍으로 보이고, 손을 모으고 있는 사람이 여성으로 보이는데, 그렇지 않나요? 꽃잎 같은 동그란 얼굴이 단아(端雅)합니다. 도대체 무엇을 생각하고 기원하는 것일까요? 내면의 소리에만 기울인 듯 귀는 감추어 보여줄 뿐입니다. 눈은 무언가를 또렷이 응시하는 듯 보이는데 무엇인지는 잘 모르겠습니다. 뭔가 나직하게 얘기할 것이 있는데 잠시 참는 듯 보이는 도톰하게 오물인 입과 도드라지되 살며시 그런 단순화한 1자 모양으로 전혀 건방져 보이지 않는 코도 함께 어우러져서 재밌는 표정을 자아냅니다.

〈생각하는 사람〉, 2012,
대리석 70x32.7x51.6cm

〈두 사람〉, 2012,
나무에 채색, 75x23x9.3cm

거창하고 엄숙하여 부담이 되는 '외경'까지는 아니고, 아무튼 뭔가 예정되어 있는 놀라운 것을 고대하는 듯 미세한 긴장감이 느껴집니다. 비례성은 전혀 의식하지 않은 듯, 가슴과 윗배를 다 덮을 정도로 길고 큰 두 손에서는 발랄하면서도 점잖은 절제를 유지하는 파격과 함께 명랑한 유모어와 위트도 느껴집니다. 다소곳한 손모음이 참으로 단정(端整)합니다. 나뭇가지의 움이 트는 찰나? 아니면 꽃망울이 막 터지기 직전의 긴장? … 왼손은 옆 사람의 등을 토닥여주고 있을 것으로 상상합니다만, 옆에서 지긋이 보듬어 주는 두툼하고 너부죽한 손의 모습도 제 조그만 손에 눈길을 주게 만듭니다. 아마도 일부러 그런 것으로 여겨지는데, 별로 눈에 띄지는 않는 반듯하게 모은 두 발의 모습은 가지런합니다.

굳이 '국민의례'와 같이 제도화할 것은 없으나, 결코 웃자고 하는 얘기는 아닙니다. 우리 시단(詩壇)에서 '계승하여 다음을 향하거나, 부정하고 다른 길을 찾아 떠나거나'[452] 둘 중의 하나의 선택을 숙제로 내주었다고 평가되는, "희망의 '내용'을 서술하지 않고 희망의 '형식'을 발생시킨다"[453]는 시인들의 선생, 희망의 시인 김 수영이 '지껄여라', '지껄여야만 한다'고 선동하는 '헛소리'는 시인들만의 '전유'(專有)는 아닙니다. "헛소리다! 헛소리다! 헛소리다! 하고 외우다 보니 헛소리가 참말이 될 때의 경이", '나무아미타불의 기적'은 오롯이 '시의 기적'일 뿐일 것입니다.[454] 다만, '헛소리' 하는 '헌법또라이'가 한 두어 명쯤 있는 것도 별로 나쁠 것은 없다고 생각합니다.

'혁명'을 하자는 것도 아니고, 여전히 중요한 화두이기는 하되, 여기에서 hegemony 문제를 논하자는 것도 아닌데, 까닭 모르게 문뜩 Antonio Gramsci가 연상됩니다. 일생(1891-1937)을 '존재와 의식', '물질과 정신', 그리고 '이론과 실행'의 변증법적 통일, 즉 '실천'(praxis)에 바쳤던, 지조(志

452) 황 인찬, 이 영준(엮음)(Fn.197), 표지 뒷면.

453) 김 행숙, 이 영준(엮음)(Fn.197), 표지 뒷면.

454) 김 수영, "시여 침을 뱉어라 - 힘으로서의 시의 존재"(1968), 이 영준(엮음)(Fn.107), 13면.

操) 높은 좌파 역사가 Eric Hobsbawm이 "아마도 정치이론가라고 불릴 수 있는 유일한 marxism 사상가"라고 평가한[455] A. Gramsci가 『옥중수고』(Selections from the Prison Notebook, 1971)에서 남긴 "지성의 비관, 의지의 낙관"(a pessimist because of intelligence, an optimist because of will)의 금언은 여전히 유효합니다. 아니 오히려 "공산주의가 없는"(Without Communism)[456] 세상에서 더 중요한 의미를 갖는 그의 예지(叡智)의 메시지는 우리도 예외가 아닌 바, 즉 자본주의와 민주주의의 위기 속에서 21세기 중반을 향해 내달리는 오늘날 더더욱 주목됩니다. 다만, 감히 한 마디 헛소리 더한다면, '또라이'는 감성과 의지뿐만 아니라 이성으로도 낙관하는 것 바로 그것입니다.

아마도 북한에서는 '또라이' 취급을 받았었을, 여전히 우리 모두의 소중한 시인 백 석도 혹시 '김씨왕조'(金氏王朝)의 독재체제와 전혀 주체적이지 못한 이른바 '주체사상'의 '수령론'과 '인간개조론'을 비판한 시들을 몰래 간직한 일기장에 담아 남겨 놓지는 않았을까요? 아마도 어려웠을 것 같은데, 어쩔 수 없어서 머리와 가슴에 묻고 갔다면 … 측은하고 안타깝습니다. 한 평론가가 '동독의 김 민기'라고 부르며 '독일 분단사의 상징'으로 본, 통일 전 동독의 대표적인 반체제 저항음유시인이었던 Wolf Biermann의 삶과 시도 떠올려봅니다.[457] 타락한 사회주의와 그 너머 탐욕의 자본주의 체제에서도 '이단'(異端)을 고집하면서, '절망적인 절망'이 아닌 '아늑한 절

455) E. Hobsbawm, "The Great Gramsci", in: New York Review of Books, 1974, 41면.

456) 주목받는 Gramsci 평전, 『Antonio Gramsci』(2010)를 출간하였고, 대표적인 Gramsci 전문가라고 할 수 있는 Antonio A. Santucci가 출간한 연구서의 제목이다. Senza Communismo. Labriloa, Gramsci, Marx, 2001.

457) 열정적인 사회주의자였지만, 동독의 체제와 정치엘리트를 신랄하게 비판하였던 Biermann은 1963년에 공산당 당원자격이 박탈 된 후 1976년 11월에 추방되기까지 (서독을 비롯한 해외나 동독의 지하출판의 세계에서 그의 영향력과 활동은 오히려 더 활발해졌지만) 적어도 동독에서는 철저하게 침묵하는 수밖에 없었다. 하지만 동독 당국은 온갖 억압과 정치공작을 통해 창작과 공연의 자유는 불허했지만, 그를 투옥하지는 않았고, 집안에서는 노래를 할 수 있게 '선처'(?) 해주었다고 한다. 류 신, 장벽 위의 음유시인 볼프 비어만, 2011, 309, 333-334면.

망', '희죽거리는 절망', '스스로를 니체의 포즈로 꾸미기까지 하는 절망'의 유행에 맞서서 그가 노래하는 '아직도 언제나 극렬한 희망'은 '체념'은 물론이고 '냉소'도 대안이 되지 못함을 분명하게 선언합니다.458) 앞에서 논의한 E. Bloch의 '희망의 원칙'을 단련(鍛鍊)해낸 듯이 보이는 시도 읽어봄직 합니다.

"모든 것을 이유 없이 희망하는 건, 바로/사랑이 이유를 필요로 하지 않는 것과 같기 때문에/ … 굴뚝은 단지 '이단'(Ketzerei)으로부터 연기를 피어 올리기 때문에/이단자(Ketzer)가 불에 타면 전에 없이 밝게 빛을 뿜고/어떠한 경우라도 멋지게 다시 부활하기 때문에" '거짓말쟁이의 희망설교'와 희망을 죽이는 '개자식'(Schweinehund)의 절망설파' 두 가지를 다 하겠다고 다짐합니다. 이 표현 많이 회자되지요 … 하지만 Wittgenstein의 말대로, 고통과 슬픔, 기쁨과 두려움과 반가움을 느끼고 그 감정을 짖음과 신음으로 표현할 수는 있어도 사람만큼 언어사용에 능숙하지 못한 개는 '희망'을 모를 것이고, '희망'이 없이는 '절망'도 없을 터인데, 허면 '희망'을 할 수 없는 것도 서러운데 아무런 이유도 없이 욕까지 먹는다면 개로서는 너무 억울한 '언어폭력' 아닌가요?

처절하기는 하되, 짐짓 "너무 많으면 건강에 안 좋으니 필요한 만큼만 취하라"(Nehmt was ihr braucht! - Zu viel is ungesund)고 살짝 비트는 위트의 단서를 붙이는 그의 '"Melancholie"459)는 '사무친 분통'(schwarze Galle)를 내뱉지만 그다지 침울(沈鬱)하지는 않습니다. 10년 이상 공연 및 출판금지조치가 내려지고, 우리의 중앙정보부 같이 악명 높았던 구 동독 비밀경찰 Stasi의 집중감시를 받는 암울한 상황에서 쓴 '격려'라는 시에서, 아마 우리들을 지칭하는 것일 수도 있는, '모질고 혹독한 충격의 시대'를 살아가는 '그대'에게 "굳어지지 말라", "혹독해지지 말라", "놀라지

---

458) W. Biermann, "Hoffnung", in: Verdrehte Welt, 1982, 184면; 류 신(Fn.457), 143면에서 재인용.

459) W. Biermann, "Melancholie"(1989); 류 신(Fn.457), 357면에서 재인용.

말라", "마모되지 말라"고 당부하며 "명랑함이 필요하다"고 넌지시 다독이는 뜻을 알듯 합니다.460)

'절망의 절망', 즉 '희망'은 빼고? 그렇지 않은 것 같습니다. 그러할 수도 없고 그래서도 안 되겠지만, 내 맘대로 되지 않는 세상, 간절하게 원하면 들어준다? 누가! 하나님이? "Hallelujah'에서 L. Cohen은 하소연합니다. "But now you never show it to me, do you?", "It's cold, very lonely, broken Hallelujah!" 부처님이? "나무아미타불!" 아니면 백마 타고 오는 '초인'(超人: Übermensch)이? 시간이? 역사가? 자꾸 되묻게 만드는 세상을 살다보니 '희망'도, 오히려 '희망'이야 말로 과하게 가지면 몸과 마음에 좋지 않았었던 것 같습니다. 어떤 상황에서든 역시 언제나 '중용'(中庸)이 현답인 듯합니다. 헌법학과 헌법해석의 핵심명제인 '조화'의 요체도 결국은 '중용'입니다. 판단의 실체적 내용과 관련해서 뿐만 아니라, 접근방법과 태도에서도 그러합니다.

숨을 고르고 생각해보면, "노~세 노세 젊어서 노세!" 일리가 있는 권유입니다! 자기목적적인 '그냥 놂'도 그러하지만, '헌법말놀이'도 Samuel Ullman이 말하는 '젊음'(Youth), '인생의 한 때'(a time of life)가 아니라 오롯이 '의지'(will)와 '상상의 수준'(quality of imagination), 그리고 '감성의 활력'(vigor of emotions)이 본질인 '마음의 상태'(a state of mind), 즉 용기와 이상을 버리지 않고, 사람들과 '신'(the infinite)으로부터 아름다움과 희망, 격려와 응원의 메시지를 수신하는 '청춘'의 몫입니다:

『...
Youth means a temperamental predominance
of courage over timidity,
of the appetite for adventure over the love of ease.
This often exists in a man of sixty more than a boy of twenty.

460) W. Biermann, "Ermutigung"(1996); 류 신(Fn.457), 339-340면에서 재인용.

Nobody grows old merely by a number of years.
We grow old by deserting our ideals …
In the center of your heart and
my heart there is a wireless station;
so long as it receives messages of beauty, hope, cheer, courage
and power from men and from the infinite,
so long are you young …』[461)]

'살아보자! 놀아보자!' 하는 곳에 길이 있다? Where there's a will, there's a way! Gott sei Dank! Gott sei Lob! God willing? "도덕은 이성의 응취(凝聚)다!", 즉 경험이 변하여 선험, 말하자면 일종의 '실체적인 문화심리구조'인 '도'(道)가 된다는 이른바 '경험변선험'(經驗變先驗)과 습속(習俗)에서 기원하는 '예'(禮)가 응집된 '종교적 도덕'의 명제를 제시하는 리쩌허우(李澤厚)의 『역사본체론』에서 그럴듯한 답이 찾아집니다.[462)] '걸식(吃食)철학'과 '낙감(樂感)문화', 그리고 구체적인 삶으로서 '내가 살아가며 시공간 속에서 자리를 잡음'(我活着)과 마찬가지로 오롯이 역사적 존재인 '나의 살아감에 대한 나의 의식'(我意識我活着)을 주목하는 '실용이성론'이 그것입니다. 과거에도 그러했고, 앞으로도 그렇습니다!

다만 '우리의 삶에 대한 사랑'과 '희망'만은 오롯이 홀로 선 개개인 스스로 간직해야 합니다. Dum vita est, spes est?(삶이 있는 한, 희망이 있다?) Dum spes est, vita est! 리쩌허우는 고전 중국철인의 '덕윤신'(德潤身: 덕이 몸을 윤택하게 한다)의 명제를 갖고 "나는 왜 미쳤지?"라는 가장 중요한 질문을 던지지 못하고 답하지도 못한 Nietsche의 철학, 특히 '초인'(Übermensch)의 서사를 "현대 산문세계의 실패작"이라고 단정하며 냉정하게 따져 묻습니다:

---

461) S. Ullman, "Youth", in: Armbrester E. Margaret, Samuel Ullman and "Youth": the life, the legacy, 1993.

462) 李 澤厚, 황 희경(역)(Fn.16).

『자신의 자각의식도 유지하지 못해서 마침내 미쳤는데 나머지는 말해 무엇 하겠는가?』463)

한편으론 너무 과감하고 둔탁한 비판이 아닌가 생각됩니다. '신'(神; God)의 '환기'(喚起; evocation)와 '신'을 향한 '기원'(invocation), 즉 그 개념과 본질이 '유물론'(唯物論)으로 포착될 수 없는 또는 포섭될 수 없는 것으로 전제되는 '신화 기반의 희망'(hope based on myth)인 '신앙'의 문제를 '탈신화화'하고 '세속화'하는 것이 '범주의 오류'가 아닌가 하는 의문이 들기

463) 李 澤厚, 황 희경(역)(Fn.16), 141면. 리쩌허우와는 맥락이 다르지만, Johannes Hirschberger는 '동양철학'은 없는 듯 치부하며 Platon에서부터 20세기의 신실증주의와 분석철학 까지 '서양철학사'만을 개관하면서 '철학사'라는 제목을 붙인 책에서 Nietsche의 '초인'(Übermensch)은 그가 죽었다고 외친 '신'을 대체하는 '새로운 신'(der neue Gott)이었다고 단언하였다. '개종'(Übergang)과 '파멸'(Untergang)을 넘어서 '피안'(彼岸; das anderen Ufer)에 이르는 다리로 제시된 '초인론'은 모든 것을 밀어 넣는 것이 가능한 '형체가 없는 윤곽'(Rahmen ohne Bilder)으로서 아무런 내용도 갖지 못하는 '허언'(虛言; leere Worte)이었으며, 결국 '일종의 방뇨'(ein Stallversuch)라고 할 수 있는 '망령시종'(妄靈侍從; geistreiche Gefolgschaft)에 불과하였다는 것이다. Geschichte der Philosophie(1953), 13. Aufl., 1988, 516-517면.
Nietsche가 멀쩡한 상태로 살아서 이러한 도발(挑發)들을 접했다면 어떻게 반응했을지 못내 궁금하다. 오히려 똥오줌 못 가리는 얘기로 치부하고, 그냥 못 들은 척 외면하였을까? 그가 '모든 가치의 재평가', '도덕과 진리에 대한 회의'와 함께 '새로운 즐거운 지혜'(a new, joyful wisdom), '지적 양심'(intellectual conscience) 등을 강조하며 말하는 '쾌활한 학문'(fröhliche Wissenschaft)의 차원에서 즐겁게 담론을 펼쳤을까? 서양철학계보에 속하는 Hirschberger에 대해서는 달리 대응할 수밖에 없었을 터이고, 다만, 그가 『즐거운 학문』(Die Fröhliche Wissenschaft, 제2판, 1886)에서 '병증' 자체를 인식조차 하지 못하여 '지속적인 변화'(Verwandlung)의 동인이 절멸되어 버린 가운데 추구되는 '중국식 착실함과 행복'을 '지적 둔감'의 결과로, 소름끼치는 '살아 있는 죽음'으로 폄하한 것을 보면 아마도 리쩌허우는 맹렬하세 반박하지 않았을까 짐작한다:
『중국은 대규모의 불만과 변화능력이 수 세기 이래 사멸된 국가의 좋은 예이다. 아마 유럽의 사회주의자와 국가우상숭배자는 생활의 개선·보증을 겨냥한 그들의 방책을 가지고 유럽에서도 쉽게 중국 같은 상황과 '행복'을 달성할 수 있을 것이다. 만일 그들이 여기에서 우선 저 병적이고 섬세하며 여성적인, 여전히 널려 있는 불만·낭만주의를 근절할 수 있다면 말이다. 그 난치병에 가까운 성격과 끝없이 변화하는 고뇌에 대해 유럽은 최고의 감사를 올려야만 하는 병자이다. 이렇게 끊이지 않는 새로운 사태, 즉 부단히 닥쳐오는 새로운 위험·고통과 그 타개책이 결국 지적인 민감성을 낳았다.』 곽 복록(역), 비극의 탄생/즐거운 지식, 2016, 198면, 주석 22번.

때문입니다. Platonism을 반대하는 이른바 '반형이상학'(Anti-metaphysik)의 '형이상학자'(Metaphysiker)인 Nietsche의 허무주의 철학이 정작 리쩌허우 자신이 이른바 '심리본체'로 수용한 Heidegger에 의해 계승된 것에 대한 해명은 찾아볼 수 없습니다. 또한 '형이상학'과 '종교'의 '배후세계'(Hinterwelt)를 경계하고 '삶의 세계'(Erde)에 충실을 요구하는 취지의 "신은 죽었다"(Gott ist tot)라는 단언도 "초감각적인 (형이상학의) 세계는 생동력을 갖지 못한다"(Die übersinnliche Welt ist ohne wirkende Kraft)[464]는 뜻으로 이해될 수 있는데 말입니다. 다만, 다른 한편으론 이런 자신감과 과감하고 단호한 태도 자체가 적잖이 부럽기도 합니다.

아무튼 '이상'과 '용기'를 버리고, 분노와 좌절 속에서 '희망'의 끈을 놓고 '체념'(諦念)에 빠진 사람은 미래지향의 가치생활규범인 헌법을 만들고 개조해 나가는 '주체', 최고규범인 헌법이 존중하고 응원해주는 '점잖은 주인'이 될 수 없습니다. R. M. Unger는 민주주의의 헌법정신과 사회적 연대 이념 간의 관계를 튼실하게 만들기 위한 역량으로 "공동체 이념 가운데 환상적 요소는 극히 적으면서 가장 견고한 지속성"을 갖는 '사랑'을 제시합니다. "삶에 대한 실망과 역사에 대한 놀라움을 가장 잘 견디게 하는 역할"[465]을 강조하는 '사랑론'은 자못 명랑하기까지 합니다. 비관한다고 해도 전혀 이상할 것이 없을 정도로 많은 세상의 모순에도 불구하고, 어떻게 그가 대안을 갖고 사람과 세상, 그리고 역사에 대한 낙관의 태도를 견지할 수 있었는지 알 듯합니다. 우리의 삶에 대한 '사랑'을 포기하지만 않으면 '희망'은 생기(生起)합니다. 드물지 않게 그러하지만, 가늘더라도 끈만 쥐고 있으면 됩니다.

마지막으로 아무튼! 해봤더니 별 다를 것 없다면 그만두어도 괜찮습니다. 그렇다 하더라도 좋은 시와 노래 읽고 듣고, 그냥 보면 넉넉해지고 차분해지는 걸작을 완상(玩賞)하는 것만으로도 그 자체가 요즘 많이 회자

---

464) J. Hirschberger(Fn.463), 525-526면.

465) R. M. Unger(Fn.78), 696-697면.

되는 '가성비'가 엄청 높은 '낙농'(樂農)이 아닌가요? 하늘나라에도 '언어'와 '말놀이'가 있을지, 있다면 어떤 것일지 모르겠지만 아마도 거기에서도 논어(論語)에 나오는 '지지자(知之者)와 호지자(好之者)보다 한 수 위인 낙지자(樂之者)'로 "digilog"를 설파하고, "언어적 소통과 비언어적 소통의 아슬아슬한 경계선에서 줄타기"를 하면서 "거시기 머시기"를 하고 있을 '말놀이' 국가대표 이 어령이 '진정한 창조와 아름다움'으로 풀어 보여주는 "집단 기억의 잔치=chaosmos: chaos x cosmos x osmos"466)는 '헌법말놀이'에도 그대로 맞아 떨어집니다:

『이 대회(광주 디자인 비엔날레, 2013년 9월: 필자 부기)에 참가하는 모든 사람은 서로의 생각과 느낌을 더듬고 애매한 것들을 짐작하고 이해하고, 그래서 함께 나눌 수 있는 집단 기억을 만들어내야만 한다.』467)

'집단적 공감'(collective common sense)이 응축된 헌법텍스트 마당에서 헌법언어와 함께, — 수식기호조차 모르는 깜냥으로 뭔 얘기인지 모르겠습니다만, 원자 및 양자물리학에서 '공시간'(空時間; spacetime)을 '물질의 한 형태'468)로 보면서 '우주만물의 순환적 진화'(cyclic evolution of the

---

466) 이 어령, 거시기 머시기, 2022, 72-91, 6, 9면.

467) 이 어령(Fn.466), 10면.

468) F. Wilczek, 김 희봉(역)(Fn.419), 73, 256면. "시공간이 물질과 본질적으로 다르지 않다는 아이디어에 저항하기 어렵다"고 토로하면서 공간은 "끊임없이 요동치는 젤리 같은 것"이라는 은유로 풀어서 되도록 이해하기 쉽게 설명해주는 Wilczek의 의도는 '물리학 문외한(門外漢)'에게는 별무소용이다:
『아인슈타인의 일반상대성이론에 따르면 공간은 일종의 물질이다. 공간은 동적인 존재이며, 휘기도 하고 움직이기도 한다 … 양자역학의 원리에 따르면 움직일 수 있는 것은 무엇이나 움직이며, 저절로 움직인다. 그 결과로 두 점 사이의 거리가 요동친다.』(72-73면)
'Black Hole'의 관념과 용어를 창시한 John A. Wheeler를 "일반상대성의 시인"이라 칭하면서 인용한 요약도 아주 쪼끔은 알 듯 모를 듯(?)하지만, 그가 기술한 바와는 달리 "알기 쉽지만 오해하기도 쉽고, 불완전한" 설명은 아니다. 이런저런 후속 설명에 귀를 기울여 봐도 무엇을 어떻게 오해하기 쉽다는 것인지, 무엇이 불완전하다는 것인지조차 가늠하기 어렵다:
『시공간은 물질에게 어떻게 움직일지 알려주고, 물질은 시공간에게 어떻게 휠지 알

Universe)의 가정의 전제 하에 논구하는 이른바 '시간결정'(時間結晶; crystals of time)[469]의 관념과 그 발상의 맥락이 유사한 것으로 짐작되는 — '현실과 utopia, 이데올로기'를 '동시성의 실재'(reality of cotemporalities)[470]로 갖고 '의미간'(意味間), '관념간'(觀念間), '어간'(語間)'과 그 속의 '상상간'(想像間)과 '생각간', '세계간'(世界間) 및 '가치간'(價値間)의 '균형'(symmetry)을 깨고 복원시키고, 다시금 깨고 복원시키면서 '요동(搖動)의 말놀이'를 하는 '헌법생각'과 '헌법해석'에 분명히 도움이 될 겁니다. '사랑'과 '희망'만 놓지 않고 보고 들으면 '겸손'과 '용기', '명랑함'과 '점잖음', '인정'(仁情), '연민', '절제'와 '중용'의 도(道) … 맛나고 영양가 높은 'conatus'의 젖을 공급해주는 '저비용 고효율'의 '낙농'(酪農)이 될 것으로 믿습니다! 이 어령이 설파하듯이 "마음까지 먹는 한국인"[471] 아닙니까? 큰마음까지 먹을 것은 없고 작은 마음으로도 충분하니, 맘먹고 한 번 해보시구려!!

하고 싶고, 밥값을 하려면 해야 할 말이 더 많기는 하지만, 깜냥이 안 되어 더 못하는 '말놀이'를 최근에 오랜만에 시집을 새로 낸 박 노해의 '긴 호흡'의 시 한 수로 마무리 합니다:

려준다.』(255-256면)

469) 대표적으로 J. Zakrzewski(Fn.414); F. Wilczek, "Quantum Time Crystals", in: Physical Review Letters, Vol. 109(2012)(16), 160401.

470) 다양한 사건의 발생과 존재하는 사물들의 '동시성'은 '해석학'의 대가인 P. Ricoeur가 '의미의 보편성'을 주목하여 텍스트의 '탈역사화' 및 '이념성의 영역으로의 전이'와 이를 통한 '의사소통영역의 무한확장'의 가능성을 해명하면서 주장한 텍스트 또는 그 속에 담겨진 의미의 '시간편재성'(omnitemporality)을 공시적인 관점에서 표현한 특성으로 여겨진다:
『하나의 말-사건은 '의미의 보편성' 안에서 사건을 극복함으로써 새로운 말-사건을 산출하는 것이다.』 P. Ricoeur, 김 윤성/조 현범(역)(Fn.424), 154면.

471) 이 어령(Fn.466), 32-33면.

『세계에 대한 참된 이해를 바탕으로
자신을 굳게 신뢰하는 것

쉽게 인정받거나 쉽게 실망하지 말고
숫자에 좌우되지 않고 나아가는 것

결코 이해할 수 없는 서로의 고독을
기꺼이 견지하며 함께 걸어가는 것

완전한 일치를 바라지 말고
고유성을 품고 공동으로 협력하는 것

삶의 자율과 인간의 위엄을 지키며
불의와 맞서 끈질기게 전진하는 것

좋을 때나 나쁠 때나 긴 호흡으로
사랑하고 일하고 정진하는 것』[472)]

---

472) 박 노해(Fn.189), “자기 해방의 태도”, 72면.

참고문헌

〈국내문헌〉

-. 단행본

강 준만, 좀비정치, 2022.

계 희열(편역), 헌법의 해석, 1993.

기 형도, 입 속의 검은 잎, 재판, 1994.

김 경용, 기호학이란 무엇인가, 1994.

김 도균(엮음), 한국 법질서와 법해석론, 2013.

김 수영, "거대한 뿌리"(1964), 거대한 뿌리, 개정판, 1998.

김 영진, 백석평전, 2011.

김 응교, 백석과 동주 서른세 번의 만남, 2020.

김 재용(엮음), 백석전집, 개정증보판, 2011.

김 제동, 당신이 허락한다면 나는 이 말 하고 싶어요, 2018.

김 지하, 타는 목마름으로, 창비시선, 1982.

김 형국, 하늘에 걸 조각 한 점 - 최 종태 예술의 사회학, 2018.

노 명식, 자유주의의 역사, 2011.

류 신, 장벽 위의 음유시인 볼프 비어만, 2011.

박 노해, 사람만이 희망이다, 1997.

박 노해, 너의 하늘을 보아, 2022.

박 은정, 자연법사상, 1987.

백 기완, 버선발 이야기, 2019.

신 경림, 신 경림의 시인을 찾아서 2, 2002.

안 도현(엮음), 검은 시의 목록, 2017.

양 천수, 법해석학, 2017.

양 해림, 현상학과의 대화, 2003.

오 강남/성 해영. 종교, 이제는 까달음이다, 2011.

윤 동주, 하늘과 바람과 별과 시, 하서명작선, 1996.

이 덕연, 법도그마틱과 은유, 2012.

이 산하, 악의 평범성, 2021.

이 상돈, 법이론, 1996.

이 상돈, 기초법학, 제2판, 2010.

이 상돈, 법의 춤, 2012.

이 어령, 거시기 머시기, 2022.

이 영준(엮음), 시여, 침을 뱉어라, 2022.

이 정우, 접힘과 펼쳐짐, 2000.

정 지용, 鄭芝溶詩集, 1935.

정 지용, 鄭芝溶 시와 산문, 1987.

천 상병, 아름다운 이 세상 소풍 끝내는 날, 1991.

최 규환, 헌법재판소의 법률해석, 2020.

최 장집, 민주화 이후의 민주주의, 2010.

표 창원, 게으른 정의, 2021.

한 수웅, 헌법학, 제10판, 2020.

함 석헌, 뜻으로 본 한국역사(1950), 개정판, 1965.

허 영, 한국헌법론, 전정 제16판, 2021.

허 영, 헌법이론과 헌법, 신9판, 2021.

-. 논문

강 두식, "니체의 생애와 사상", 인간적인 너무나 인간적인, 강두식(역), 1987, 부록, 913-1047면.

계 희열, "서론", 계 희열(편역), 헌법의 해석, 1993. 9-19면.

김 도균, "우리 대법원 법해석론의 전환: 로널드 드워킨의 눈으로 읽기 - 법의 통일성(Law' Integrity)을 향하여", 김 도균(엮음), 한국법질서와 법해석론, 2013, 275-315면.

김 문현, "헌법해석방법으로서 원의주의에 대한 검토", 헌법재판연구, 제3권 제2호(2016), 131-176면.

김 민배, "헌법해석과 원의주의의 쟁점", 헌법논총, 제2집(2016), 63-140면.

김 성수, “독일 신사조 행정법학의 실천분야와 보장국가론”, 토지공법연구, 제78권(2017), 145-168면.

김 성수, “독일의 신사조행정법학 사반세기 - 평가와 전망”, 강원법학, 제51권(2017), 321-353면.

김 정오, “미국 비판법학의 흐름과 동향”, 법과 사회, 제10권(1994), 239-263면.

박 은정, “법관과 법철학”, 서울대학교 법학, 제53권 제1호(2012), 299-324면.

신 경림, “다시 책읽기에 재미를 붙이기까지”, 창작과 비평, 1994, 겨울호, 201면.

양 천수, “개념법학과 이익법학을 넘어선 법도그마틱 구상”, 성균관법학, 제18권 제1호(2006), 575-599면.

이 덕연, “텍스트학의 관점에서 본 헌법해석의 이해”, 헌법판례연구 제4집(2002), 91-112면.

이 덕연, “정당국가적 대의민주제에서의 선거와 정당에 대한 헌법재판소의 결정평석”, 담론과 해석: 헌법평론집, 2007, 142-162면.

이 덕연, “헌법으로 본 빈곤(사회양극화)문제와 예산과정”, 공법연구, 제39집, 2011, 249-251면.

이 덕연, “법인식작업의 본질 - 법인식과 법감정”, 언어권력으로서 사법권과 헌법, 2014, 3-83면.

이 덕연, “헌법철학과 (정치)경제헌법해석론으로 본 ‘포용국가’ 및 ‘사회적 시장경제”, 헌법학연구, 제25권, 2019, 97-125면.

이 상돈, “헌법재판의 법이론적 전망”, 김 도균(엮음), 한국 법질서와 법해석론, 2013, 667-685면.

이 원우, “21세기 행정환경의 변화와 행정법학방법론의 과제”, 행정법연구 제48호(12017), 83-112면.

〈외국문헌〉

-. 단행본(번역서 포함)

H. Albert, Konstruktion und Kritik, 1972.

R. V. Alexandriwicz/Yh.-Ch. Gablonski/J. Glück(Hg.), Psychology, 2014.

A. R. Amar, Unwritten Constitution, 2012.

K. A. Appiah, Thinking It Through, 2003.

A. Arblaster, The Rise and Decline of Western Liberalism(1984), 조 기제(역), 서구 자유주의의 융성과 쇠퇴, 2007.

F. Arntzenius, Space, Time, and Stuff, 2012.

J. M. Balkin, Living Originalism, 2011.

A. Barak, The Judge in a Democracy, 2006.

R. E. Barnett, Restoring the Lost Constitution, 2004.

R. E. Barnett, The Structure of Liberty, 2nd ed, 2014.

Ch. Becker, Was bleibt? Rechts und Postmoderne, 2006.

O. Behrends/W. Henkel(Hg.), Gesetzgebung und Dogmatik, 1989.

E. Bellamy, Matthew Beaumont(ed.), Looking Backward 2000-1887, 2007.

I. Berlin, Liberty Incorporating Four Essays on Liberty(1995), 박 동천(역), Isaiah Berlin의 자유론, 2006.

G. W. Bertram, Sprachphilosophie zur Einführung(2011), 정 대성(역), 언어, 의미 그리고 철학, 2015.

S. Blackburn, Think(1999), 고 현범(역), 생각, 2002.

E. Bloch, Das Prinzip Hoffnung(1959), Neville Plaice/Stephen Plaice/P. Knight (trans.), The Principle of Hope, 1986.

S. Bracker, Kohärenz und juristische Interpretation, 2000.

L. Brandt, The Commincative Mind: A Linguistic Exploration of Conceptual Integration and Meaning Construction, 2013.

Ph. Bobbitt, Constitutional Interpretation, 1991.

E.-W. Böckenförede, Zur Lage der Grundrechtsdogmatik nach 40 Jahren Grundgesetz, 1990.

P. Bourdieu, The Field of Cultural Production, 1993.

F. Braudel, Civilisation Martérielle, Économie et Capitalisme; Tome 2. Les jeux de l'échange(1986), 주 경철(역), 물질문명과 자본주의 II-1, 교환의 세계 상, 1996.

A. Buchanan/R. Powell, The Evolution of Moral Progress - A Biocultural Theory, 2018.

J. Burnham, Suicide of the West; an Essay on the Meaning and Destiny of Liberalism(1964), 이 택휘(역), 자유주의 운명, 1987.

I. Buruman, "Depravity Was Contagious"; Review of Ian Kershaw's Hitler 1936-1945; Nemesis, in: New York Times Book Review, Dec. 10, 2000, 13면.

E. H. Carr, What is History?(1961), 김 택현(역), 역사란 무엇인가, 1997.

F. Capra/P. L. Luisi, The Systems View of Life, 2014.

H.-J. Chang, 23 Things They Don't Tell You About Capitalism(2010), 김 희정/안 세민(역), 그들이 말하지 않는 23가지 장하준 더 나은 자본주의를 말하다, 2010.

J.-P. Changeux/P. Ricoeur, M. B. De Bevoise(trans.), What makes us think?, 2000.

P. T. de, Chardin, The Phenomenon of Man, 1955.

N. Chater, The Mind is Flat(2018), 김 문주(역), 생각한다는 착각, 2021.

N. Chomski, Profit over People(1999), 강 주현(역), 그들에게 국민은 없다, 1999.

N. Chomski, Rogue States(2000), 장 영준(역), 불량국가, 2001.

R. Christensen, Was heißt Gesetzesbindung?, 1989.

J. Cohen, Philosophy, Politics, Democracy: Selected essays, 2009.

H. Cox, The Market as God(2016), 유 강은(역), 신이 된 시장, 2018.

D. Coyle, The Economics of Enough, 2011.

R. Dahl, On Democracy, 2000.

L. Dahlberg(ed.), Visualizing Law and Authority: Essays on Legal Aesthetics, 2012.

Ch. Degenhart, Systemgerechtigkeit und Selbstbindung des Gesetzgebers als Verfassungspostulat, 1976.

G. Deleuze/F. Guattari, Qu'est-ce que la philosophie?(1991), 이 정임/윤 정임(역), 철학이란 무엇인가, 1995.

D. C. Dennett, Kinds of Minds(1996), 이 희재(역), 마음의 진화, 2006.

E. Denninger, Staatsrecht: Einführung in die Grundprobleme des Verfassungsrechts der Bundesrepublik Deutschland, Bd. I, 1973.

M. R. Dimino, “Image is Everything: Politics, Umpire, and The Judicial Myth”, in: Harvard Journal of Law & Public Policy, Vol. 39(2016), 397-413면.

R. Dreier, Recht-Moral-Ideologie, 1981.

H. L. Dreyfus, What Computers can‘t Do: The Limits of Artificial Intelligence, 1972.

P. F. Drucker, Management Challenges for the 21st Century(1999), 이 재규(역), 21세기 지식경영, 1999.

M. Dummett, The Seas of Language, 1993.

R. Dworkin, Taking Rights Seriously, 1977.

R. Dworkin, Law's Empire, 1986.

R. Dworkin, Freedom's Law: The Moral Reading of the American Constitution, 1996.

R. Dworkin, Law's Empire(1986), 장 영민(역), 법의 제국, 2004.

R. Dworkin, Justice for Hedgehogs, 2011.

R. Dworkin, Religion without God, 2013.

D. Dyzenhaus/M. Thorburn(ed.), Philosophical Foundations of Constitutional Law, 2016.

K. Engisch, Wahrheit und Richtigkeit im juristischen Denken, 1963.

K. Engisch, Logische Studien zur Gesetzesanwendung, 3. Aufl., 1963.

R. A. Epstein, Why Progressive Institutions are Unsustainable, 2011.

J. Esser, Vorverständnis und Methodenwahl in der Rechtsfindung, 1972.

G. Fauconnier, Mapping in Thought and Language, 1997.

A. Ferrara, The Democratic Horizon - Hyperpluralism and the Renewal of Political Liberalism, 2014.

S. Fish, Doing What Comes Naturally, 1999.

L. Fisher, Constitutional Dialogues Interpretation as Political process, 1988.

R. Forst, Das Recht auf Rechtfertigung, 2007.

E. Forsthoff, Der Rechtsstaat der Industriegesellschaft, 1971.

M. W. Fowler, Democratic Equilibrium - The Supply and Demand of Democracy, 2015.

Del Santo Padre, Francesco, EVANGEL II GRADIUM(2013), 한국천주교중앙협의회(역), 복음의 기쁨, 2014.

H. -G. Gadamer, Wahrheit und Methode. Grundzüge einer philosophischen Hermeneutik, 3. Aufl., 1972.

H. -G. Gadamer, Philosophical hermeneutics, 1976.

N. Garber/S.-Ch. Lee, Derrida and Wittgenstein(1994), 이승종/조성우(역), 데리다와 비트겐슈타인, 1998.

W. Gast, Juristische Rhetorik, 5. Aufl., 2015.

C. Geertz, The Interpretation of Cultures: Selected Essays, 1973.

C. Geertz, The Interpretation of Cultures(1973), 문 옥표(역), 문화의 해석, 1998.

C. Geertz, Local Knowledge, 1983.

J. H. Gill, Wittgenstein and Metaphor, 1996.

E. Gola/F. Ervas(ed.), Metaphor in Focus: Philosophical Perspectives on Metaphor Use, 2013.

J. Gray, Post-liberalism Studies in political thought, 1993.

J. Gray, Isaiah Berlin, 1995.

K. Greenawalt, Law and Objectivity, 1992.

P. Häberle, Verfassung als öffentlicher Prozeß, 3. Aufl., 1988.

P. Häberle, Verfassungslehre als Kulturwissenschaft, 1998.

J. Habermas, Faktizität und Geltung: Beiträge zur Diskurstheorie des Rechts und des demokratischen Rechtsstaats, 1992.

J. Haidt, The Emotional Dog and Its Rational Tale; A Social Intuitionist Approach to Moral Judgment(2001). 강 인구(역), 도덕적 판단에 대한 사회적 직관주의 모델, 2003.

Ch. H. Ham/S. H. Kim, MAKING WE THE PEOPLE - Democratic Constitutional Foundation in Postwar Japan and South Korea, 2015.

J. Harenberg, Die Rechtsdogmatik zwischen Wissenschaft und Praxis. Ein Beitrag zur Theorie der Rechtsdogmatik, 1986.

H. L. A. Hart, The Concept of Law(1961), 3rd. ed., 2012.

G. Haverkate, Gewißheitsverluste im juristischen Denken, 1977.

T. Hawkes, Structuralism and Semiotics(1977), 정 병훈(역), 구조주의와 기호학, 1984, 199면 이하.

M. Heidegger, Holzwege, 1957.

M. Heidegger, 신 상희(역), 숲 길, 2007.

F. Hendriks, Vital Democracy - A Theory of Democracy in Action, 2010.

K. Hesse, Grundzüge des Verfassungsrechts der Bundesrepublik Deutschland, 18. Aufl., 1991.

W. Heun, Funktionell-rechtliche Schranken der Verfassungsgerichtsbarkeit, 1992.

E. E. Hirsch, Zur juristischen Dimension des Gewissens und der Unverletzlichkeit der Gewissensfreiheit des Richters, 1979.

J. Hirschberger, Geschichte der Philosophie(1953), 13. Aufl., 1988.

E. Hobsbawm, On History(1997), 강 성호(역), 역사론, 2002.

D. Hofstadter/E. Sander, Surfaces and Esences - Analogy as the fuel and fire of Thinking(2013), 김 태훈(역), 사고의 본질, 2017.

A. Honneth, Kampf um Anerkennung(1992), 문 성훈/이 현재(역), 인정투쟁, 2011..

C. E. Hughes, Adress, 1980.

G. Huscroft(ed.), Expounding the Constitution: Essays in Constitutional Theory, 2008.

J. Ipsen, Staatsrecht Ⅱ, Grundrecht, 2003.

A. de Jesay, The State, 1985.

M. Jestaedt, Die Verfassung hinter der Verfassung, 2009.

H. Kelsen, Hauptprobleme, 1923.

H. Kelsen, Allgemeine Staatslehre, 1925.

R. M. Kempson, Presupposition and the Delimitation of Semantics, 1975.

L. Kennedy, Understanding Hermeneutics, 2014.

S M. Kim, Democracy After Virtue - Toward Pragmatic Confucian Democracy, 2018.

P. Kirchhof, Das Gesetz der Hydra Gebt den Bürgern ihren Staat zurück!, 2006.

E. F. Kittay, METAPHOR, 1987.

M. Klatt, Theorie der Wortlautgrenze, 2003.

R. Koselleck, Vergangene Zukunft, Zur Semantik geschichtlicher Zeiten, 9. Aufl. 2015.

Z. Kövecses, Metaphor in Culture: Universality and Variation, 2005.

M. H. Kramer, Objectivity and the Rule of Law, 2007.

M. H. Kramer, "Working on the inside: Ronald Dworkin's Moral Philosophy", in: Analysis Reviews, Vol. 73(2013), 118-129면.

D. L. Krebs, The Origins of Morality - An Evolutionary Account, 2011.

M. Kriele, Theorie der Rechtsgewinnung - entwickelt am Problem der Verfassungs-interpretation, 1967.

K.-H. Ladeur, Kritik der Abwägung in der Grundrechtsdogmatik, 2004.

G. N. Lakoff/M. Johnson, Metaphors We Live By(2003), 노 양진/나 익주(역), 삶으로서의 은유, 2006.

M. N. Lance/J. O'Leary-Hawthorne, The Grammar of meaning: Normativity and semantic discourse, 1997.

H. Landemore, Democratic Reason: Politics, collective intelligence, and the rule of the many, 2012.

K. Larenz, Methodenlehre, 4. Aufl., 1979.

Ch. Larmore, The Morals of Modernity, 1996.

Ch. Larmore, The Autonomy of Morality, 2008.

M. J. Lee, PACHINKO, 2017.

李 澤厚, 歷史本體論(2002), 황 희경(역), 역사본체론, 2004.

C. L. Lewis, Christian Reflections, 1967.

W. Lippmann, Public Opinion, 1922.

K. N. Llwellyn, The Bramble Bush, 4th ed., 2008.

W. Lucy, Law's Judgement, 2017.

N. Luhmann, Legitimation durch Verfahren, 1969.

N. Luhmann, Rechtssystem und Rechtsdogmatik, 1974.

N. Luhmann, Die soziologische Beobachtung des Rechts, 1986.

N. Luhmann, Das Recht der Gesellschaft, 1993.

N. Luhmann, Die Gesellschaft der Gesellschaft, 1998.

N. MacCORMICK, Legal Reasoning and Legal Theory, 1978.

J. S. Maloy, Democratic Statecraft: Political Realism and Popular Power, 2013.

P. T. Manicas, A Realist Philosophy of Social Science, 2006.

Ph. Manow, (Ent-)Demokratisierung der Demokratie, 2020.

D. E. Marietta Jr., Beyond Certainty A Phenomenological Approach to Moral Reflection, 2004.

A. Maslow, The Psychology of Science: A Reconnaissance, 1966.

D. N. McCloskey, Knowledge and persuasion in economics, 1994.

John McGuire, Cynical Suspiscions and Platonist Pretentions: A critique of Contemporary Political Theory, 2018.

H. L. Mencken, Prejudices: First, Second, and Third Series, 2010.

H.-G. Moeller, Luhmann Explained, 2006.

H. Monhaupt/D. Grimm, O. Brunner/W. Conze/R. Koselleck(ed), Geschichtliche Grundbegriffe, Verfassung(1975), 송 석윤(역), 코젤렉의 개념사 사전20 - 헌법, 2012.

M. Mostafavi/D. Leatherbarrow, On Weathering(1993), 이 민(역), 풍화에 대하여, 2021.

F. Müller, Strukturierende Rechtslehre, 2. Aufl., 1994.

R. Müller, Die Metapher: Kongnition, Korpuslinguistik und Kreativität, 2012.

F. Müller/R. Christensen, Juristische Methodik, Bd. I, 8. Aufl., 2002.

F. Müller/R. Christensen/M. Sokolowski, Rechtstext und Textarbeit(1997), 이 덕연(역), 법텍스트와 텍스트작업, 2005.

G. Myrdal, 홍 문신(역), 사회과학방법론, 1990.

F. W. Nietsche, Menschliches, Allzumenschliches(1878), 강 두식(역), 인간적인 너무나 인간적인, 1987.

F. W. Nietsche, Jenseits von Gut und Böse(http://gutenberg2000.de/nietzsche/jenseits/0htmldir.htm).

F. W. Nietsche, Die Fröhliche Wissenschaft(2. Aufl., 1886), 곽 복록(역), 비극의 탄생/즐거운 지식, 2016, 145-453면.

P. Ochoa Espejo, The Time of Popular Sovereignty: Process and the Democratic State, 2011.

A. Oesterhelt, Geschichte der Heimat, 2021.

C. K. Ogden/I. A. Richards, The Meaning of Meaning: A Study of the Influence of the Language upon the Thought and the of Science of Symbolism, 1923.

R. E. Palmer, Hermeneutics(1969), 이한우(역), 해석학이란 무엇인가?, 2004.

D. N. Perkins, The Mind's Best Work, 1981.

S. Pinker, The Language Instinct, 1994.

S. Pinker, The Blank Slate, 2003.

M. Pöcker, Stasis und Wandel der Rechtsdogmatik, 2007.

M. Polanyi, Tacit Dimension(1966), 김 정래(역), 암묵적 영역, 2015.

K. Polanyi, The Great Tranformation, 1944.

R. Posner, How Judges Think, 2008.

A. Przeworski, Why Bother with Elections?, 2018.

J. Rauch, The Constitution of Knowledge A Defense of Truth(2021), 조 미현(역), 지식의 헌법, 2021.

J. Rawls, Collected Papers, 1999.

J. Rawls, Justice As Fairness, 2001.

J. Rawls, Political Liberalism, expanded ed. 2005.

F. Reimer, Verfassungsprinzipien, 2001.

P. Ricoeur, La métaphore vive(1975); R. Czerny etal.(trans.). The Rule of Metaphor, 1977.

P. Ricoeur, Interpretation Theory: Discourse and the Surplus of Meaning(1976), 김 윤성/조 현범(역), 해석이론, 1994.

P. Ricoeur, Le Conflit des Interprétation(1969), 양 명수(역), 해석의 갈등, 2001.

P. Ricoeur, Hermenneutics and the Human Sciences: Essays on language, action and interpretation(1981), 윤 철호(역), 해석학과 인문사회과학, 2003.

R. Root-Bernstein/M. Root-Bernstein, Spark of Genius(1999), 박 종성(역), 생각의 탄생, 2007.

R. Rorty, Contingency, irony, and solidarity, 1989.

G. N. Rosenberg, The Hollow Hope Can Courts Bring About Social Change?(1991), 2nd ed., 2008.

D. Runciman, Political Hypocrisy, 2008.

D. Runciman, Coup! Catastrophe! Technological Takeover!(2018), 최 이현(역), 쿠데타, 대재앙, 정보권력: 민주주의를 위협하는 새로운 신호들, 2020,

B. Rüthers/Ch. Fischer/A. Birk, Rechtstheorie, 7. Aufl., 2013.

J. Sacks, Morality, 2020.

C. Sagan, Cosmos(1980), 홍 승수(역), 코스모스, 2004.

M. Sandel, Justice(2009), 김 명철(역), 정의란 무엇인가, 2014.

M. Sandel, 김 선욱 외 5명(역), 공동체주의와 공공성, 2008.

M. Sandel, Why Morality(2005), 안 진환/이 수경(역), 왜 도덕인가?, 2010.

M. Sandel, The Tyranny of Merit(2020), 함 규진(역), 공정하다는 착각, 2020.

A. A. Santucci, Antonio Gramsci, 2010.

F. de Saussure, 최 승언(역), 일반언어학강의, 1990,

A. Scalia, A Matter of Interpretation, 1997.

A. Scalia/Bryan A. Garner, Reading law: the interpretation of legal texts, 2012.

F. W. J. Schelling, Philosophische Untersuchungen über das Wesen der menschlichen Freiheit und die damit zusammenhängenden Gegenstände(1980), 한 자경(역), 인간자유의 본질, 1998.

E. Schmitt-Aßmann, Das Allgemeine Verwaltungsrecht als Ordnungsidee, 2. Aufl., 2006.

E. Schmitt-Aßmann, Verwaltungsrechtliche Dogmatik, 2013.

A. Schmitt Glaeser, Vorverständnis als Methode, 2004.

H. Schulze-Fielitz, Staatsrechtslehre als Mikrokosmos, 2013.

J. A. Schumpeter, Capitalism, Socialism and Democracy, 1942.

G. F. Schuppert, Funktionell-rechtliche Grenzen der Verfassungsinterpretation, 1980.

G. F. Schuppert/Ch. Bumke, Die Konstitutionalisierung der Rechtsordnung, 2000.

J. Searle, Liberté et Neurobiologie(2004), 강 신욱(역), 신경생물학과 인간의 자유, 2010.

A. Scott-Baumann, Ricoeur and the Hermeneutics of Suspicion, 2009.

S. J. Shapiro, Legality, 2011.

K. Simms, PAUL RICOEUR, 2003.

P. Sloterdijk, Critique of Cynical Reason, 1987.

N. J. Smith, Vagueness and Degrees of Truth, 2008.

T. Snyder, On Tyranny: Twenty Lessons from Twentieth Century, 2017.

A. Somek, Rechtliches Wissen, 2006.

J. Stiglitz, 이순희(역), Price of Inequality(2013), 불평등의 대가, 2013.

L. J. Strang, Originalism's Promise: A Natural Law Account of the American Constitution, 2019.

G. Struck, Topische Jurisprudenz, 1971.

C. R. Sunstein, Legal Reasoning and Political Conflict, 1996.

G. Teubner, 이 상돈(역), "법제화 - 개념, 특징, 한계, 대안", 법제화이론, 2004.

P. Thagard, The brain and the meaning of life, 2010.

D. Thompson/A. Gutmann, The Spirit of Compromise: Why Governing Demands It and Campaigning Undermines It, 2012.

J. C. Toronto, Caring Democracy: Markets, Equality, and Justice(2013), 김 희강/나 상원(역), 2014.

S. Toulmin, Der Gebrauch von Argumenten, 2. Aufl., 1996.

M. Tompson/G. Grendstad/P. Selle(ed.), Cultural Theory as Political Science, 1999.

L. Tribe, The Invisible Constitution, 2008.

R. M. Unger, Politics: The Central Texts, Zhiyuan Cui(ed.)(1997), 김 정오(역), 정치, 2015.

Th. Vesting, Rechtstheorie, 2007.

Th. Vieweg, Topik und Jurisprudenz, 5. Aufl., 1974.

P. Watzlawick, Wie wirklich ist die Wirklichkeit?, 8. Aufl., 2010.

Ch. Welzel, Freedom Rising, 2013.

J. B. White, Justice as Translation, 1990.

F. Wieacker, Zum heutigen Stand der Naturrechtsdiskussion, 1965.

B. Williams, Truth and Truthfulness, 2002.

E. O. Wilson, Sociobiology: The new synthesis, 1975.

F. Wilczek, Fundamentals Ten Keys to Reality(2021), 김 희봉(역), 이토록 풍부하고 단순한 세계, 2022.

S. L. Winter, A CLEARING in the Forest, 2001.

L. Wittgenstein, Philosophische Untersuchungen, 1953.

L. Wittgenstein, G. E. M. Anscombe/P. M. S. Hacker/J. Schulte(trans.), Philosophical Investigations, 2001.

L. Wittgenstein, Philosophische Untersuchungen(1953), 이 영철(역), 철학적 탐구, 2006.

L. Wittgenstein, Über Gewißheit(1969), 이 영철(역), 확실성에 관하여, 2006.

L. Wittgenstein, Culture and Value(1998), 이 영철(역), 문화와 가치, 2006.

Y. Yovel, Kant and the Philosophy of History, Princeton Univ, 1980.

P. Zima, Ideologie und Theorie. Eine Diskurskritik(1989), 허 창운/김 태환(역), 이데올로기와 이론, 1996.

P. Zima, Textsoziologie(1980), 허 창운/김 태환(역), 텍스트사회학이란 무엇인가, 2010.

J. Zimmer, Metapher, 2003.

H. Zinn, You Can't Be Neutral On a Moving Train, 유 강은(역), 달리는 기차 위에 중립은 없다, 2002.

H. Zinn, Howard Zinn on History(2001), 이 재원(역), 하워드 진, 역사의 힘, 2009.

S. Zizek, The Ticklish Subject(1999), 이 성민(역), 까다로운 주체, 2005.

S. Zizek, The Sublime Object of Ideology(1989), 이 수련(역), 이데올로기의 숭고한 대상, 2013.

-. 논문

B. Ackerman, “The Emergency Constitution”, in: The Yale Law Journal, Vol. 113(2004), 1029-1091면.

M. Albers, “Höchstrichterliche Rechtsfindung und Auslegung gerichterlicher Entscheidungen”, in: VVDStRL, Vol. 71(2012), 258-295면.

O. Alderson, “Abandoning Corporate Ontology: Original Economic Principles and the Constitutional Corporation”, in: Journal of Constitutional Law, Vol. 22 (2020), 561-588면.

L. Alexander, “The Gap”, in: Harvard Journal of Law & Public Policy, Vol. 14 (1991), 695-701면.

R. Alexy, "On Balancing and Subsumption. A Structural Comparison", Ratio Juris Vol. 16(2003), 433-449면.

R. Alexy, "Grundrechte, Demokratie und Repräsentation", Der Staat, Bd. 54(2015), 201-212면.

R. Alexy, "Menschenwürde und Verhältnismäßigkeit", in: AöR, Bd. 140(2015), 497-513면.

A. R. Amar, "Architexture", in: Indiana Law Review, Vol. 77(2002), 671-702면.

A. G. Amsterdam, "Criminal Prosecutions Affecting Federally Guaranteed Civil Rights: Federal Removal and Habeas Corpus Jurisdiction to abort State Court Trial", in: University of Pennsylvania Law Review, Vol. 113(1965), 793-912면.

E. Anderson, "Feminist Epistemology and Philosophy of Science", in: Edward N. Zalta(ed), THE STANFORD ENCYCLOPEDIA OF PHILOSOPHY, 2004.

D. B. Ayer, "The 2019 Higgins Distinguished Lecture: The Subversive Side of Textualism and Original Intent", in: Lewis & Clark Law Review, Vol. 24(2020), 1049-1062면.

S. Baer, "Schlüsselbegriff, Typen und Leitbilder als Erkenntnismittel und ihr Verhältnis zur Rechtsdogmatik", in: E. Schmidt-Aßmann/W. Hoffmann-Riem (Hg.), Methoden der Verwaltungrechtswissenschaft, 2004, 223-251면.

J. M. Balkin, "The Framework Model and Constitutional Interpretation", in: D. Dyzenhaus/M. Thorburn, Philosophical Foundations of Constitutional Law, 2016, 242-264면.

J. M. Balkin, "Arguing about the Constitution: The Topics in Constitutional Interpretation", in: Constitutional Commentary, Vol. 33(2018), 145-260면.

A. Barak, "On Constitutional Implication and Constitutional Structure", in: D. Dyzenhaus/M. Thorburn(ed.), Philosophical Foundations of Constitutional Law, 2016, 53-73면.

S. Baron/J. Tallant, "Monism: The Islands of Plurality", in: Philosophy and Phenomenological Research, Vol. 93(2016), 583-606면.

J. A. Bargh, "Conditional Automaticity: Varieties of Automatic Influence in Social Perception and Cognition", in: J. S. Uleman/J. A. Bargh(ed.), Unintended Thought, 1989. 4-51면.

R. E. Barnett, "Interpretation and Construction", in: Harvard Journal of Law and Public Policy, Vol. 34(2011), 65-72면.

M. C. Beardsley, "The Metaphorical Twist", in: Philosophy and Phenomenological Research, Vol. 22(1962), 293-307면.

H. Berman, "Toward an Integrative Jurisprudence: Politics, Morality, History", in: California Law Review, Vol. 76(1988), 779-801면.

R. Bittner, "Kritik, und wie es besser wäre", in: R. Jaeggi/T. Wesche(Hg.), Was ist Kritik, 2009, 134-164면.

I. Blanchette/S. Gavigan/K. Johnston, "Does Emotion Help or Hinder Reasoning? The Moderating Role of Relevance", in: Journal of Experimental Psychology: General, Vol. 143(2014), 1049-1064면.

E.-W. Böckenförede, "Grundrechtstheorie und Grundrechtsinterpretation", in: NJW, 1974, 1529-1538면.

R. H. Bork, "Neutral Principles and Some First Amendment Problems", in: Indiana Law Journal, Vol. 47(1971), 1-35면.

W. J. Brennan, Jr., "The Constitution of the United States: Contemporary Ratification", in: South Texas Law Review, Vol. 27(1986), 433-446면.

W. Brohm, "Die Dogmatik des Verwaltungsrechts vor den Gegenwartsaufgaben der Verwaltung", in; VVDStRL 30(1972), 246-312면.

S. F. Brosnan/O. D. Jones/ S. P. Lambeth/M. C. Mareno/A. S. Richardson/S. J. Schapiro, "Endowment Effects in Chimpanzees", in: Current Biology, Vol. 17(2007), 1704-1707면.

W. Brugger, "Kultur, Verfassung, Recht, Staat", in: Archiv des öffentlichen Rechts, Bd. 126(2001), 271-293면.

J. M. Buchanan, in: "The Constitution of Economic Policy", The American Economic Review, Vol. 77(1987), 243-250면.

H. Burgess, "Depending the Discourse Using the Legal Mind's Eye: Lesson from Neuroscience and Psychology that Optimize Law School Learning", in: Quinnipac Law Review, Vol. 29(2011), 1-76면.

V. Busacchi, "Why the Reality is Not Totalisable: An Introduction to Paul Ricoeur's Philosophy of Action", in: International Journal of Humanities and Social Science, Vol. 7(2017), 20-25면.

T. Bustamante, "Comment on Győrfi - Dworkin, Vermeule and Győrfi on Constitutional Interpretation: Remarks on a Meta-interpretative Disagreement", in: German Law Journal, Vol. 14(2013), 1109-1145면.

E. Camp, "Metaphor in the Mind: The Cognition of Metaphor", in: Philosophy Compass, Vol. 1(2006), 154-170면.

F. Chiereghin, ""I that is We and We that is I" The Phenomenological Significance and the Logical Foundation of Intersubjectivity in Hegel", in: I. Testa/L. Ruggiu (ed.), "I that is We and We that is I" Perspectives on Contemporary Hegel, 2016, Chapter 16, 271-285면.

N. Chomski, "Consent without Consent: Reflections on the Theory and Practice of Democracy", in: Cleveland State Law Review, Vol. 44(1996), 415-438면.

R. Christensen, "Sprache und Normativität oder wie man eine Fiktion wirklich macht"; in: J. Krüper/H. Merten/M. Morlok(Hg.), An den Grenzen der Rechtsdogmatik, 2010, 127-138면.

R. Christensen/K. D. Lerch, "Dass das Ganze das Wahre ist, ist nicht ganz unwahr", JZ, 2007, 438-444면.

R. H. Coase, "The Institutional Structure of Production", in: American Economics Review, Vol. 82(1992), 713-719면.

J. W. Corrington, "Logos, Lex, and Law", in: Legal Studies Forum, Vol. 26(2002), 709-720면.

D. E. Curtis/J. Resnik, "Images of Justice", in: The Yale Law Journal, Vol. 96(1987), 1727-1772면.

B. Cushman, "The Structure of Classical Public Law", in: Chicago Law Review, Vol. 75(2008), 1917-1947면.

A. D'Amato, "Fragmatic Indeterminacy", in: Northwestern University Law Review Vol. 85(1990), 148-188면.

D. Davidson, "What Metaphors Mean", in: Critical Inquiry, Vol. 5(1978), 31-47면.

M. R. Dimino, "Image is Everything: Politics, Umpire, and The Judicial Myth", in: Harvard Journal of Law & Public Policy, Vol. 39(2016), 397-413면.

R. Dixon/J. Suk, "Liberal Constitutionalism and Economic Inequality", in: The University of Chicago Law Review, Vol. 85(2018), 369-401면.

R. Dreier, "Zur Problematik und Situation der Verfassungsinterpretation"(1976), in; Recht-Moral-Ideologie, 1981, 106-145면.

R. Dreier, "Zur Theoriebildung in der Jurisprudenz", in: Recht und Gesellschaft, Fs H. Schelsky, 1978, 103-132면.

J. S. Dryzek, “Legitimacy and Economy in Deliberative Democracy”, in: Political Theory, Vol.29(2001), 651-669면.

R. Dworkin, “Taking Rights Seriously”, New York Review of Books, 1976.

R. Dworkin, “Law as Interpretation”, in: W. J. T. Mitchell(ed.), The Politics of Interpretation, 1983, 249-270면.

R. Dworkin, “Law from the Inside Out”, in: The New York Review of Books, 7, November 2013, 54-55면.

A. Dyevre/A. Jakab, “Foreword: Understanding Constitutional Reasoning,” in: German Law Journal, Vol. 14(2013), 983-1015면.

H. Ehmke, “Prinzipien der Verfassungsinterpretation”, in VVDStRL 20(1963), 53-98면.

J. Elster, “The market and the forum: Three varieties of political theory” in: J. Elster/ A. Hylland(ed.), Foundations of social choice theory, 1986, 104-132면.

K. A. Ericsson/H. A. Simon, “Verbal Reports as Data”, in: Psychological Review, Vol. 87(1980), 215-251면.

J. Esser, “Zur praktischen Leistung der Rechtsdogmatik”, in: FS Gadamer, Bd. 2, 1970, 311면 이하.

A. Etzioni, “Communitarianism revisited”, in: Journal of Political Ideologies, Vol. 19(2014), 241-260면.

D. L. Faigman, “To Have and Have Not: Assessing the Value of Social Science to the Law as Science and Policy”, in: Emory Law Journal, Vol. 38(1989), 1006-1095면.

K. T. Fann, “Beyond Marx and Wittgenstein(A confession of a Wittgensteinian Marxist turned Taoist)”, in: G. Kitching/N. Pleasants(ed.), Marx and Wittgenstein, 2002, 282-294면.

E. Fechner, “Ideologie und Rechtspositivismus”, in; W. Maihofer(Hg.), Ideologie und Recht, 1969, 97-120면.

S. Fish, “Fish v. Fiss”, in: Stanford Law Review, Vol. 36(1984), 1325-1332면.

O. M. Fiss, “Objectivity and Interpretation”, in: Stanford Law Review, Vol. 34(1982), 739-763면.

O. M. Fiss, “The Death of the Law?”, Cornell Law Review, Vol. 72((1986), 1-16면.

J. E. Flemming, “The Parsimony of Libertarianism”, in: Constitutional Commentary, Vol.17(2000), 171-186면.

E. Forsthoff, “Die Umbildung des Verfassungsgesetzes”, in; Fs. für C. Schmitt, 1959, 35-62면.

E. Forsthoff, “Rechtsstaat im Wandel”, in: Verfassungsrechtliche Abhandlungen 1950-1964, 1964, 147-175면.

F. Franfurter, “Some Reflections on the Reading of Statutes”, in: Columbia Law Review, Vol. 47(1947), 527-546면.

S. Freeman, “Illiberal Libertarians: Why Libertarianism Is Not a Liberal View”, in: Philosophy and Public Affairs, Vol. 30(2001), 105-151면.

B. Friedman, “Taking Law Seriously”, in: Perspectives on Politics, Vol. 4(2006), 261-276면.

G. -H. Gadamer, “Classical and Philosophical Hermeneutics”, in: Theory, Culture, & Society, Vol. 23(2006), 29-56면.

K. M. Galotti, “Approaches to studying formal and everyday reasoning”, in: Psychological Bulletin, 1989, Vol. 105, No. 3, 333면 이하.

W. A. Galston, “Pluralist Constitutionalism”, in: Social Philosophy & Policy Foundation, Vol. 28(2011), 228-241면.

S. Gardbaum, “Positive and Horizontal Rights: Proportionality's Next Frontiers or a Bridge Too Far?”, in: V. C. Jackson/M. Tushnet(ed.), Proportionality: New Frontirers, New Challenges, 2017, 221-222면.

R. Garner, “Presupposition and the Delimitation of Semantics”, in: Language, Vol. 53(1977), 193-197면.

N. S. Garnett, “No Taking Without a Touching? Questions from an Armchair Originalist”, in: San Diego Law Review, Vol. 45(2008), 761-776면.

F. M. Gedicks, “Rule of Law, Socially Constructed Reasons, and Marriage Equality”, in: Journal of Law, Religion and State, Vol. 6(2018), 115-146면.

Ph. Genschel/. Zangel, “Metamorphosen des Staates - vom Herrschaftsmonopolisten zum Herrschaftsmanager”, in: Leviathan, Vol. 36(2008), 430-545면.

Ch. G. Geyh, “Can the Rule of Law Survive Judicial Politics?”, in: Cornell Law. Review, Vol. 97(2012), 192-254면.

D. Gewirtzman, “Our Foundation Feelings: Emotion, Commitment, and Imagination in Constitutional Culture”, in: University of Richmond Law Review, Vol. 43, 2009, 623-683면.

J. Goldsworthy, "Originalism in Constitutional Interpretation", in: Federal Law Review, Vol. 25(1997), 1-50면.

J. Goldsworthy, "Clarifying, Creating, and Changing Meaning in Constitutional Interpretation: A Comment on András Jakab, Constitutional Reasoning in Constitutional Courts - A European Perspective", in: German Law Review, Vol. 14(2013), 1279-1295면.

L. E. Goodman, "Value and the Dynamics of Being", in: The Review of Metaphysics, Vol. 61(2007), 61-80면.

M. Greenberg, "Legal Interpretation and Natural Law", in: Fordham Law Review, Vol. 89(2020), 109-144면.

S. M. Griffin, "Pluralism in Constitutional Interpretation", in: Texas Law Review, Vol. 72(1994), 1752-1769면.

D. Grimm, "Integration by Constitution", in: International Journal of Constitutional Law, Vol. 3(2005), 193-205면.

D. Grimm, "Values in German Constitutional Law", in: D. Davis/A. Richter/Ch. Saunders(ed.), An Inquiry into the Existence of Global Values, 2015, Chapter 8, 199-214면.

B. Grzeszick, "Steuert die Dogmatik?", in: G. Kirchhof/S. Magen/K. Schneider(Hg.), Was weiß Dogmatik?, 2012, 97-109면.

Ch. Gusy, "Wirklichkeit in der Rechtsdogmatik", in: JZ, 1991, 213-222면.

P. Häberle, "Die offene Gesellschaft der Verfassungsinterpreten", in: JZ, 1975, 297-305면.

J. Haidt, "A Social Intuitionist Approach to Moral Judgment", in: Psychological Review, Vol. 108(2001), 814-834면.

J. Haidt, "The Moral Emotions", in: Richard J. Davidson/Klaus R. Scherer/H. Hill Goldsmith(ed.), Handbook of Affective Sciences, 2003, 852-870면.

K.-E. Hain, "Ockham's Razor - ein Instrument zur Rationalisierung der Grundrechtsdogmatik", in: JZ, 2002, 1036-1045면.

J. Halteman, "Moral Reflection and Market", in: Journal of Interdisciplinary Studies, Vol. 16(2004), 21-40면.

S. Hampshire, "Liberalism: The New Twist", in: The New York Review of Books, Vol. 40(1993), 43-47면.

R. Hardin, “Why a Constitution?”, in: Dennis J. Galligan/Mila Versteeg(ed.), Social and Political Foundations of Constitutions, 2013,51-72면.

W. Hassemer, “Dogmatik zwischen Wissenschaft und richterlicher Pragmatik”, in, G. Kirchhof/S. Magen/K. Schneider(Hg.), Was weiß Dogmatik?, 2012, 3-15면.

F. A. Hayek, “The Use of Knowledge in Society”, in: The American Economic Review, Vol. 35(1954), 519-530면.

W. Henkel, “Wandel der Dogmatik des öffentlichen Rechts”, in: JZ, 1992, 541-548면.

M. Herberger, “Rangstufen der Rechtsdogmatik im Hinblick auf deren Bedeutung für die Gesetzgebung”, in: O. Behrends/W. Henkel(Hg.), Gesetzgebung und Dogmatik, 1989, 67-79면.

M. Herdegen, “Die Idee der Menschenwürde: absolute und doch differenziert?”, in: R. Gröschner/O. W. Lembecke(Hg.), Das Dogma der Unantastbarkeit, 2009, 100면 이하.

S. Hershovitz, “The End of Jurisprudence”, in: The Yale Law Journal, Vol. 124 (2015), 1162-1205면.

K. Hesse, “Funktionelle Grenzen der Verfassungsgerichtsbarkeit”, in: P. Häberle/A. Hollerbach(Hg.), Ausgewählte Schriften, 1984, 311-322면.

Ch. Hillgruber, “Verfassungsinterpretation”, in: O. Depenheuer/Ch. Graberwarter (Hg.), Verfassungstheorie, 2010, § 15, 505-534면.

G. Hirsch, “Auf dem Weg zum Richterstaat?”, JZ, 2007, 853-858면.

E. Hobsbawm, “The Great Gramsci”, in: New York Review of Books, 1974, 41면.

W. Hoffmann-Riem, “Methoden einer verwendungsorientierten Verwaltungsrechtswissenschaft”, in: E. Schmidt-Aßmann/W. Hoffmann-Riem(Hg.), Methoden der Verwaltungsrechtswissenschaft, 2004, 9-72면.

O. W. Holmes, “The Path of the Law”, in: Harvard Law Review, Vol. 10(1897), 457-478면.

J. Horn, “Does Moral Disagreement Pose a Semantic Challenge to Moral Realism?”, in: Philosophia, Vol. 48(2020), 1059-1073면.

J. Ipsen, “Rechtsprechung im Grenzbereich zur Gesetzgebung”, in: N. Achterberg (Hg.), Rechtsprechungslehre, 1986, 435-450면.

J. Ipsen, “Grundzüge einer Grundrechtsdogmatik: Zugleich Erwiderung auf Robert Alexy, Jörn Ipsens Konstruktion der Grundrechte”, in: Der Staat, Bd. 52(2013), 266-293면.

J. Isensee, "Würde des Menschen", in: D. Merten/H. J. Papier(Hg.), Handbuch der Grundrechte in Deutschland und Europa, Bd. IV, Grundrechte in Deutschland: Einzelgrundrechte I, 2011, 3-135면.

J. Isensee, "Staat im Wort", Sonderausdruck aus Verfassungsrecht im Wandel, Zum 180Jährigen Bestehens der Carl Heymanns Verlag KG, J. Ipsen u.a.(Hg.), 1995.

J. Isensee, "Corona und die Normativität der Verfassung", in: S. Mückel(Hg.), Religionsfreiheit in Seuchenzeiten, 2022, 85-111면.

A. D. S. Itao, "Paul Ricoeur's Hermeneutics of Symbols: A Critical Dialectic of Suspicion and Faith", in: Kritike: An Online Journal of Philosophy, Vol. 4(2)(2010), 1-17면

A. D. S. Itao, "Of Words, Meaning, and Hermeneutics: J. L. Austin and Paul Ricoeur on the Art of Making Sense of Things", in: META: Research in Hermeneutics, Phenomenology, and Practical Philosophy, Vol. XIII(2012), 427-442면.

J. Jahr, "Zum Verhältnis von Rechtstheorie und Rechtsdogmatik", in: F. Müller/W. Maihofer(Hg.), Rechtstheorie, 1971, 303-311면.

A. Jakab, "Judicial Reasoning in Constitutional Courts: A European Perspective", in: German Law Journal. Vol. 14(2013), 1215-1275면.

B. Jeand'Heur, "Die neuere Fachsprache der juristischen Wissenschaft seit der Mitte des 19. Jahrhunderts unter besonderer Berücksichtigung von Verfassungsrecht und Rechtsmethodik", in: H. Hoffmann/H. Klaverkämper/H. E. Wiegand(Hg.), Fachsprachen, 1. Handband, 1998, 1286면 이하.

B. B. Jeffrey, "Legal Formalism, Agent-Neutrality, and Comparative Justice", in: "Contemporary Readings in Law and Social Justice"", Vol. 1(2009), 73-85면.

J. Ch. Jenson, "The Belief Illusion", in: The British Journal for Philosophy of Science, Vol. 67(2016), 965-995면.

M. Jestaedt, "Verfassungstheorie als Disziplin", in: O. Depenheuer/Ch. Grabenwarter (Hg.), Verfassungstheorie, 2010, § 1, 3-56면.

M. Jestaedt, "Geltung des Systems und Geltung im System", in: JZ, 2013, 1009-1021면.

M. Jestaedt, "Wissenschaft im Recht", in: JZ, 2014, 1-12면.

G. R. Johnson/G. A. Magee, "Berlin on Liberalism and Objective Value", in: The Journal of Value Inquiry, Vol. 34(2000), 397-408면.

O. D. Jones/S. F. Brosnan, "Law, Biology, and Property: A New Theory of The Endowment Effect", in: William and Mary Law Review, Vol. 49(2008), 1935-1990면.

D. M. Kahan, "The Supreme Court 2010 Term Forward: Neutral Principles, Motivated Cognition, and Some Problems for Constitutional Law", in: Harvard Law Review, Vol. 125(2011), 1-77면.

A. Kaufmann, "Die Geschichlichkeit des Rechts im Licht der Hermeneutik"(1969), in; Beiträge zur Juristischen Hermeneutik sowie weitere rechtsphilosophische Abhandlungen, 1984, 25-52면.

A. Kaufmann, "Die ipsa res iusta - Gedanken zu einer hermeneutischen Rechtsontologie" (1973), in; Beiträge zur Juristischen Hermeneutik sowie weitere rechtsphilosophische Abhandlungen, 1984, 53-64면.

A. Kaufmann, "Über den Zirkelschluß in der Rechtsbindung"(1973), in: Beiträge zur Juristischen Hermeneutik sowie weitere rechtsphilosophische Abhandlungen, 1984, 65-77면.

A. Kaufmann, "Durch Naturrecht und Rechtspositivismus zur juristischen Hermeneutik"(1975), in; Beiträge zur Juristischen Hermeneutik sowie weitere rechts philosophische Abhandlungen, 1984, S. 79-88면.

A. Kaufmann, "Gedanken zu einer ontologischen Grundlegung der juristischen Hermeneutik"(1982), in: Beiträge zur Juristischen Hermeneutik sowie weitere rechtsphilosophische Abhandlungen, 1984, 89-99면.

D. Kennedy, "Legal Formality", in: The Journal of Legal Studies, Vol. 2(1973), 351-398면.

D. Kennedy, "A Semiotics of Legal Argument", in: Syracuse Law Review, Vol. 42 (1991), 105-116면.

J. Kim, "Money is Right in Rem; Note on the Nature of Money", in: Journal of Economic Issues, Vol. 48(2014), 1005-1019면.

M. J. Klasing, "Cultural dimension, collective values and their importance for institutions", in: Journal of Comparative Economics, Vol. 41(2013), 447-467면.

M. Klatt, "Integrative Rechtswissenschaft", in: Der Staat, Bd. 54(2015), 469-499면.

D. W. Kmiec, "Overview of the Term: The Rule of Law & Roberts's Revolution of Restraint", in: Pepperdine Law Review, 34(2007), 495-521면.

I. Koch, "When politicians fail: Zombie democracy and the anthropology of actually existing politics", in: The Sociological Review Monographs, Vol. 65(2017), 105-120면.

P. Koller, "Die Idee sozialer Gerechtigkeit - Normative Voraussetzungen und historische Genese", in: Österreich Zeitschrift Soziologie, Vol. 37(2012), 47-64면.

M. H. Kramer, "Moral Principles and Legal Validity", in: Ratio Juris, Vol. 22(2009), 44-61면.

K. Kress, "Legal Indeterminacy", in: California Law Review, Vol. 77(1989), 283-337면.

K. Kress, "A Preface to Epistemological Indeterminacy", in: Northwestern University Law Review Vol. 85(1990), 134-147면.

R. J. Krotoszynski, Jr., "Constitutional Flares: On Judges, Legislature, and Dialogue", in: Minnesota Law Review, Vol. 83(1998), 1-62면.

F. Kümmel, "Zum Problem des Gewissens", in; J. Bildhorn(Hg.), Das Gewissen in der Diskussion, 1976, 441면 이하.

M. Künkler/T. Stein, "Statism, Secularism, Liberalism - Böckenförde's Contributions to German Staatsrechtslehre in the Light of Contemporary Challenges within and beyond the State", in: German Law Review, Vol. 19(2018), 137-159면.

Ch. L. Kutz, "Just Disagreement: Indeterminacy and rationality in the Rule of Law", in: Yale Law Journal, Vol. 103(1994), 997-132면.

N. Lacey, "The Metaphor of Proportionality", in: Journal of Law and Society, Vol. 43(2016), 27-44면.

K.-H. Ladeur, "Der Wandel der Rechtssemantik in der postmodernen Gesellschaft - Von der Subsumtion zur Abwägung und zu einer Semantik der Netzwerke", in: Rechtstheorie Bd. 45(2014), 467-486면

Ch. Lafont, "Philosophical Foundations of Judicial Review", in: D. Dyzenhaus/M. Thorburn(ed.), Philosophical Foundations of Constitutional Law, 2016, 265-280면.

E.-J. Lampe, "Rechtsgefühl und juristische Kognition", in; ders.(Hr.), Das sogenannte Rechtsgefühl, 1985, 110-132면.

L. Langman, "Law, Psychiatry and the Reproduction of Capitalist Ideology: A Critical View". in: International Journal of Law and Psychiatry, Vol. 3(1980), 245-256면.

B. Leiter, "Objectivity and The Problem of Jurisprudence", in: Texas Law Review Vol. 72(1993), 187-209면.

O. Lepsius, "Kritik der Dogmatk", in: G. Kirchhof/S. Magen/K. Schneider(Hg.), Was weiß Dogmatik?, 2012, 39-62면.

O. Lepsius, "The quest for middle-range theories in German public law", in: International Journal of Constitution, Vol 12 No. 3(2014), 692-709면.

P. Lerche, "Stil und Methode der verfassungsrechtlichen Entscheidungspraxis, in: Fs. 50 Jahre Bundesverfassungsgericht, Bd. I, 2001, 333-361면.

S. Levinson, "Reflection on What Constitutes 'a Constitution'", in: D. Dyzenhaus/ M. Thorburn, Philosophical Foundations of Constitutional Law, 2016, 75-93면.

J. F. Linder, "Verfassungsrechtliche Rahmenbedingungen einer ökonomischen Theorie des Öffentlichen Rechts", in: JZ, 2008, 957-1008면.

M. Loughlin, "The Constitutional Imagination", in: The Modern Law Review, Vol. 78(2015), 1-25면.

M. Loughlin, "Why Read Carl Schmitt?", in: Ch. Bezemek/M. Potacs/A. Somek(ed.), Vienna Lectures on Legal Philosophy, Volume 1: Legal Positivism, Institutionalism and Globalisation, 2018, Ch. 3, 49-64면.

N. Luhmann, "Funktionale Methode und juristische Entscheidung", in: AöR, Bd. 94 (1969), 1-31면.

N. Luhmann, "Wahrheit und Ideologie", in: Soziologische Aufklärung: Aufsätze zur Theorie sozialer Systeme, 3. Aufl., 1972, 54-65면.

J. Macleod, "Finding Original Public Meaning", in: Georgia Law Review, Vol. 56 (2021), 1-79면.

L. Maclnnis, "Dworkin's Unity of Value: An Interpretation and Defense", in: Res Publica, Vol. 26(2020), 403-422면.

M. P. Maduro, "In Search of a Meaning and Not in Search of the Meaning: Judicial Review and the Constitution in Times of Pluralism", in: Wisconsin Law Review, Vol. 2013, No. 2, 541-564면.

A. Marmor, "The Immorality of Textualism", in: Loyola of Los Angeles Law Review, Vol, 38(2005), 2063-2079면.

C. Massey, "The Constitution in a Postmodern Age", in: Washington & Lee Law Review, Vol. 64(2007), 165-231면.

J. O. McGinnis/M. B. Rappaport, "The Power of Interpretation: Minimizing the Construction Zone", in: Notre Dame Law Review, Vol. 96(2021), 919-972면.

H. L. Mencken, “The Divine Afflatus”, in: H. L. Mencken - Prejudices: First, Second, and Third Series, 2010, 241-250면.

B. Mesquita, “Emotions As Dynamic Cultural Phenomena”, in: Richard J. Davidson/ Klaus R. Scherer/H. Hill Goldsmith (ed.), Handbook of Affective Sciences, 2003, 871-890면.

F. I. Michelman, “A constitutional horizon?”, in; Philosophy and Social Criticism, Vol. 42(2016), 640-648면.

Ch. Möllers, “Methoden”, in: W. Hoffmann-Riem/E. Schmitt-Aßmann/A. Voßkuhle (Hg.), Grundlagen des Verwaltungsrechts, Bd. 1, 2006, 123-178면.

J. T. Molot, “The Rise and Fall of Textualism”, in: Columbia Law Review, Vol. 106(2006), 1-69면.

M. S. Moore, “The Plain Truth about Legal Truth”, in: Harvard Journal of Law and Public Policy, Vol. 26(2003), 23-47면.

C. Morawetz, “Faszination Gehirn: Eine kurze Einführung in die kognitive Neurowissenschaft”, in; R. V. Alexandriwicz/Yh.-Ch. Gablonski/J. Glück(Hg.), Psychology, 2014, 63면 이하.

S. A. Moss, “Reluctant Judicial Factfinding: When Minimalism and Judicial Modesty Go Too Far”, in: Seattle University Law Review, 32(2009), 549-568면.

R. Mullender, “Law's Abstract Judgement and Language as ‘the House of Being’”, in: Legal Studies, Vol. 40(2020), 172-181면.

F. Müller, “Arbeitsmethoden des Verfassungsrechts”, in: Enziklopädie der geisteswissenschaftlichen Arbeitsmethoden, 11. Lfg.: Methoden der Rechtswissenschaft Teil. 1, 1972, 136면 이하,

C. Nelson, “What is textualism?”, in: Virginia Law Review, Vol. 91(2005), 347-418면.

M. E. J. Nielsen, “A Conflict Between Representation and Neutrality”, in: Philosophical Papers, Vol. 39(2010), 69-96면.

M. Nussbaumer, “Grenzgänger - Gesetzestexte zwischen Recht und Politik”, in; U. Haß-Zumkehr(Hg.), Sprache und Recht, 2002, 181-207면.

R. Ogorek, “Hermeneutik in der Jurisprudenz”, in; Aufklärung über Justiz: Zum Problem des richtigen Gesetzesverständnisses, 2008, 105-119면.

R. Ogorek, “Virtual Reality and Rechtsanwendung”, in: Aufklärung über Justiz: Zum Problem des richtigen Gesetzesverständnisses, 2008, 361-380면.

S. R. Olken, "The Decline of Legal Classicalism and the Evolution of New Deal Constitutionalism", in: Notre Dam Law Review, Vol. 89(2014), 2051-2092면.

F. Ossenbühl, "Grundsätze der Grundrechtsinterpretation", in: D. Merken/H.-J. Papier(Hg.), Handbuch der Grundrechte in Deutschland und Europa, Bd. 1(Einleitung und Grundlagen), § 15, 595-629면.

R. Paden, "Popper's Anti-utopianism and the Concept of an Open Society", in: The Journal of Value Inquiry, Vol. 34(2000), 409-426면.

B. Parekh, "Liberalism and Morality", in: B. Parekh/R. N. Berki(ed.), The Morality of Politics, 1972, 83면 이하.

R. R. Parse, "Humanbecoming Hermeneutic Sciencing: Reverence, Awe, Betrayal, and Shame in The Lives of Others", in: Nursing Science Quarterly, Vol. 29(2016), 128-135면.

Ch. S. Peirce, "The Scientific Attitude and Fallibilism", in: Justus Buchler(ed.), Philosophical Writings of Peirce, 1955, 42-59면.

D. N. Perkins, "Reasoning as Imagination", in: Interchange, Vol. 16(1985), 14-26면.

M. J. Perry, "Interpretivism, Freedom of Expression, and Equal Protection", in: Ohio State Law Journal, Vol. 42(1981), 261-317면.

G. A. Phelps/J. B. Gates, "The Myth of Jurisprudence: Interpretive Theory in the Constitutional Opinions of Justice Rehnquist and Brennan", in: Santa Clara Law Review, Vol. 31(1991), 567-596면.

K. Pistor, "A legal theory of finance", in: Journal of Comparative Economics, Vol. 41(2013), 315-330면.

R. Plant, "Community: Concept, Conception, and Ideology", in: Politics and Society, Vol. 8(1978), 79-107면.

M. Pöcker, "Unaufgelöste Spannungen und Blockierte Veränderungsmöglichkeiten im Selbstbild der juristischen Rechtsdogmatik", in: Rechtstheorie, Bd. 37(2006), 151-169면.

A. Podlech, "Rechtstheoretische Bedingungen einer Methodenlehre juristischer Dogmatik", in: Jahrbuch für Rechtssoziologie und Rechtstheorie 2(1972), 491면 이하.

I. Ponomarenko, "On the Limits of Proportionality", in: Review of Constitutional Studies, Vol. 24(2019), 241-276면.

R. A. Posner, “The Constitution as an Economic Document”, in: The George Washington Law Review, Vol. 56(1987), 4-38면.

R. A. Posner, “The Supreme Court 2004 Term Foreword: A Political Court”, in: Harvard Law Review, Vol. 119(2005), 32-102면.

J. Pribán, “Legalist Fictions and the Problem of Scientific Legitimation”, in: Ratio Juris, Vol. 16(2003), 14-36면.

C. L. Roberts, “Asymmetric World Jurisprudence”, in: Seattle University Law Review, Vol. 32(2009), 569-594면.

G. Roellecke, “Beobachting der Verfassungstheorie”, in: O. Depenheuer/Ch. Grabenwarter(Hg.), Verfassungstheorie, 2010, § 2, 57-68면.

G. Roellecke, “Zur Unterscheidung von Rechtsdogmatik und Theorie”, in: JZ, 2011, 645-652면.

H. Rossen-Stadtfeld, “Verfassungsgericht und gesellschaftliche Integration”, in: G. F. Schuppert/C. Bumke(Hg.), Bundesverfassungsgericht und gesellschaftliche Grundkonsens, 2000, 169면 이하.

J. Rubenfeld, “Reading the Constitution as Spoken”, in: Yale Law Journal, Vol. 104(1995), 1119-1185면.

J. Rubenfeld, “Legitimacy and Interpretation”, in: Larry Alexander(ed.), Constitutionalism, 1998, Chapter 5, 194-234면.

L. Ruggiu, “Reason and Social Ontology”, in: I. Testa/L. Ruggiu(ed.), “I that is We and We that is I,” Perspectives on Contemporary Hegel, 2016, Chapter 5, 86-105면.

Gaon al-Fayyumi, Saadiah, Kitab al-Mukhtar fi ’l-Amanat wa ’l-I‘tiqadat(The Book of Critically Chosen Beliefs and Convictions, known as the Emunot ve-De‘ot) Introduction, Part 4, Joseph D. Kafih(ed.)(Jerusalem: Yeshiva University, 1970).

Ph. Sahm, “Das Unbehagen an der Rechtsdogmatik”, in : Rechtsgeschichte - Legal History, Vol. 26(2018), 358-363면.

T. Sandalow, “Constitutional Interpretation”, in: Michigan Law Review, Vol. 79(1981), 1033-1072면.

C. S. dos Santos, “Episodic Memory, the Cotemporality Problem, and Common Sense”, in: Essays in Philosophy, Vol. 19(2018), 1-21면.

A. Scalia, "Originalism: The Lesser Evil", in: University of Cincinnati Law Review, Vol. 57(1989), 849-866면.

Jonathan Schaffer, "Spacetime the one substance", in: Philosophical Studies, Vol. 145(2009), 131-148면

Jonathan Schaffer, "Monism: The priority of the whole", in: Philosophical Review, Vol. 119(2010), 31-76면.

Jonathan Schaffer, "The action of the whole", in: Proceeding of the Aristotelian Society. Supplementary, Vol. 87(2013), 67-87면.

F. Schauer, "An Essay on Constitutional Language", in: UCLA Law Review, Vol. 29 (1982), 797-832면.

F. Schauer, "Balancing, Subsumption, and the Constraining Role of Legal Text", in: Law & Ethics of Human Rights, Vol. 4(2010), 34-45면.

M. Schechterman, "The narrative self", in; S. Gallagher(ed.), The Oxford Handbook of The Self, 2012, 395면 이하.

R. M. Schiffrin/S. T. Dumais, "The development of automatism" in; J. R. Anderson(ed.), Cognitive Skills and Their Acquisition, 121면 이하.

M. Schladebach, "Praktische Konkordanz als verfassungsrechtliches Kollisionsprinzip", in: Der Staat, Bd. 53(2014), 263-283면.

B. Schlink, "Inwieweit sind juristische Entscheidungen mit entscheidungstheoretischen Modellen theoretisch zu erfassen und praktisch zu bewältigen?", in; H. Albert u.a., (Hg.), Rechtstheorie als Grundlagenwissenschaft der Rechtswissenschaft, Jahrbuch für Rechtssoziologie und Rechtstheorie, Bd. 2(1972), 322-346면

B. Schlink, "Abschied von der Dogmatik. Verfassungsrechtsprechung und Verfassungsrechtswissenschaft im Wandel", in: JZ, 2007, 157-162면.

B. C. Schmidt, Jr., "Juries, Jurisdiction, and Race Discrimination: The Lost Promise of Strauder v. West Virginia", in: Texas Law Review, Vol. 61(1983), 1401-1499면.

U. J. Schröder, "Vom Topos der Verfassungsauslegung bis zur Utopie der Objektivität", in: Rechtstheorie Bd. 42(2011), 124-138면.

G. F. Schuppert, "Verwaltungsrechtswissenschaft als Steuerungswissenschaft. Zur Steuerung des Verwaltungshandelns durch Verwaltungsrechts", in: W. Hoffmann-Riem/E. Schmitt-Aßmann/G. F. Schuppert(Hg.), Reform des Allgemeinen Verwaltungsrechts: Grundfrage, 1993, 65-114면.

A. Schwartz, “Patriotism or Integrity? Constitutional Community in Divided Societies”, in: Oxford Journal of Legal Studies, Vol. 31(2011), 503-526면.

F. R. Scott, “Villanelle for Our Time”(1944), in: L. Moss(ed.), Leaving the Shade of the Middle Ground: The Poetry of FR Scott, 2011, 60면.

H. Sendler, “Die Methoden der Verfassungsinterpretation”, in: B. Ziemske u.a.(Hg.), Staatsphilosophie und Rechtspolitik, Fs. f. M. Kriele zum 65. GT(1997). 457-484면.

A. Sharon, “Populism and Democracy: The challenge for deliberative democracy”, in: European Journal of Philosophy, Vol. 27(2019), 359-376면.

H. Simon, “Public Administration in Today's World of Organizations and Markets”, in: Political Science and Politics, Vol. 33(2000), 749-756면.

P. Singer, “Ethics and Intuitions”, in; The Journal of Ethics, Vol. 99(2005), 331-352면.

H. E. Smith, “Property Is Not Just a Bundle of Rights”, in: Econ Journal Watch, Vol. 8(2011), 279-291면.

R. A. Smolla, “The Meaning of ‘Marketplace of Ideas’ in First Amendment Law”, in: Communication Law and Policy, Vol. 24(2019), 437-474면.

L. B. Solum, “Originalism and Constitutional Construction”, in: Fordham Law Review, Vol. 82(2013), 453-537면.

L. B. Solum, “Simple-Minded Originalism? Simply Wrong!”, in: Heidi M. Hurd(ed.), Moral Puzzles and Legal Perplexities, 2019, 189-205면.

D. H. Souter, Harvard Commencement Remarks, Harvard Gazette(May 27, 2010), https://news.harvard.edu/gazette/story/2010/05/text-of-justice-david-souters-speech/

R. Stacey, “Popular Sovereignty and Revolutionary Constitution-Making”. in: D. Dyzenhaus/M. Thorburn(ed.), Philosophical Foundations of Constitutional Law, 2016, Chapter 8, 161-178면.

L. v. Stein, “Zur preußischen Verfassungfrage”, in; Deutsche Vieteljahresschrift, 1852, 36면.

A. Steinberg, “Priority monism and part/whole dependence”, in: Philosophical Studies, Vol. 172(2015), 2025-2031면;

J. Stern, “Metaphor, Semantics, and Context”, in: R. W. Gibbs, Jr.(ed.), Metaphor and Thought, 2008, 262-279면.

Ch. L. Stevenson, “The Nature of Ethical Disagreement”, in; R. Schafer-Landau (ed.), Metaethics, Vol. III, 2008. 3-9면.

J. Stick, “Can Nihilism be Pragmatic?”, in: Harvard Law Review Vol. 100(1986), 332-401면.

L. J. Strang, “Originalism is a Successful Theory(in part)Because of Its Complexity: A Response to Professor Telman”, in: Constitutional Commentary, Vol. 35(2020), 141-171면.

C. R. Sunstein/A. Vermeule, “Interpretation and Institutions”, in: Michigan Law Review, Vol. 101(2003), 885-901면.

D. A. J. Telman, “The Structure if Interpretive Revolution”, in: Constitutional Commentary, Vol. 35(2020), 109-139면.

M. K. Temin, “Toward an Account of the Truth of Proposition of Law”, in: Cincinnati Law Review, Vol. 49(1980), 341-361면.

H. S. Terrace, “In The Beginning There were No Words”, in: Facebook, posted 2021.5.4.

T. B. Thornton, “The Intellectual Isolation of Mainstream Economics”, in: Journal of Australian Political Economy, No. 80(2017), 11-25면.

W. M. Treanor, “The Original Understanding of the Takings Clause and the Political Process”, in: Columbia Law Review, Vol. 95(1995), 782-887면.

L. H. Tribe/P. O. Gudridge, “The Anti-Emergency Constitution”, in: The Yale Law Journal, Vol. 113(2004), 1801-1870면.

L. H. Tribe, “America’s Constitutional Narrative”, in: Daedalus, The Journal of the American Academy of Arts & Sciences, Vol. 141(2012), 18-40면.

R. Trigg, “Thoughts and Language”, in: Proceedings of the Aristotelian Society, Vol. 79(1978-1979), 59-77면.

J. Tully, “Sustainable Democratic Constitutionalism and Climate Change”, in: McGill Law Journal, Vol. 65(2020), 545-572면.

E. Tulving, “Episodic Memory: From Mind to Brain”, in: Annual Review of Psychology, Vol. 53(2002), 1-25면.

M. V. Tushnet, Book Review: “Dia-Tribe”, in: Michigan Law Review, Vol. 78(1980), 694-710면.

M. V. Tushnet, “Following The Rules Laid Down: A Critique of Interpretivism and Neutral Principles”, in: Harvard Law Review, Vol. 96(1983), 781-827면.

J. S. Uleman, "A Framework for Thinking Intentionally about Unintended Thoughts", in; J. S. Uleman/J. A. Bargh(ed.), Unintended Thought, 1989, 425-449면.

T. Vesting, "Gegenstandsadäquate Rechtsgewinnungstheorie - Eine Alternative zum Abwägungspragmatismus der Bundesdeutschen Verfassungsrechts?", in: Der Staat, Bd. 41(2002), 73-90면.

Th. Vieweg, "Ideologie und Rechtsdogmatik", in: W. Maihofer(Hg.), Ideologie und Recht, 1969, 83-96면.

U. Volkmann, "Leitbildorientierte Verfassungsanwendung", in: AöR, Bd. 134(2009), 157-196면.

U. Volkmann, "Rechtsgewinnung aus Bildern - Beobachtungen über den Einfluß dirigierender Hintergrundvorstellungen auf die Auslegung des heutigen Verfassungsrechts", in: J. Krüper/H. Merten/M. Morlok(Hg.), An den Grenzen der Rechtsdogmatik, 2010, 77-90면.

A. Voßkuhle, "Was leistet Rechtsdogmatik?", in: G. Kirchhof/S. Magen/K. Schneider (Hg.), Was weiß Dogmatik?, 2012, 110-114면.

A. Voßkuhle, "Neue Verwaltungsrechtswissenschaft", in: W. Hoffmann-Riem/E. Schmitt-Aßmann/A. Voßkuhle(Hg.), Grundlagen des Verwaltungsrechts, Bd. 1, 2. Aufl., 2012, § 1, 1-63면.

Ch. Waldhoff, "Kritik und Lob der Dogmatik, Rechtsdogmatik im Spannungsfeld von Gesetzesbindung und Funktionsorientierung", in, G. Kirchhof/S. Magen/K. Schneider(Hg.), Was weiß Dogmatik?, 2012. 17-37면.

M. D. Walters, "Written Constitutions and Unwritten Constitutionalism", in: G. Huscroft(ed.), Expounding the Constitution: Essays in Constitutional Theory, 2008, 245-276면.

M. D. Walters, "The Unwritten Constitution as a Legal Concept", in: D. Dyzenhaus/ M. Thorburn(ed.), Philosophical Foundations of Constitutional Law, 2016, Chapter 2, 33-52면.

M. D. Walters, "Toward The Unity of Constitutional Value - Or, How to Capture a Pluralistic Hedgehog", in: McGill Law Journal, Vol. 63(2017), 419-439면.

H. Wechsler, "Toward Neutral Principles of Constitutional Law", in: Harvard Law Review, Vol. 73(1959), 1-35면.

J. B. White, "Law as Language: Reading Law and Reading Literature", in: Texas Law Review, Vol. 60(1982), 415-446면.

F. Wilczek, "Quantum Time Crystals", in: Physical Review Letters, Vol. 109 (2012)(16): 160401.

W. C. Wimsatt, "Robustness, Reliability, and Overdetermination'", in: M. B. Brewer/ B. E. Collins(ed.), Scientific Inquiry and the Social Sciences, 1981, 124-63면.

J. Yiend, "The effects of emotion on attention: A review of attentional processing of emotional information", in: Cognition and Emotion, Vol. 24(2010), 3-47면.

R. B. Zajonc, "Feeling and Thinking - Preferences Need No Inference", in: American Psychologist, Vol. 35(1980), 151-175면.

J. Zakrzewski, "Viewpoint: Crystals of Time", in: Physics, 5, 116(2012).

R. Zreik, "Ronald Dworkin and Duncan Kennedy: Two Views of Interpretation", in: Canadian Journal of Law & Jurisprudence, Vol. 32(2019), 195-234면.

저자약력

연세대학교 법과대학 동 대학원(법학사, 법학석사)
독일 Bonn대학교(비교법학석사, 법학박사)
공주대학교 법학과 교수
연세대학교 정경대학 법학과 교수
강원도 지방노동위원회 공익위원
법제연구원 재정법제 자문교수
공법학회, 헌법학회 부회장
헌법재판연구원 초빙연구위원
한국헌법판례연구학회장
국회 입법지원위원(현)
연세대학교 법학전문대학원 교수(현)

주요 저(역)서

법텍스트와 텍스트작업(역서)(법문사, 2005)
재정헌법의 흠결에 대한 헌법정책적 평가(한국법제연구원, 2005)
담론과 해석(21세기교육사, 2007)
재정과 헌법(21세기교육사, 2007)
경제와 헌법(한국학술정보, 2012)
헌법재판주요선례연구1(공저)(헌법재판연구원, 2012)
언어와 헌법 그리고 국가(공역)(신조사, 2013)
언어권력으로서 사법권과 헌법(신조사, 2014)
헌법규범과 현실(신조사, 2019)
법도마틱과 은유(경인문화사, 2021)

주요 논문

기본권의 본질과 기능 - 『한국에서의 기본권이론의 형성과 발전』, 허영 교수 화갑기념 논문집(1997)
인간다운 생활을 할 권리의 본질과 법적 성격, 공법연구, 제27집 제2호(1999)
'텍스트학'의 관점에서 본 헌법해석의 이해, 헌법판례연구4(2002)
건축허가의 취소와 국가배상, 공법연구, 제31집 제4호(2003)
헌법문제로서 동성간 혼인-동반공동체(시민결합), 헌법학연구, 제10집 제2호(2004)년
재정과 헌법 - 재정헌법개정의 필수성, 헌법판례연구7(2005)
안마사자격 '비맹제외기준'에 대한 헌재결정평석, 공법연구 제35집 제2호(2006)
대입3불정책의 헌법적 문제점, 헌법학연구 제13권 제3호(2007)
헌법 제103조에서 법관의 독립과 양심, 공법연구 제38집 제2호(2009)
한정위헌결정의 법원에 대한 기속력, 공법학연구, 제12권 제3호(2011)
'거창사건'에 대한 대법원 판결 평석, 저스티스 제129호(2012)
'헌법적 정체성' 확립의 과제와 북한이탈주민의 헌법적 지위, 저스티스, 제136호(2013)
환경정의 개념의 외연과 내포. 환경법연구, 제35권 제2호(2013)
의약품부작용피해 구제의 헌법 및 (공사)법체계론적 쟁점 - '규율흠결' 상태의 진단과 처방, 공법연구 제42집 제2호(2013)
판단의 정오가 아니라 수사(rhetoric)로 본 통합진보당 해산결정, 헌법재판연구, 제2권 제1호(2015)
긴급조치와 국가배상, 헌법판례연구, 제17권(2016)
법철학 및 법이론으로 본 '법적 문제'로서 사법적극주의, 법학연구 제27권 2호(2017)
'본질적으로 논쟁적인 개념'으로서 헌법상 재산권의 허와 실, 공법연구, 제45집 제4호(2017)
'온실가스배출권'의 재산권화 및 상품화에 대한 비판적 고찰, 강원법학, 제54권(2018)
헌법철학과 (정치)경제헌법해석론으로 본 포용국가 및 사회적 시장경제, 헌법학연구, 제25권 제1호(2019)
평등선거원칙에 대한 발상의 전환과 제도개혁 - 소득기반역차등선거제 - 헌법학연구, 제26권 제4호(2020)

헌법환기

2022년 9월 30일 초 판 제1쇄인쇄
2022년 10월 10일 초 판 제1쇄발행

저 자 이덕연
발행인 이명재 · 이종은
발행처 **신 조 사**
서울특별시 마포구 독막로 295 삼부골든타워 212호
전 화 (02) 713-0402 FAX (02) 713-0403
등 록 1994. 7. 4, 제17-179호(倫)
E-mail: sinjosa@sinjosa.co.kr http://www.sinjosa.co.kr

저자와 협의하여 인지첩부를 생략함

파본은 바꿔드립니다.

정 가 23,000 원 ISBN 979-11-86377-74-1